FLORENZ UND TOSKANA

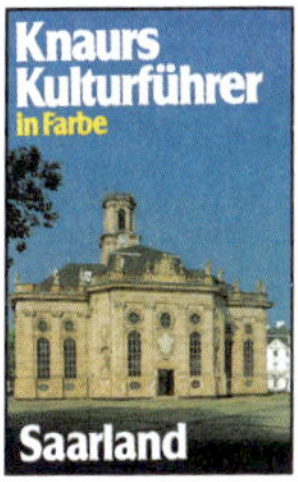

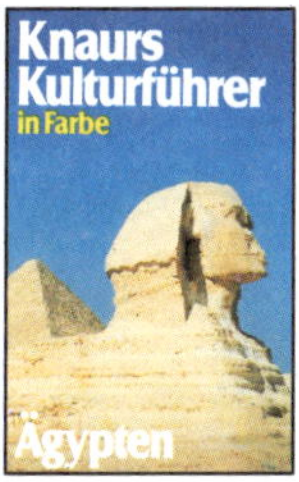

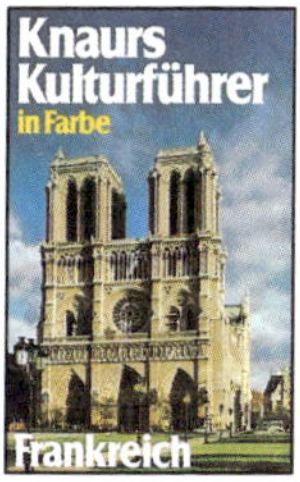

Fortsetzung am Ende des Buches

Marianne Mehling (Hg.)

KNAURS KULTURFÜHRER IN FARBE FLORENZ UND TOSKANA

Über 260 farbige Fotos und Skizzen
sowie 5 Seiten Karten

Autoren: Joachim Hertlein, Dr. Marianne Mehling, Dr. Albin Rohrmoser

Fotos: Fotostudio Camilla; Norbert Dallinger; Fratelli Fabbri Editori S.p.A., Mailand; Ernst Höhne; Löbl/Schreyer, Ellbach/Obb.; Maria Paukert; SCALA Istituto Fotografico Editoriale, Florenz

Genehmigte Lizenzausgabe für
Weltbild Verlag GmbH, Augsburg 1998
Vollständige Ausgabe

Idee: Redaktionsbüro Harenberg (Schwerte)
Gestaltung und Herstellung: von Delbrück, München
Karten: Huber & Oberländer, München
Grundrisse: Herstellung + Grafik, Lidl
Reproduktion: Krammer, Linz
Einbandgestaltung: Franz Wöllzenmüller
Umschlagabbildung: Florenz: Blick auf den Dom S. Maria del Fiore und den Turm des Palazzo Vecchio (Foto: W. Grabinger)
Satz und Druck: Appl, Wemding
Aufbindung: Großbuchbinderei Sigloch, Künzelsau
Printed in Germany
ISBN 3-8289-0693-1

VORWORT

Toskana, Traumland mitten in Italien, südlich von Mailand, nördlich von Rom, im Westen vom Meer begrenzt. Wer es gesehen hat, dieses fruchtbare und zugleich karge Land mit seinen grünen Hügeln, die lieblichste, die anmutigste Landschaft Italiens, wird es nie vergessen. Wer es kennengelernt hat mit seinen unwiderstehlichen Reizen, dem Zauber seiner hinter Schleiern flimmernden Pinien, Zypressen und Olivenbäume, seinen halbverfallenen, einsamen Höfen, der Schönheit seiner Städte, der Verruchtheit seiner Geschichte, der Vollendung seiner Kultur, seiner unglaublichen Sinnenfreude, die ihm nahe ist wie das Sterben, wie der Tod, den wird es nie ganz loslassen, dem wird etwas von einer geheimen Sehnsucht nach diesem Land bleiben, ein kleiner Stachel im Herzen. Und er wird wiederkehren, irgendwann.

Die Toskana mit ihrem milden Klima bot den Menschen seit jeher einen begehrenswerten Lebensraum, davon zeugt die uralte Geschichte. Bereits 800 Jahre v. Chr. war sie von den Etruskern bewohnt, die erstaunliche Spuren ihrer hochentwickelten Kultur hinterließen. Städte wie Pisa, Volterra, Arezzo oder Fiesole waren schon damals von Bedeutung.

Nach 280 v. Chr. kam die Toskana unter römische Oberhoheit. 59 v. Chr. wurde Florenz durch Julius Caesar gegründet. Im 4. Jahrhundert n. Chr. herrschten die Goten und Byzantiner hier. Im 6. Jahrhundert wurde das Land durch zerstörerische Fremdlinge überflutet, die mit der Völkerwanderung eindrangen. 774 machte Karl der Große die Toskana zur fränkischen Provinz. Im Mittelalter kämpften Papst, Adel und die reich gewordenen Kaufleute um die Führung des Landes. Von 1434 bis 1737 waren – immer wieder umstritten, oft grausam herrschend, aber wohl die größten Kulturmäzene der Geschichte – die Medici an der Macht. Seit 1260 galt Florenz als Hauptstadt der Toskana, 1865–71 war es sogar Hauptstadt Italiens. Im Mittelalter begann der fast unglaubliche Aufstieg der Toskana, insbesondere der Stadt Florenz, zum geistigen und kulturellen Zentrum Italiens, der im 15. und 16. Jahrhundert einen solchen Höhepunkt erreichte, daß Florenz Vorbild für ganz Europa wurde. Hier, wo eigener Formwille, eigene Ideen seit jeher maßvoll, sicher und harmonisch zum Ausdruck kamen, wo jedweder fremde Einfluß – Byzantinisches oder Gotisches – abgelehnt wurde wie sonst nirgends in Italien, konnten die Höchstleistungen der Antike in verwandelter Gestalt durch die Größten ihrer Zeit – Leonardo da Vinci und Michelangelo – neu geboren werden. Hier entstand die Renaissance, vorbereitet durch Giotto, Andrea und Giovanni Pisano, vollendet bereits in der Ausgewogenheit der Florentiner Domkuppel des Brunelleschi und durch die Reliefs Ghibertis, die Plastiken des della Quercia und des Donatello wie durch die Gemälde des Masaccio. 1550 prägte Vasari den Begriff »rinascita« (Wiedergeburt) für Renaissance, den Stil, der von hier aus die Welt erobern und auf dem später der Barock aufbauen sollte. Das Überschäumende des Barock aber blieb den Toskanern fremd.

Überschäumend waren sie nur dort, wo sie Überirdisches in Anspruch nahmen, wie die hl. Katharina von Siena oder aber der Dominikanermönch Savonarola, der 1498 auf der Piazza Signoria in Florenz hingerichtet wurde. Er war überstreng, was die Ausdeutung der Kirchenlehre anbetrifft, dieser Savonarola. Die Strenge, der Hang zum Absoluten, dabei die ganz feste Grenzsetzung bestimmten seit jeher auch die Wissenschaft in der Toskana. Machiavelli schrieb hier 1513 den »Principe«, und Galilei, der 1564 in Pisa geboren wurde, schuf mit seinen Erkenntnissen die Grundlagen der modernen Physik. Im 18. Jahrhundert verlor die Toskana an Bedeutung. 1860 wurde sie Teil des vereinten Italien. Das 19. Jahrhundert entdeckte sie als Ursprungsland der Renaissance, und das 20. schließlich spürte sie mit dem ganzen Zauber ihrer Landschaft und ihrer alten Kultur wieder auf. Wo sonst noch in Europa, ja auf der Welt, finden sich Städte wie Florenz, Siena, Volterra, Pisa, Lucca, Fiesole, Arezzo, Pistoia oder San Gimignano auf so engem Raum! Dieser Kulturführer versucht, dem Reisenden ein Begleiter zu sein bei der immer neuen Entdeckung und Erforschung dieses in seiner kulturellen Bedeutung unübertroffenen Landes.
Wie in den übrigen Bänden der Reihe stehen auch hier die Farbabbildungen gleichrangig neben dem Text. Von mehr als 250 beschriebenen Orten werden Burgen, Kirchen, Schlösser, Rathäuser, Bürgerhäuser und Museen vorgestellt. 250 Fotos, Karten und Grundrißzeichnungen illustrieren den Text. Und analog zu den Vorgängerbänden sind die Artikel alphabetisch nach Orten geordnet. Die Brücke zwischen den Orten, die geographisch benachbart sind, in diesem Buch jedoch durch das Alphabet getrennt werden, schlägt der Kartenteil auf Seite 134–138. Er führt alle behandelten Orte auf und bietet einen Überblick darüber, welche Orte in der Nachbarschaft eines Zielpunktes liegen und deshalb vielleicht zusätzlich in einen Reiseplan einbezogen werden können. Bei jedem Ort sind im Kopf des Artikels Postleitzahl, Einwohnerzahl, Meereshöhe und außerdem ein Hinweis auf die betreffende Karte (S. 135 □ F 6 = Seite 135, Planquadrat F 6) angegeben. Bei den zweiseitigen Karten sind nur die geraden Seitenzahlen aufgeführt, da die Lokalisierung des gesuchten Ortes durch das Planquadrat eindeutig ist. Die einzelnen Sehenswürdigkeiten sind jeweils fett gedruckt. Im Anhang findet sich ein Register aller behandelten Orte. Dabei sind diejenigen Orte, die ein Hauptstichwort erhalten haben, mit einem Dreieck (△) gekennzeichnet, diejenigen, die unter der Rubrik »Umgebung« bei einem anderen Stichwort behandelt werden, haben einen Verweis (→) auf das betreffende Hauptstichwort.

A

53021 Abbadia San Salvatore

Siena

Einw.: 8500	Höhe: 812 m	S. 138 □ F 7

Der vielbesuchte Ferienort liegt am O-Hang des 1738 m hohen erloschenen Vulkans Amiata. Schon die Etrusker kannten die reichen Quecksilbervorkommen des Monte Amiata, und noch heute sichern die Minen vielen Menschen den Arbeitsplatz.

Abtei: Die ehemals reichste Abtei der Toskana wurde 743 v. dem Langobarden Rachis als Benediktinerkloster gegr. Nur wenige Jahre war das Kloster im Besitz v. Kamaldulensern, als 1228 die Zisterzienser einzogen und bis zur Aufhebung des Klosters durch Leopold I. (1782) auch hier blieben. Die wohl erste vorroman. Kirche des 8. Jh. ist nur noch in der dreizehnschiffigen Krypta (mit 36 unterschiedlichen Säulen) erhalten. Von der im Jahre 1036 geweihten roman. Kirche stammt die Zweiturmfassade (r nur Turmrumpf). Der einschiffige Innenraum (1229 und 1590 umgestaltet, 1971 restauriert) mit erhöhter Apsis birgt ein Holzkreuz aus dem 12. Jh. und intarsiertes Chorgestühl des 15. Jh. Die Klostergebäude sind heute nicht mehr erhalten.

Außerdem sehenswert: Vom interessanten ma Stadtkern beeindruckt vor allem der *Borgo,* eine in Trachyt erbaute Burg.

Umgebung

Piancastagnaio (4,5 km s): In der im 13. bis 14. Jh. v. den Aldobrandeschi erweiterten, heute z. T. restaurierten *Burg* (Rocca) befindet sich heute ein *Museum* mit einer Waffen- und Möbelsammlung. – Beachtenswert auch der *Palazzo del Marchese* (1611) und der *Palazzo Pretorio.*
Santa Fiora (12 km w v. Piancastagnaio):

Abbadia San Salvatore, Abteikirche

Piancastagnaio, Burg

Der malerische Ort war seit dem 11. Jh. Feudalsitz der Aldobrandeschi. In der roman. *Kirche* (Renaissanceportal) befinden sich einige Terrakotta-Altäre v. G. della Robbia (15.–16. Jh.). – Bemerkenswert auch der *Palazzo Sforza*, ein bezinnter *Uhrturm* u. der ma *Burgweiler*.

Arcidosso (7,5 km nw v. Santa Fiora): Inmitten des ma Ortskerns befinden sich die Reste der *Burg*. – 2 km außerhalb eine dreischiffige roman. *Kirche* (11. Jh.) mit erhöhtem Chor.

Roccalbegna (17 km sw v. Arcidosso): In diesem 522 m hoch gelegenen malerischen Ort befindet sich die im 13. Jh. erbaute roman. Kirche *SS. Pietro e Paolo* (Piazza Sorge). 2 Tafeln aus der Spätzeit des Lorenzetti (»Madonna mit Kind«, Teil einer Maestà, und »Die Hll. Peter und Paul«), ein gemalter Kruzifixus v. Luca di Tommè (im Oratorio del Crocifisso) sowie der hochragende Kampanile sind sehenswert.

Seggiano (11 km n v. Arcidosso): In der *Pfarrkirche* Triptychon des 11. Jh. – *Kapelle S. Rocco* mit Fresken (um 1450).

52100 Arezzo Arezzo		
Einw.: 88 000	Höhe: 296 m	S. 138 □ L G 5

A. liegt inmitten einer fruchtbaren und landschaftlich schönen Gegend am Abhang eines Hügels. Vom höchsten Punkt, an dem sich der Dom und die Mediceerfestung befinden, laufen die Straßen fächerförmig zu den Stadttoren. Während die v. ihren Mauern in unregelmäßigem Fünfeck umgebene Oberstadt das ma Bild bewahrt hat, zeigt sich die Unterstadt äußerst modern und lebhaft. Seinen Ursprung hat das in der ö Toskana gelegene A. schon vor dem 7. Jh. v. Chr., als es eine bedeutende Rolle im etrusk. Zwölfstädtebund spielte. Bekannte Kunstwerke aus dieser Zeit sind die Chimäre und die Minerva-Statue, die heute im Archäologischen Museum in Florenz aufbewahrt werden. Im 4. Jh. v. Chr. verbündete sich *Arretium* mit Rom, wodurch es einer Zerstörung entging. Berühmt war und ist A. noch heute durch die vom 2. Jh. v. Chr. bis 1. Jh. n.

Piancastagnaio (Abbadia San Salvatore), Stadtansicht

Chr. hergestellte »Terra sigillata« (korallenfarbig gelacktes Geschirr), die in die gesamte damalige röm. Welt geliefert wurde. Im Früh-MA v. Bischöfen regiert, wurde die Stadt ein freies und wohlhabendes Gemeinwesen. 1289 unterlag das ghibellinische, also kaisertreue A. bei Campaldino dem guelfischen Florenz. Zwar konnte unter Bischof Guido Tarlati (1312–27) die Unabhängigkeit zurückgewonnen werden, doch wurde A. 1384 endgültig dem Großherzogtum der Medici einverleibt (durch Kauf).

Berühmte Söhne Italiens wurden hier geboren: Maecenas, († 9 v. Chr.) der Förderer des Horaz u. Vergil, nach dem der Ausdruck »Mäzen« geprägt wurde; Guido d'Arezzo (um 990–1050), Benediktinermönch u. Erfinder der noch heute üblichen Intervall-Notenschrift; der Dichter u. Humanist Francesco Petrarca (1304–74), der in der »Città Petrarca« zwar geboren wurde, hier aber später nur einmal zu Besuch war; der durch seine Beschreibung ital. Künstler (»Le vite de'più eccelenti pittori, scultori ed architetti italiani«) berühmt gewordene Maler, Architekt u. Kunsthistoriker Giorgio Vasari (1511–74); außerdem der Schriftsteller Pietro Aretino (1492–1556) sowie der Arzt u. Dichter Francesco Redi (1626–98).

Unter den Veranstaltungen (der jährlich stattfindende Sängerwettbewerb »Guido d'Arezzo«, der jeden ersten Sonntag des Monats stattfindende Antiquitätenmarkt auf der Piazza Grande) ist das (nachweisbar) seit 1593 auf der Piazza Grande abgehaltene »Giostra del Saracino« (alljährlich am ersten Sonntag im September) hervorzuheben. 8 Reiter, welche die 4 alten Stadtteile Arezzos (Porta S. Andrea, Porta Crucifera, Porta del Foro u. Porta S. Spirito) vertreten, müssen mit ihren Lanzen einen in Punkte gegliederten Schild einer Sarazenenpuppe so treffen, daß möglichst hohe Punktzahlen erzielt werden. Sobald jedoch die höchste Punktzahl erreicht wird, dreht sich die Puppe um ihre eigene Achse u. wirft den Reiter v. Pferd, falls dieser nicht geschickt ausweichen kann. Bekannt ist Arezzo auch durch seine Schmuckherstellung u. vor allem durch seine vortreffliche toskanische Küche.

Arezzo, Pieve di S. Maria Assunta

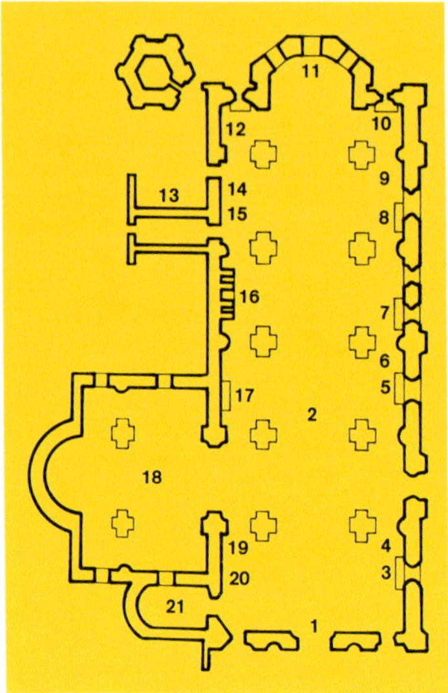

Arezzo, Dom S. Donato 1 Glasfenster v. de Marcillat 1518–24 (Pfingstwunder) **2** Mittelschiffwölbung mit Fresken v. S. Castelucci (1668) und G. de Marcillat (1520–26) **3** Glasfenster v. de Marcillat (1520, »Berufung des Matthäus«) **4** Grabmal Papst Gregors X. (um 1325) **5** Glasfenster v. de Marcillat (1519, »Taufe Christi«) **6** Fresken aus dem 14. Jh., vermutlich v. Buffalmacca **7** Glasfenster v. de Marcillat (1520); Fresko v. Lippo Fiorentino (frühes 14. Jh., »6 Szenen aus dem Leben Christi und Jakobs«, »Madonna mit Kind«) **8** Cappella di Guido Tarlati v. Giovanni d'Agostino (1334); sienesische Fresken (um 1380); röm. Marmorurne des 4. Jh. **9** Glasfenster v. de Marcillat (1520, »Vertreibung der Händler aus dem Tempel«) **10** Kapelle mit Glasfenster aus dem 15. Jh. **11** Presbyterium; Arca di S. Donato v. Giovanni und Betto di Francesco u. a. (die Reliefs zeigen Szenen aus dem Leben des hl. Donato) **12** Cappella del B. Gregorio; Glasfenster v. de Marcillat (1518–24, »Die Hll. Lucia und Silvester«) **13** Sakristei mit kleiner Bildersammlung, darunter ein abgenommenes Fresko v. B. della Gatta (»Hl. Hieronymus«); florentinische Terrakotta aus dem 14. Jh. (»Verkündigung«) **14** Fresko v. Piero della Francesca (um 1460, »Hl. Magdalena«) **15** Grabmal des Bischofs Guido Tarlati († 1327) nach Entwurf Giottos, v. Agostino di Giovanni und Agnolo da Siena (1330) **16** Orgelempore v. G. Vasari (1535); Holzplasik (spätes 13. Jh., »Madonna mit Kind«); röm. Säulenstumpf, auf dem angeblich der hl. Donato enthauptet wurde **17** Altarblatt v. P. Benvenuti (1794, »Martyrium des hl. Donato«) **18** Cappella della Madonna del Conforto (1796–1817); Dekoration v. G. del Rosso; Schmiedeeisengitter des 18. Jh.; Terrakotta v. A. della Robbia (Madonna); am r Altar »Kreuzigung« und »Die Hll. Donatus und Franziskus« v. A. della Robbia **19** Grab des Francesco Redi (Ende 17. Jh.); Holzkruzifix aus dem 13. Jh. **20** Altar aus dem 17. Jh. **21** Baptisterium, sechseckiger Marmortaufbrunnen

Arezzo, Dom, Westportal, Tympanon

Dom S. Donato (Via Ricasoli): Mit dem Bau des roman.-got. Domes wurde 1277 begonnen. Bereits 1313 u. 1510 wurden einige Ergänzungen vorgenommen, bis schließlich 1900–14 die Fassade mit Fensterrose (16. Jh.) restauriert u. endgültig fertiggestellt werden konnte. Die 3 Portale stammen aus dem 15. Jh., das Rundbogenportal mit spitzbogigem Tympanon u. Terrakotta v. Niccolò d'Arezzo (am r Seitenschiff) aus dem 14. Jh., während der Glockenturm erst 1859 errichtet wurde. Der dreischiffige, durch Pfeiler und Spitzbögen unterteilte Innenraum bewahrt eine Reihe kostbarer Kunstwerke. Hinter dem Hochaltar befindet sich der *Schrein des hl. Donato* (Arca di S. Donato), ein 1369 v. mehreren Künstlern geschaffenes, reliefgeschmücktes Marmorwerk. Die Buntglasfenster (1518–27) u. die *Fresken* der ersten 3 Wölbungen des Mittelschiffs (1520–26) schuf der franz. Mönch G. de Marcillat. Die übrigen Fresken stammen v. S. Castelucci (1668). Im l Seitenschiff befinden sich das monumentale Grabmal des 1327 gestorbenen Bischofs Guido Tarla-

Arezzo, Dom, Hochaltar

Arezzo, Pieve di S. Maria Assunta

ti (1330 nach Entwürfen v. Giotto di Bondone ausgeführt) u. r davon ein schönes *Magdalena-Fresko* v. Piero della Francesca. Im r Seitenschiff sind die Tarlati-Kapelle (1334) u. das Grabmal Gregors des X. (14. Jh.) hervorzuheben. Beachtenswert sind auch die Terrakottaarbeiten v. A. della Robbia u. seinen Schülern in der *Cappella della Madonna del Conforto,* ein sechseckiges Taufbekken (15. Jh.) im Baptisterium, eine Renaissanceorgel auf Marmorstützen v. Giorgio Vasar (1535), das Fresko »Hl. Hieronymus« v. B. della Gatta u. eine Terrakotta-Verkündigung des 14. Jh. (beides in der Sakristei) sowie vor dem Dom das Marmorstandbild Ferdinands I. v. Giambologna, 16. Jh.

Pieve di S. Maria Assunta (Piazza Grande): Mit dem Bau dieser ältesten Kirche der Stadt begann man nach 1140. Vor allem auf Grund ihrer roman.-pisanischen Fassade kann die der Assunta u. dem hl. Donato (dessen *Reliquie* sich in der Krypta in einer vergoldeten Silberbüste v. 1346 befindet) geweihte Kirche zu den schönsten roman. Bauten der Toskana gezählt werden. Die mächtige, horizontal abgeschlossene Fassade wirkt durch die der unteren Zone (3 Portale flankiert v. 5 Blendarkaden) aufgesetzten dreistöckigen Bogengänge doch recht aufgelockert. Auffallend ist die größer werdende Zahl der Säulen in den einzelnen Stockwerken (1. Geschoß: 12, 2. Geschoß: 24, 3. Geschoß: 32 Säulen). Von den 3 Portalen sei bes. das mittlere mit einer Darstellung der 12 Monate in 4 Reliefbögen v. einem unbekannten Meister des 13. Jh. hervorgehoben. Der 1330 vollendete, wegen seiner 40 doppelbögigen (also zweigeteilten) Fenster »Turm der hundert Löcher« genannte fünfstöckige *Kampanile* (an der r Fassadenseite) prägt in besonderem Maße das Stadtbild Arezzos. Der dreischiffige, unregelmäßig verschobene Innenraum mit dem über der Krypta befindlichen u. daher erhöhtem Presbyterium (noch vom ersten Bau erhalten) erhält sein Licht durch 18 Biforien. Wertvollster Teil der Ausstattung ist das 1320–24 v. P. Lorenzetti geschaffene *Polyptychon* mit Madonna mit Kind, einer Verkündigung an Maria und

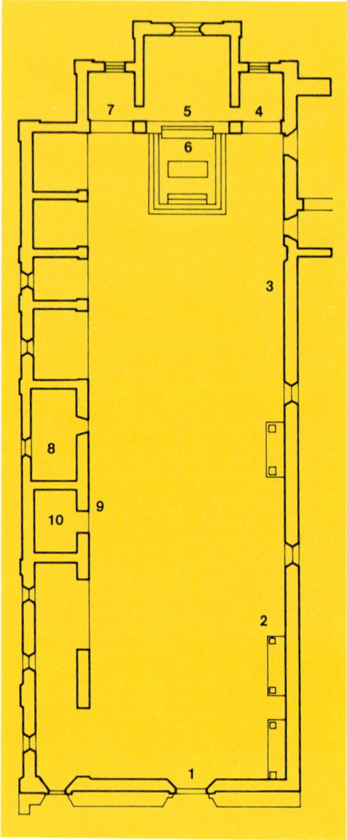

Arezzo, S. Francesco 1 Glasfenster v. G. de Marcillat (1524, »Franziskus vor Honorius III.«); über dem Portal Fresko eines unbekannten Künstlers (15. Jh., »Verlöbnis der hl. Katharina v. Alexandrien«); weitere Fresken an der Innenfassade v. d'Agnoli, Pecori u. a. (14.–15. Jh.) **2** Fresko aus der Nachfolge A. del Castagnos (spätes 15. Jh., 2 Heilige) **3** Fresko v. Spinello Aretino (um 1400, »Verkündigung«) **4** Cappella Guasconi; Fresken v. Spinello Aretino (um 1400, »Szenen aus dem Leben des hl. Egidius«); Triptychon aus dem 14. Jh. **5** Hauptchorkapelle; Freskenzyklus v. Piero della Francesca (1452–64, »Szenen aus der Legende des hl. Kreuzes«); der Zyklus setzt sich aus folgenden Szenen zusammen: »Tod und Begräbnis Adams« (r Wand oben; Seth pflanzt in Adams Mund den Zweig des Lebens; nachdem aus dem Zweig ein riesiger Baum wird, läßt König Salomon aus diesem eine Brücke erbauen), »Die Königin v. Saba erkennt die Heiligkeit des Holzes, aus dem die Brücke erbaut wurde, und berichtet Salomon v. ihrer Vision, daß an diesem Holz einst ein Jude (Christus) hängen werde« (r Wand Mitte); »Salomon läßt das Holz vergraben« (Fensterwand, Mitte r); »Traum Kaiser Konstantins: Unter diesem Zeichen (dem Kreuz) wirst du siegen« (Fensterwand, unten r); »Konstantins Sieg über Maxentius« (r Wand unten); »Levit Judas gesteht Helena, der Mutter Konstantins, wo sich das hl. Kreuz befindet« (Fensterwand, Mitte l); »Drei Kreuze werden ausgegraben und das hl. Kreuz identifiziert« (l Wand Mitte); »Kaiser Heraclius besiegt den Perserkönig Cosroe, der das hl. Kreuz auf einem Feldzug erbeutet hatte« (l Wand unten); »Kaiser Heraclius bringt das Kreuz zurück nach Jerusalem« (l Wand oben); an der Fensterwand sind außerdem die »Verkündigung Mariens« (l unten) und »Propheten« (l und r oben) dargestellt **6** Über dem Chorbogen Fresken v. L. di Bicci (1373–1452), »Hölle, Fegefeuer, Paradies« **7** Cappella Tarlati; Altarblatt v. Neri di Bicci (1419–91, »Verkündigung«); an der r Wand Fresko v. Spinello Aretino (um 1400, »Kreuzigung«); an der l Wand Fresko v. L. Signorelli (um 1460, »Verkündigung«) **8** Grabmal des F. Roselli v. Michele da Firenze **9** Gemaltes Kruzifix mit hl. Franziskus (13. Jh.) **10** Fresken v. Lorentino d'Andrea (um 1480, »Geschichten aus dem Leben des hl. Antonius«)

Heiligendarstellungen auf dem Hochaltar. Beachtenswert sind auch ein Taufbecken aus dem 11. Jh. (im l Seitenschiff), ein Relief »Anbetung der Könige« (12.–13. Jh.) über dem Mittelportal u. ein gemaltes Holzkruzifix (13. Jh.) über der Sakristeitür.

S. Francesco (Piazza S. Francesco): Wohl gegen Ende des 13. Jh. begann Fra Giovanni da Pistoia mit dem Bau dieser franziskanisch-got. Backsteinkirche. Die Seitenkapellen der 53 m langen Kirche entstammen jedoch dem 15. Jh., der Kampanile dem späten 16. Jh. Der einschiffige, schlicht u. weiträumig (also franziskanisch) erbaute Innenraum trägt an seinen Wänden eine Vielzahl v. 1900–11 wieder freigelegten *Fresken:* An der r Wand ein Fresko aus der Schule des A. del Castagnos (spätes 15. Jh.) und die »Verkündigung« v. Spinello Aretino, der auch die Fresken der Cappella Guascani (r vom Chor) um 1400 schuf. In der Cappella Tarlati (l v. Chor) findet man die »Verkündigung« des v. Piero della Francesca stark beeinflußten jungen L. Signorelli (um 1460) und ein weiteres Fresko v. Spinello Aretino. Erwähnt seien weitere Fresken v. L. d'Arezzo (um 1480) und Margaritone (13. Jh.) in einer anderen Kapelle sowie v. L. di Bicci (1373–1452) über dem Chorbogen. Der wertvollste Kunstschatz Arezzos befindet sich im Chor: Von 1452 bis 1466 bemalte Piero della Francesca die Wände mit der *Leggenda della Croce,* jenem weltbekannten (chronologisch beginnenden) Freskenzyklus der Kreuzeslegende. Die Fresken zeugen v. der großen Begabung Piero della Francescas, v. seiner Kunst der Perspektive, der Klarheit der Linienführung und der Miteinbeziehung der Lichteinwirkung. Die Darstellung der 16teiligen Legende beginnt mit dem Tode u. Begräbnis Adams (r Wand oben), fährt mit dem »Traum Kaiser Konstantins vom Kreuz« u. dem »Sieg des Heraclius über den Perserkönig Cosroe« (l Wand unten) fort und endet schließlich mit dem »Zurückbringen des Kreuzes nach Jerusalem« (l Wand oben). Beachtenswert sind auch die *Fensterrose* v. G. de Marcillat (1524) über dem Portal u. das Weihwasserbecken (röm. Urne auf einer Säule des 14. Jh.) r v. der Sakristei.

S. Domenico (Piazza S. Domenico): Laut Giorgio Vasari wurde der 1275 v. der Familie Tarlati gestiftete got. Bau nach Plänen Nicolo Pisanos errichtet. Originell ist die unregelmäßige Pfeilerfassade mit dem roman. Portal und Glockenaufsatz. Wertvollster Teil der Ausstattung ist ein bemaltes *Holzkruzifix* über dem Hochaltar, das als eines der frühesten Werke Cimabues (um 1265) gilt, der noch v. der byzantinischen Kunst ausgeht. Außerdem seien mehrere Fesken v. Malern des 14.–15. Jh. aus Arezzo und Siena (Spinello Aretino, Donato d'Arezzo) u. der 1368 v. Giovanni di Francesco geschaffene got. Tabernakel hervorgehoben. Sehr schön sind auch die über Apsis u. Fenstern gezogenen gestreiften Marmorbögen.

SS. Annunziata (Via Garibaldi): 1490–91 wurde an der Stelle eines Oratoriums aus dem 14. Jh. mit dem Bau dieser Renaissancekirche begonnen, die 1517 A. da Sangallo schließlich vollendete. Vom Oratorium erhalten sind das r Portal sowie ein Fresko v. Spinello Aretino (1370). Der dreischiffige Innenraum birgt neben Glasfenstern v. G. de Marcillat (16. Jh.) auf dem marmornen Hochaltar (1599) eine Terrakotta-Madonna v. Michele da Firenze (1433–38).

S. Flora e Lucilla in Badia (Via Cavour): Die ehemalige, im 13. Jh. gegründete Benediktinerkirche wurde um 1550 v. G. Vasari erweitert. Während die Flanke längs der Via Cavour u. ein Teil des Portals noch vom ersten Bau stammen, wurde der Glockenturm erst um 1650 errichtet. Der dreischiffige Renaissanceinnenraum bewahrt ein bemaltes Holzkreuz (um 1320) v. Segna di Bonaventura (unter der Vierung), ein Laurentius-Fresko v. B. della Gatta (1476) u. einen Hochaltar, den G. Vasari als Grabmal für sich u. seine Familie geschaffen hatte. Beachtung verdient auch der Kreuzgang des ehemaligen Klosters (neben der Kirche).

S. Francesco, Fresken v. Piero della Francesca

S. Maria in Gradi (Piaggia del Murello): Diesen Spätrenaissancebau errichtete 1592 B. Ammannati anstelle einer roman. Kirche, v. der heute nur noch die Krypta (11. Jh.) erhalten ist. Im einschiffigen Innenraum folgen auf große Kapellen jeweils kleine. Beachtenswert ist die am ersten Altar aufgestellte Terrakotta v. A. della Robbia.

S. Maria delle Grazie (Viale Mecenate, außerhalb der Stadtmauer): An der Stelle einer (angeblich) wundertätigen Waldquelle erbaute 1435–44 D. Faltore diese einschiffige Renaissancekirche, nachdem 1430 der hl. Bernhardin die Quelle vernichtet u. P. di Spinello beauftragt hatte, die »Madonne delle

Arezzo, Palazzo Pretorio

Grazie« zu malen. Der Marmor- u. Terrakottaaltar für dieses Madonnenbild stammt v. A. della Robbia (Ende 15. Jh.). Den prächtigen Portikus erbaute 1478–82 B. da Maiano.

Palazzo Comunale (Via Ricasoli): Der zweigeschossige Bau mit den Ghibellinenzinnen wurde 1333 für die Familie Priori errichtet. Aus dem Jahre 1337 stammt der wuchtige, zinnenbewehrte Turm. Nach mehreren Umbauten vor allem im 15. u. 16. Jh. verlor das seit 1384 als Rathaus benutzte Gebäude leider einiges v. seinem urspr. Aussehen.

Palazzo Pretorio (Via dei Pilesti): Die Fassade des im 14. Jh. aus 3 Palästen hervorgegangenen Gebäudes ist mit zahlreichen Steinwappen der alten Podestà (seit 1434) geschmückt. Von 1404 bis 1926 Gefängnis. Heute ist hier die Stadtbücherei untergebracht.

Palazzo Bruni-Ciocchi, auch **Palazzo della Dogana** (Via S. Lorentino): Der gewaltige Renaissancebau wurde 1445 v. B. Rossellino für Donato Bruni errichtet u. im Laufe der folgenden Jh. erweitert. Seit 1958 sind hier die *Städt. Gemäldegalerie* und das *Museum für ma Kunst (Museo Medioevale e Moderno)* untergebracht. Aus der großartigen Sammlung seien Werke v. Margaritone d'Arezzo (13. Jh.), Spinello Aretino, L. Signorelli, Rosso Fiorentino, A. della Robbia u. G. Vasari hervorgehoben. Unter den verschiedensten Kunstgegenständen u. Skulpturen verdienen die Münz- u. Siegelsammlung sowie die zahlreichen Majoliken (13.–18. Jh.) und die Werke sakraler Goldschmiedekunst besondere Beachtung.

Palazzo della Fraternità dei Laici (Piazza Grande): Der Palast wurde 1375–77 v. Baldino di Cino hochgot. begonnen, 1434–35 errichtete B. Rossellini das obere Geschoß im Stil der Renaissance (v. ihm auch das Madonnenrelief), und 1460 schloß G. da Settignano die Arbeiten mit dem Bau der überdachten Säulenloggia ab. In der Fassade verbinden sich die Formen der Gotik mit denen der Renaissance in hervorragender Weise.

Erst im 16. Jh. entwarf G. Vasari den frühbarocken Uhrturm.

Weitere Paläste: An der Piazza Grande befinden sich außer den oben genannten Palazzi der im 17. Jh. erbaute *Palazzo del Tribunale* mit Rundtreppe, der 1573–81 v. G. Vasari entworfene *Palazzo delle Logge* und der *Palazzo Cafani* (15. Jh.) mit Faggiola-Turm (13. Jh.). Erwähnt sei auch der im 14.–16. Jh. erbaute Palazzo Albergotti (Via dei Pilesti) u. das nebenstehende Turmhaus »Della Bigazza« (1351).

Casa di Giorgio Vasari (Via XX. Settembre 55): 1540 kaufte der Baumeister, Maler u. Kunsthistoriker (»Vater der Kunstgeschichte«) G. Vasari dieses damals noch im Bau befindliche Haus. Bis 1548 stattete er einige Räume selbst aus und versah sie mit Fresken (vornehmlich im 1. Stock). Heute ist hier das *Museo e Archivio Vasariano* untergebracht. Die Sammlung besteht aus Fresken Vasaris (meist Porträts zeitgenössischer Künstler) sowie aus Briefen, u. a. v. Michelangelo, Cosimo I., Francesco I. Medici u. verschiedenen Päpsten.

Casa Petrarca (Via dell'Orto): Das Geburtshaus des Dichters u. Gelehrten Francesco Petrarca (1304–74) wurde zwar zerstört, doch errichtete man wahrscheinlich auf seinen Mauerresten im 16. Jh. das heutige Gebäude, das 1948 nach Kriegsschäden restauriert werden mußte. Heute befindet sich hier die Accademia Petrarca für Kunst, Literatur u. Wissenschaft.

Fortezza Medicea (Viale Buozzi): Im 16. Jh. beauftragte Cosimo I. die beiden Baumeister A. u. G. Sangallo, anstelle einer alten etruskisch-röm. Burg eine neue Festung zu errichten. Nach der Schleifung um 1800 sind jedoch nur noch wenige Reste erhalten. Freilegen konnte man auch geringe Mauerreste u. Teile eines Theaters aus dem 3. vorchristl. Jh. (unter der S-Bastei).

Röm. Amphitheater (Eingang Via Margaritone 12) und **Museo Archeologico Mecenate** (Eingang Via Margaritone 10): Das ellipsenförmige (122–168 m) Theater wurde gegen Ende des 1. Jh. v. Chr. erbaut u. bot etwa 8000 Zuschauern Platz. Aus den Ruinen der einen Tribünenseite errichteten um 1550 die Olivetaner das Kloster S. Bernardo. Seit 1934 beherbergt dieses ehemalige Kloster das Museo Archeologico. Neben etrusk. (Statuen, Grabsteine, Terrakottareliefs) u. röm. (Mosaiken, Teile v. Gräbern, Statuen) Kunstgegenständen, umbr., etrusk., röm. u. griech. Münzen u. Goldschmiedearbeiten sowie Funden aus der Jungsteinzeit u. Bronzezeit befindet sich hier vor allem eine weltberühmte Sammlung der sog. »vasi aretini«, der korallenfarbenen Aretiner Vasen aus der Zeit v. 1. Jh. v. Chr. bis 1. Jh. n. Chr.

Arezzo, S. Francesco

Außerdem sehenswert: *Turmhaus Lappoli* (14. Jh.) an der Piazza Grande. – Die zwischen Dom u. Mediceerfestung liegenden *Parkanlagen* (Passeggio del Prato).

B

55051 Barga Lucca		
Einw.: 11000	Höhe: 410 m	S. 134 □ C 2

Der im Tal des Serchio gelegene Ort wurde 1186 unter Barbarossa befestigt. 1298 v. der Republik Lucca bezwungen, wurde B. schließlich 1341 an Florenz verkauft. Im Juli jeden Jahres findet ein beachtenswertes Opernfestival statt.

Dom S. Cristoforo: Am höchsten Punkt des Ortes, dem Platz L'Arringo mit herrlichem Rundblick auf das Tal des Serchio, den Apennin und die Apuanischen Alpen, wurde im 9. Jh. mit dem Bau des wuchtigen roman. Domes begonnen. Die Erweiterungsbauten entstammen vor allem dem 12. (Fassade) und 14. Jh., nur die Seitenkapellen sind jünger. An den 2 Bogenreihen der lombardisch-roman. Fassade befinden sich einige interessante Konsolen mit menschlichen Figuren und Fabelwesen. Der Architrav des Löwenportals zeigt die Darstellung einer Weinlese. Bedeutendstes Kunstwerk des durch 2 Pfeilerreihen gegliederten Innenraums ist die roman., reliefgeschmückte *Löwenkanzel* (12. Jh.). Beachtenswert sind außerdem die Holzstatue des hl. Christophorus (11. Jh.) in der Apsis, eine Croce dipinta (15. Jh.) und ein hl. Joseph mit B. als Hintergrund (16. Jh.) v. B. Ciarpi.

Barga, Dom S. Cristoforo

Barga, Dom, Hl. Christophorus (11. Jh.)

Außerdem sehenswert: Im 1456 gegr. *Klarissenkloster* sind eine große Himmelfahrt Mariens aus der Schule della Robbias und das Chorgestühl (17. Jh.) beachtenswert. – Einige alte *Patrizierhäuser* in den engen Gassen v. B. sind mit Wappen und Ziermotiven geschmückt.

Umgebung

Bagni di Lucca (6,5 km nö v. Borgo a Mozzano): Die Gemeinde besteht aus einer Ansammlung mehrerer kleiner Badeorte, die schon seit dem 11. Jh. existieren, aber erst im 19. Jh. einen großartigen Aufschwung erlebten. – Der Hauptbadeort ist *Bagni Caldi* mit seinen bekannten salzigen Schwefelquellen. An einer Bachkrümmung befindet sich die malerische *Ponte a Serraglio*. – In *La Villa*, das einst Landsitz der Herzöge v. Lucca war, ist die roman. *Kirche S. Pietro* mit ihrem Glockenturm hervorzuheben.

Borgo a Mozzano (17 km s v. B.): In der *Pfarrkirche* befinden sich mehrere holzgeschnitzte Figuren aus dem 15. und 16. Jh. – Etwas außerhalb der Ortschaft wurde wahrscheinlich im 11. Jh. die sog. *Teufelsbrücke* (Ponte del Diavolo) in geschwungenem Bogen über dem Serchio errichtet. Sie ist eine technische Meisterleistung des Früh-MA.

Castelnuovo di Garfagnana (12 km nw): Das wichtigste Bauwerk des alten Hauptortes der n Garfagnana ist die im 12. Jh. auf unregelmäßigem Grundriß erbaute *Burg La Rocca* mit Rund- und Viereckturm. In dieser Festung der Este-Herzöge v. Ferrara wohnte 1522–25 als ferraresischer Gouverneur der Dichter Ludovico Ariosto und 1640–42 Fulvio Testi. – Im N sind die Reste des *Kastells S. Nicolao*, im W die *Grenzfestung Montalfonso* (im 16. Jh. v. Alfonso II. v. Ferrara erbaut) zu sehen.

Castelvecchio Pascoli (5 km n): Im Landhaus des Dichters Giovanni Pascoli (1855–1912) befinden sich ein kleines *Museum* und die Grabesstätte.

Castiglione di Garfagnana (8 km n v. Castelnuovo di Garfagnana): Der malerische *Mauerring* (1371) ist noch sehr gut erhalten

Barga, Dom S. Cristoforo

Barga, Dom, Portal

San Cassiano di Controne, Pfarrkirche

Bibbiena, S. Lorenzo

und kann sogar begangen werden. – Die Fassade der *Kirche S. Pietro* stammt noch aus dem frühen 13. Jh.

Diecimo (4 km s v. Borgo a Mozzano): Die roman. *Kirche* stammt aus dem 13. Jh. Die Anzahl der Fenster des mit roman. Skulpturen geschmückten Glockenturms wird v. Geschoß zu Geschoß größer.

San Cassiano (9 km nö v. Bagni di Lucca): Die *Pfarrkirche* mit ihrem Quaderturm wurde im 11. oder 12. Jh. errichtet. Im 13. Jh. erneuerte man die Fassade.

Villa, La, (8 km nö v. Bagni di Lucca): Im Corsena genannten alten Stadtteil befindet sich die roman. *Kirche S. Pietro* mit einem wuchtigen Kampanile.

52011 Bibbiena

Arezzo

Einw.: 10000	Höhe: 425 m	S. 138 □ G 4

Wohl auf Grund seiner durch die umrahmenden Gebirgszüge geschützten Lage (im O ein Ausläufer des Monte Falterona, im W die Hänge des Pratomagno) und der großen Fruchtbarkeit des Bodens bestand der Ort schon in etrusk. Zeit und führte den Namen *Vipena*. Bevor B. 1360 zu Florenz gelangte, gehörte es im Früh- und Hoch-MA zum Bistum Arezzo. Noch heute ist es Mittelpunkt des Casentino genannten oberen Arno-Tales. Diese Landschaft mit ihren Olivenhainen, Weinhängen und wunderschönen Wäldern zählt zu den idyllischsten der Toskana und wird deswegen vor allem im Sommer recht häufig besucht. Zu empfehlen ist der Besuch des jeweils am Faschingsdienstag stattfindenden »Ballo Bello« (»Schöner Tanz« in alten Trachten und zu alter Volksmusik des Casentino).

SS. Ippolito e Donato (in der Nähe der Piazza Tarlati): Die im 12. Jh. erbaute *Kirche* wurde in den folgenden Jh. mehrmals verändert. Im Chor befinden sich das Gemälde »Madonna mit Engel« v. Arcangelo di Cola da Camerino sowie ein Triptychon v. Bicci di Lorenzo (1453). Beachtenswert sind zudem Fresken-

Caprese Michelangelo (Bibbiena), Geburtshaus Michelangelos

reste des 14. und 16. Jh. im gesamten Innenraum.

S. Lorenzo (Via Dovizi): Die *Kirche* (15. Jh.) birgt als wertvollsten Schatz Terrakottareliefs aus der Schule der della Robbia. An der r Seite schließt sich ein sehenswerter Kreuzgang an.

Palazzo Dovizi (Via Dovizi): Der im 16. Jh. erbaute *Palast* war das Wohnhaus des Humanisten Bernardo Dovizi, der in B. Kardinal war und sich durch seine Renaissancekomödie »La Calandra« einen Namen machte.

Umgebung

Caprese Michelangelo (16 km s v. La Verna): Am 6. März 1475 wurde im höchstgelegenen Haus des Ortes Michelangelo, der Sohn des Florentiner Amtsverwesers Ludovico Buonarroti geboren. Das mehrmals restaurierte zweigeschossige Haus (14. Jh.) birgt im Obergeschoß die zeitgerecht ausgestatteten Wohnräume der Familie Buonarroti. Im Untergeschoß wurde ein kleines *Museum* mit Photographien und Nachbildungen der Skulpturen Michelangelos eingerichtet. L des Hauses befinden sich mehrere Bronzeplastiken moderner ital. Bildhauer. R ein um 1900 entstandenes Marmordenkmal. In der roman. Kapelle S. Giovanni (13. Jh.) unterhalb v. Resten der Ortsmauern wurde Michelangelo am 8. März 1475 getauft.

Kloster La Verna (25 km ö): 1213 schenkte Graf Cattani dem hl. Franz v. Assisi einen Adlersitz auf der Verna. Dieser v. Buchen- und Tannenwäldern bewachsene Felsblock ist bis weit in den Casentino sichtbar. Hier lebte der hl. Franz mit seinen Anhängern, und hier empfing er am 14. September 1224 die Stigmata. Bis heute ist dieser Ort eine bedeutende Wallfahrtsstätte des Franziskanerordens. Der Klosterkomplex setzt sich aus mehreren Gebäuden (vor allem des 13.–16. Jh.) zusammen. In der 1216 erbauten, später veränderten *Kirche S. Maria degli Angeli* befinden sich emaillierte Terrakotten v. G. della Robbia. Unter den hervorragenden

Cafaggiolo (Borgo San Lorenzo), Villa

Terrakotta-Arbeiten der della-Robbia-Brüder ist in der Hauptkirche (14. Jh.) das Meisterwerk des A. della Robbia zu finden: die Terrakotta-Darstellung »Verkündigung Mariens«. Aus den Kunstschätzen der 1263 errichteten *Cappella delle Stimmate* sei die sehr beeindruckende »Kreuzigung« v. A. della Robbia bes. hervorgehoben. Auf dem Boden ist die Stelle, an der der hl. Franz die Wundmale erhalten hat, gekennzeichnet. Beachtenswert sind außerdem die verschiedenen Kreuzgänge des Klosters, die Zelle des hl. Franz, die Klosterbibliothek und das Museo del Santuario mit einer Sammlung sakraler Kunstgegenstände.

50032 Borgo San Lorenzo
Florenz

Einw.: 14500	Höhe: 193 m	S. 134 □ E 3

Der v. Landwirtschaft, aber auch in zunehmendem Maße v. Industrie geprägte Ort ist das Zentrum des stark durch Erdbeben gefährdeten Mugello, jenes breiten Tales der wilden und oft sehr reißenden Sieve. Die ma Bauten B. S. L. mußten auf Grund der Erdbeben in der Vergangenheit häufig verändert oder gar abgetragen und völlig neu aufgebaut werden.

S. Lorenzo: Die roman. Kirche des 11. Jh. wurde im 16. Jh. got. erneuert. Der roman. Glockenturm entstand 1213. Die Kirche besitzt ein Bild »Hl. Sebastian zwischen den Hll. Makarius und Vinzenz« aus der Perugino-Schule.

Umgebung

Barberino di Mugello (6 km n v. Cafaggiola): Der Ort wurde seit 1313 als Florentiner Grenzfeste genutzt. Aus dem 15. Jh. stammen der *Palazzo Pretorio* sowie der *Medici-Palazzetto.*

Cafaggiolo (6 km nw v. San Piero a Sieve): Ein beliebter Sommeraufenthaltsort der Medici und der Großherzöge der Toskana war

Scarperia (Borgo San Lorenzo), Kirche Sant' Agata, Tympanon

die 1451 v. Michelozzo entworfene burgähnliche *Villa* mit Turm, bezinnten Torbogen und Wehrgängen. Schöner Blick ins fruchtbare Umland.

Convento Monte Senario (21 km s): Das einsam auf einem Berg in 815 m Höhe gelegene Kloster ist eine Gründung v. 7 Florentinern, die sich in die Einsamkeit zurückzogen und als Eremiten lebten. Im 16.–18 Jh. wurde der gesamte Klosterkomplex mit Kirche umgebaut.

Dicomano (8 km sö v. Vicchio): Nach Erdbeben mußte die im 12. Jh. erbaute *Kirche S. Maria* wiederaufgebaut werden. In der Sakristei befindet sich ein schöner Reliquienschrein.

Pieve S. Cresci (6 km s): Auch diese 406 m hoch gelegene *Kirche* mit roman. Campanile mußte nach Erdbeben restauriert werden.

San Godenzo (10 km nö v. Dicomano): Hier schlossen im Jahre 1302 die aus Florenz verbannten »Weißen Guelfen« mit dem Ghibellinen Ubaldini ein Bündnis gegen das »schwarz-guelfische« Florenz. In dem heutigen Luftkurort verdient einzig die im 20. Jh. restaurierte *Klosterkirche* der im Jahre 1029 v. dem Bischof v. Fiesole gegründete Benediktinerabtei besondere Beachtung.

San Piero a Sieve (4 km w): Überragt wird der Ort v. der imposanten, 1571 nach einem Plan Buentalentis mit mehreren Basteien erbauten *Mediceerfestung*.

Sant'Agata (4 km n v. Scarperia): In der im 8. Jh. erbauten *Pieve* sind die Reliefs einer zerlegten Kanzel v. 1175 am Taufbecken und das v. G. della Robbia geschaffene Tabernakel beachtenswert.

Scarperia (4 km n v. San Piero a Sieve): Der Ort war 1306 zum Stützpunkt der guelfischen Florentiner im ghibellinischen Mugello ausgebaut worden. – Der 1306 erbaute *Palazzo Preterio* mit Guelfen-Zinnen am Palast und Turm ist dem Palazzo Vecchio in Florenz nachempfunden. Zahlreiche Wappen der Statthalter. Kirche Sant' Agata.

Trebbio (4 km sw v. San Piero a Sieve): Hier erbaute 1461 Michelozzo für Piero de' Medici eine Villa. Garten 16. Jh.

Vicchio (7 km sö v. B. S. L.): Hier wurde 1387 der Mönch und Maler Fra Angelico geb.

53022 Buonconvento Siena		
Einw.: 3700	Höhe: 147 m	S. 136 □ F 6

Das im Arbia-Tal gelegene B. wurde hauptsächlich dadurch bekannt, daß hier am 24. August 1313 Kaiser Heinrich VII. v. Luxemburg während seines Kaiserzugs starb. Der malerische Ort mit seinen ma Gassen erhielt im 14. Jh. die (v. den Türmen abgesetzten) Stadtmauern. Von den 3 Toren verdient die stattliche Porta Senese besondere Beachtung.

Pfarrkirche: Die im 14. Jh. erbaute Pfarrkirche wurde letztmals im 17. Jh. restauriert. In ihrem .Inneren bewahrt sie eine Darstellung der »Muttergottes mit Heiligen« v. Matteo di Giovanni.

Außerdem sehenswert: In einem Haus in der Nähe der Pfarrkirche wurde ein kleines *Museum* eingerichtet. Hier sind Werke toskanischer Maler des 14.–16. Jh. und Arbeiten sakraler Goldschmiedekunst des 15.–17. Jh. ausgestellt. – Den *Palazzo Pretorio* schmükken mehrere Wappen Sieneser und toskanischer Verwalter.

Umgebung

Abbazia di Monte Oliveto Maggiore (9 km nö): Im Jahre 1313 zogen sich drei Sieneser Patrizier, der Rechtsdozent Bernardo Tolomei und seine beiden Freunde A. Piccolomini und P. Patrizi auf einen 273 m hohen, v. Oliven und Zypressen bewachsenen Hügel inmitten der kargen »Crete« (Tonerde) zurück. Am 26. März 1319 gründete B. Tolomei an dieser Stelle das Kloster Monte Oliveto (Ölberg), das Mutterhaus der Olivetaner. Diese neue Kongregation, die nach den strengen Regeln des Benediktinerordens (ora et labora = bete und arbeite) lebte, wurde schließlich 1344 v. Papst Clemens VI. bestätigt. Das Kloster war danach im 15. und 16. Jh. eines der wichtigsten Zentren der humanistischen Kultur. Heute ist die Hauptar-

Scarperia, Palazzo Pretorio

Buonconvento, Stadttor

beit der Olivetaner in ihrem Mutterhaus die Erneuerung und Zusammenstellung alter, beschädigter Bücher und Pergamentrollen sowie die Herstellung v. Likör. Der ziegelrote, sehr wehrhaft wirkende Gebäudekomplex (14.–18. Jh.) liegt inmitten eines großen, am Hang gelegenen Parks. Zu beiden Seiten des zinnenbewehrten Torturms (1393) befinden sich Terrakottadarstellungen v. A. della Robbia (Muttergottes und St. Benedikt). Vorbei an Fischteichen und Kräutergärten führt v. hier ein Weg hinab zur kuppelbekrönten Kirche (1400–17). Das got. Portal und der roman.-got. Kampanile entstammen noch der 1. Bauphase. 1722 wurden hauptsächlich an der Apsis noch einige Veränderungen vorgenommen. Das Lesepult und das Chorgestühl schuf 1503–05 Fra Giovanni da Verona. Die *Fresken* »Kreuztragung« und »Geißelung« im Durchgang zur Kirche stammen v. G. Bazzi (1477–1549), genannt Sodoma. Dieser malte auch 1505–08 27 der 36 bekannten Fresken »Geschichten aus dem Leben des hl. Benedikt« im großen Kreuzgang, dem Chiostro Grande. Die restlichen Szenen dieses bedeutendsten Kunstschatzes des Klosters schuf schon 1497–98 L. Signorelli (Szenen 20–28, w Wand). Weitere Fresken befinden sich in einem Atrium, wo auch eine v. Fra Giovanni da Verona geschaffene Marmorstatue (1490) aufbewahrt ist, und im 1387–90 erbauten Refektorium. Beachtenswert ist außerdem die durch den mittleren Kreuzgang erreichbare Bibliothek (ein dreischiffiger Saal mit Gebetsbüchern des 14.–15. Jh.) sowie die Apotheke mit einer Gefäßsammlung des 15.–17. Jh.

Asciano (9 km n v. Abbazia di Monte Oliveto Maggiore): Der ma Ort erhielt 1351 seine Sieneser Ummauerung. – Die roman. *Collegiata S. Agata* entstammt dem 11. Jh. Bes. auffallend ist ihre achteckige Kuppel. – Von der Ausstattung der *Kirche S. Francesco* (14. Jh.) sind bes. ein Terrakotta-Altar aus der Werkstatt der della Robbia, das Taufbekken und die v. Giovanni d'Asciano geschaffenen Fresken (14. Jh.) beachtenswert. – Im *Museum für religiöse Kunst* (nahe der Collegiata) werden Werke der Sieneser Schule ausgestellt.

Abbazia di Monte Oliveto Maggiore, Abtei

Abbazia di Monte Oliveto Maggiore, Torturm

Carrara, Dom, Rosette

Carrara, Dom, Portal

C

54033 Carrara Massa-Carrara		
Einw.: 70 000	Höhe: 100 m	S. 134 □ B 2

C., das sich aus dem Dorf Kar (vorröm. Bedeutung für Stein) entwickelte, liegt hinter der grünen Versiliaküste zu Füßen der Apuanischen Alpen, aus deren Flanken schon seit über 2000 Jahren der bekannte carrarische Marmor gebrochen wird. Auch Michelangelo benutzte den dichten, weißen Marmor (den sog. Statuario) für seine bekanntesten Skulpturen, weshalb er häufig in einem der alten Häuser am Domplatz wohnte. Heute besitzt C. die größten Marmorbrüche der Welt mit mehreren verschiedenen Arten und ist infolgedessen auch das bedeutendste Zentrum der Marmorindustrie überhaupt. Im 14.–15. Jh. hatte der Ort häufig wechselnde Besitzer, gehörte dann v. 1473–1790 dem Geschlecht der Malaspina und gelangte schließlich, nachdem es einige Jahrzehnte im Besitz v. Modena war, mit der Toskana in das Königreich Italien.

Dom S. Andrea (Domplatz): Die lange Bauzeit v. 11. bis ins 14. Jh. mag der Grund dafür sein, daß hier got. neben roman. Elemente treten konnten, die jedoch in hervorragender Weise harmonisieren. So ist die weiß-graue Marmorverkleidung längs der Seitenschiffe und im unteren Teil der Fassade (mit Rund-

Carrara, Dom

bogenfries und Portalrahmen) roman., während der obere Teil des Mittelschiffs, der Apsis und der Fassade (mit Säulen und großer Rosette) in den Formen der Gotik geschaffen wurde. Der im 13. Jh. nach ligurischem Muster errichtete Kampanile wird v. 5 Pyramiden (eine größere inmitten 4 kleinerer) bekrönt. Der Innenraum ist durch 2 Reihen v. Säulen mit zum Teil antiken Kapitellen dreischiffig unterteilt. Unter den Marmorwerken einheimischer Meister sind das sechsekkige Taufbecken (16. Jh.) im Baptisterium, die Marmorskulpturen (»Engel und Jungfrau«, 14. Jh.) im l Seitenschiff sowie eine Nische mit Madonna und Heiligen (1464) im l Seitenschiff bes. beachtenswert.

Accademia del Marmo (Piazza Risorgimento): 1805 verlegte Elisa Baciocchi-Bonaparte (seit 1809 Großherzogin der Toskana) den Sitz der 1769 gegründeten Marmorkunstgalerie in den im 16. Jh. um die ma Burg (Rocca) erbauten Palazzo Cybo Malaspina. Hier sind Sammlungen röm. Skulpturen sowie Funde aus Luni untergebracht. Vom Turm aus hat man einen herrlichen Blick auf das Meer und die Apuanischen Alpen.

Außerdem sehenswert: Am Domplatz befindet sich der im 16. Jh. v. B. Bandinelli geschaffene *Neptunbrunnen* mit Andrea-Doria-Statue. – Sehr reizvoll sind auch einige *Barockpaläste* des 17.–18. Jh. an der Piazza Alberica.

Umgebung

Campo Cecina (20 km nw): Von diesem inmitten der beeindruckenden Marmorbrüche 1350 m hoch gelegenen Plateau hat man einen wunderschönen Blick auf die Gipfel der Apuanischen Alpen und die Versilia-Küste.
Fosdinovo (15 km nw): Der auf einem Felsvorsprung erbaute Ort besitzt eine der malerischsten Burgen der Toskana. Die sehr gut erhaltene *Malaspina-Burg* wurde v. 13. bis 14. Jh. wahrscheinlich über einer älteren erbaut. Hier soll Dante Alighieri Zuflucht gefunden haben. – In der *Pfarrkirche* befindet

sich das Grabmal des Galeotto Malaspina.
Marmorbrüche v. Colonnata (8 km ö): Aus diesen Brüchen besorgte sich Michelangelo den weißen Marmor für seinen in Florenz aufbewahrten David.

58043 Castiglione della Pescaia Grosseto		
Einw.: 7500	Höhe: 51 m	S. 136 □ D 7

Der malerische Badeort mit seinem schon in der Antike bekannten Hafen liegt zu Füßen des v. einem imposanten Kastell bekrönten Felssporns Poggio Petriccio (342 m). Ein langer Sand- und Pinienstrand zu beiden Seiten des Hafens ließ C. d. P. zu einem vielbesuchten Ferienort werden.

Castiglione Castello und Ringmauer: Die Burg wurde im 14. Jh. erbaut. Ihre mächtige, durch Türme verstärkte Ringmauer umschließt noch heute die auf dem Felssporn liegende ma Altstadt.

Umgebung

Punta Ala (20 km nw): Hier, auf einem v. Pinien und Macchia bewachsenen felsigen Kap wird ein neues Touristikzentrum errichtet. – Beachtenswert ist die auf einer kleinen Insel vor dem Kap erbaute *Burg*.
Vetulonia (19 km nö): Auf Grund seiner Gold-, Silber- und Erzvorkommen entwikkelte sich Vetulonia schon im 6. Jh. v. Chr. zu einer der bedeutendsten Städte des etrusk. Zwölferbundes, dem es sich im 7. Jh. v. Chr. angeschlossen hatte. Von seiner großen damaligen Bedeutung zeugen nicht nur die zahlreichen, in den Gräbern gefundenen Goldschmiedewerke (der größte Teil befindet sich heute im Archäologischen Museum in Florenz), sondern auch die v. Rom später übernommenen Kennzeichen der etrusk.-vetulonischen Magistrate (Kriegstrompete, Toga, Liktorenbündel). Wahrscheinlich wegen der Versumpfung eines Sees, der Vetulonia urspr. mit dem Meer verbunden hatte, erfolgte der völlige Niedergang der einst so bedeutenden Stadt. Erst gegen Ende des 19. Jh. konnte das v. antiken Autoren sehr häufig genannte Vetulonia v. Archäologen gefunden werden. Nach der Zerstörung durch die Sarazenen entstand im 10. Jh. auf dem alten Burgberg ein neues Dorf, dessen Bewohner die Ruinen des alten Vetulonia als Steinbruch benutzten. Am höchsten Punkt des Ortes konnten polygonale Steinquader als Reste der Stadtmauer des 6. Jh. v. Chr. (Mura dell'Arce) identifiziert werden.

Carrara, Neptunbrunnen mit Dom

Vetulonia, Etruskersiedlung

3 km nö des Dorfes findet sich das Gebiet der weitverstreuten Ausgrabungen (8.–2. Jh. v. Chr.).
Die *Tomba della Pietrera* aus dem 7. Jh. v. Chr. ist das bedeutendste Grab Vetulonias. Die Besonderheit an diesem Grab ist, daß 2 im Grundriß gleiche Gräber übereinander mit unterschiedlichem Gestein errichtet wurden: Die untere Anlage mit einem zentralen, 2,90 m hohen Pfeiler wurde, da man die geringe Festigkeit des Gesteins erkannt hatte, aufgeschüttet. Über dieser errichtete man mit härterem Kalksandstein die obere, annähernd quadratische Kammer. Die an den Grabwänden aufgestellten Statuen befinden sich heute in Florenz. Bemerkenswert ist auch der 22 m lange, ins Grab führende Dromos (Gang). Auch einige weitere Gräber des 7. vorchristl. Jh. haben durch die in ihnen gemachten kunsthistorischen Funde eine besondere Bedeutung.
Hervorzuheben ist noch die *Tomba del Diavolo* (ebenfalls im 7. Jh. v. Chr. entstanden), die v. der großartigen Gewölbetechnik und Grabarchitektur der Etrusker zeugt. Auch hier führt ein langer Zugang in die Kuppelgrabkammer.
In einem *Museum* am heutigen Ortseingang werden Funde aus der Villanova-Zeit (also vor dem 7. Jh. v. Chr.), die leider größtenteils gestohlen wurden, ausgestellt.

57023 Cecina
Livorno

Einw.: 20 000	Höhe: 15 m	S. 136 □ C 5

Im 19. Jh., als die im MA verkommenden Schwemmlande der Maremmen entwässert und Alleen zwischen den neugegründeten Dörfern und zur Via Aurelia geschaffen wurden, ließen sich Bauern hier an der Stelle einer ehem. röm. Pferdestation an einer Brükke über der Cecina nieder. Von der Wildheit der Maremmen zu dieser Zeit zeugen die v. den Macchiaioli-Malern (G. Fattori, G. Abbati u. a.) im 19. Jh. geschaffenen Impressionen. In den vergangenen Jahrzehnten entwickelte sich hier, begünstigt durch die fruchtbare Landwirtschaft, die Industrie und vor allem die langen Sandstrände (in 2 km Entfernung), eine lebhafte Stadt.

Museum (neben dem Rathaus): Hier werden archäologische Funde aus dem nahen Umkreis ausgestellt.

Umgebung

Castagneto Carducci (11 km sö v. S. Guido Bolgheri): Der Ort ist nach dem Dichter Carducci, einem bedeutenden Vertreter der rea-

Vetulonia (Castiglione della Pescaia), Etruskergräber

S. Guido Bolgheri (Cecina), Wegkapelle

S. Guido Bolgheri (Cecina), Wegkapelle

listischen ital. Schule, benannt, der in Castagneto, als sein Vater hier Landarzt war, einige seiner Jugendjahre verbrachte. – 3 km außerhalb des Ortes befinden sich die Reste einer alten *Gherardesca-Burg*.

Castiglioncello (6 km w v. Rosignano-Marittimo): Der auf einem v. Pinien bewachsenen Kap gelegene Ort ist ein vielbesuchtes Ferienzentrum. – Sehenswert sind das *Archäologische Museum* mit Funden aus dem 3.–1. Jh. v. Chr. und der alte *Küstenwachturm*.

Marina di Cecina (2 km w v. C.): Der beliebte Badeort mit dichtem Pinienwald und schönem Sandstrand entwickelte sich um einen alten Mediceer-Küstenturm.

Rosignano Marittimo (15 km n v. C.): Der alte Siedlungskern und die Reste einer *Burg* (12. Jh.) sind erhalten.

S. Guido Bolgheri (11 km s v. C.): Diese 1703 erbaute, achteckige Wegkapelle (an der Via Aurelia, gegenüber der Abzweigung nach Bolgheri) lobte schon Giosuè Carducci (1825–1907) in einem seiner Gedichte. Von hier aus führt eine Zypressenallee in das in einem Olivenhain gelegene, zum Teil ummauerte Dorf Bolgheri.

Suvereto (20 km s v. Castagneto Carducci): Neben dem aus dem 15. Jh. stammenden *Palazzo Comunale* verdient auch die roman. Kirche *S. Giusto* Beachtung.

50052 Certaldo

Florenz

Einw.: 13500	Höhe: 130 m	S. 134 □ D 4

Der Ort entwickelte sich seit dem 10. Jh. aus einem Kastell, das auf einem Hügel über der Elsa errichtet worden war. Die Grafen Alberti v. Prato waren seither im Besitz C., ehe es 1293 endgültig an Florenz übergeben werden mußte. Noch heute liegt die »Castello« genannte, aus roten Backsteinen erbaute ma Altstadt auf der Spitze des Hügels. Losgelöst v. ihr entstand im Tal der Elsa um die letzte Jahrhundertwende die Neustadt. Diese strikte Trennung v. Alt- und Neustadt ist gerade in den Kleinstädten an den s Neben-

Certaldo, Ansicht

flüssen des Arno häufig zu beobachten. Außer durch seine vorzüglichen Weine ist C. wohl hauptsächlich dadurch bekannt, daß hier der Schöpfer des »Decamerone«, Giovanni Boccaccio, die letzten Jahre bis zu seinem Tode gelebt hat.

Kirche SS. Michele e Iacopo (Altstadt): Die im 13. Jh. erbaute, später restaurierte Kirche bewahrt den Leichnam G. Boccaccios. Das Kenotaph Boccaccios schuf 1503 G. Rustici, die Grabplatte 1954 der Bildhauer M. Moschi. Beachtenswert sind auch 2 Ziborien mit della-Robbia-Terrakotten und ein Muttergottesfresko aus dem 14. Jh. Kreuzgang.

Casa di Boccaccio (Via Boccaccio 18): In diesem im späten 13. Jh. erbauten, mittlerweile stark restaurierten Backsteinhaus, dem Haus seines in C. geborenen Vaters, verbrachte Boccaccio (1313–75) seine letzten Lebensjahre. Von der großen Loggia, in der Boccaccios letzte Arbeiten entstanden sein sollen, oder auch v. Patrizierturm hat man einen wundervollen Blick auf die Hügellandschaft des Elsatales bis hin zu den Türmen v. San Gimignano. Heute ist in dem Haus die Bibliothek der Boccaccio-Forschung untergebracht.

Palazzo Pretorio (am Ende der Via Boccaccio): Der am höchsten Punkt der Altstadt aus Ziegelsteinen erbaute und mit Zinnen bekrönte Palast war bis 1293 Residenz der Grafen Alberti. Danach bewohnten ihn die Statthalter v. Florenz, die ihn im 15. Jh. vergrößern ließen; so wurde z. B. 1475 die Loggia errichtet. Zahlreiche Wappen der Statthalter verzieren die Fassade und den Innenhof. In mehreren Sälen, im Innenhof und an der Treppe befinden sich Fresken des 15.–16. Jh., u. a. v. P. F. Fiorentino.

Außerdem sehenswert: In der *Kirche* neben dem Palazzo Pretorio verdient der v. B. Gozzoli und G. d'Andrea geschaffene »Tabernakel der Gerichteten« (15. Jh.) besondere Beachtung. Er stammt aus einer Kapelle, in der die zum Tode Verurteilten das letztemal beten konnten. – An der Via Rivellino befindet

Castelfiorentino (Certaldo), San Verdiana

Certaldo, SS. Michele e Jacopo, Kreuzgang

sich der restaurierte roman. *Kreuzgang* der *Kirche SS. Iacopo e Filippo.*

Umgebung

Castelfiorentino (9 km nw): Wie in C. entstand auch in Castelfiorentino auf einem Hügel die Altstadt und unten im Elsatal eine Neusiedlung. Im Unterschied zu C. aber entwickelte sich aus dem *Timignano* genannten Kastell der Grafen Alberti nicht die Stadt. Von den Mauern der Burg sind nur wenige Reste erhalten. Seit 1149 war Timignano eine der wichtigsten Grenzfesten Florenz' im Kampf gegen Siena. – In der *Cappella della Visitazione* (Via Gozzoli) stellen die im 15. Jh. v. B. Gozzoli und seinen Gehilfen geschaffenen Fresken (15. Jh.) einen besonderen Kunstschatz dar. – Von vergleichbarem Wert ist auch das *Kreuz* von Margaritone d'Arezzo (im Rathaus). – Erwähnt werden sollte auch die *Gemäldegalerie* (Pinacoteca) neben der Kirche S. Verdiana mit Arbeiten der Florentiner Schule und aus dem Umkreis v. Cimabue (13.–14. Jh.).
Convento S. Vivaldo (15 km sw v. Castelfiorentino): Das 1513 erbaute Franziskanerkloster befindet sich inmitten eines Waldes. Die Kirche ist v. 20 kleinen Renaissancekapellen (1515) umgeben (zum Teil mit Säulenportikus). Von einem Unbekannten plastische Darstellungen aus dem Leben Jesu.

53043 Chiusi
Siena

Einw.: 9000	Höhe: 398 m	S. 138 □ G 6

Der auf einem Tuffsteinhügel an der S-Spitze der Valdichiana (Tal der Chiana) gelegene Ort war eines der bedeutendsten Zentren des etrusk. Zwölfstädtebundes. Gegründet wurde das etrusk. *Chamars* bereits im 8. Jh. v. Chr. Von der Blütezeit der Stadt im 6. bis 4. Jh. v. Chr. zeugen nicht nur die verschiedensten wertvollen Kunstwerke (die außer in Ch. selbst vor allem im Archäologischen Museum in Florenz oder Siena aufbewahrt werden), sondern auch der schon legendäre König Porsenna, der 520 v. Chr. als

Castelfiorentino (Certaldo), Madonna mit Kind von Cimabue in S. Verdiana ▷

Verbündeter des jungen Tarquinius Superbus das junge, aufstrebende Rom erobert haben soll. Nachdem bereits im 4. Jh. v. Chr. ein Bündnis mit Rom geschlossen worden war, erhielten die Bewohner des v. den Römern nun *Clusium* genannten Ortes 98 v. Chr. die röm. Bürgerrechte. Vom 4. Jh. n. Chr. bis 1561 war Ch. Bischofsstadt. Um 500 wurde es v. den Goten besetzt und schließlich gegen Ende des 6. Jh. dem Langobardenreich eingegliedert. Durch die auf Grund der Versumpfung des Chianatales einsetzende und immer stärker auftretende Malaria verlor das ma Ch. seit dem 10. Jh. den Großteil seiner Bewohner und dadurch auch immer mehr an Bedeutung. 1556 gelangte es mit Siena, dem es seit 1416 angehört hatte, an Florenz. Der Ort wurde über der Anlage der im 1. Jh. v. Chr. errichteten röm. Militärstation erbaut. Noch heute werden Teile der etrusk. Tunnel als Kellerräume unter den Privathäusern benutzt. Reste des etrusk. Mauergürtels des 5. Jh. v. Chr. wurden 1967 am Stadtberg entdeckt. Die heutigen Festungsmauern, deren regelmäßiger Verlauf durch die etrusk.-röm. Bauweise bestimmt wurde, und die Anlage der Gassen entstammen dem MA.

Dom S. Secondiano (Piazza del Duomo): Der Dom ist zwar eine Gründung des 6. Jh., mußte jedoch im 12. Jh. auf Resten antiker Bauten neu errichtet werden. Der Innenraum der dreischiffigen Basilika mit dem offenen Dachstuhl beeindruckt durch 18 röm. Säulen mit verschiedenen Kapitellen des 15. Jh. Im r Seitenschiff befinden sich ein *Alabaster-Taufbecken* mit der Figur Johannes d. T. v. A. Sansovino sowie eine Geburt Christi aus dem 15. Jh. v. B. Fungai. Durch die Sakristei gelangt man in den Kapitelsaal, wo 22 Antiphonarien (Chorbücher) mit Miniaturen (15. Jh.) und verschiedene andere sakrale Kunstgegenstände aufbewahrt sind.
Um den basilikalen Charakter zu betonen, wurden im 19. Jh. die Wände mit Malereien versehen und andere Veränderungen vorgenommen, die zur Zeit wieder entfernt werden. Der freistehende, im Rumpf roman. Kampanile wurde im 12. Jh. aus Steinen alter röm. Bauten errichtet, im 16. Jh. allerdings umgebaut. Unter dem Turm befindet sich eine aus dem 1. Jh. v. Chr. stammende etrusk.-röm. *Zisterne:* Der zweischiffige, aus Tuff-Felsen gehauene Raum unter 2 durchlöcherten Tonnengewölben (um auch v. oben Wasser einlassen zu können) birgt 2 sehenswerte unterirdische Wasserbecken.

Museo Nazionale Etrusco (Piazza del Duomo): Das sehenswerte Museum enthält neben griech. Keramiken und röm. Kunstwer-

Chiusi, Museum

Chiusi, Dom, Apsismalereien

ken (z. B. Statuetten, Glasarbeiten, Mosaiken u. a.) vor allem etrusk. Funde aus der Umgebung (Grabbeigaben, Sarkophage, Sphingen). Die Großplastiken wurden alle aus Stinkkalk geschaffen. So einige Sphingen, weibliche Halbstatuen auf Sockeln (die meist paarweise neben dem Eingang zum Grab gefunden wurden) und die sog. Cippi (Grabsteine des 6.–5. Jh. v. Chr., mit äußerst flachen Reliefs geschmückt). Unter den zahlreichen, meist aus Stinkkalk (teils aus Terrakotta, eine aus Travertin) angefertigten Urnen sind die sog. Kanopen (mit Köpfen als Deckel und Arme, 7.–6. Jh. v. Chr.) die bekanntesten. Bes. beachtenswert sind die nur in geringer Stückzahl gefundenen großen *Impasto-Urnen* (eine große Figur auf der Mitte des Deckels, umgeben v. mehreren kleinen) und ein großer, fast weißer *Alabastersarkophag* mit darauf liegender lebensgroßer Figur (gefunden in der Tomba della Pellegrina). Zu erwähnen sind noch die aus dem 7. Jh. v. Chr. stammenden gesichtsförmigen Bronze- und Impastomasken, die um den Hals v. Aschenurnen gehängt wurden.

Necropoli Etrusca: Von den zahlreichen Gräbern aus der Umgebung v. Ch. liegen die 3 wichtigsten ziemlich nahe beieinander (2 km n der Stadt, an der Via delle Tombe Etrusche): Die *Tomba della Pelegrina* (Grab der Pilgerin) aus dem 3.–2. Jh. v. Chr. wurde erst 1927 entdeckt. In den Nischen und Zellen des langen Ganges (Dromos) befinden sich noch heute mehrere reliefgeschmückte Aschenurnen und Sarkophage. In einem ovalen Grabraum (fast am Ende des Korridors) befanden sich ein großer Sarkophag und die Alabasterurne mit dem Bildnis des Larth Sentinales Caesa, die im Museum ausgestellt sind. Die *Tomba della Scimmia* (oder *di Poggio Renzo*) aus der 1. Hälfte des 5. Jh. v. Chr. ist wegen ihrer gut erhaltenen Wandmalereien die interessanteste Anlage. Das 1846 entdeckte und bereits 1873 öffentlich zugänglich gemachte Grab gliedert sich in einen Hauptraum und 3 Nebenräume. 27 Stufen führen hinab zur etrusk. Tür, hinter der sich die 2,70 m hohe Hauptkammer verbirgt. Ihre Tuffwände sind vollständig bemalt. Unter den Darstellungen verschiedener Wettkämpfe und einer Abschiedsszene befindet sich auch ein an einen Baum gebundener Affe (ital.: scimmia), der dem Grab den eigenartigen Namen gab. Bes. auffallend ist, daß bei diesen Malereien (z. B. im Unterschied zu Tarquinia) großer Wert auf die zeichnerische Arbeit gelegt wurde. Die Malereien (nackte Jünglinge u. a.) in dem in der Grabachse liegenden Nebenraum überraschen durch ihre gut erhaltenen Farben. An den Decken der v. diesem Nebenraum

aus zugänglichen Seitenkammern ist je ein Gorgonenkopf angebracht. Die *Tomba del Granduca* (Grab des Großherzogs) stammt aus dem 3.–2. Jh. v. Chr. Den Namen Granduca erhielt das Grab, da es 1818 auf dem großherzoglichen Gut entdeckt wurde. Der aus Travertinsteinen erbaute kleine Raum bewahrt 8 Aschenurnen mit Reliefs der Familie Pulfna Peris. Auch die Tonnengewölbe und die Flügeltür (Original in Florenz) wurden aus Travertin angefertigt.
Ö v. Ch., unterhalb des Friedhofs, befindet sich die aus dem 5. Jh. n. Chr. stammende *Tomba del Colle,* die früher, da sie auf dem Privatgrund v. Bonci Casuccini entdeckt wurde, auch *Tomba Casuccini* genannt wurde. Sehr gut erhalten ist die aus Travertinplatten geschaffene zweiflügelige Tür. Im großen Vorraum mußte die Bankettdarstellung l des Eingangs ersetzt werden (r des Eingangs erhalten). An der Rückwand und der r Seitenwand befindet sich die Darstellung eines Wagenrennens, an der l Seitenwand verschiedene Spiele. In der kleinen Grabkammer sind Szenen mit Musikern, Tänzern und Wettkämpfern dargestellt. Hervorragend bearbeitete Decken.

Außerdem sehenswert: 1 km ö v. Ch. befindet sich die *Katakombe v. Mustiola,* eine frühchristl. Gräberstätte des 3.–5. Jh.

Umgebung

Cetona (10 km sw): Auch dieser Ort weist eine Sammlung *etrusk. Funde* aus den umliegenden Gräbern auf (im Palazzo Terrosi). – 1 km w sind die Wände eines *Franziskanerklosters* mit Fresken des 14.–15. Jh. geschmückt. – Gleich daneben befinden sich einige bedeutende prähistorische *Höhlen* sowie etrusk.-röm. *Grabstätten.*
Sarteano (9 km sw): Zentrum dieses in der Etruskerzeit gegr. Ortes ist das aus dem 15. Jh. stammende *Kastell.* – In der *Kirche S. Lorenzo* befindet sich die »Verkündigung« v. G. del Pacchia (1477–1535). – Im *Palazzo Bargagli* werden verschiedene etrusk. Funde bewahrt.

52044 Cortona
Arezzo

Einw.: 26 000	Höhe: 650 m	S. 138 □ G 5

C. liegt auf einem Ausläufer des Alta S. Egidio, hoch über dem unweit s gelegenen Trasimenischen See, wo 217 v. Chr. das Heer des röm. Konsuls Flaminius v. Hannibal vernichtend geschlagen wurde. Nach W öffnet sich das Tal der Chiana (Valdichiana). Als

Chiusi, Etruskischer Grabstein

Chiusi, Necropoli Etrusca

Chiusi, Wandmalerei in Etruskergrab des 5. Jh. v. Chr.

Chiusi, Amphore der Etruskerzeit

Cortona, Domportal

Cortona, S. Maria Nuova

eine urspr. umbr. Gründung ist die Stadt zu den ältesten ganz Italiens zu zählen. Nach der Eroberung durch die Etrusker wurde sie zu einem ihrer Stützpunkte. Ob *Corita* allerdings eine der 12 Bundesstädte war, ist bis heute noch nicht geklärt. Von der damaligen Größe des Ortes zeugen neben verschiedenen Fundstücken die 2600 m langen Mauern (5. Jh. v. Chr.) Noch heute kann man die etrusk. Sandsteinquader erkennen, die das Fundament für den ma Mauergürtel bildeten. Ebenso ist das heutige Straßensystem der ummauerten Altstadt mit dem der etrusk. Siedlung fast identisch. 89 v. Chr. wurde den Einwohnern C. (wie fast allen Bewohnern Italiens) das röm. Bürgerrecht verliehen, doch konnte die Stadt nie eine bes. Rolle innerhalb des Röm. Reiches spielen. Nach der Zerstörung durch die Goten um 450 verschwand C. vollständig aus der Geschichte. Bis ins 11. Jh. wurde es in keinem Dokument mehr erwähnt. Erst nachdem es 1411 durch Verkauf an Florenz gelangte, gelangte es zu neuer Blüte. C. ist die Vaterstadt Luca Signorellis (1441–1523), der zu den bedeutendsten ital. Renaissancemalern zählt und der väterliche Freund Michelangelos war, sowie des Malers und Architekten Pietro da Cortona (1596–1669).

Alljährlich v. 25. August bis zum 25. September findet in C. eine bekannte Verkaufsausstellung antiker Möbel (Mostra Mercato Nazionale del Mobile Antica) statt.

Dom S. Maria (an der nw Stadtmauer, Domplatz): Von der urspr. roman. Kirche des 11. Jh. sind nur noch geringe Reste an der Fassade erhalten. Um 1480 wurde dieser Gründungsbau v. Giuliano da Sangallo oder seinen Nachfolgern im Renaissancestil umgebaut. Den Kampanile mit den zweistöckigen Biforien errichtete 1556 F. Laparelli. Ebenfalls aus dem 16. Jh. stammt das Portal v. Cristofanello. Zu Beginn des 18. Jh. gestaltete A. Galilei das urspr. im Renaissancestil erweiterte (durch G. da Sangallo) Innere nochmals um.

S. Domenico (Via Nazionale, etwas außerhalb der s Stadtmauer): Zu Beginn des 15. Jh.

Cortona, Palazzo Comunale, Fresko

wurde diese Kirche mit ihrer schlichten Fassade und dem got. Portal erbaut. Der einschiffige Innenraum bewahrt einige wertvolle *Gemälde*, wie z. B. das Hauptaltargemälde »Krönung Mariens« v. L. di N. Gerini (1402), »Mariä Himmelfahrt« v. B. della Gatta (1480–1485) an der l Wand, daneben das abgelöste Fresko »Madonna mit zwei Dominikanern« v. Fra Angelico, eine »Madonna mit Engeln und Heiligen« v. L. Signorelli und eine »Verkündigung« v. Palma il Giovane.

S. Francesco (Via Berettini, ö der Piazza della Repubblica): Dieser 1245 v. Fra E. Coppi begonnene Bau zählt zu den ersten Franziskanerkirchen Italiens. Nach einem Umbau im 17. Jh. sind heute nur noch die l Seitenwand sowie das Portal vom ersten Bau erhalten. Wertvollster Kunstschatz des einschiffigen Inneren mit seinen 3 got. Kapellen ist die aus byzantinischem Elfenbein gefertigte *Reliquie des Hl. Kreuzes* (10. Jh.) im Marmortabernakel des Hochaltars. Beachtenswert sind außerdem das roman.-got. *Grabmal* des Bischofs Ranieri Ubertini (14. Jh.) in der Apsis und eine »Verkündigung« v. P. da Cortona im 2. Altar r.

Santuario di S. Margherita (an einem Parkplatz hinter der Via S. Margherita, unterhalb der Festung): Auf den Ruinen einer Kirche des 13. Jh. wurde 1856–97 nach den Plänen v. G. Pisano dieser völlig neue Bau errichtet. Lediglich der Kampanile ist älter (1650). Im Presbyterium befindet sich das *Grabmal* der 1297 gestorbenen hl. Margherita. Auf dem Sarkophag, den 1362 A. und F. di Pietro schufen, finden sich sehr schöne Reliefs mit Szenen aus dem Leben der Heiligen. Beachtenswert ist außerdem ein *Holzkreuz* des 14. Jh. r neben dem Presbyterium.

S. Maria Nuova (etwas außerhalb der n Stadtmauer): In der Mitte des 16. Jh. begann Cristofanello mit dem Bau dieser quadratischen Renaissancekirche. Vasari änderte sie nach dem Vorbild der Kirche Madonna del Calcinaio fast völlig um. Die halbkugelförmige Kuppel entstammt dem 17. Jh.

Castiglion Fiorentino (Cortona), S. Francesco

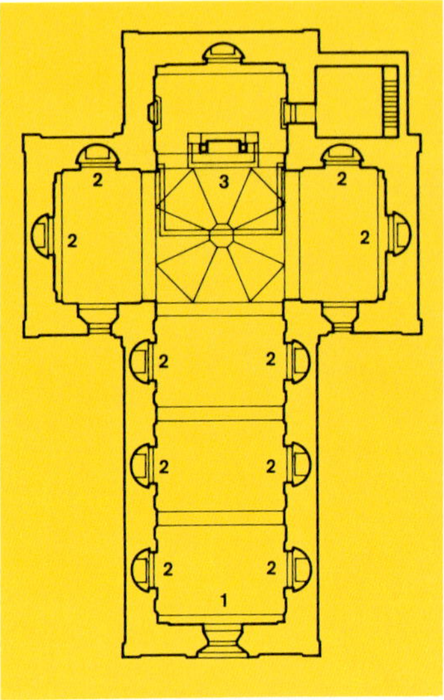

Cortona, Madonna del Calcinaio 1 Glasfenster v. G. de Marcillat (1516, »Madonna della Misericordia«) **2** Altarblätter v. Künstlern des 16.–18. Jh. **3** Hauptaltarblatt v. Covatti (1519, »Madonna del Calcinaio«)

S. Nicolò (über die Via S. Nicolò): Die kleine Kirche wurde im 15. Jh. erbaut. Die Kassettendecke entstammt dem 18. Jh. Bedeutendste Ausstattungsteile sind die *Tafelbilder* »Grablegung« und »Madonna« v. L. Signorelli am Hauptaltar.

Madonna del Calcinaio (3 km unterhalb der Stadt, an der Straße nach Camucia): Wegen eines wundertätigen Madonnenbildes, das urspr. in einer Kalkgrube (= Calcinaio) hing und sich heute am Hochaltar befindet, wurde v. 1485 bis 1513 nach einem Entwurf v. F. di G. Martini diese elegante Renaissancekirche erbaut. Im Grundriß eines lat. Kreuzes gehen v. der zentralen Vierung mit ihrer achteckigen Kuppel 3 kurze Seitenarme und das Langhaus aus. Durch seine schlichte Klarheit und Einfachheit wirkt der Kirchenraum erhaben und feierlich. Das Glasfenster »Madonna della Misericordia« (1516) ist ein Meisterwerk des Mönchs G. de Marcillat.

Fortezza Medicea/Stadtmauer: An der höchsten Stelle des Ortes (650 m) wurde in der Mitte des 16. Jh. die Mediceerfestung Girifalco auf den Ruinen einer älteren Burg (13. Jh.) erbaut. Im O sind noch Überreste der antiken Akropolis zu sehen. Von hier hat man einen herrlichen Blick auf den Trasimenischen See, den Monte Cetona, die Talebene der Chiana und sogar bis zum Monte Amiata und die Hügel v. Siena.
Die ma Stadtmauer entstand im 13. Jh. auf den Fundamenten der 2600 m langen etrusk. Mauern. Bes. klar sind diese etrusk. Mauerreste vor allem an der Piazza del Mercato, der Porta S. Maria und in der Nähe der Porta Colonia (r vom Dom) zu erkennen.

Museo Diocesano (Piazza del Duomo): Das Diözesanmuseum ist in der ehem. Chiesa del Gesù (2 übereinanderliegende, durch Treppen verbundene Kirchen) untergebracht. Die tiefer gelegene, 1555 nach einem Plan Vasaris ausgemalte Kirche ist mit intarsiertem Gestühl v. V. da Cortona (1517) ausgestattet. Von den zahlreichen Werken seien die bedeutendsten hervorgehoben: Die »Verkündigung« mit Szenen aus dem Leben

Castiglion Fiorentino (Cortona), S. Francesco, Kreuzgang

des hl. Domenicus v. Fra Angelico, Triptychon v. Sassetta, »Kreuzigung« und »Madonna« v. P. Lorenzetti sowie »Kreuzabnahme«, »Muttergottes« und »Kommunion der Apostel« v. L. Signorelli. Beachtenswert sind auch ein röm. Sarkophag (2. Jh. v. Chr.) und das Meßgewand des Kardinals Passerini v. 1515.

Museo dell'Accademia Etrusca (Palazzo Pretorio, Piazza Signorelli): Der im 13. Jh. erbaute Palast war Sitz der Casali. Im 16. Jh. wurden einige Umbauten vorgenommen, so schuf z. B. F. Berettini die Fassade. Hier sind die Bibliothek der Accademia Etrusca, das Stadtarchiv und das Etruskermuseum untergebracht. Das Museum besitzt neben einer Sammlung röm. Büsten (1.–3. Jh. n. Chr.) Amphoren, Bucchero-Gefäße, Elfenbeinarbeiten, Bronzen, etrusk. Bronzestatuetten, etrusk. und röm. Münzen sowie ma und neuzeitliche Gemälde (Pinturicchio, L. Signorelli u. a.) und sogar verschiedene ägyptische Kunstgegenstände (hervorzuheben sind Mumien und ein Totenschiff der 12. Dynastie). Wertvollstes Stück ist der weltbekannte sechzehnarmige etrusk. *Bronzeleuchter* (Lampadario) aus der 2. Hälfte des 5. Jh. v. Chr., ein wohl einzigartiges Kunstwerk der Antike. Beachtenswert ist auch eine relativ große Statuette eines jungen Gottes mit doppelgesichtigem Kopf.

Tanella di Pitagora (s der Porta S. Agostino): Das kleine rechteckige Grab mit seinen 6 Nischen entstand in der Zeit zwischen dem 4. und 1. Jh. v. Chr. Die Bezeichnung Pitagora beruht auf der Verwechslung des Namens der Stadt Croton, wo sich Pythagoras aufhielt, mit dem Cortonas.

Außerdem sehenswert: Von den zahlreichen Palazzi seien der im 13. Jh. entstandene *Palazzo Comunale* (an der Piazza Signorelli), der ma, im 16. Jh. veränderte *Palazzo Mancini* (Via Dardano) und der *Palazzo Fierli-Petrella* aus dem 15. Jh. (an der Piazza Signorelli) hervorgehoben. – 2 km n des Bahnhofs (an der Straße nach Arezzo) befindet sich ein riesiger *Tumulus* des 7. Jh. v. Chr., der sog.

Castiglion Fiorentino (Cortona), Collegiata

Melone del Sodo, eine symmetrische Anlage mit Dromos (Gang), quadratischem Vestibül und 5 durch den Korridor zugänglichen Kammern.

Umgebung

Abbazia di Farneta (11 km sw): Nur in der *Kirche* der im 9. Jh. errichteten, später mehrmals umgestalteten Abtei sind hauptsächlich an der Apsis originale Bauteile erhalten geblieben.

Camucia (5 km s, zu Füßen v. C.): Inmitten des Ortes befindet sich ein aus dem 7. Jh. v. Chr. stammender, großer *Grabtumulus*, der Melone di Camucia. In 3 erst 1842 entdeckten dazugehörigen Kammern wurden die wertvollsten Grabbeigaben gefunden (z. B. eine große Schale), die sich heute im Archäologischen Museum in Florenz befinden.

Castiglion Fiorentino (16 km nw): Das *Kastell* (11. Jh.) und die auf etrusk.-röm. Fundamenten erbaute *Stadtmauer* mit ihren Türmen prägen das Bild dieses an einem Hang erbauten Ortes. – Die roman.-got. *Kirche S. Francesco* (um 1280) bewahrt ein Gemälde »Hl. Franziskus« v. Margaritone d'Arezzo (13. Jh.) sowie Fresken aus dem 14. Jh. Der Kreuzgang mit Arkaden entstammt dem 15. Jh. – In der alten *Pfarrkirche* (15. Jh.) seien das Taufbecken (15. Jh.) und das nach 1502 v. Luca Signorelli geschaffene Fresko der »Beweinung Christi« hervorgehoben. – In der *Stiftskirche* (Collegiata) aus dem 19. Jh. befinden sich eine Terrakotta der della Robbia und ein Chorgestühl des 16. Jh. – An der Piazza del Municipio erbaute 1560 Vasari die wappengeschmückten *Loggien*. Am gleichen Platz wurde im restaurierten *Rathaus* des 16. Jh. die *Pinacoteca Comunale* mit Gemälden des 13.–16. Jh. (T. Gaddi, B. della Gatta, Giovanni di Paolo u. a.) untergebracht.

Montecchio Vesponi (12 km nw): Das auf einem Hügel liegende, im 13. Jh. erbaute *Kastell* bietet mit seinen zinnenbewehrten Türmen und Mauern ein eindrucksvolles Bild.

51024 Cutigliano
Pistoia

Einw.: 2300	Höhe: 670 m	S. 134 □ D 2

Der über dem Tal der Lima, inmitten des Apennin gelegene Ferienort spielte im MA als Hauptsitz eines Zusammenschlusses v. 7 Bergdörfern zu einer Art Genossenschaft eine wichtige Rolle. Heute ist C. Ausgangspunkt für schöne Bergwanderungen und vielbesuchter Ferienort.

Palazzo Pretoria: Der im 14. Jh. erbaute stattliche Palast trägt die Wappen der Podestà und der Capitani der 7 zusammengeschlossenen Bergdörfer. Erhalten sind auch der florentinische Marzocco-Löwe und die offene Gerichtsloggia.

Außerdem sehenswert: Die *Casa Lazzerini* (17.–18. Jh.) ist ein typisches Herrschaftshaus der Spätrenaissance in den Bergen.

Umgebung

Abetone (14 km nw): Der v. dichten Tannen- und Mischwäldern umgebene Ferienort liegt

Gavinana (Cutigliano), Ansicht

an der Grenze der Region Toskana zur Emilia.

Gavinana (3 km ö v. San Marcello Pistoiese): In dem v. Kastanienhainen umgebenen Ferienort befindet sich auf dem Hauptplatz vor der urspr. roman. Kirche das *Reiterstandbild* Francesco Feruccis, der für Florenz gegen die Spanier kämpfte und hier fiel. Zur Erinnerung an Ferucci wurde auch ein kleines Museum eingerichtet.

San Marcello Pistoiese (7,5 km sö v. C.): Der Ort ist Zentrum der pistoiaischen Berge, v. wo viele Bergtouren in den Apennin gestartet werden. Von der 1530 niedergebrannten Ortsmauer sind geringe Tor- und Mauerreste erhalten.

E

Elba/Isola d'Elba (I)

Livorno

Einw.: 29000	Höhe: bis 1019 m	S. 136 □ B 7

Das etwa 10 km v. ital. Festland entfernt liegende Elba ist mit 223,5 qkm flächenmäßig die größte Insel des toskanischen Archipels, zu dem außer E. noch Capraia, Giannutri, Giglio, Gorgona, Montecristo, Pianosa sowie zahlreiche kleinere Inseln zählen. Schon die Etrusker wußten v. den reichen Erzvorkommen der Insel und nannten sie infolgedessen *Ilva* (was »Eisen« bedeutet). Auf

Grund dieser großen waffentechnischen Bedeutung und der strategisch äußerst wichtigen Lage war E. sehr umkämpft und wechselte häufig den Besitzer. So besetzten im 5. Jh. v. Chr. sizilianische Griechen aus Syrakus die Insel, 264 v. Chr. wurde sie v. den Römern erobert und gehörte, ehe sie 1802 durch den Friedensschluß v. Amiens den Franzosen zugesprochen wurde, den Genuesen, Langobarden, Pisanern oder Spaniern. Vom 4. Mai 1814 bis zum 26. Februar 1815 verbrachte Napoleon Bonaparte seine Verbannungszeit auf Elba, das er sich selbst als Exil auserwählt hatte. Der mit allen Souveränitätsrechten ausgestattete Exkaiser der Franzosen schuf in den 10 Monaten seines Aufenthaltes eine moderne Verwaltung und verhalf der Wirtschaft der Insel, u. a. durch den Ausbau des Straßennetzes, zu enormem Aufschwung. 1815 kam E. an das Großherzogtum Toskana und mit diesem 1860 endgültig an das Königreich Italien. Durch die schweren Angriffe im 2. Weltkrieg wurden sehr viele Hochöfen der Erzwerke vernichtet. Da die Insel bis in die Mitte des 20. Jh. fast nur als Rohstofflieferant genutzt wurde, sind historische Zeugnisse äußerst rar. In den letzten Jahrzehnten entwickelte sich das reizvolle E. mit seiner 147 km langen Fels- und Sandküste und den hohen Bergen (der höchste ist mit 1019 m der Monte Capanne) zu einem beliebten und vielbesuchten Touristenzentrum.

Portoferraio: Der Hauptort (12000 Einw.) der Insel wurde schon im 4. Jh. v. Chr. v. den Griechen gegründet und *Argoos* genannt. Die Stadt liegt, umrahmt v. Fels- und Bergketten, an der Spitze einer Landzunge der N-Küste. 1548 erbaute Cosimo I. de'Medici die beiden den Ort überragenden Festungen. *Forte della Stella* in der Form eines unregelmäßigen Sterns und *Forte del Falcone* als unregelmäßiges Viereck. Außerdem ließ Cosimo I. am Meer den achteckigen *Torre del Martello* erbauen.
Nur durch 2 Tore hat man Zugang zu der v. der Stadtmauer des 17. Jh. umzogenen Altstadt. Die 1556 erbaute *Chiesa della Misericordia* bewahrt die Kopie des Napoleon-

Portoferraio (Elba), Gesamtansicht

Sarkophags (Original in Paris) und einen bronzenen Abguß der Totenmaske des berühmten Korsen. Am 5. Mai jeden Jahres findet in dieser Kirche eine Seelenmesse für Napoleon statt. – Im oberen Stadtteil zwischen den beiden Festungen befindet sich die *Casa di Napoleone*. Da sie unter J. D. de' Medici an der Stelle verfallener Mühlen (=molini) erbaut wurde, wird sie auch als Villa dei Mulini bezeichnet. In diesem zweiflügeligen Palast mit dem Mittelbau residierte Napoleon, wenn er nicht in einer seiner beiden anderen Villen wohnte. Das Obergeschoß des Mittelbaus mit mehreren Räumen und einem Festsaal ließ erst Napoleon erbauen. Hier sind heute zeitgenössische Möbel, Karikaturen und Bildnisse des Kaisers sowie verschiedene andere Erinnerungsstükke ausgestellt. Erwähnenswert sind eine Napoleon-Büste v. F. Rude sowie das Gemälde »Napoleon zu Pferd« v. J. L. David.

Umgebung: 6 km sw liegt die *Villa Napoleonica di S. Martino*. Hier können Arbeitszimmer, mehrere Schlafräume sowie einige Säle (vor allem der Ägyptische Saal und der Traubensaal) besichtigt werden. – In unmittelbarer Nähe befindet sich die *Villa Demidoff*, wo in der Pinacoteca Foresiana Gemälde und Büsten aus der Zeit Napoleons ausgestellt sind.

Marciana (Alta): Das 22 km w v. Portoferraio am Abhang des Monte Capanne gelegene Dorf wird v. den Ruinen des 1015 v. Pisa erbauten Kastells überragt. Zu erwähnen ist außerdem das Antiquario Comunale mit beachtenswerten archäologischen Funden der Gegend.

Umgebung: Madonna del Monte (1 km w v. Marciana): In der 627 m hohen *Bergkapelle* befindet sich ein wundertätiges Madonnenbildnis aus dem 15. Jh. Der Marmoraltar wurde 1661 geschaffen.

San Piero in Campo (16 km sö v. Marciana): In der Kirche *S. Niccolò* befinden sich die Reste eines röm. Tempels sowie Reste v. Mosaiken des 14. Jh.

Sant Ilario in Campo (10 km sö v. Marciano): Beachtenswert ist der fünfeckige Glokkenturm der *Pfarrkirche*.

S. Piero (Elba), Ansicht

Marciana Marina (17 km w v. Portoferraio): Der malerische Ort (im Hintergrund der Monte Capanne) liegt an der N-Küste. – Der zylindrische sog. *Sarazenenturm* wurde im 12. Jh. v. den Pisanern errichtet.

Porto Azzurro (14 km sö v. Portoferraio): Das kleine Fischerstädtchen im SO der Insel erhielt wegen ständiger Piratenangriffe 1603 durch Philipp III. v. Spanien eine mächtige Befestigung.

Rio nell'Elba (17 km ö v. Portoferraio): Der Ort ist wegen der nahen, schon sehr früh genutzten Erzgruben eine der ältesten Siedlungen E. – 5 km w v. hier befindet sich die Ruine der wuchtigen *Burg Volterraio.*

Umgebung

Capraia (Insel 45 km nw v. E.): Die malerische, sehr gebirgige »Ziegeninsel« kann zweimal wöchentlich v. Portoferraio aus erreicht werden. Der einzige bewohnte Ort, ebenfalls *Capraia* genannt, wird v. einer genuesischen *Festung* (15. Jh.) mit schlankem Turm überragt.

Montecristo (Insel 40 km s v. E.): Die fast runde Granitinsel ist wohl vor allem durch den Roman »Der Graf v. Monte Christo« v. Alexandre Dumas bekannt. Unterhalb der Ruine des Benediktinerklosters SS. Salvatore e Mamiliano (1553 aufgelassen) befindet sich die *Grotta di S. Mamiliano,* wo Bischof Mamiliano im 5. Jh. als Einsiedler gestorben sein soll.

50053 Empoli
Florenz

Einw.: 44 000	Höhe: 27 m	S. 134 □ D 4

Das w v. Florenz am l Arno-Ufer gelegene E. war zwar als Befestigung schon im 8. Jh. bekannt, aber erst 1119 bildete sich um S. Andrea die Ortschaft. Nach der Niederlage des guelfischen Florenz gegen die Ghibellinen bei Montaperti im Herbst 1260 fand hier im heute leider vollständig veränderten Palazzo Ghibellino die Versammlung statt, in der der Stauferführer Manfred die völlige Zerstörung v. Florenz verlangte. Doch der aus Florenz verbannte Ghibellinenführer Farinata degli Uberti setzte sich so energisch für die Erhaltung seiner Vaterstadt ein, daß ein Beschluß zur Vernichtung v. Florenz nicht gefaßt werden konnte. Im 19. Jh., im Verlauf der industriellen Revolution, entwickelte sich E. zu einer großen Industriestadt, die durch ihre Glasbläsereien bekannt wurde.

Elba, Römische Mauern gegenüber Portoferraio

Collegiata di S. Andrea, Dom (Piazza Farinata degli Uberti): Die Kirche wurde 1093 über einer älteren des späten 5. Jh. errichtet. Die weiß-grüne, geometrisch geordnete Marmorfassade ist dem roman.-florentinischen Stil der Kirche S. Miniato al Monte in Florenz nachempfunden. Der Oberteil mit Recktecken und Giebeln wurde 1736 v. F. Ruggeri hinzugefügt. Die Innenausstattung entstammt dem 18. Jh. Beachtenswert sind ein Fresko v. Botticini und der aus dem 15. Jh. stammende Kreuzgang.

S. Stefano (Via dei Neri): Die im 14. Jh. erbaute Kirche wurde gegen Ende des 2. Weltkrieges schwer beschädigt. Im dreischiffigen Inneren verdienen die 1424 v. Masolino da Panicale angebrachten Fresken besondere Beachtung. Hervorzuheben ist das Fresko in der Lünette über dem Sakristeieingang.

Museo della Collegiata (neben der Collegiata di S. Andrea): Als ersten Raum betritt man das Baptisterium, wo sich ein Taufbrunnen in Form einer Marmorvase aus der Schule Donatellos (1447) befindet. Ebenfalls im Baptisterium sind ein marmornes Weihwasserbecken (1557), mehrere Statuen des 15. Jh. sowie ein bronzenes Adlerpult (1520) untergebracht. Von den Kunstwerken des 14.–16. Jh. (in den Sälen des 1. Stocks) seien die »Verkündigungsgruppe« v. A. und B. Rossellino (1447), eine Pieta v. Masolino da Panicale (1425), das Triptychon »Madonna mit Kind« v. L. Monaco (1404), die »Verkündigung Mariä« v. F. Botticini (1447), eine Darstellung des hl. Nikolaus v. Bicci di Lorenzo, eine Marmormuttergottes v. Mino da Fiesole sowie ein v. A. Rossellino geschaffener, v. A. Botticini bemalter Sebastians-Tabernakel (15. Jh.) hervorgehoben. Im Obergeschoß des Kreuzgangs befinden sich Terrakotta-Darstellungen v. A. della Robbia und seinen Schülern.

Außerdem sehenswert: In dem v. einer Loggia umgebenen *Santuario della Madonna del Pozzo* (Piazza della Vittoria) wird ein Madonnenbild des 15. Jh. bewahrt. – Die *Porta Pisana* erinnert an die Belagerung E. durch Pisa im Jahre 1530.

Umgebung

Cerreto Guidi (8 km nw): Die *Mediceervilla* erbaute B. Buontalenti (1536–1608) im Auftrag Cosimos I. – In der *Pfarrkirche* befindet sich am Hochaltar ein Kreuz v. Giambologna.

Montelupo Fiorentino (7 km ö): Das Hügeldorf an der Mündung der Pesa in den Arno

Empoli, Porta Pisana

ist Heimat des Baumeisters Baccio da Montelupo (1469–1535): Die quadratische *Mediceervilla Ambrogiana* mit ihren 4 Ecktürmen wurde im 16. Jh. erbaut. – In der *Kirche S. Giovanni* befindet sich eine Botticelli zugeschriebene Madonna mit Kind und Heiligen.

Vinci (11 km n): Der v. Weinbergen und Olivenhainen umrahmte malerische Ort am SW-Hang des Montalbano ist die Heimat Leonardo da Vincis (1452–1519). Leonardo wurde als uneheliches Kind einer Magd namens Caterina und des Florentiner Notars Ser Piero auf dessen Landgut in Anchiano (3 km außerhalb V.) geboren, wo noch heute das Geburtshaus des wohl vielseitigsten Genies (Künstler, Baumeister, Astronom, Mathematiker u. a.) der ital. Hochrenaissance besucht werden kann. – In V. selbst prägt die restaurierte *Guidi-Festung* (11. Jh.) mit den umliegenden Häusern das ma Ortsbild. Im *Museo Vinciano,* das in der Festung untergebracht wurde, sind zahlreiche Zeichnungen und sonstige Erinnerungsstücke an Leonardo aufbewahrt. Im 1. Stock befindet sich das Forschungszentrum für Leonardo-Studien, die sog. Biblioteca Leonardiana mit Dokumenten über Leonardos Leben und Werk. – In der *Kirche S. Croce* wurde Leonardo getauft. Das Taufbecken aus dieser Zeit ist noch erhalten.

F

50053 Fiesole Florenz		
Einw.: 38 000	Höhe: 295 m	S. 134 □ E 3

Malerisch breitet sich F. nö über Florenz an einem Hügel aus und bietet so dem Besucher einen unvergleichlichen Blick auf die großartige Stadt am Arno. Schon im 7. Jh. v. Chr. wurde F. v. den Etruskern gegründet, ist also einige Jh. älter als Florenz. Ohne je dem Zwölfstädtebund anzugehören, v. dem entscheidende kulturelle und politische Impulse ausgingen, spielte F. in Etrurien eine nicht

Empoli, Domportal

Fiesole, S. Francesco, Klostergarten

unerhebliche Rolle. Von der 3 km langen Mauer, die den damals hauptsächlich an der N-Seite des Hügels bewohnten Ort (also der v. Florenz abgewandten Seite) umgab, sind geringe Reste erhalten. 225 v. Chr. wurde die v. den Römern nun *Faesulum* genannte Stadt Bundesgenossin Roms. 90 v. Chr. schloß es sich dem Italikeraufstand, der die Verleihung des röm. Bürgerrechtes in ganz Italien bewirkte, an. Rund 10 Jahre später bestrafte Sulla die Stadt für die Unterstützung, die sie seinem Gegner Marius zukommen ließ, schwer: Durch den Bau eines Theaters innerhalb des Tempelbezirks profanierte er diesen heiligen Ort und erniedrigte Faesulum zudem dadurch, daß er es zu einer röm. Kolonie machte. Nachdem 405 die Goten F. verwüstet hatten, wurde es 539–540 v. den Langobarden belagert und ausgehungert. In den folgenden Jh. verließen immer mehr Bewohner F., das seit 492 sogar Bischofssitz war, und siedelten in dem im Tal liegenden Florenz. Nachdem F. 1125 v. Florentiner Truppen ohne erkennbaren Grund fast völlig zerstört worden war (nur Dom und Bischofspalast wurden geschont), verlor es gegenüber Florenz immer mehr an Bedeutung. Seit dem 15. Jh. errichteten reiche Florentiner Bürger auf der Florenz zugewandten Seite des Hügels ihre vornehmen Sommervillen und verhalfen dadurch dem Ort zumindest wieder zu steigender kultureller Blüte. Lohnenswert ist der Besuch der alljährlich im Juli im röm. Theater stattfindenden Theaterfestspiele.

Dom S. Romolo (Piazza Mino da Fiesole): Mit dem Bau des roman. Domes wurde 1028 unter Bischof Jakob v. Bayern begonnen. 1213 errichtete man den charakteristischen Kampanile. Nach Erweiterungen im 13. Jh. und 1348, wurde der Dom 1878–83 nicht bes. glücklich restauriert. Der basilikale Innenraum ist durch 2 Reihen antiker Säulen in 3 Schiffe unterteilt. R v. erhöhten Chor befindet sich die Cappella Salutati mit dem 1464 v. Mino da Fiesole geschaffenen Grabmal des Bischofs Leonardo Salutati. Das Triptychon am Hochaltar stammt v. Bicci di Lorenzo (um 1440), eine Statue des hl. Romulus in der Nische über dem Hauptportal v. G. della Robbia (1521). Beachtenswert sind auch die Fresken des 13. Jh. und das Eisengitter (1349) in der Krypta (unter dem Chor) sowie eine Reliquienbüste mit der Mitra des Bischofs L. Salutati (in der Sakristei).

S. Allesandro (Via S. Francesco): An der Stelle eines röm. Bacchustempels errichtete im 6. Jh. der Gotenkönig Theoderich eine christl. Kirche, die allerdings im 11. Jh. in

Fiesole, Römische Thermen

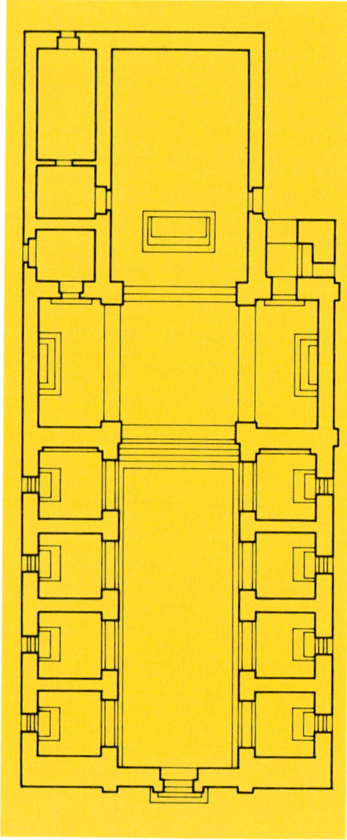

Fiesole, Badia di Fiesole Dieser Bau, bis 1028 Dom v. F., wurde 1458–66 v. der Rossellino-Werkstatt erneuert; Mittelschiff mit 8 Seitenkapellen; geschlossenes Tonnengewölbe im Stil der Frührenaissance

großem Umfange verändert wurde. Im dreischiffigen basilikalen Inneren befinden sich 16, möglicherweise noch aus dem Bacchustempel stammende antike Säulen mit ionischen Kapitellen.

S. Francesco (Via S. Francesco): Das 1030 an dem Platz, wo sich urspr. die antike Akropolis befunden hatte, erbaute Kloster wird seit 1399 v. den Franziskanern bewohnt. Die got. Kirche entstammt dem 15. Jh. 1905 wurden Kloster und Kirche weitgehend erneuert. Die wertvollsten Kunstschätze der Kirche sind die „Verkündigung" v. R. del Garbo (Ende 15. Jh.) am Hauptaltar und ein um 1480 v. Piero di Cosimo gemaltes Marienbild am r Seitenaltar. Erwähnenswert sind auch der idyllische Kreuzgang des 15. Jh. sowie ein kleines Missionsmuseum.

S. Domenico (Via S. Domenico): Die unterhalb F., auf halbem Weg nach Florenz gelegene Kirche wurde 1406–35 erbaut. Aus dem 17. Jh. stammen Kampanile und Vorhalle. Im einschiffigen, im 17. Jh. barockisierten Innenraum befindet sich das um 1430 v. Fra Angelico, der hier im Kloster lebte, geschaffene Altarbild „Madonna zwischen Engeln" (in der 1. Kapelle). Den urspr. v. Fra Angelico gewählten Goldgrund ersetzte 1501 L. di Credi durch den jetzigen Hintergrund. Besondere Beachtung verdient auch das Kreuzigungsfresko im Kapitelsaal des Klosters, das um 1430 ebenfalls Fra Angelico schuf.

Badia di Fiesole (nahe S. Domenico): Bis 1028 befand sich an dieser Stelle der Dom, der wahrscheinlich noch im 11. Jh. abgetragen wurde. Statt dessen errichteten die Kamaldulenser eine neue Kirche und ein Kloster. Nachdem im 13. Jh. die Benediktiner die Anlage übernommen hatten, gelangte sie schließlich 1439 an die Augustiner-Chorherren. Der heutige Bau wurde 1458–66 unter Beibehaltung der roman. Marmorfassade im Auftrag Cosimos de' Medici errichtet. Nach Vasari (der als „der Vater der Kunstgeschichte" gilt) soll der Entwurf v. dem zu diesem Zeitpunkt allerdings schon verstorbenen Brunelleschi stammen. Ungewöhnlich ist das geschlossene Tonnengewölbe über Langhaus, Chor und Querschiff. Erwähnenswert sind auch der nach einem Entwurf Taccas geschaffene Hochaltar v. 1612, das Marmortaufbecken v. 1461 sowie der Renaissancekreuzgang.

Röm. Theater (hinter dem Dom): Das 1809 wiederentdeckte Theater wurde im 1. Jh. v. Chr. erbaut. Nachdem es unter Claudius (41–54 n. Chr.) und Septimius Severus (193–211) erneuert worden war, bot es bei 24 Reihen 3000 Zuschauern Platz. Unweit davon wurden die Reste einer unter Hadrian (117–138) vergrößerten *Thermenanlage* freigelegt. L dahinter befand sich ein etrusk.-

Fiesole, Römische Anlage

röm. *Tempel,* dessen Ruinen erst 1918 vollständig ausgegraben wurden. Zwischen dem Tempel und den Thermen befinden sich Reste der mächtigen *etrusk. Stadtmauer* mit einem etrusk. Tor.

Museo Civico (am Eingang zum Theater): In dem 1912–14 eingerichteten kleinen Museum befinden sich vor allem Funde aus F. und der näheren Umgebung. Es sind jedoch auch einige Einzelstücke aus Chiusi und Volterra ausgestellt. Unter den Fundobjekten befinden sich mehrere Stelen (darunter eine Stele mit der Darstellung eines Totenmahls um 460 v. Chr.), Cippi, Buccherogefäße, Statuetten, Vasen sowie ägyptische und kleinasiatische Schmuckgegenstände, die wahrscheinlich röm. Legionäre erworben hatten und in die Heimat mitbrachten. Hervorzuheben sind ein Porträtkopf v. Kaiser Claudius (10 v. Chr.–54 n. Chr.) sowie eine sehr schöne Bronzewölfin.

Außerdem sehenswert: Das ma *Oratorium S. Maria Primerano* (Piazza Mino da Fiesole) bewahrt in seinem Inneren ein Holzkreuz und Fresken des 14. Jh. – Unter den Palästen seien der wappengeschmückte *Palazzo Pretorio* (14. Jh., später mehrmals verändert) an der Piazza Mino da Fiesole und der aus dem 11. Jh. stammende *Bischofspalast Palazzo Vescovile* (w hinter dem Dom) hervorgehoben. – Etwas außerhalb v. F. an der Via Vecchia Fiesolana liegt die *Villa Medici,* die 1458–61 Michelozzo für Cosimo il Vecchio erbaut hat. In dieser Mustervilla der toskanischen Frührenaissance mit ihrem schönen Terrassengarten traf sich Lorenzo il Magnifico häufig mit seinen literarischen Freunden (z. B. Polizian).

Firenze/Florenz
Florenz

Einw.: 460 000	Höhe: 50 m	S. 134 □ E 3/4

Spuren italischer Siedlungstätigkeit im Bereich der Mündung des Mungone in den Arno lassen auf eine kontinuierliche Besiedlung des Gebietes v. F. bis zurück in die Zeit der Villanova-Kultur (10./9. Jh. v. Chr.) schließen. Die nachfolgenden Etrusker jedoch bevorzugten die schutzbietende Höhenlage vor den damals noch versumpften Arno-Niederungen zur Gründung ihrer Stadt *Fäsolä* (Fiesole), welche vor allem durch die kirchenpolitische Machtstellung im hohen MA (Sitz eines reichsunmittelbaren Bischofs mit der ausgedehntesten Diözese Italiens) zur stärksten Konkurrentin v. F. werden sollte. Dennoch muß sich auch die Siedlung am Arno-Ufer weiterentwickelt haben, denn Sulla zerstörte ein »municipium splendidissimum«, das für seinen Gegner Marius Partei ergriffen hatte. Die erste Blüte aber erreichte das röm. *Florentia* unter Cäsar, dessen Agrarreform die Stadt als Veteranenkolonie vorsah.

Mit der Einsetzung des Corrector Italiae, eines Verwalters für die Toskana und auch Umbrien unter Marc Aurel oder Diokletian, erhielt die Stadt eine Rolle, die ihr erst im MA für die Toskana wieder zufallen sollte. Das röm. Siedlungsquadrat – um das Dreieck gegen das Arno-Ufer im 8./9. Jh. zum Trapez erweitert – mit dem zum ehem. Decumanus und Cardo parallel verlaufenden Straßennetz ist im Stadtplan v. F. noch integrierender Bestandteil.

Bis zum Bau der Ponte Nuova (1218–20) war die röm. Brücke, der Ponte Vecchio, einzige Verbindung zum anderen Arno-Ufer; bald folgte der Bau der Ponte di Rubaconte (1237) und Ponte S. Trinità (1252).

Wie die meisten Städte durchlebte F. während der Völkerwanderung einen turbulenten Zeitabschnitt. Nach den Ostgoten und Westgoten eroberte Byzanz zweimal die Stadt (541 und 551). 570 wurde sie durch die Langobarden eingenommen. Sie begründen das Herzogtum Tuscia. Karl d. Gr. wandelt es in eine fränkische Markgrafschaft um (774).

Mit Gerhard wurde 1045 ein aus Burgund stammender Anhänger der Reform v. Cluny Bischof v. F. Als Papst Nikolaus II. legte er den Grundstein für das Baptisterium, das, zusammen mit der etwa gleichzeitig errichteten Kirche v. S. Miniato al Monte eine erste Hochblüte der Florentiner Kunst einleitete. Aus der Rückbesinnung auf die große politische Vergangenheit Italiens und der Auseinandersetzung mit der Kunst des röm. Imperiums entstand in F. eine frühe Form der Renaissance als Wiederbelebung antiken Formengutes, die in der Kunstgeschichte als »Protorenaissance« Eingang gefunden hat. Markgräfin Mathilda v. Tuscia, die im Investiturstreit zwischen Papst Gregor VII. und Kaiser Heinrich IV. in Canossa (1077) vermittelte, vermachte schließlich der Kirche ihre ausgedehnten Güter mit Ausnahme der Städte F., Siena und Lucca. F. erhielt v. ihr 1115 das autonome Stadtrecht. Durch Brandschatzung wurde 1125 die unliebsame Konkurrenz der Schwesterstadt Fiesole ausgeschaltet. Unter Führung des Adels und mit Unterstützung der Stadt Lucca wurde F. zu einer der Führungsmächte in der Toskana. Aus der inneren Auseinandersetzung zwischen den Ghibellinen (Kaisertreuen) und den Guelfen (Papsttreuen) profitierte der *popolo,* das Volk v. F., das sich im Schutze der Ghibellinen 1244 zünftisch zu organisieren vermochte. Während sich im September 1250 Guelfen und Ghibellinen vor der Stadt kampfbereit gegenüberstanden, nützte das Florentiner Volk den Augenblick zum Aufstand und zur Ausrufung der Volksherrschaft mit einer eigenen Verfassung. Neben den Podestà trat nun ein Kapitanus (Capitaneus popoli), auf einen Rat der Ältesten (12 Anzianen) gestützt, der die Rechte des Volkes vertrat. Die Stadt selbst wurde in 20 Bannerschaften geteilt, deren Anführer (gonfalonieri) jährlich gewählt wurden. Der Capitaneus zusammen mit dem Rat der Ältesten erhielten Rechte, die vordem nur dem Potestà zustanden.

Außerdem stellte das Volk einen Rat der dreißig »Buonomini«. Diese 3. Verfassung seit Erlangung der Autonomie nannte sich »primo popolo« (»erste Volksherrschaft«) der Florentiner Geschichte. Ihr gelang die Stärkung der Hegemonie innerhalb der Toskana. San Gimignano, Poggibonsi und Volterra wurden besetzt, Arezzo wurde gezwungen, Freundschaft zu schließen.

Der Sieg über das mit den guelfischen Noblen vereinigte Bürgerheer bei Montaperti (4.9. 1260) durch König Manfred v. Sizilien brachte den Verlust der gewonnenen Freiheit; die Volksherrschaft wurde weitgehend aufgehoben, die Guelfen gingen ins Exil. Nach dem Tode König Manfreds (1266) versuchten die Zünfte über ihre Priori (Vorsteher) die Regierung zu übernehmen. Der Versuch scheiterte. Zur Wiederherstellung der

Florenz, Dom ▷

Ordnung wurde Papst Clemens IV. um Vermittlung gebeten. Er brachte eine Aussöhnung zwischen Ghibellinen und Guelfen zustande, die allerdings nur v. kurzer Dauer war. Bereits 1267 wurden die Ghibellinen aus der Stadt vertrieben. Die Fortdauer der Spannungen, die durch soziale Auseinandersetzungen verstärkt wurden, erforderte ein weiteres päpstliches Eingreifen, das schließlich zu einer Erneuerung der demokratischen Verfassung, zum »secondo popolo« führte.

Die Verfassungserneuerung der Jahreswende 1282/83 fand in den 1293 erlassenen »Ordinamenti di Giustizia« ihren Niederschlag. Die »arti maggiori« (»große Zünfte«) wurden v. 7 vertretenen Zünften auf 12 erhöht, die »arti minori« (»kleine« oder »niedere Zünfte«) auf 9 eingeschränkt. Beide Gruppen waren mit zusammen 6 Priori (Zunftvorstehern) im Priorato vertreten, der den Ältestenrat ersetzte und zusammen mit dem Gonfaloniere di Giustizia die Regierung der Stadt bildete. Der bald zum Capitano del popolo avancierende »Difensore delle Arti« v. 1282 blieb erhalten, ebenso der häufig mit der Aristokratie sympathisierende Podestà, dessen Machtstellung jedoch durch die Schaffung des Priorato gebrochen werden sollte. Trotz schärfster Entzweiung innerhalb der Aristokratie, die sich in die Partei der »Schwarzen« und die der ghibellinischen »Weißen« gespaltet hatte, blieb ihr Einfluß ungebrochen. Ihr Streit führte 1305 schließlich zur Vertreibung v. 600 »Weißen«, zu denen auch Dante Alighieri gehörte. Träger aber einer kontinuierlichen Weiterentwicklung blieben die durch die Ordinamenti in ihrer Stellung gefestigten Zünfte, die nach ihren Interessen allerdings in »grassi« (= die »Fetten«, d.s. die Reichen der Großen Zünfte, deren Expansionsinteressen sich mit den Magnaten decken) und den »popolo minuto« (= die »kleinen Leute«, die den inneren Frieden für ihre alltägliche Arbeit benötigten) gespalten waren.

Die rege Anteilnahme, die das Volk v. F. am politischen Geschehen seiner Stadt zeigte, manifestiert sich in großen Bauvorhaben v. öffentlichem Interesse. Zunächst schuf sich die Stadt 1252 mit der Prägung eines Golddukaten, dem *fiorino* oder *florinus* (die Abkürzung fl. für Gulden weist noch heute darauf hin) eine der wirtschaftlichen Grundlagen für den wachsenden Wohlstand. Als »Symbol des Sieges über den Adel« (Georg Kauffmann) wurde 1255 mit dem Bau des *Bargello* begonnen, der v. 1261 an als Sitz des Podestà diente. Mit dem Bau der *3. Stadtmauer* (1284 begonnen, 1333 vollendet) mit einer Länge v. über 8 km, mit über 70 Türmen und einer Reihe v. Torburgen wurden weit mehr die Machtansprüche der Stadt demonstriert als praktische Notwendigkeiten erfüllt. Selbst der 1296 begonnene Neubau des *Domes*, dessen gewaltige Ausmaße mit den Domen der Konkurrenzstädte Pisa und Siena den Wettstreit aufnehmen konnte, mußte hinter dieser fortifikatorischen Machtdemonstration zurückstehen, für die der Dombaumeister Arnolfo di Cambio die Pläne lieferte.

Nichts könnte besser den Aufschwung der Stadt unter der zünftischen Verfassung demonstrieren als die gewaltigen Bauvorhaben, die das Stadtbild der Zukunft entscheidend mitbestimmen sollten. Der Grundstein für den Dom war kaum gelegt, als man darangingt (1299), das trutzige Regierungsgebäude aufzuführen, das der Signoria Unterkunft und Schutz gewähren sollte.

In denselben Zeitraum fällt der Bau der ersten mächtigen Ordenskirche, der Franziskanerkirche *S. Croce*. Der für ma Begriffe enorme Anstieg der Seelenzahl (bereits um 1200 betrug die Einwohnerzahl rund 40 000,

Florenz, Gesamtansicht

um 1300 rund 100000) gab den auf die Volksseelsorge ausgerichteten Orden ein reiches Betätigungsfeld. Vor den Franziskanern (1226) hatten sich schon die Dominikaner (1221) in F. niedergelassen. Es folgten die Serviten (1248), die Augustiner (1250) und Karmeliter (1268). Die darauffolgende lebhafte Bautätigkeit im kirchlichen Bereich und die mit der Innenausstattung verbundenen zahlreichen Stiftungen bereiteten der künstlerischen Entwicklung einen fruchtbaren Boden.

Die Kirchenbauten wurden durch das Eindringen der Gotik geprägt, die eine spezifisch bodenständige Verwandlung erfuhr. In der Malerei vollzog sich eine ähnlich epochale Entwicklung, wie sie sich in der Politik mit der »röm. republikanischen« Gesinnungsentwicklung abzeichnete. Noch war Cimabue, der Vollender der »maniera greca« am Werk, als der in der nächsten Umgebung v. F. geborene Giotto begann, der europ. Malerei ein neues Gesicht zu geben. Mit Arnolfo di Cambio, dem Schüler und Mitarbeiter Nicola Pisanos, erfuhren pisanische und sienesische Anregungen eine eindrucksvolle Weiterführung.

Politisch brachte die erste Hälfte des 14. Jh. eine Reihe v. inneren und äußeren Rückschlägen, begleitet v. der Naturkatastrophe der Arno-Überschwemmung (1333) und Seuchen: eine erste (1340) und eine weitere Pestwelle (1348) rafften mehr als die Hälfte der Einwohnerschaft hinweg. Und selbst die geheiligten »ordinamenti« waren der Gefahr ausgesetzt, der Aristokratie zuliebe abgeschafft zu werden. In dieser Krisensituation griff der »popolo minuto« zu den Waffen, verteidigte erfolgreich die »Ordinamenti«, bereinigte die katastrophale Wirtschaftslage der Stadt und konnte sogar eine Gebietserweiterung (Prato, Pistoia und San Miniato; mit Pisa wird ein vorteilhafter Friede geschlossen) erkämpfen. Eine weitere Volkserhebung (Aufstand der Wollkämmer, 1378) brachte den Wollkämmer Michele di Landi an die Macht. Mit der Schaffung dreier neuer Zünfte der »arti minori« erreichte er vorübergehend eine stärkere Demokratisierung, die jedoch am massiven Widerstand des »popolo grasso« scheiterte. Landi wurde ins Exil getrieben; mit ihm ging der mit dem niedrigen Volk sympathisierende reiche Kaufmann Salvestro de' Medici.

Der Schaffung einer Oligarchie widersetzte sich das Volk unter Führung der Medici. Rinaldo degli Albizi gelang es schließlich dennoch, mit Hilfe einer im wohlgesinnten Signoria die Macht an sich zu bringen und Cosimo de' Medici, den Nachfahren des Salvestro, zu verbannen (1433). Ein Jahr später wendete sich das Blatt. Rinaldo degli Albizi

wurde vertrieben, Cosimo aus seinem Exil in Padua zurückgerufen. Am 1.10. 1434 zog er feierlich in seiner Heimatstadt ein, die er mit höchstem politischem Taktgefühl bis zu seinem Tode (1464) zu regieren verstand. Die ehrwürdigen republikanischen Einrichtungen ließ er bestehen, ihre Ämter allerdings besetzte er mit Männern seines Vertrauens. Als »Pater patriae« gefeiert, führte er F. auf die Höhe der Macht. Die Künste erlebten unter seiner Regierung eine Zeit glanzvoller Entfaltung. Die vor den Türken aus Byzanz (1453) flüchtenden Gelehrten verstärkten den Ruf von F. als Zentrum der Wissenschaften. Neben dem blühenden Handel und einem leistungsfähigen Handwerk waren es schon im 14. Jh. vor allem die Woll- und Seidenmanufakturen, die der Stadt den wirtschaftlichen Wohlstand sicherten. Rund ein Drittel der Bevölkerung fand durch sie Beschäftigung.

Die Architektur des 14. Jh. ist einer stark v. der Gotik geprägten Formensprache verpflichtet. S. Croce und der als Getreidespeicher der Stadt errichtete Orsanmichele (1337 begonnen) sind charakteristische Beispiele dafür. Im Gefolge der regen Bautätigkeit bot sich den Künsten ein reiches Betätigungsfeld. Die Giotto-Nachfolge beherrschte nahezu bis zum Jahrhundertende die Malerei. Ein erstes Zeichen des herannahenden Gesinnungswandels setzte der Bau der Loggia dei Lanzi (1374 begonnen). Die im darauffolgenden Jahrhundertviertel geborenen Künstler sollten diesen Wandel vollziehen. Die »Patres«-Generation der Renaissance (Brunelleschi, *1377; Ghiberti, *1381; Nanni di Banco, *um 1380; Donatello, *1386; Fra Angelico, *1387; Uccello, *1397; Luca della Robbia, *1399; Masaccio, *1401; Leon Battista Alberti, *1406) hat ihre Zielsetzungen bis zum Ende der 1420er Jahre in allen künstlerischen Bereichen klar umrissen. Einer v. rationaler Klarheit getragenen Architektur, die ihre Maßstäbe und Formen in der Antike suchte, stand ein neues Menschenbild in der Skulptur und eine v. der Entdekkung der Zentralperspektive (Brunelleschi 1410) bestimmte Malerei zur Seite. Mit der Pazzi-Kapelle des Brunelleschi, dem Bronze-David v. Donatello und dem Trinitätsfresko in S. Maria Novella v. Masaccio wur-

S. Miniato, Chormosaik ▷

REX
MATTEUS
OPUS

de eine Art v. Zwischenbilanz der Frührenaissance auf dem Weg zur Hochrenaissance gezogen. Zugleich bildeten Werke wie die genannten den Ansatz für eine an individuellen Begabungen reiche Zwischenzeit. Sie ist geprägt v. einer neuen Persönlichkeitsauffassung, aus der sich auch die wachsende Autonomie der Künstlerpersönlichkeit verstehen läßt. Das geistige Zentrum der weiteren Entwicklung zu einer auf humanistischen Idealen basierenden Gesellschaftsordnung bildete die unter Cosimo d. Ä. 1459 gegr. »Platonische Akademie«, die an einen Ausgleich zwischen dem Geist der Antike und dem Christentum glaubte.

Nach dem Tode Cosimos d. Ä. und dem kurzen Zwischenspiel der Regierung seines Sohnes Piero il Gottoso (= der Gichtbrüchige) setzte Lorenzo il Magnifico (= der Prächtige) die glanzvolle Tradition seines Großvaters Cosimo fort. Unter seiner Regierung (1469–92) kam es zum Volksaufstand gegen die v. den Pazzi angeführte Verschwörung, bei der Giuliano de' Medici umkam (1478). Der Nachfolger Lorenzos, sein Sohn Piero (II), wurde mit seiner Familie aus F. vertrieben (1494), nachdem er sich ohne Wissen seiner Mitregierung dem in Italien einfallenden Karl VIII. v. Frankreich unterworfen hatte. Der seit 1482 als Bußprediger in F. tätige Dominikaner Fra Girolamo Savonarola nützte diese Gelegenheit zur Errichtung eines theokratischen Staates. Seine eindringlichen Aufrufe zur Buße, zur inneren Einkehr und zu christl. Askese haben auch Künstler (z. B. Botticelli) dazu bewogen, einen Teil ihrer profanen Werke auf dem »Scheiterhaufen der Eitelkeit« zu verbrennen. Eine Regierungsreform brachte schließlich Pier Soderini als Gonfaloniere »auf Lebenszeit« an die Spitze der Regierung, Savonarola endete durch das Eingreifen Papst Alexanders VI. Borgia auf dem Scheiterhaufen (1498). 1512 kehrten die Medici nach F. zurück. 1527–30 neuerliches Exil. Karl V. setzte nach Eroberung der Stadt (1530) Alessandro de' Medici (1537 ermordet) zum erblichen Herzog ein. Sein Nachfolger wurde als Cosimo I. 1569 v. Papst Pius V. als Großherzog der Toskana bestätigt. Nach dem Aussterben der Familie Medici folgte 1737 mit Franz Stephan v. Lothringen das Haus Lothringen in diese Würde, die ihr, mit Ausnahme der napoleonischen Zeit (1801–14), bis 1860 erhalten blieb. Während der Entstehung eines neuen Italien war F. vorübergehend (1865–71) Hauptstadt des jungen Königreichs.

Leonardo da Vinci (1452–1519) schuf seine ersten selbständigen Werke, die zukunftsweisend den Weg zur Hochrenaissance bahnen sollten, bereits in jungen Jahren. Seine »Anbetung der Könige« (Uffizien) hinterließ er bei seiner Übersiedlung nach Mailand (1482) unvollendet. Von 1500 bis 1506 hielt er sich erneut in F. auf, etwa zur selben Zeit, die auch Michelangelo wieder in der Stadt (1501–05) zubrachte. Als Konkurrenten übernahmen sie die Freskierung des unter Savonarola geschaffenen »Saales der Fünfhundert« im Palazzo Vecchio (verloren). Während dieses Florentiner Zeitabschnittes schuf Michelangelo seinen »David« (Original → Galleria dell' Accademia) und malte das Tondo »Hl. Familie« (→ Uffizien). Raffael nahm 1504 in F. Aufenthalt, bildete sich an den Werken der Florentiner Kunst und schuf u. a. eine Reihe bedeutender Madonnendarstellungen. Bereits in den Florentiner Werken Leonardos, bes. aber im weiteren Schaffen Michelangelos (zwischen 1520 und 1534 hielt er sich mehrmals in Florenz auf, arbeitete an den Medici-Gräbern und baute die Biblioteca Laurenziana) wurde die Idealität der Hochrenaissance in Zweifel gezogen, bahnte sich eine Entwicklung an, die mit dem Begriff »Manierismus« in der Kunstgeschichte umschrieben wird. Die schöpferische Kraft der Stadt erlahmte, nachdem bereits zuvor Rom ihr Erbe angetreten hatte.

Arciconfraternità della Misericordia (Erzbruderschaft der Barmherzigkeit) → Dombezirk.

Badia Fiorentina: Die Benediktinerabtei (= Badia), Stiftung (978) der Willa v. Toskana (Mutter des Herzogs Ugo, der v. Dante im Paradies fälschlich als Stifter bezeichnet wird), ist das älteste Kloster innerhalb der Stadtmauern und die einzige Reichsabtei v. F. Die ottonische Kirche (969–78) wurde durch A. di Cambio (1284–1310) erneuert und v. Giotto mit Fresken (verloren) ausgestattet. Die Kirche wurde nach Plänen v.

Baptisterium, »Paradiestür«

M. Segaloni ab 1627 vergrößert, wobei der Altbau durch eine Drehung um 90° als Querhaus einbezogen wurde. 1810 Aufhebung des Klosters. – Beim Eingang in die Kirche »Vision des hl. Bernhard«, bedeutendes Frühwerk des Filippino Lippi (um 1480) mit Darstellung des Stifters und den (wahrscheinlichen) Porträts der Familienmitglieder (Maria und Engel). Als Versuch, die Grazie Botticellis mit der gesteigerten Wirklichkeitswiedergabe des Verrocchio-Kreises zu verbinden, stellt das Bild eines der Hauptwerke der Florentiner Quattrocento-Malerei dar.
Zu den bemerkenswertesten Ausstattungsstücken zählen Arbeiten des Mino da Fiesole: Relief mit Madonna zwischen den Hll. Laurentius und Leonhard (1464–69), die Grabmäler des Bernardo Giugni (um 1468) und des 1001 verstorbenen Grafen Ugo (1469–81). – Im stimmungsvollen *Chiostro degli Aranci* (um 1400) Freskenreste von A. Bronzino; Reste eines B. Rossellini zugeschriebenen Sakramentshäuschens. Der *Glockenturm* im Untergeschoß vermutlich ottonisch. Die beiden oberen Geschosse mit dem got. Spitzhelm aus der Zeit der Kirchenerweiterung unter Arnolfo de Cambio. Der Turm ist eines der Wahrzeichen v. F.

Bargello → Palazzo del Bargello.

Battistero S. Giovanni: Über röm. und einer germ. Kulturschicht errichtet. Vorläuferbau 897 erwähnt. Von dem heutigen, bei Dante als »bel S. Giovanni« erwähnten oktogonalen Kuppelbau ist eine Grundsteinweihe durch Papst Nikolaus II. v. 1060 bekannt, 1128 steht der Raum bereits in Verwendung. Fertigstellung um 1150.

Außenbau: Mit Ausnahme der rechteckigen Chorkapelle v. 1202 (urspr. halbkreisförmig) und der Marmorverkleidung der Eckpfeiler durch Arnolfo di Cambio 1296 original. Der Bau ist Ergebnis einer frühzeitigen Auseinandersetzung mit der Antike (neben der Verwendung v. Spolien Nachahmung antiker Bauelemente) auf der Basis einer zeitgenössisch-ma Erfahrungswelt, Musterbeispiel der Protorenaissance. Die totale Inkrustation des dreigeschossigen Baus mit grünem und weißem Marmor in streng geometrischen Feldern steigert den Schichtencharakter der Wand und bereichert die Proportionsbezüge. Wechsel zwischen Rundbogen und Ädikulafenstern (frühestes Beispiel der in der Renaissance wiederaufgenommenen toskanischen Fensterordnung). Höhepunkt der reichen Außendekoration sind die Bronzetore im S, N und O. Das älteste ist das *Südportal* mit 2 × 14 Reliefs in Vierpaßrahmung v. A. Pisano (1330–36), gegossen v. Vene-

Baptisterium, Portal, Detail

SS. Annunziata, Atrium-Fresken

zianer Leonardo d'Avanzo, 1338 gegenüber der Domfassade, 1452 am Südportal montiert (Renaissancerahmen v. L. Ghiberti; 1453–61). Mit Ausnahme der beiden unteren Zonen thematisch dem Patron des Baptisteriums, dem hl. Johannes d. T., gewidmet. Stilistisch in der Giotto-Nachfolge. Über dem Portal Skulpturengruppe (Enthauptung Johannes' d. T., 1570) v. V. Danti. – Das *Nordportal*, 1403–24 v. L. Ghiberti. Er hatte den Auftrag dafür nach einem Wettbewerb 1401 erhalten, an dem sich 7 Meister, darunter auch Brunelleschi, beteiligt hatten. Die Entscheidung zugunsten Ghibertis fiel sowohl aus Einsparungsgründen (er verstand es, die einzelnen Tafeln in einem Stück zu gießen) als auch aus stilistischen. Ghibertis dekorativ-erzählerische Begabung beeindruckte offensichtlich seine Zeitgenossen. (Die Konkurrenzreliefs v. Ghiberti und Brunelleschi → Bargello.) Die v. Stil her überholten Vierpaßrahmungen waren vorgeschrieben. Dargestellt (als durchgehende waagrechte Zeilen v. unten an zu lesen) sind die Kirchenväter, die Evangelisten und das Neue Testament. Über dem Tor Skulpturengruppe: Johannes d. T. lehrt die Pharisäer und Leviten (1506–11 v. F. Rustici). – Das berühmte *Osttor* (gegenüber der Kathedralfassade) ist das reifste Werk des L. Ghiberti (1425–52). Von Michelangelo als »Paradiesestür« für würdig empfunden. 10 Felder mit Szenen des Alten Testaments.

Das für das Tor festgelegte alttestamentarische Programm überstieg die Zahl der möglichen 10 Einzeltafeln, so daß sich Ghiberti gezwungen sah, mehrere Bildthemen in einem Bildfeld zusammenzufassen. Als Vermittler zwischen den einzelnen Szenen fällt nun Architektur und Landschaft eine entscheidende Rolle zu. Sie werden mit Hilfe der neuen Möglichkeiten perspektivischer Verkürzung und einer dadurch bedingten neuen Reliefauffassung (das Relief führt v. vollplastischen Details im Vordergrund entlang der in das flache Relief eingebetteten Perspektivlinien in eine suggestiv wirksame Tiefe; diese Technik wurde erstmals v. Donatello angewandt) zu einem überzeugenden Szenarium, welches den dargestellten Kapiteln des Heilsgeschehens einen hohen Wirklichkeitsgrad verleiht.

Die Tafeln sind in ihrer chronologischen Abfolge von links oben an zeilenförmig zu lesen:

Bildinhalte:

1) Paradies: Erschaffung Adams, Erschaffung Evas, Sündenfall und Austreibung aus dem Paradies.

2) Kain und Abel: Kain führt den Pflug; Abel als Hirte, l. davon Adam und Eva mit Kain und Abel; Opfer v. Kain und Abel und

Brudermord; Gott fordert Rechenschaft v. Kain.
3) Noah: Der pyramidale Berg Ararat mit den Überlebenden der Sintflut; Dankopfer; der trunkene Noah, dessen Söhne schamvoll seine Blößen zu decken suchen.
4) Abraham und Isaak: Erscheinung der 3 Engel vor Abraham; Opferung des Isaak.
5) Jakob und Esau: Geburt des Jakob und des Esau; Verkauf des Erstgeburtsrechtes; Isaak schickt Esau auf die Jagd; Jagd; Rebecca rät Jakob zum Betrug; Isaak wird betrogen.
6) Joseph: Verkauf des Joseph an die Kaufleute; in Benjamins Kornsack wird der angeblich gestohlene goldene Becher entdeckt; Joseph gibt sich seinen Brüdern zu erkennen.
7) Moses: Moses empfängt die Gesetzestafeln auf dem Berg Sinai.
8) Josua: Die Israeliten überschreiten den Jordan; Belagerung v. Jericho.
9) Saul und David: Die Schlacht gegen die Philister; David erschlägt Goliath.
10) Salomon empfängt die Königin v. Saba.
Die Rahmenleisten im Wechsel v. Figurennischen mit Porträtmedaillons sind harmonisch auf die annähernd quadratische Felderteilung abgestimmt. Linke Mittelleiste, 3. Kopf v. unten: Selbstbildnis des 60jährigen Ghiberti. Die waagerechten Rahmenleisten mit den Liegefiguren Adam und Eva (oben) und Noah mit Frau. Portalrahmen der Ghiberti-Werkstatt. Über dem Portal Taufe Christi; mit Ausnahme des Engels (v. Spinazzi, 1792 als Ersatz für eine Tonfigur v. V. Danti) 1505 v. A. Sansovino vollendet; ebenso zugehörig der Säulentabernakel.
Inneres: Die doppelschalige und achtteilige, in sich verstrebte Kuppel gibt die Möglichkeit einer Skelettierung des Baus mit starker raumhafter Auflösung der Wand. Kuppeldurchmesser 25,6 m. Die antikisierende Wirkung geht wesentlich v. der Instrumentierung durch Säulen und Pilaster aus, für welche die verwendeten röm. Spolien (14 Säulenschäfte im Erdgeschoß, v. denen 4 der S- und N-Wand originale röm. Kapitelle besitzen) als Muster dienten. Im Widerstreit dazu steht der ma Charakter der Raumwirkung, die v. den steilen Proportionen und dem mystischen Halbdunkel des Raumes (ein Teil des Lichtes fällt durch die Laterne ein) bestimmt ist. Der *Boden* (stark restauriert) teppichhaft, Beispiel toskanischer Einlegearbeit des Mittelalters. Die reiche *Marmorinkrustation* der Wände gipfelt in der Pracht des riesigen mosaizierten Kuppelhimmels (frühes 13. Jh. bis um 1330), der in seiner starken Abhängigkeit v. byzantinischen oder byzantinisierenden Vorbildern (Venedig) den ma Eindruck auch v. der Ausstattung her verstärkt. Die 3 Gewölbezwickel über der Altarnische bilden thematisch eine Einheit: In 3 übereinanderliegenden Streifen Jüngstes Gericht mit dem Pantokrator als Zentrum. Die restlichen Zwickel (v. oben nach unten zu lesen): nach einem ornamentalen und einem die thematische Zweiteilung überbrückenden Ring (Christus mit Seraphen und der himmlischen Hierarchie) 1. Schöpfungsgeschichte, 2. Josephs-Geschichte, 3. Leben Jesu, 4. Leben Johannes' d. T. – Das wichtigste Werk der weiteren Ausstattung (r. v. der Chorkapelle): Grabmal des Gegenpapstes Johannes XXIII. (Kardinal Baldassarre Coscia, abgesetzt v. Konzil zu Konstanz, † Florenz 1419). Zusammen mit Michelozzo (um 1425) schuf Donatello damit den Typus des Baldachingrabes. (Die hl. Magdalena des Donatello → Museo dell'Opera del Duomo).

Biblioteca Laurenziana → S. Lorenzo.

Brancacci-Kapelle → S. Maria del Carmine.

Campanile → Dom S. Maria del Fiore.

Capelle Medicee → S. Lorenzo.

Casa Buonarroti (Michelangelo-Haus und Museum, Via Ghibellina 70): Bedeutende Werke (neben Handzeichnungen Michelangelos, Modelle und Kopien). Marmorrelief der Kentaurenschlacht (Michelangelo hat es als 17jähriger 1492 geschaffen; in den Köpfen bereits die Technik des Non-finito); Marmorrelief Madonna mit Kind (Madonna della Scala), frühestes erhaltenes Werk Michelangelos (1490/92), das die Auseinandersetzung mit dem Werk Donatellos erkennen läßt. Holzkruzifix für S. Spirito (1494).

Cenacoli: Die Cenacoli (= Refektorien oder Speisesäle) der Klöster waren mit Bildthemen ausgestattet, die den Gebrauch des Raumes mit vorbildlichen biblischen Dar-

Dom, Westfront ▷

stellungen religiös überhöhten. Hauptthema ist dabei das Letzte Abendmahl.
Cenacolo di Foligno (Via Faenza 42): Refektorium des ehem. Franziskanerinnenklosters S. Onofrio mit dem »Letzten Abendmahl«, Hauptwerk des Perugino (um 1490). Die Komposition folgt den Vorbildern v. A. del Castagno und Ghirlandaio; typisch jedoch der idyllische Ausblick in eine umbrische Landschaft mit der Darstellung »Christus am Ölberg«. Das durch das Hochwasser 1966 stark beschädigte Werk galt nach seiner Entdeckung (1845) bezeichnenderweise als Arbeit des Perugino-Schülers Raffael.
Cenacolo del Ghirlandaio → Ognissanti.
Cenacolo di S. Salvi (Via di S. Salvi 16): Refektorium der ehem. Vallombrosaner-Abtei S. Salvi (gegr. 1048) mit »Letztem Abendmahl«, Hauptwerk des Andrea del Sarto (begonnen 1519). Der »pittore senza errori«, Vasaris »Maler ohne Fehler«, stellt den Augenblick der höchsten dramatischen Spannung mit sicherem Gefühl für elegante Komposition, Raum- und Farbharmonisierung dar. Unter weiteren Arbeiten Sartos »Pieta« mit virtuos-impressionistisch wirkenden Qualitäten.
Cenacolo di S. Apollonia (Via XXVII Aprile 1): Refektorium des 1808 aufgehobenen Benediktinerinnenklosters (zunächst Militärmagazin, dann Institute der Universität), das heute als Castagno-Museum dient. Das »Letzte Abendmahl« ist Hauptwerk des Andrea del Castagno und zugleich eines der packendsten Werke der Florentiner Malerei der Jahrhundertmitte; Vorbild der späteren Abendmahls-Darstellungen. Die geradezu wissenschaftlich-mathematische Präzision der Perspektive des kastenartigen Raumgefüges und die wuchtige Plastizität der Figuren schaffen eine Situation von surrealer Eindringlichkeit. Darüber weitere Passionsszenen; die »9 berühmten Männer und Frauen« (übertragen aus der Villa Pandolfini-Carducci in Lignaio) sind kraftvolle Heroen im antiken Sinne (unter ihnen Dante, Boccaccio und Petrarca). Beachtenswert mehrere Sinopien.

Chiostro dello Scalzo (Kreuzgang des Barfüßers, Via Cavour 69): Eleganter Säulenhof, den Andrea del Sarto zwischen 1514 und 1526 für die Johannes-Bruderschaft (Johannes d. T.) mit Freskendarstellungen aus dem Leben Johannes' d. T. ausschmückte. Der Kreuzträger ging bei Prozessionen der Bruderschaft barfüßig (scalzo) voran. Die zur Restaurierung abgenommenen und wieder angebrachten Fresken zeichnen sich durch ihre weiche Hell-Dunkel-Stimmung aus. Bes. beachtenswert die »Begegnung Mariens mit Elisabeth« v. 1524 und die allegorischen Figuren der »Caritas« und der »Justizia«.

Dombezirk: Der Domplatz und die Piazza S. Giovanni umschließen den religiösen Mittelpunkt der Stadt mit Baptisterium und Dom mit freistehendem Kampanile. W-Abschluß der beiden, eine Einheit bildenden Plätze ist der 1895 um 50 m zurückversetzte und nach S v. 8 auf 11 Achsen verlängerte *Palazzo Arcivescovado* (Rückfront und Seitenfronten dabei völlig erneuert). In seinem Hof (hochbarocke Manierismusimitation v. Ciurini, der 1727 den 1582 begonnenen bischöflichen Palast zu Ende baute) Eingang zur Kirche *S. Salvatore nell'Arcivescovado,* 1032 erstmals erwähnt (Inkrustationsfassade auf der Piazza dell'Olio; Innendekoration 1737 mit Architekturmalerei v. D. Ferretti und V. Meucci). Südlich, am Eingang der Via Calzaiuoli r, die *Loggia del Bigallo,* Mitte 13. Jh. als urspr. Sitz der Misericordia errichtet, seit 1425 Sitz der v. hl. Petrus Martyr gegr. Compania di S. M. del Bigallo, einer karitativen Gemeinschaft der Krankenhauspflege (Freskenschmuck z. T. alt; Loggia mit v. Engeln flankierter Madonnenstatue v. 1359–64 in Tabernakel v. Anfang 16. Jh.). Links die *Misericordia* (Arciconfraternità della Misericordia): Der vielfach erweiterte Bau seit 1567 Sitz der Erzbruderschaft, der ältesten, unter dem Eindruck großer Seuchen gegr. karitativen Bruderschaft zur Pflege v. Seuchenkranken. In der Kapelle blau-weiße Terrakottatafel in der Art des A. della Robbia, 1480/90. Im Haupthaus (Genehmigung notwendig) Spätwerke des Benedetto da Maiano (um 1495/97: Madonna mit Kind in Marmor (die flankierenden Terrakottaengel aus Robbia-Werkstatt); Statue hl. Sebastian. Im Osten des Domes das → Dommuseum.

Dom S. Maria del Fiore mit Kampanile: Aus Repräsentationsgründen vor allem gegenüber den mächtigen neuen Klosterbauten, aber auch mit einem Seitenblick auf die mächtigen Dome der Konkurrenzstädte Pisa und Siena wird der erst Mitte 12. Jh. errichte-

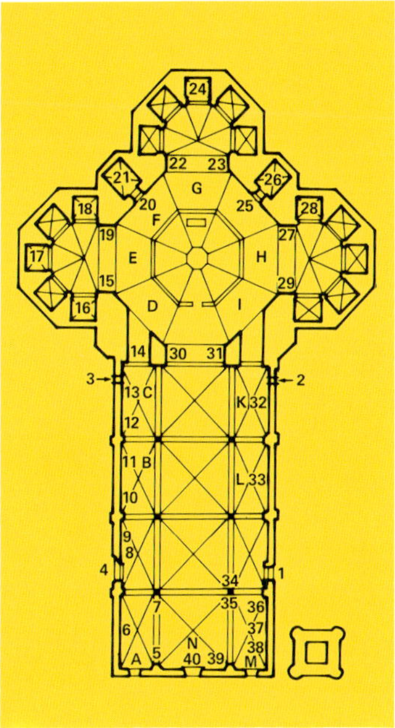

Dom, Portal

Florenz, Dom 1 Porta del Campanile mit Verkündigungsgruppe **2** Porta dei Canonici **3** Porta della mandorla mit Reliefgürtelspende der hl. Maria an den hl. Thomas (Hauptwerk des Nanni di Banco*) **4** Porta della Balla **5** Bildtafel hl. Katharina, Schule Bernardo Daddi **6** Statue des Josua (vermutlich Porträt des Humanisten Poggio Bracciolini; der Kopf Werk Donatellos) **7** Nische mit S. Zanobius (Hochmut und Grausamkeit zertretend) von G. del Biondo **8** Büste des Organisten Antonio Squarcia von Benedetto da Maiano* **9** Reiterstandbild des Niccolò da Tolentino, Fresko von Andrea del Castagno **10** Reiterstandbild des Giovanni Acuto (John Hawkwood), Fresko von P. Uccello **11** Statue König Davids von B. Ciuffagni **12** Tafel mit den hll. Cosmas und Damian von Bicci di Lorenzo **13** Dante und die »Göttliche Komödie«, Entwurf Baldovinetti, Ausführung Dom. di Michelino **14** Aufgang zur Kuppel **15** Hl. Thomas von Vinc. de'Rossi **16** Tafel mit hl. Josef von L. di Credi **17** Marmoraltar des Buggiano, 1447, mit Bronzegitter von Michelozzo **18** Unvollendete Pieta von Michelangelo →Dommuseum **19** Statue des hl. Andreas von A. Ferrucci **20** Türlünette mit Terrakotta der Auferstehung von Luca della Robbia, 1444; das Bronzetor, 1445–69, unter Mitarbeit von Michelozzo und Maso di Bartolomeo **21** Sagrestia Nuova (oder »delle Messe«) mit prächtig intarsierten Schränken (G. und B. da Maiano u. a.), schöner Marmorbrunnen des Buggiano, 1440 **22** Statue hl. Petrus von B. Bandinelli **23** Statue hl. Johannes von Ben. da Rovezzano **24** Bronzeschrein des hl. Zenobius von Ghiberti unter dem Altar, 1432–42; Leuchterengel von Luca della Robbia, um 1450 **25** Türlünette mit Himmelfahrt Christi von Luca della Robbia, um 1450 **26** Sagrestia Vecchia (oder »dei Canonici«) **27** Statue hl. Jakobus minor von G. Bandini **28** Giotteskes Freskenfragment »Madonna del Popolo« **29** Statue hl. Philippus von G. Bandini **30** Statue hl. Jakobus maior von J. Sansovino **31** Statue hl. Matthäus von Vinc. de' Rossi **32** Büste des Philosophen Marsilio Ficino von A. Ferrucci, 1521 **33** Nischenfigur des Isaias von B. Ciuffagni, 1427 **34** Abgang zur Cripta di S. Reperata **35** Gotisches Weihwasserbecken, um 1380 **36** Tondo mit Halbfigur Giottos von Benedetto da Maiano, 1450 **37** Statue eines Propheten von Nanni di Banco, 1408 **38** Büste des Brunelleschi von seinem Schüler A. Cavalcanti, genannt il Buggiano, 1466 **39** Grabmal des Antonio d'Orso von Trino di Camaino **40** Uhr mit gemalten Prophetenzwickeln von P. Uccello. – **Glasfenster** (Entwerfer): **A** Hl. Stephanus, flankiert von zwei Engeln (L. Ghiberti) **B** Fenster von 1395; **C** (Agnolo Gaddi) **D** Geburt Christi (Paolo Uccello) **E** Beweinung (Andrea del Castagno) **F** Auferstehung (Paolo Uccello) **G** Krönung Mariä (Donatello) **H** Gebet am Ölberg (Ghiberti) **I** Darstellung im Tempel (Ghiberti) **K** (Agnolo Gaddi) **L** Fenster mit sechs Heiligen (Agnolo Gaddi) **M** Hl. Laurentius mit Engeln (Ghiberti) **N** Himmelfahrt Mariä (Ghiberti)

te Kathedralbau v. S. Reparata abgebrochen und unter A. di Cambio 1296 ein Neubau begonnen. Durch mehrere Unterbrechungen (Giotto beschäftigt sich als Baumeister 1334–37 hauptsächlich mit dem Kampanile) langsamer Baufortschritt. 1378 Schließung des Mittelschiffgewölbes, 1380 Seitenschiffgewölbe. 1380–1421 Bau der Tribuna (Dreikonchenanlage aus Querhaus und Chorpartie) und vermutlich auch des Kuppeltambours. Den Wettbewerb für die Kuppel gewinnt F. Brunelleschi 1420. Ihr Bau wird 1436 abgeschlossen, die Laterne erst nach seinem Tode 1461 vollendet. Domweihe 1. 1. 1436 durch Papst Eugen IV. 1587 Abbruch der unmodern gewordenen Domfassade, für die erst 1871–87 Ersatz geschaffen wird (E. De Fabris).

Außen: Reiche, v. E. de Fabris entworfene und 1871–87 errichtete Fassade mit Figurenprogramm und Mosaiken. Der Außenbau des mächtigen Doms wurde der Renaissance zum Ort der Entwicklung der monumentalen Plastik, konzentriert auf die Portale und die Chorpartie. Besondere Bedeutung besitzt die *Porta della Mandorla* (s. Grundriß 3). Das zentrale Motiv im Wimperg, Hochrelief mit der Gürtelspende der hl. Maria an den hl. Thomas, Hauptwerk des Nanni di Banco (1414–22). Das Lünettenmosaik der Verkündigung v. Domenico und Davide Ghirlandaio (1491). Von den beiden seitlich angeordneten Prophetenstatuetten gilt die rechte mit stark got. Zügen als frühestes faßbares Jugendwerk des Donatello. Lohnend eine Besichtigung der über die Dreikonchenpartie v. Querhaus und Chor errichteten achtseitigen und doppelschaligen Kuppel (Gesamthöhe 107 m, Aufgang am Ende des l. Seitenschiffs) mit den für die Renaissancearchitekten typischen »Exedren« v. F. Brunelleschi, dem großartigen, größtenteils mit Marmorinkrustation versehenen Kuppeltambour und dem sich aus der Anordnung der Kuppelrippen organisch entfaltenden Strebepfeilersystem (in Rundbogen geöffnet) der Laterne. Die reiche Inkrustation des Domaußenbaus mit Marmor (grüner »verde di Prato«, roter »rosso di Maremma« und weißer »bianco di Carrara«) geht auf den Beginn unter A. di Cambio auch im Dekorationsmotiv zurück.

Inneres und Ausstattung: Dreischiffige Basilika in Form eines lat. Kreuzes (Länge 153 m, maximale Breite ca. 90 m). An das durch 4 in weiten Abständen gestellte Pfeiler luftig wirkende Langhaus schließt sich der die 3 Schiffe zusammenfassende achtseitige Kuppelraum mit der regelmäßigen Dreikonchenanlage (5 Seiten eines Achtecks und 5 Kapellen) v. Querhaus und Chorpartie an. Der schlichte Aufriß des got. Langhauses wird

Dom, Tympanon von L. della Robbia

durch den anstelle eines Triforiums angeordneten Laufgang bereichert (in den Kuppelraum hinein weitergeführt). In die Kuppelstreben zwischen Querhaus und Chor die Sakristeien; über deren Eingang Orgeltribünen. Der eingelegte Marmorboden nach Entwurf v. Baccio d'Agnolo von G. und F. da Sangallo u. a. fertiggestellt. Bedeutende Glasfenster nach Entwürfen v. Ghiberti (z. T. v. dem Deutschen Nicolò di Piero Tedesco ausgeführt), Donatello, Uccello u. a. Innenausstattung: das gemalte *Reiterstandbild* des Giov. Acuto v. P. Uccello (10), mit dem das antike Reiterstandbild in die Renaissance Eingang findet; Michelangelos *Pieta* → Dommuseum; weiter die Ausstattung der beiden *Sakristeien* (21 und 26), der *Bronzeschrein* des hl. Zenobius v. Ghiberti (24) und die Reste des *Bischofsgrabes* für Antonio d'Orso v. Tino di Camaino (39). – Die *Cripta di S. Reparata* (34) mit Resten des alten Dombaus v. S. Reparata ist vorzüglich restauriert.

Kampanile: Der schlanke, 84,7 m hohe Turm mit achtseitigen Eckstreben wurde 1334 v. Giotto begonnen (unterer Teil des 1. Doppelgeschosses), nach dessen Tod (1337) v. A. Pisano fortgeführt, nach dessen Tod (1348) v. F. Talenti 1359 vollendet. Mit seiner farbigen Marmorverkleidung einer der schönsten Glockentürme Italiens; durch die plastische Ausstattung mit Reliefs und Nischenfiguren (in das → Dommuseum übertragen und durch Abgüsse ersetzt), mit denen ein scholastisches Programm der Welt- und Heilsgeschichte dargestellt wird, ein Hauptwerk der ital. Skulptur zwischen 1340 und 1440 (A. Pisano und Schule; L. della Robbia).

Dommuseum (Museo dell'Opera del Duomo): Bereits im 15. Jh. Sitz der Dombauhütte mit ihren Ateliers und Werkstätten. Die im Verlaufe der Jh. angesammelten Kunstwerke (vorwiegend liturgisches Gerät und die Bauplastik der 1587 abgebrochenen alten Domfassade; dazu neuerdings die durch Kopien ersetzten Skulpturen und Reliefs v. Dom und v. Kampanile, die einer weiteren Verwitterung entzogen werden mußten) sind seit 1891 öffentlich zugänglich.
Hauptwerke: *Großer Skulpturensaal* (Sala dell'antica facciata del Duomo) mit einer Zeichnung (2. Hälfte 16. Jh.) der Fassade vor ihrem Abbruch 1587 und Werken des Arnolfo di Cambio (u. a. Thronende Madonna mit segnendem Christuskind; Thronender Bonifaz VIII.; hl. Reparata). Hl. Lukas v. Nanni di Banco und hl. Johannes v. Donatello, in ihrer kraftvollen Monumentalität hervorragende Zeugnisse des neuen Zeitgeistes der

Dommuseum

Frührenaissance. – Freistehender röm. Sarkophag, der in der Renaissance wiederverwendet worden war (an 3 Seiten umgearbeitet, oberer Aufbau in Fragmenten erhalten). Rückwärts l.: *Sale Brunelleschiane* (1977 eingerichtet) im 1. Raum Totenmaske Brunelleschis, des führenden Architekten der Frührenaissance, seine Holzmodelle der Domkuppel und der Laterne; im 2. Raum Werkzeuge der Dombauhütte.
Vom Skulpturensaal nach r.: *Saletta* mit Chorbuchständern, Antiphonaren, und einem großen Prozessionskreuz des 15. Jh. Anschließend das *Oktogon der Goldschmiedekunst* (1954 eingerichtet) mit zahlreichen Reliquiaren 13.–18. Jh. Retabel v. B. Daddi (1334).
Im *Treppenabsatz* Pieta v. Michelangelo (früher im Dom) – Spätwerk, das zu seinen dramatischsten Werken zählt (für seine eigene Grabkapelle bestimmt; v. ihm zerschlagen, v. seinem Schüler T. Calcagni restauriert und die hl. Magdalena vollendet).
Im Obergeschoß *Saal der »Sängerkanzeln«* (delle Cantorie): Die beiden Orgeltribünen (fälschlich: Sängerkanzeln) aus Marmor waren urspr. über den Sakristeieingängen des Domkuppeloktogons angebracht (1686 anläßlich der Hochzeitsfeierlichkeiten für Ferdinando de' Medici und Violante Beatrix v. Bayern entfernt). Die Kanzelreliefs illustrieren den Psalm 150 v. David. Luca-della-Robbia-Kanzel (1431–38): 10 bildhaft geschlossene, klassisch komponierte Relieftafeln mit tanzenden, singenden und musizierenden Engeln, Donatello-Kanzel (1433–39): geschlossener Puttoreigen v. bacchantischer Ausgelassenheit. Architektur und Dekor sind durch die Romreise v. 1431 beeinflußt. Unter der Kanzel v. Donatello seine hl. Magdalena (aus dem Baptisterium), Spätwerk v. ergreifender Menschlichkeit. Selbst 69jährig, hat Donatello ein v. Alter und Askese gezeichnetes Beispiel der Hinfälligkeit irdischer Schönheit geschaffen. 16 Statuen aus den Nischen des Kampanile, die ältesten davon A. Pisano und seiner Werkstatt zugeschrieben (Propheten, Sibyllen, Salomon, David), die übrigen v. Donatello (der 1434–36 entstandene Prophet Habakuk, gen. »Lo Zuccone« = der Kürbis, v. beeindruckend drastischer Wirklichkeitsnähe; signiert) und Nanni di Bartolo.
Nach l. der *Saal mit den Kampanile-Reliefs*, entsprechend der urspr. Anordnung in 2 Reihen übereinander. Die Themenkreise sind v. ma Vorstellungen geprägt: die Entstehung des Menschen, seine Selbstverwirklichung durch die Künste und Wissenschaften, sein Schicksal in Abhängigkeit v. den Planeten; sein Halt in den Tugenden und Sakramenten. Mit Ausnahme der Sakramente (Arnoldi [?]), und 5 der freien Künste (L. della Robbia) v. A. Pisano und Schule (1337–48).

Ponte Vecchio

Wieder v. der Sala delle Cantorie aus nach r. die *Sala dell'Altare* mit dem kostbaren Altar des Baptisteriums, Hauptwerk der got. Florentiner Goldschmiedekunst (begonnen 1366, vollendet Anfang 15. Jh., weitere Ergänzungen im Laufe des 15. Jh.). – Statuetten v. A. Pisano. – Zahlreiche Seide-Gold-Stikkereien. – 2 byzantinische Mosaikminiaturen des 12. Jh. in reichen Silberrahmen mit Szenen aus dem Leben Christi und der Madonna.

Festungsanlagen: Im Gegensatz zur ma Stadtmauer, die als Machtdemonstration gegen äußere Feinde diente, entstanden Festungswerke zum Schutze der Medici gegen

innere Feinde ihres Staates (Ausnahme: Fortezza di S. Miniato).

Forte di Belvedere (nach seiner Lage an der → Porta di S. Giorgio auch: *di S. Giorgio*): Möglicherweise nach Projekten des Giovanni de' Medici im Auftrag Großherzog Ferdinands I. 1590–95 v. B. Buontalenti errichtet. Sternförmige Anlage, im Zentrum der elegante *Palazzetto*, der für Wechselausstellungen verwendet wird.

Fortezza da Basso (di S. Giovanni Battista, Viale Filippo Strozzi, Nähe Hauptbahnhof): Von Alessandro de' Medici nach seinem Einzug in Florenz (1530) und der Ausrufung des Herzogtums errichtet. Die Pläne des eindrucksvollen fünfeckigen Festungswerkes mit Eckbastionen stammen v. A. Sangallo d. J., mit der Bauführung waren Pier Francesco da Viterbo und A. Vitelli (1534–35) beauftragt.

Fortezza di S. Miniato: Von Michelangelo vor der Belagerung der Stadt (1530) in wenigen Monaten als provisorische Verteidigungslinie errichtete Festungswerke, welche die Flanke des Monte alle Croce bis hinauf nach San Miniato al Monte absicherten. Von Francesco da Sangallo und anderen ab 1553 in dauerhafter Form erneuert.

Galerien → Museen und Sammlungen.

Giardino di Boboli (Boboli-Garten) → Palazzo Pitti.

Loggia dei Lanzi: Luftige, offene Bogenhalle, die Benci di Cione und S. Talenti 1374–81 als Rahmen für öffentliche Staatshandlungen errichteten. Unter Cosimo I. erhielt sie als Wache der Landsknechte (= Lanzichenecchi) ihren heutigen Namen. Vorbild für die Feldherrnhalle in München. – Die Bogenzwickel mit Reliefs der Tugenden auf blauem Schmelzgrund 1384–89 nach Entwurf v. A. Gaddi. Reiche Ausstattung mit Skulpturen der Antike und des Manierismus. Bes. bedeutend der *Raub der Sabinerinnen* (unter dem Bogen r. v. Eingang), Marmorgruppe v. G. da Bologna v. 1583. Hauptwerk der manieristischen Skulptur. Die für ihre Entwicklung typische »figura serpentinata« wird hier zu einer in kompliziertem Bewegungsfluß aufwachsenden Figurensäule. Der Sockel mit hervorragenden Bronzereliefs. *Perseus mit dem Haupt der Medusa,* Bronzestatue v. B. Cellini (1545–54), Hauptwerk des Meisters (unter dem Bogen 1 v. Eingang). Die Schönheit der Aktfigur und das Raffinement in der Materialbehandlung (Differenzierung unterschiedlicher dargestellter Materialien in der Bronze) sind Eigenschaften der künstlerischen Vorstellungen des Manierismus. Mit Perseus als Retter des Volkes ist symbolisch der Auftraggeber Herzog Cosimo I. gemeint. Die eleganten Bronzefigürchen der Sockelnischen zeigen deutlich die Kunstfertigkeit des Goldschmiedes Cellini (dargestellt Perseus' Eltern Zeus und Danae und seine Beschützer Minerva und Hermes). Im Inneren: *Herkules kämpft mit dem Kentauren Nessus,* 1599 v. G. da Bologna. Antike Kopie nach griech. Vorbild des 4. Jh. v. Chr.: *Menelaos mit dem Leichnam des Patroklos.*

Loggia del Mercato Nuovo (Ecke Via Porta Rossa/Via Calimala): Die v. G. B. del Tasso 1547–51 errichtete offene Säulenhalle diente urspr. als Markt für Erzeugnisse aus Seide und Gold. Heute werden hier typische Florentiner Handwerkserzeugnisse verkauft. Das Schwein der Fontana del Porcellino (Schweinebrunnen) v. P. Tacca um 1612 nach einem antiken Marmor-Wildschwein (→ Uffizien) gegossen.

Loggia del Bigallo → Dombezirk.

Medici-Kapelle (Cappelle Medicee) → S. Lorenzo.

MUSEEN UND SAMMLUNGEN:

Galleria dell'Accademia (Eingang Via Ricasoli 52): Durch den Großherzog Pietro Leopoldo I. 1784 eingerichtete Studiensammlung der Akademie, die unter ihm aus mehreren Zeichenschulen zusammengefaßt und in dem Komplex des aufgelassenen Ospedale di S. Matteo untergebracht wurde. In einem Teil des Komplexes, dem auch das ehemalige Kloster S. Nicolà di Caffaggio zugehört der *Opificio delle Pietre Dure* (Via degli Alfani 78). Von Großherzog Ferdinando I. de' Medici 1588 in Hinblick auf die Wandverkleidungsarbeiten in der Cappella dei Principi (S. Lorenzo-Cappelle Medicee) eingerichtete Institution, welche die Pflege der in F. beheimateten Steineinlegetechnik mit seltenen und wertvollen Steinen (pietre dure) übernommen hat. Heute werden einschlägige Restaurierungsarbeiten, aber auch solche v. glasierten Terrakotten durchgeführt. Angeschlossen ein *Museum* mit Beispielen der Pietra-Dura-Technik.

Die umfangreiche Sammlung v. Gemälden (vorwiegend der Florentiner Schule des 13.–16. Jh.) erhält durch einige Hauptwerke des Michelangelo ihre außerordentliche Bedeutung. Wichtige Gemälde des Duccento und Trecento: Kruzifix (sienesisch, 2. Hälfte 13. Jh., in der Art des Duccio). Polyptychon mit Kreuzigung und Heiligen und das v. hl. Bonaventura inspirierte allegorische Thema des »Kreuzesbaumes« mit Szenen aus dem Leben Christi in kleinen Tondi über den Darstellungen der Heilsvorgeschichte; beide v. Pacino di Buonaguida (einer der ersten Giottoschüler); das namengebende Werk des »Maestro della Maddalena« (hl. Magdalena mit 8 Szenen aus ihrem Leben); Polyptychon des A. Orcagna (Madonna mit Engeln und Heiligen); Trinitätstriptychon (datiert 1365) des Nardo di Cione und seiner Werkstatt; ausdrucksvolle Pieta, Hauptwerk des Giovanni da Milano; Szenen aus dem Leben Christi (14) und des hl. Franziskus (10) v. T. Gaddi (ehemalige Sakristeischranktüren v. S. Croce; früher Giotto zugeschrieben).

Frührenaissance: »Hiob und Isaias« v. Fra Bartolommeo; »Kreuzabnahme«, begonnen v. Perugino, in der unteren Partie v. Filippino Lippi vollendet; »Madonna mit Kind, Engeln und Heiligen« v. Fra Bartolommeo; »Heimsuchung«, Ghirlandaio zugeschrieben; »Anbetung des Kindes« v. Lorenzo di Credi; »Madonna mit Kind, dem Johannesknaben und Engeln« v. Botticelli; ihm zugeschrieben die »Madonna del Mare«.

Gemälde der Florentiner Manieristen Bronzino, A. Allori, Santi di Tito u. a.

Im *Salone,* der in einer Apsis, der *Tribuna,* endet, 2 Serien v. Wandteppichen (Brüsseler Teppiche mit der Schöpfungsgeschichte und Florentiner Teppiche mit der Geschichte der Medici); davor Michelangelos »Sklaven« (»gli Schiavi« oder »Prigioni«): Der »Erwachende«, der »Bärtige«, der »Junge« und der »Atlas« (nach ihrem vorherigen Aufstellungsort »Boboli-Sklaven« genannt) gehören zusammen mit den beiden »Louvre-Sklaven« zum unvollendeten Grabmal für Papst Julius II. in Rom (S. Pietro in Vincoli). Sie werden als die Künste, Gefangene des Todes (Papst Julius II.) oder als die v. Papst beherrschten Provinzen interpretiert. Grundidee ist die neuplatonische Vorstellung v. Körper als Gefängnis (»prigione«) der Seele. Eigenhändiger Anteil an den Non-finito-Figuren und Entstehungszeit sind umstritten (zwischen 1519 und 1536). – Hl. Matthäus, unvollendet, einziger der geplanten 12 Apostel, welche die Wollweberzunft für den Dom in Auftrag gegeben hat (1503, entstanden vor 1505). Erstes bedeutendes Werk, das v. Michelangelo im Non-finito-Zustand erhalten ist. – »Pieta Palestrina«, entstanden für die Kirche S. Rosalia in Palestrina, aus einem röm. Gebälkstück gemeißelt (Reste v. Ornamenten), unvollendetes Spätwerk, dramatisch im Ausdruck. – In der Tribuna Michelangelos »David« (1501–04). Die aus einem für unbrauchbar angesehenen Block gearbeitete Figur (Höhe: 4,10 m) wurde 1504 vor dem Palazzo Vecchio als Symbol des Mutes zur Verteidigung der Freiheit der Republik aufgestellt (heute dort durch Kopie ersetzt).

Galleria d'Arte Moderna (Museum moderner Kunst) → Palazzo Pitti.

Galleria Corsi → Museo Bardini.

Galleria Corsini → Palazzo Corsini.

Galleria Ferroni (Sammlung Ferroni, Via Faenza 40–48): Die v. Marchese Ferroni 1850 dem Staat geschenkte Sammlung umfaßt Werke des 15.–18. Jh. (noch nicht zugänglich).

La Galleria dell'Ospedale degli Innocenti → Spedale degli Innocenti.

Galleria Pitti oder **Palatina** → Palazzo Pitti.

Galleria degli Uffizi und Graphische Sammlung → Uffizien.

Marini-Museum (Kirche S. Pancrazio).

Museo (dell') Angelico → S. Marco.

Museo dell'Antica Casa Fiorentina (Geschichte der Florentiner Wohnkultur) → Palazzo Davanzati.

Museo Archeologico: (Piazza SS. Annunziata 9 b) Das in dem 1620 für die Großherzogin

Loggia dei Lanzi, Perseus v. Cellini

Loggia dei Lanzi, Raub der Sabinerinnen

Maria Maddalena d'Austria errichteten Palazzo della Crocetta seit 1870 untergebrachte Museum ist vor allem durch seine etrusk. Sammlung v. besonderer Bedeutung. Mit dem angeschlossenen *Museo Egizinao* beherbergt es die reichhaltigste ägyptische Sammlung Italiens neben der v. Turin. Den Grundstock bildet die Antikensammlung der Medici. – Im Erdgeschoß die Sammlung griech., etrusk. und röm. Skulpturen; weiter das **Museo Topografico dell'Etruria** mit zahlreichen Fundstücken aus Etrurien und (im Garten) Rekonstruktionen v. Grabdenkmälern und Gräbern. – Im 1. Stock das **Ägyptische Museum.** Bes. bemerkenswert ein hölzerner Wagen mit Beineinlagen, Grabfund aus Theben aus der Zeit Ramses II. (14. Jh. v. Chr.). – Das **Antiquarium Etrusco-greco-romano** umfaßt die Sammlung etrusk. Plastik (Urnen der wichtigsten Produktionsstätten; Sarkophag des Ramta Uzenai aus Tarquinia, 4. Jh. v. Chr., mit Reliefs), die Sammlung etrusk., griech. und röm. Bronzen, darunter die berühmten Stücke wie der sog. »Idolino« (lebensgroße Siegerstatue eines ein Trankopfer darbringenden Jünglings, attisch, 5. Jh. v. Chr.); Pferdekopf, griech. aus röm. Zeit; die v. Bellerophon verletzte »Chimäre« (5. Jh. v. Chr.) und der »Redner« (Arringatore), Grabfigur, die Aulo Metello (Inschrift am Überwurf) in Rednerpose wiedergibt. – **Münzkabinett** (antike und neuere Münzen). – *Kleinodiensammlung* (Glas, Gemmen, Gold- und Silberschmiedearbeiten). – Im 2. Stock die **Prähistorische Sammlung** mit italischem Material vorwiegend der Toskana und Vergleichsbeispiele außerital. prähistorischer Kulturen. – Die Sammlung der **Vasen** und Terrakotten mit der berühmten François-Vase (bemalt v. Klitias aus der Athener Werkstatt des Ergotimos, 6. Jh. v. Chr.). Das Museum enthält ferner abgenommene Wandgemälde aus den Gräbern v. Orvieto.

Museo degli Argenti (Silbersammlung) → Palazzo Pitti.

Museo Bardini: 1923 vermachte der Kunsthändler Stefano Bardini seinen Palazzo (19. Jh.) zusammen mit seiner Sammlung der Stadt F. Die Sammlung umfaßt Kunstwerke und kunstgewerbliche Objekte bis zum Ausgang des Barock. Bemerkenswert: Marmorgruppe der Caritas des Tino di Camaino (1. Hälfte 14. Jh.); Stuckrelief mit Madonna, Kind und Engeln, Donatello zugeschrieben (schlecht erhalten); hl. Michael v. A. del Pollaiuolo. Im Obergeschoß ist die 1937 der Stadt F. vermachte Sammlung Corsi (Fortunata Carobbi verwitwete Corsi) ausgestellt (Kunstwerke des 12.–19. Jh.)

Museo del Bargello (Nazionale) → Palazzo del Bargello.

Museo delle Carrozze → Palazzo Pitti.

Museo della Fondazione Horne (Horne-Museum, Via de' Benci 6): Der engl. Kunstkritiker Herbert Percy Horne (1864–1916) hat den Palazzetto Horne (im 15. Jh. vermutlich durch S. del Pollaiuolo, gen. Cronaca, neu gebaut; reizvoller kleiner Eingangshof mit 2 großartigen Säulenkapitellen in der Art des A. Sansovino) zusammen mit seinen reichhaltigen Sammlungen dem ital. Staat vermacht (Kunst, Kunstgewerbe, historischer Hausrat). Bemerkenswert: Tondo »Madonna mit Engeln«, Werkstatt L. della Robbia; Tondo »Hl. Familie« v. Beccafumi; intarsierte Sakristeibank des 15. Jh.; Gemälde »Allegorie der Musik« v. D. Dossi; Fragmente eines Polyptychons v. P. Lorenzetti; Kreuzigung, Madonna und 4 Heilige, dem B. Daddi zugeschrieben; Tafel »Hl. Stephanus« v. Giotto; »Pieta« v. Filippo Lippi; »Esther« v. Filippino Lippi. Im Obergeschoß Sammlung von Renaissance- und Barockzeichnungen (Michelangelo, Raffael, Pontormo, Carracci, Poussin, Guardi u. a.).

Museo di Dante: In einem der Häuser des malerischen Komplexes der »Case degli Alighieri«, in welchem der Tradition nach Dante geboren wurde (Eingang Via S. Margherita 1), ist eine Dante-Gedächtnisstätte untergebracht (Florenz zur Zeit Dantes, Dante-Editionen, Porträts etc.).

Museo Nazionale (Bargello) → Palazzo del Bargello.

Museo dell'Opera del Duomo → Dommuseum.

Museo dell'Opera di S. Croce → S. Croce.

Museo delle Pietre Dure → Galleria dell' Accademia.

Museo delle Porcellane → Palazzo Pitti.

Museo Stibbert (Via Federico Stibbert 26): Der schottische Sammler und Mitstreiter Garibaldis, Frederick Stibbert, vermachte seine umfangreiche Sammlung der britischen Regierung, die zugunsten der Stadt F. darauf verzichtete. Die in der Villa Stibbert

Uffizien, Die Auferweckung des Lazarus ▷
v. Nicolas Froment

(vormals Davanzati) untergebrachte Sammlung (Schwerpunkt Rüstungen und Waffen span., ital., dt. orientalischer und japanischer Herkunft) mit einem Zug aus 14 Rittern und 14 Fußsoldaten bildet eine besondere Attraktion (Sala della Cavalcata). Bemerkenswerte Kunstwerke: »Die Hll. Katharina und Dominikus« v. C. Crivelli; 2 Bilder v. G. B. Tiepolo. – In die Sammlung einbezogen die reichhaltige **Porzellansammlung** des Barons Marzio de' Tschudy (China, Japan und zahlreiche europäische Herstellungsorte, darunter auch dt. und österreichische Fabrikate).

Ognissanti (Allerheiligenkirche, Piazza Ognissanti): Die 1256 gegr. Kirche wurde gegen 1627 nach dem Entwurf v. B. Pettirossi völlig erneuert. M. Nigetti schuf um 1637 die bestehende Fassade, die zu den frühesten Barockbeispielen in F. zählt. Über dem Eingang glasierte Terrakotta »Krönung Mariens mit Heiligen«, die G. della Robbia oder B. Buglione zugeschrieben wird. Der Kampanile mit seinen Biforien und Triforien (13./14. Jh.) verwandt jenen v. S. Maria Novella. Im *Inneren* bedeutende Ausstattungsstücke. 2. Altar der r. Seite: oben die »Madonna della Misericordia« (Schutzmantelmadonna) als Beschützerin der Familie Vespucci (der Jünglingskopf neben der Madonna möglicherweise ein Porträt des Amerigo); darunter: Fresko »Pieta« v. Domenico und Davide Ghirlandaio (um 1472); l. vor dem Altar die Familien-Grabplatte der Vespucci v. 1471. 3. Altar: »Thronende Madonna mit Heiligen«, Jugendwerk des Santi di Tito (um 1565). In der 2. Kapelle des Querhausarmes Grab des Botticelli (Filipepi).
Über den l. Querhausarm Zugang zur Sakristei; im Vorraum Kruzifix der Veit-Stoß-Schule, in der Sakristei selbst gemalte Holzkruzifixe (Werkstatt des Giotto, T. Gaddi); Auferstehung und Himmelfahrt, A. Gaddi zugeschrieben. Über den Kreuzgang (Zugang v. der Piazza Ognissanti) erreicht man das *Refektorium*, in welchem abgenommene Fresken und Sinopien ausgestellt sind: Am urspr. Ort das »Letzte Abendmahl« v. D. Ghirlandaio (1480), welches durch die Rhythmisierung der Figurenanordnung (hier paarweise) zum Vorläufer des Abendmahles v. Leonardo in Mailand wird. Aus dem ehemaligen Mönchschor stammen »Hl. Augustinus in der Studierstube« v. Botticelli und »Hl. Hieronymus in der Klause« v. Domenico Ghirlandaio (beide 1480). Im ehem. Kapitelsaal ein kleines *Museum* mit Paramenten, Goldschmiedearbeiten und Buchmalerei.

Orsanmichele: Vermutlich v. Arnolfo di Cambio als Verkaufshalle für Getreide an der Stelle eines Oratoriums des 8. Jh. errichtet. Dieser um 1304 durch einen Brand zerstörte Bau v. 1307 an in den heutigen Ausmaßen erneuert. Die Verkaufshalle 1357 ein-

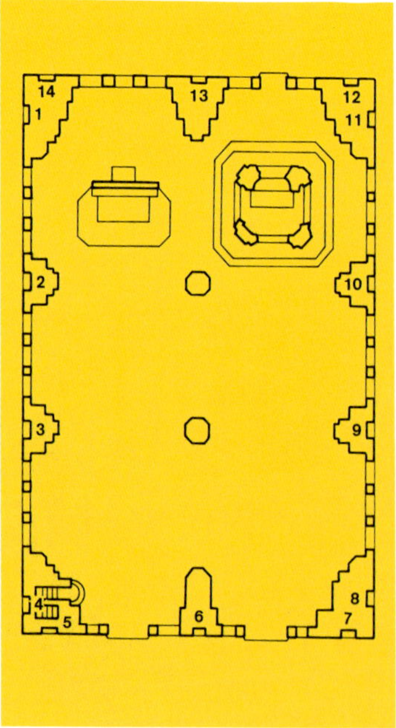

Florenz, Orsanmichele, Nischenfiguren 1 Donatello, »Hl. Petrus« (1413) **2** Nanni di Banco, »Hl. Philippus« (um 1412) **3** Nanni di Banco, »Quattro Coronati« (1408) **4** Donatello, »Hl. Georg« (1416), Bronzenachguß **5** Ghiberti, »Hl. Matthäus« (1422) **6** Ghiberti, »Hl. Stephanus« (1426) **7** Nanni di Banco, »Hl. Eligius« (um 1415) **8** Donatello, »Hl. Markus« (1411) **9** Pietro Lamberti, »Hl. Jakobus« (nach 1422) **10** Simone Ferrucci, »Hl. Jungfrau mit der Rose« (1399) **11** Baccio da Montelupo, »Evangelist Johannes« (1515) **12** Ghiberti, »Johannes d. T.« (1414–16) **13** Verrocchio, »Christus und der ungläubige Thomas« (um 1480) **14** Giovanni da Bologna, »Hl. Lukas« (1562)

gewölbt, die offenen Arkaden 1367–80 geschlossen und als Kirchenraum adaptiert. Das aufgesetzte 2stöckige Obergeschoß erhielt die Funktion eines Getreidespeichers. Die Ausschmückung übernahmen die Zünfte, angeführt v. den Seidenwebern. Die Pfeilernischen des Außenbaues durch ihre skulpturale Ausstattung zu einer Art »Freilichtmuseum« der Frührenaissance-Skulptur. Die früheste Nischenfigur (Plan 10) ist noch ganz der Gotik verpflichtet. Ghibertis Figuren (Plan 12, 5 und 6) lassen deutlich die Verbindung zur Kunst um 1400 erkennen, während die bereits 1408 entstandenen »Quattro Coronati« v. di Banco (Plan 3) eine deutlich v. der Auseinandersetzung mit der Antike geprägte Sprache sprechen, die in Donatellos »Hl. Georg« ihre erste Läuterung erfährt. Verrocchios Figurengruppe (Plan 13) zeigt die Wende zur Hochrenaissance an. Giovanni da Bolognas »Hl. Lukas« (Plan 14) steht als Ersatz für eine Figur Lambertis (→ Palazzo del Bargello).

Die Innenausstattung stammt weitgehend aus der Zeit vor 1400. Glasmalereien mit den Marienwundern (Joachim bei den Hirten nach einem Entwurf v. L. Monaco). An den Pfeilern Fresken (Zunftpatrone in Verbindung mit einer Darstellung aus ihrem Leben). Von denselben Meistern auch die Gewölbefresken, die eine weltgeschichtliche Darstellung nach den Abschnitten des Heilsgeschehens zeigen. Zentrum des zur Kirche umfunktionierten Raums ist der *Altartabernakel* des S-Schiffes, den Orcagna 1359 zur Aufnahme des alten Gnadenbildes fertigte. Der Altar ist v. einer 1366 geschaffenen Marmorschranke mit Bronzegittern umgeben. Altarbild v. B. Daddi, welches das urspr., beim Brand v. 1304 verlorengegangene Gnadenbild ersetzt. (1347). – Von Orsanmichele aus führt eine Brücke (1569) über die Via dell'Arte de la Lana zum **Palazzo dell'Arte de la Lana,** dem 1308 begonnenen Sitz der reichen Wollweber- und Wollhändlerzunft (seit 1905 Hauptsitz der Dante-Gesellschaft; schöne Innenräume). – An der Ecke Via Orsanmichele got. Tabernakel (14. Jh.) der S. Maria della Tromba mit Tafelbild des J. Landini (1. Hälfte 14. Jh.).

Orsanmichele, Fassadenschmuck

Palazzo Arcivescovado → Dombezirk.

Palazzo dell' Arte de la Lana → Orsanmichele.

Palazzo del Bargello – Nationalmuseum (Palazzo del Podestà, Via del Procònsolo): Das neben dem Palazzo Vecchio wichtigste öffentliche Bauwerk des ma F. ist zu Stein gewordener Ausdruck eines neuen Geistes in der Bürgerschaft der Stadt. 5 Jahre nachdem sie sich eine Verfassung gegeben und die Volksherrschaft ausgerufen hatte (1250), begann man mit dem Bau. Den Kern bildet der Geschlechterturm eines älteren Palazzo (Volognana-Turm). Aus der ersten Bauzeit hat sich die Front in der Via del Procònsolo, in Haustein ausgeführt, erhalten. Die Erweiterungsbauten (um 1325–46) in Bruchsteinmauerwerk (N- und S-Flügel) gegen die Via Vigna Vecchia und Via l'Acqua. Ab 1261 Sitz des Podestà, v. 1574 an des Polizeipräfekten (im Volksmund: Bargello = Büttel). Von 1859 an Einrichtung eines Museums für Skulpturen und kunstgewerbliche Gegenstände (erstes ital. Nationalmuseum) aus den Beständen der Uffizien. Erweiterung durch private Sammlung (1888 die hervorragende kunstgewerbliche Sammlung Carrand, 1899 Waffensammlung Ressman, 1906 Stoffsammlung Franchetti).

Der Innenhof aus dem 13./14. Jh. wird an 3 Seiten v. Arkadenfronten gerahmt, die ihm eine hohe Wirkung verleihen.

Neben der Freitreppe (1345/67) Eingang zum *Skulpturensaal* mit bedeutenden Werken v. Michelangelo und anderen namhaften Bildhauern der Toskana bis zum Beginn des Barock: »Trunkener Bacchus«, Frühwerk des Michelangelo, das er im Auftrag des röm. Bankiers Jacopo Galli (begonnen 1497) als Gartenfigur schuf, die zusammen mit antiken Figuren aufgestellt werden sollte. – Michelangelos »Tondo Pitti« entstand um 1504/05 als 3. Fassung des Themas »Maria mit Jesuskind und Johannesknaben« (unvollendet). – Mit der idealisierten Marmorbüste »Brutus« verherrlicht Michelangelo den Tyrannenmörder Lorenzino, der den verhaßten Alessandro de' Medici tötete und v. den Patrioten als »Bruto nuovo« gefeiert wurde. Vorbild für die im »Non-finito« um 1540 ausgeführte Büste ist die röm. Porträtkunst. – Michelangelos »Apollino« oder »David« (um 1531) ist sowohl v. der an die »Sklaven« erinnernde Behandlung des Kontrapostes als auch v. der reich differenzierten Modellierung der Oberfläche eines der hervorragendsten Werke v. seiner Hand. – Marmorstatue des »Bacchus« v. J. Sansovino: Aus der Zeit vor der Übersiedlung nach Rom (1520) stammt diese Arbeit, die v.

Palazzo del Bargello

Vasari der Wirkung ihrer Oberfläche wegen als »molto più simile alla carne« (wie aus Fleisch und Blut) beschrieben wurde. Büste Cosimos I. v. B. Cellini: erster großer Bronzeguß (1545) Cellinis, mit dem sich der große Goldschmied, allerdings mit wenig anhaltendem Erfolg, dem Großherzog empfahl. – »Florenz siegt über Pisa« v. Giovanni da Bologna (1570): Die als »figura serpentinata« aufgebaute allegorische Gruppe ist eines der Hauptwerke der manieristischen Skulptur. Im 1. Stock *Donatello-Saal* mit Hauptwerken des Meisters: Marmor-David (1408/09) als Nischenfigur für den Dom bestimmt, 1416 aber nach Überarbeitung durch Donatello im Palazzo Vecchio aufgestellt. Die Figur zeigt vor allem in der Draperie noch deutlich got. Reminiszenzen. Sein Bronze-David (um 1430/32) hingegen ist nicht zuletzt als erste Aktfigur seit der Antike ein bedeutender Schritt zur Wiedergewinnung des antiken Schönheitsideals. – Die Plastik »Hl. Georg«, 1416–20 im Auftrag der Waffenschmiedezunft für eine Außennische v. Orsanmichele geschaffen, kann als allgemeingültiges Werk der neuen Gesinnung der Frührenaissance-Skulptur angesehen werden. – Rechts v. der Skulptur »Hl. Georg« 2 Bronzereliefs mit dem Thema »Opferung Isaaks«, Konkurrenzreliefs (1401) für die 2. Baptisteriumstür, das eine v. Brunelleschi, das andere v. Ghiberti, der als Sieger hervorgegangen war. – In den weiteren Räumen hervorragende Beispiele des Kunstgewerbes (bedeutende Werke der Elfenbeinschnitzerei, Emailarbeiten aus Limoges, Paramente, Gold- und Silberschmiedearbeiten, Majoliken u. a.). In der Cappella Fresken der Giotto-Schule, in der Loggio die Tierplastiken des Giovanni da Bologna und die Statuette seines berühmten Merkur (1564).
Im 2. Obergeschoß Sammlung v. Kleinbronzen und Medaillen. L. Berninis Porträtbüste seiner Freundin Constanza Bonarelli.

Palazzo Corsini mit Galleria Corsini (Lungarno Corsini 10, Eingang Via di Parioni 11): Der heute noch im Besitz der Familie Corsini befindliche Palast wurde 1648–56 in stilistischer Abhängigkeit v. der Architektur des 16. Jh. errichtet, blieb allerdings unvollendet. Im Palast die v. L. Corsini (Neffe Papst Clemens' XII.) 1765 gegr. Gemäldegalerie.

Uffizien, Botticelli, Minerva und der Kentaur ▷

Die Form der urspr. Aufstellung der Sammlung hat sich erhalten (eine A. da Messina zugeschriebene »Kreuzigung«; »Madonna mit Kind und hl. Johannes« v. Pontormo; Karton mit Porträt Julius' II. der Raffael-Werkstatt; zahlreiche Barockbilder, u.a. Bozzetto für die Kuppel der Corsini-Kapelle in S. Maria del Carmine v. L. Giordano).

Palazzo Davanzati (Museo dell' Antica Casa Fiorentina, Piazza Davanzati): Bedeutendes Beispiel der Florentiner Profanarchitektur des Trecento mit steil proportionierter, viergeschossiger Front, der im 15. Jh. eine Loggia aufgesetzt wurde. Seit 1950 als staatl. Museum mit hervorragenden Möbeln eingerichtet (herrschaftliche Stadtwohnung des Mittelalters).

Palazzo Gondi (Piazza S. Firenze 1): Der v. G. da Sangallo 1490–1501 errichtete Palast zählt zu den hervorragendsten Beispielen des Palastbaus des Quattrocento. Charakteristisch ist die nach oben hin in ihrer optischen Wirkung leichter werdende Fassade. Eleganter Säulenhof in ausgewogenen Proportionen.

Palazzo Medici-Riccardi (Via Cavour, Ecke Via dei Gori): 1444–52 v. Michelozzo für Cosimo il Vecchio errichtet. 1459/60 stattete B. Gozzoli die Kapelle mit Fresken aus. Nach dem Verkauf 1659 an Francesco Riccardi um 7 Achsen unter Beibehaltung des vorhandenen Schemas in der Via Cavour verlängert. Die Haupttreppe 1715 eingefügt. Seit 1814 als Staatsbesitz Sitz der Präfektur. Der Bau zählt zu den Spitzenleistungen des Palastbaus der Frührenaissance in F. Charakteristisch ist die additive Übereinanderordnung der 3 Geschosse mit einem völlig selbständig gegliederten Sockelgeschoß mit Rustikabossen. Die beiden Obergeschosse durch die Fensteranordnung aufeinander bezogen. Ein mächtiges Hauptgesims sorgt optisch für eine Zusammenfassung. Der quadratische Innenhof zählt zu den schönsten der Renaissance. Der urspr. Statuenschmuck ist durch Antiken aus Riccardi-Besitz ersetzt. Die Gestaltung des Ziergartens stammt aus der Zeit der Riccardi. Im Inneren seit 1929 *Medici-Museum.*
Besondere künstlerische Bedeutung besitzt die *Kapelle,* deren Innenausstattung v. Michelozzo den urspr. Reichtum der Gesamtausstattung des Palastes erahnen läßt. Die Fresken mit der Darstellung des »Zuges der Hl. Drei Könige auf dem Weg nach Bethlehem« schuf B. Gozzoli (1459–60). Anregung zu diesem festlichen Zug gab der historische Reiterzug, mit dem die Griechen anläßlich des berühmten Konzils v. 1439 in F. einzo-

Pal. Pitti, Sala dell'Iliade, Decke v. Sabatelli

Pal. Pitti, »Liebe und Treue« v. P. Freccia

gen, der auch Vorbild für die Festveranstaltung während des Besuches v. Papst Pius II. (Aeneas Silvio Piccolomini) in F. war. Im Festzug der Hl. Drei Könige hat Gozzoli zahlreiche Porträts zeitgenössischer Persönlichkeiten integriert. Vom Eingang l. Reiter mit einem Jagdgeparden hinter sich. Auf dem Maulesel reitend folgt Joseph, der 1439 in F. verstorbene Patriarch v. Konstantinopel. Auf der dem Altar gegenüberliegenden Wand Johannes VII. Palaiologos, Kaiser v. Byzanz, der ebenfalls am Konzil teilnahm. Hinter ihm folgen, ebenfalls zu Pferd, die Töchter des Piero il Gottoso. Im jüngsten der Könige (folgende Wand) vermutet man das Porträt des damals 12jährigen Lorenzo (il Magnifico). In der nachfolgenden, dicht gedrängten Gruppe die Porträts des Galeazzo Maria Sforza und des Sigismondo Pandolfo Malatesta, weiter hinten, zwischen bärtigen Alten, das Selbstbildnis des B. Gozzoli (rote Mütze mit der Aufschrift »opus benotii«), schräg l. hinter ihm sein Lehrer Fra Angelico mit übergezogener roter Kapuze. Dekorativer Reichtum und Kostbarkeit bestimmen den Charakter des festlichen Ensembles. – Das Altarbild ist eine Kopie der »Geburt Christi« v. Filippo Lippi. – In der *Galleria* Gewölbefresko »Apotheose des Medici-Geschlechtes«, Hauptwerk des L. Giordano (1682/83), v. dem auch die Freskierung des Gewölbes im Schauraum der anschließenden *Biblioteca Riccardiana* (»Sieg der Weisheit über die Dummheit«) stammt. – Das *Museo Mediceo* (Zugang v. Hof) zeigt in 4 Sälen neben Porträts Ausstattungsstücke aus dem Besitz der Medici-Familie.

Palazzo Pandolfini (Via S. Gallo 74): Den fremdartigen röm. Charakter verdankt der

Florenz, Palazzo Pitti, 1. Stock 1 Sala di Venere: Tizian, Tintoretto **2** Sala di Apollo; Van Dyck, Rubens, Reni, del Sarto, Tizian, Tintoretto **3** Sala di Marte: Tintoretto, Reni, Tizian, Rubens, Murillo, Veronese **4** Sala di Ciove: Raffael, Bordone, Rubens, del Sarto, Perugino, Guercino **5** Sala di Saturno: Raffael (»Madonna della Seggiola«) **6** Sala dell'Iliade: Velázquez, Tizian, Raffael **7** Sala della Stufa: Fresken von Rosselli, da Cortona **8** Sala dell'Educazione di Giove: Caravaggio, Allori **9** Saletta da Bagno **10** Sala di Ulisse: Raffael, Reni, Lippi **11** Sala di Prometeo: Signorelli, Lippi **12** Corridoio delle Colonne **13** Sala della Giustizia: Veronese, Tizian **14** Sala di Flora: Canova, Bronzino **15** Sala dei Putti: Jordaens, Rubens **16** Galleria Poccetti: Pontormo, Rubens, Ribera, Dughet **17** Sala della Musica **18** Sala Castagnoli **19** Sala delle Allegorie **20** Sala delle Belle Arti **21** Salone d'Ercole **22** Sala dell'Aurora **23** Sala di Berenice **A** Vestibolo **B** Sala degli Staffieri **C** Galleria delle Statue **D** Sala delle Nicchie **E** Sala verde **F** Sala del trono **G** Sala celeste **H** Cappella **I** Sala dei pappagalli **J** Sala gialla **K** Camera da letto **L** Gabinetto da toletta **M** Sala da musica e da lavoro **N** Camera da letto **O** Salotto di ricevimento **P** Sala di Bona **Q** Sala da ballo **R** Sala della Fede **S** Sala della Carità **T** Sala della Giustizia **U** Cortile dell'Ammannati **V** Fontana del Carciofo

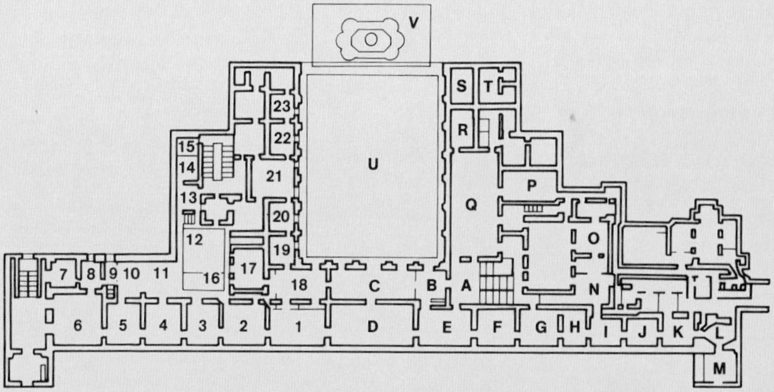

Uffizien, Kuppel

Uffizien, »Hl. Familie« von Michelangelo

Bau einem Entwurf Raffaels für den Erzbischof v. Troia, Giannozzo Pandolfini (gebaut um 1520 v. Giovanni Francesco und Aristotele da Sangallo).

Palazzo dei Pazzi (Via del Procònsolo 10, Borgo degli Albizi): Urspr. Brunelleschi, jetzt Giuliano da Maiano zugeschriebener Bau, der im Auftrag des Jacopo de'Pazzi (infolge der mißglückten Pazzi-Verschwörung gegen die Medici 1478 hingerichtet) 1462–72 errichtet wurde. Bes. sehenswert der Arkadenhof (Säulen mit prächtigen Kapitellen).

Palazzo Pitti mit Museen und Boboli-Garten (Piazza Pitti): Mit dem Mittelbau der grandiosen Gesamtanlage hat sich der 1457–66 v. L. Fancelli für Luca Pitti, Sproß einer der reichsten Familien v. F., errichtete ursprüngliche Palast erhalten. Der Besitz wurde 1550 v. Eleonore v. Toledo, der Gattin Cosimos I., erworben, ab 1560 durch Ammannati modifiziert und an der Hofseite ausgebaut. Weiterer Ausbau ab 1592 durch G. Parigi; unter seinem Sohn Alfonso I. und r. um 3 Fensterachsen auf die heutige Ausdehnung verlängert. Mit dem Anbau der nach W zu vorspringenden Terrassenflügel wurde 1764 begonnen (Abschluß 1819). Dem etappenweisen Ausbau entspricht die Ausstattung mit Fresken des Manierismus (Poccetti), des Barock (Giovanni da San Giovanni, F. Furini, P. da Cortona u. a.) und der ital. Romantik. 1860 ging der Besitz mit der seit den Medici bedeutend erweiterten Gemäldegalerie in das Eigentum der Krone v. Italien über. In der Zeit, in der F. Hauptstadt Italiens war, residierte hier (1865–71) Vittorio Emanuele II. Neben der Gemäldegalerie Einrichtung weiterer Sammlungen (siehe unten). – Dreigeschossige Fassade in v. Geschoß zu Geschoß leichter werdenden Rustikaquaderung. Die Auflösung der 3 Hofseiten mit dorischer, ionischer und korinthischer Ordnung in Rustikaquaderwerk machen die Hofansicht zu einer der originellsten Lösungen der manieristischen Architektur und zugleich zu einem gelungenen Übergang zur manieristischen Gartengestaltung des Boboli-Gartens.

Uffizien, »Geburt der Venus« von Botticelli

Boboli-Garten: 1560 angelegt, zählt er zu den schönsten Gärten Italiens. Von Tribolo begonnen, v. Ammannati amphitheaterartig auf den Pittihof bezogen. Die *Grotta Grande,* an der Buontalenti v. 1556 bis 1592 arbeitete, besteht aus 3 Räumen. Der erste Grottenraum mit Michelangelos »Sklaven« (Originale → Palazzo del Bargello). Bergaufwärts der *Neptunbrunnen.* Im Kavaliersgarten *Affenbrunnen* mit Amor v. P. Tacca. Bedeutend der *Ozeanbrunnen* v. Giovanni da Bologna auf einer Insel inmitten eines Teichs. **Die Sammlungen im Palast.** *Galleria Palatina:* Die Sammlung entspricht dem Charakter einer Fürstensammlung. Glanzpunkte der Gemäldegalerie sind die 13 Bilder v. Raffael, die 12 v. Tizian, 8 v. Tintoretto und 16 v. A. del Sarto. Weiter sind vertreten Rubens, van Dyck, G. Reni, Bronzino, Velázquez u. a. – Im Zwischengeschoß beachtenswerte *Porzellansammlung.* – Das *Museo degli Argenti* (kgl. Silberkammer) mit wertvollen Gold- und Silberschmiedearbeiten, darunter fast geschlossen die durch Ferdinand III. 1814 aus Salzburg abtransportierte erzbischöfliche Schatzkammer-Ausstattung. – Im 2. Stock die *Galleria d'Arte Moderna* (gegr. 1860), vorwiegend mit Werken der toskanischen Malerei des 19. Jh. ausgestattet. – Ein Teil der Räume mit großartigen Möbeln *(Appartamenti ex Reali),* die bereits den Medici und den Lothringern, später Vittorio Emanuele II. als offizielle Wohnräume dienten, ist ebenfalls zugänglich. – In der sog. *Meridiana* v. 1776, bevorzugter Wohnsitz Vittorio Emanueles II. während seines F.-Aufenthalts, ist ein Teil der Sammlung Contini-Bonacossi ausgestellt, die einige Hauptwerke der ital. und span. Schulen (Duccio, Veronese, G. Bellini, Zurbarán, Velázquez, Goya u. a.) enthält. – Dem Palast angeschlossen das *Museo delle Carozze* mit einer Sammlung prächtiger Kutschen des 18. und 19. Jh.

Palazzo Rucellai (Via della Vigna Nova 18): Vermutlich zwischen 1446 und 1451 für den reichen Florentiner Großkaufmann Giovanni di Paolo Rucellai v. L. B. Alberti entworfen und v. B. Rossellino weitgehend gebaut.

Die gesamte gequaderte Fassade erstmals mit Pilastern gegliedert. Am Platz r. die Loggia der Rucellai, um 1460 v. Alberti als offizielle Halle der Familie errichtet.

Palazzo della Signoria → Palazzo Vecchio.

Palazzo Strozzi (Piazza Strozzi): Inspiriert durch den Palazzo Medici (→) des Michelozzo, wurde dieser charaktervollste Palast der Florentiner Renaissance 1489 v. B. da Maiano für Filippo di Matteo Strozzi begonnen. Nach dem Tod des Bauherrn (1491) und dem Tod des Architekten (1497) v. Cronaca (= Simone del Pollaiuolo) bis 1536 fortgeführt. Prächtiger Hof, den Cronaca gestaltete.

Uffizien: 1560 beauftragte Cosimo I. G. Vasari mit der Errichtung eines Verwaltungsgebäudes für das Großherzogtum Toskana. Unter Einbeziehung älterer Bauten errichtete Vasari entlang eines straßenartigen, gegen den Arno durch einen Portikusbau abgeschlossenen und sich gegen die Piazza della Signorina öffnenden Platz 2 langgestreckte, symmetrische Baukörper. Dreigeschossiger Aufbau mit Kolonnaden im Erdgeschoß. Fertigstellung 1580 unter A. Parigi und B. Buontalenti. Das Obergeschoß bereits unter Buontalenti als Statuengalerie eingerichtet, mit der unter Francesco I. die bereits v. Cosimo I. geplante Unterbringung der Kunstsammlungen der Medici ermöglicht wurde. Neben den Räumlichkeiten für die Verwaltung (»Uffizi«) waren die Rechtseinrichtungen und das Staatsarchiv sowie eine Reihe v. kunstgewerblichen Werkstätten (W-Flügel) hier untergebracht. Ein unter Vasari geschaffener gedeckter Verbindungsgang führt über den Ponte Vecchio hinweg zum Palazzo Pitti (Korridor des Vasari). Heute beherbergen die Uffizien neben dem Staatsarchiv die Gemäldesammlung, die zu den bedeutendsten der Welt zählt. Weiter ist hier die **graphische Sammlung** (Gabinetto dei Disegni e delle Stampe) untergebracht, deren Bestand weit über 100 000 Blätter, darunter bedeutende Zeichnungen der Florentiner Renaissancemeister, umfaßt.

Die Schauräume, die **Galleria degli Uffizi** (Gemäldegalerie), befinden sich im Oberstock. Prima Galleria (O-Galerie, B) mit qualitätvoller Groteskenmalerei v. A. Allori, G. Butteri, A. Pieroni und G. Bizzelli (1581, mythologische Szenen, Landschaften, frei erfundene Szenen, Blumen, Vögel usw.). In den v. der O-Galerie aus erreichbaren Räumen (1–24) wird die Entwicklung der toskanischen Malerei v. Ende des Duecento bis zur Malerei des Manierismus aufgezeigt. In der Folge wird auf ausgewählte Beispiele hingewiesen, denen vor allem bei einem zeitlich begrenzten Besuch besonderes Augenmerk geschenkt werden sollte.

Raum 2: Cimabues Hauptwerk, die »Thronende Madonna« oder »Madonna in Maestà«, war urspr. Hochaltarbild v. S. Trinità (um 1290 oder kurz danach entstanden). Die »Maniera greca« mit den an klassische Vorbilder gemahnenden Engeln und der durch ein Netz v. Lichtstegen beherrschten Gliederung des Faltenreliefs am Gewand der Madonna erfährt hier eine letzte repräsentative Ausprägung. – Die »Thronende Madonna« (»Madonna Rucellai«, 1285 gemalt und aus der Rucellai-Kapelle v. S. Maria Novella

Florenz, Uffizien A Zweites Vestibül mit antiken Statuen **O-Galerie** (von ihr aus Zugang zu Raum 1 bis 24): Groteskenmalerei v. A. Allori u. a.; an den Wänden Florentiner Tapisserie und Brüsseler Textilien; unter den hier aufgestellten Antiken die hellenistische Gruppe Herkules erschlägt den Kentauren (77); Proserpina-Statue, röm. Kopie nach attischem Original des 4. Jh. (120); Apollo nach Praxiteles (162) **Raum 2:** Cimabue, Giotto, Duccio **Raum 3:** Siena 14. Jh. **Raum 4:** Florenz 14. Jh. **Raum 5** und **6:** Vertreter des Internationalen Stiles der Zeit um 1400 und danach **Raum 7:** Frührenaissance (Uccello, P. della Francesca, Masaccio, Angelico) **Raum 8:** F. Lippi (provisorische Hängung) **Raum 9:** Jugendwerke Botticellis **Raum 10:** Botticelli **Raum 11:** Botticelli **Raum 12–14:** Rogier van der Weyden, Hugo van der Goes, Botticelli, Lippi **Raum 15:** Leonardo, Verrocchio, Perugino, Signorelli **Raum 16:** Leonardo **Raum 17:** Umbrische Schule **Raum 18** (Tribuna): Florentiner Manieristen; Mediceische Venus **Raum 19:** Mantegna, Perugino, Signorelli **Raum 20:** Dt. Renaissance (Dürer, Cranach u. a.) **Raum 21:** G. Bellini, Giorgione **Raum 22:** 16. Jh. Deutschland und Niederlande **Raum 23:** Correggio **Raum 24:** Miniaturenkabinett **S-Galerie** (um 1658), mit Groteskenmalerei ausgestattet; zahlreiche antike Skulpturen) **W-Galerie:** Zugang zu den Räumen 25–44; Toilette und Bar mit Terrasse **Raum 25:** Michelangelo, Fra Bartolommeo u. a. **Raum 26:** Raffael, A. del Sarto, Pontormo **Raum 27:** Florentiner Manieristen **Raum 28:** Tizian, Palma il Vecchio **Raum 29–30:** Florentiner Manieristen (u. a. Parmigianino) **Raum 31:** Dosso **Raum 32:** Piombo, Bordone **Raum 33:** Passage mit verschiedenen Malern des 16. Jh. **Raum 34** führt vorbei am Zugang zum »Corridoio Vasariano« und zu den Venezianern des 16. Jh. (**Raum 35**) **Räume 36–40** in Umgestaltung. **Raum 41:** Rubens, Van Dyck **Raum 42** (Saal der Niobide): röm. Marmorkopie nach verlorenem Vorbild; restliche Räume in Umgestaltung

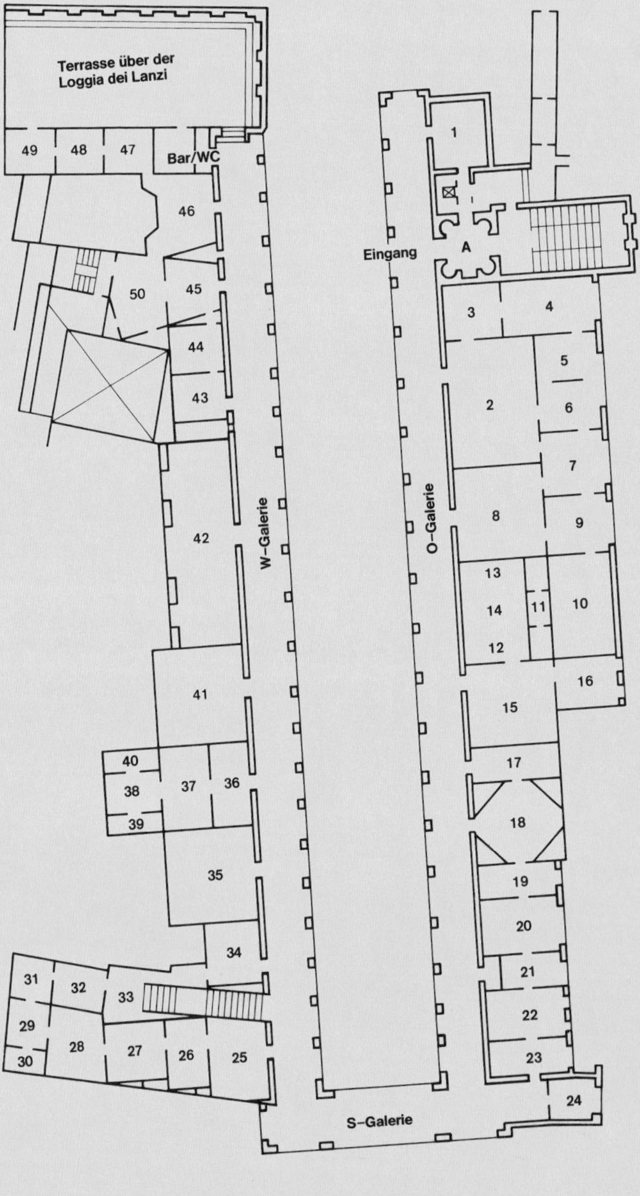
Terrasse über der
Loggia dei Lanzi
49
48
47
Bar/WC
46
45
50
44
43
42
W–Galerie
41
40
38
37
36
39
35
34
31
32
33
29
28
27
26
25
30
1
Eingang
A
3
4
2
5
6
7
8
9
O–Galerie
13
14
11
10
12
16
15
17
18
19
20
21
22
23
24
S–Galerie

stammend) v. Duccio di Buoninsegna wirkt dagegen moderner, gotischer, sowohl v. Grad der Vermenschlichung des klassischen Themas her als auch v. der lyrisch-anmutigen Art der Präsentation. Got. ist weiter der den Fluß des Gewandes umreißende Mantelsaum. So wird die Tafel zum hervorragenden Beispiel der sich v. F. maßgeblich unterscheidenden Entwicklung der gleichzeitigen Malerei v. Siena. – Gegenüber beiden Madonnen demonstriert die »Thronende Madonna« (aus der Kirche v. Ognissanti stammend) v. Giotto das revolutionär Neue einer wirklichkeitsbezogenen Malerei. Der als dreidimensional empfundene Raumkasten des Thrones schafft Platz für die monumentale plastische Gestalt der Madonna mit dem ebenso mit irdischer Schwere ausgestatteten Kind. Die den Thron umstellenden Engel und Heiligen schaffen sich einen menschlichen Erfahrungsmaßstäben zugänglichen Umraum.

Raum 3: In der »Verkündigung mit Heiligen« des Sienesen S. Martini macht sich zwar das Revolutionäre der Giotteske bemerkbar, es wird jedoch in eine gotisierend-lyrische Sprache und überirdisch anmutende Prunkhaftigkeit rückübersetzt (1333 für die Kapelle S. Ansano im Sieneser Dom gemalt). – Deutlicher an Giotto orientiert sich hingegen der ebenfalls in Siena 1319–47 nachweisbare A. Lorenzetti. Sein Spätwerk, die »Darstellung Jesu im Tempel« v. 1342, zeigt selbst gegenüber Giotto entscheidende Fortschritte in der perspektivischen Gestaltung des komplizierten architektonischen Raumzusammenhanges der gleichzeitigen Außen- und Innenansicht des Tempels.

Raum 5/6: Der in Florenz zwischen 1388 und 1422 nachweisbare Sienese L. Monaco ist mit seinem Werk Beweis für das lebhafte Interesse, das F. um 1400 der als »Internationaler Stil« bekannten Entwicklung mit stark gotisierenden Tendenzen entgegenbrachte. L. Monacos »Anbetung der Könige« (um 1420) zeigt eine sowohl v. got. Formempfinden als auch v. giottesker Massigkeit bestimmte Stilvorstellung, deren lyrischer Linearismus v. den nachfolgenden Mönchsmalern wie Fra Filippo Lippi oder Botticelli wiederaufgenommen wurde. Hauptvertreter des »Internationalen Stiles« in Italien ist G. da Fabriano. Seine »Pala Strozzi« (gemalt 1423 für die Grabkapelle der Familie Strozzi in S. Trinità), ein Polyptychon mit der Anbetung der Könige als Hauptbild, ist erfüllt v. höfisch elegantem Glanz und gemahnt in der Präzision der Detailwiedergabe an die Prachtentfaltung burgundischer Handschriften. Die Betonung des Stimmungshaften zeigt sich deutlich in Szenen wie der als (entwicklungsgeschichtlich früh)

Uffizien, Luther und Katharina von Bora v. L. Cranach

Nachtstück aufgefaßten Geburt Christi der Predella.

Raum 7: P. Uccello hat mit seiner »Schlacht v. S. Romano« (mit den Schlachtenbildern in der National Gallery in London und im Louvre gehörte sie zur Ausstattung des Schlafzimmers v. Lorenzo il Magnifico im Palazzo Medici; 1456) ein höchst eigenwilliges Bekenntnis zu der nach der Tradition v. Brunelleschi entdeckten und v. L. B. Alberti 1436 formulierten wissenschaftlichen Perspektive abgelegt. Ein Raster aus gesplitterten und gebrochenen Lanzen stärkt die räumliche Wirkung des Schlachtfeldes, das die auf nahezu stereometrische Formen vereinfachten Reiter und Pferde füllen. – In Fra Angelicos »Krönung Mariens« (um 1435) wird die profanisierende Wirkung eines auf die Meßbarkeit hin konzipierten perspektivischen Raumes durch die Wiederaufnahme des ma Goldgrundes und die ideale Reinheit seiner Farben weitgehend aufgehoben. – Der ältere und traditionellere Maler Masolino da Panicale hat zusammen mit dem jüngeren und moderneren Masaccio um 1424 die »Hl. Anna selbdritt« gemalt. Die klare plastische Form der Madonna und des nackten Kindes verraten deutlich die Hand des führenden Malers der Frührenaissance, Masaccio. – Eine mit den neuen Möglichkeiten der Renaissancemalerei gestaltete »Sacra Conversazione« (thronende Madonna mit Kind und Heiligen) stammt v. der Hand des D. Veneziano. Die in zarter und fein abgestimmter Farbigkeit gehaltene Architektur wird durch die sorgfältig beobachtete Ausbreitung des einfallenden Lichtes verlebendigt (um 1445/48). – Die glanzvolle künstlerische Situation am Hofe v. Urbino fand in dem Doppelbildnis des Herzogs v. Urbino, Federico da Montefeltro, und seiner Gemahlin Battista Sforza deutlichen Ausdruck. Die v. ihrem Maler Piero della Francesca (um 1465) in antikisierender Seitenansicht gestalteten Porträts sind in flimmernd-silbriges Licht getaucht, das sie mit der mit großen Kenntnissen der Perspektive gemalten Landschaft verbindet. Rückseiten: Den v. der Siegesgöttin gekrönten Herzog begleiten die Kardinaltugenden Klugheit, Gerechtigkeit, Tapferkeit und Mäßigung. Die theologischen Tugenden Glaube, Hoffnung und Liebe sind die Weggefährten der Herzogin, deren Wagen v. Einhörnern, den Symbolen der Keuschheit, gezogen wird.

Nach dem *Raum 8* mit Hauptwerken des Filippo Lippi und seines Sohnes Filippino Lippi *Raum 9* (A. del Pollaiuolo und Jugendwerk des Botticelli) und *Raum 10* mit den bekannten Hauptwerken des Botticelli. »Die Geburt der Venus« (1486), zusammen mit dem »Frühling« für einen Saal der Villa

Uffizien, Die Venus von Urbino

di Castello (Residenz des Lorenzo di Pierfrancesco) gemalt, zeigt die schaumgeborene Venus als Sinnbild der Schönheit im neuplatonisch-humanistischen Sinn. Die subtile Schönheit der weich schwingenden Umrißlinien der Venus, der sie empfangenden Nymphe und der Gruppe des Windes sublimiert die Sinnenhaftigkeit ihrer Erscheinung. Die hohe poetische Empfindsamkeit dieses Bildes verbindet es unmittelbar mit der »Primavera« (»Frühling«). Von r nach l: Zephyr verfolgt die Nymphe Clori, die sich durch die Verwandlung in die Gestalt der Flora (Blumenschöpferin) ihm entzieht. Venus und Eros (beschauliche und leidenschaftliche Liebe) beherrschen die Bildmitte. Der Reigen der 3 Grazien als Allegorie des Schenkens und Sich-Hingebens und der durch das Vertreiben der Wolken die Herrschaft des Geistes sichernde Merkur beschließen das Bild, dessen Thematik propädeutische Gedankenzusammenhänge der mediceischen Akademie sichtbar macht. Botticellis »Anbetung der Könige« (um 1475/80) gibt dem Maler Gelegenheit, die Mitglieder des mediceischen Hofstaates zu porträtieren (Cosimo d. Ä., vor Madonna kniend; Selbstbildnis am r Bildrand).

Raum 12 mit R. van der Weydens »Grablegung Christi«. Die 1449 wohl anläßlich einer Pilgerfahrt nach Rom (1450 war ein Heiliges Jahr) entstandene Tafel wies in der verlorenen Predella ein Porträt des Lionello d'Este auf. In der handlungslosen Darbietung des toten Erlösers wird das Thema zum stillen Andachtsbild, in welchem der Fluß der Kompositionslinien wichtigster Träger des Ausdrucks ist (bes.: Maria-Christus-Johannes). Die liebevolle Behandlung der Details (Materialität der stillebenhaften Gegenstände) und die lyrische Empfindsamkeit atmosphärischer Landschaften in der niederländischen Malerei fanden die besondere Bewunderung der zeitgenössischen Florentiner Maler.

Raum 14: Mit dem »Portinari-Altar« (um 1476/78) des Genter Malers H. van der Goes besitzen die Uffizien ein hervorragendes Hauptwerk der niederländischen Malerei. T. Portinari, bis 1465 Vertreter der Medici in Brügge (die Flügeltafeln zeigen ihn und seine Familie mit patronisierenden Heiligen), war sein Stifter. Die hohe Suggestivwirkung des Altarwerkes mit einer Hirtenanbetung auf der mächtigen Mitteltafel geht vor allem v. dem dicht an die Bildebene herangeführten Betrachterstandpunkt aus, welcher eine Perspektive mit rasanten Verkürzungen erzeugt. Die dadurch entstehende Aufgerissenheit des Bildes bezieht den Betrachter unmittelbar in das Geschehen mit ein. Die Aristokratie der himmlischen Wesen, die Ma-

Uffizien, Wandteppich »Heinrich III.« v. La Quintana

donna mit eingeschlossen, steht einer derberen Figurenwelt v. Bauern gegenüber, deren Physiognomien die hohe Einfühlungsgabe des Künstlers deutlich machen. Dieser Welt gehört auch der hl. Joseph an. Die Flügelaußenseiten in Grisaille ahmen Skulpturen nach.

Raum 15 mit Werken der toskanischen und der umbr. Schule: In der Werkstatt des vorwiegend als Bildhauer tätigen A. del Verrocchio entstand die »Taufe Christi« (um 1470/75). Eingehende wissenschaftliche Untersuchungen an diesem Bild haben ergeben, daß möglicherweise Botticelli in einer ersten Phase mitarbeitete und nach verschiedentlichen Änderungen der junge Leonardo die Arbeit vollendete. Ihm werden der 1 Engel und die Landschaft des Hintergrundes zugewiesen. Feine abschließende Lasuren geben dem Bild eine weiche atmosphärische Wirkung und mildern die Härte der anatomischen Durchzeichnung des Körpers Christi. – Wie Leonardo hat auch Perugino bei Verrocchio gelernt. Als Lehrer Raffaels bereitete er die im perfekten Idealismus gipfelnde Entwicklung der Hochrenaissance vor. In seiner späteren Schaffenszeit wurde er v. seinem genialen Schüler beeinflußt. Im Ausgleich zwischen größtmöglicher Symmetrie und den Asymmetrien einer natürlich wirkenden Gruppierung zeichnet sich der Schritt zur Klassik ab. Die »Beweinung Christi« aus der Zeit um 1493 ist ein gutes Beispiel dafür. Im symmetrischen Aufbau der Architektur finden die in der figuralen Komposition enthaltenen Spannungen ihre Lösung. – Leonardo da Vincis unvollendet hinterbliebene »Anbetung der Könige« für das Kloster S. Donato in Scopeto (1481/82) spiegelt in der bildbeherrschenden Dreieckkomposition zwar ähnliche Neigungen, die jedoch durch das Ekstatische, Turbulente der v. beiden Flanken andrängenden Gruppen eine über die klassische Harmonie hinausweisende Dramatisierung erkennen lassen. Das Unfertige der auf das leonardeske Sfumato hin angelegten Farbgebung trägt wesentlich zum Geheimnisvollen des Bildes bei.

Raum 16: Wie Symmetrie (im Ausgleich der kompositionellen Gewichtung) zu einem Spezialfall v. Asymmetrie werden kann, demonstriert der rund 20jährige Leonardo da Vinci in seiner um 1472 entstandenen »Verkündigung«, die mit ihrer subtilen Behandlung des Lichtes bereits auf die Möglichkeiten des Sfumato vorausweist.

Museumsgeschichtlich v. besonderer Bedeutung ist die »Tribuna« *(Raum 18)*, die der Vasari-Schüler Buontalenti 1581 fertigstellte. Indirekte Beleuchtung v. oben und geschlossene Wandflächen für das Aufhängen v. Bildern (urspr. in dichter Folge und übereinander) sind heute noch der Traum jedes Museumsfachmannes. Die Raumausstattung symbolisiert die Herrschaft über die Welt durch die »vier Elemente« in der Ausstattungsidee: Luft durch die Windrose, die mit einer Wetterfahne verbunden ist; Wasser durch die Perlmuttauskleidung der Kuppel; Feuer durch die rote Wandbespannung; Erde durch den grünen »Pietra-dura«-Boden. Der nur Eingeweihten verständlichen typisch manieristischen Symbolsprache entspricht die Bildauswahl bei der heutigen Ausstattung. Eines der hervorragendsten Beispiele der Porträtkunst des Manierismus ist das Bildnis der »Herzogin Eleonore v. Toledo mit ihrem Sohn Giovanni de Medici« v. A. Bronzino. Distanzierende' Kühle in der Farbgebung und vornehmstrenge Prachtliebe schaffen eine eisige Atmosphäre der Unnahbarkeit. Der abrupte Dimensionswechsel v. unmittelbarer Nahsichtigkeit zur kosmisch kalten Ferne verstärkt die Wirkung des Fremden im Sinne

Uffizien, Gemälde H. Purrmann

manieristischer Weltvorstellungen. In diesem Umfeld erstarrt das Kind zur schönen Puppe. – Unter den hier gezeigten Antiken ist die »Mediceische Venus« bes. erwähnenswert. Die hellenistische Interpretation eines Praxitelischen Vorbildes wurde 1670 im Bereich der Villa Hadriana in Tivoli gefunden und v. Ferdinando de' Medici erworben.

Raum 19: Der leidenschaftliche Verehrer der Antike und konsequente Verfechter der perspektivischen Errungenschaften der Frührenaissance ist A. Mantegna. Er ist durch seine »Felsgrottenmadonna« hervorragend vertreten. Nach Vasari entstand sie in Rom, somit zwischen 1488 und 1490. Mantegnas Kenntnisse der Perspektive und seine Vorliebe für antikes Dekorum gibt die um 1462/64 entstandene »Beschneidung Christi« deutlich wieder.

Raum 20: Ähnlich der frühen niederländischen ist auch die dt. Malerei zahlenmäßig bescheiden, jedoch durch hervorragende Beispiele vertreten. Durch Tausch mit der Wiener Sammlung kam 1793 A. Dürers »Anbetung der Könige« (datiert 1504) an die Uffizien. Sie zählt zu den Hauptwerken des Nürnberger Meisters (Flügeltafeln in München und Frankfurt) und zeigt deutlich seine durch 2 Italienaufenthalte erworbenen künstlerischen Erfahrungen in Komposition und im Einsatz der Perspektive. – Das Porträt seines Vaters malte Dürer mit 19 Jahren. Bereits in diesem frühen Werk zeigt sich die überragende Fähigkeit zur Detailbeobachtung, aber auch die außergewöhnliche Begabung der Charakterdarstellung. – L. Cranachs »Adam« und »Eva« v. 1528 (datiert an der »Adam«-Tafel) sind v. ihrer Anatomie her wesenhaft got. geblieben, wenngleich auch sie ein fernes Aufklingen v. Erfahrungen mit der Renaissance erkennen lassen.

Mit den Florian-Tafeln in *Raum 22* (»Abschied« und »Martyrium des hl. Florian«) v. A. Altdorfer (um 1525/30) besitzen die Uffizien 2 hervorragende Beispiele der Donauschule.

Raum 23: Correggios Bedeutung liegt vor allem in seinen zukunftweisenden Erfindungen (Lichtbehandlung und Diagonalkomposition), die ihn zu einem Vorläufer der Barockmalerei werden lassen. Die Dynamisierung im Bildaufbau durch die Betonung der Diagonale etwa läßt das Thema einer »Rast auf der Flucht nach Ägypten« (um 1520) zu einem dramatischen Geschehen werden. Innigkeit in der Beziehung v. Mutter und Kind wird durch den Fluß der Draperie in seiner »Anbetung des Kindes durch Maria« (um 1520) hergestellt. Besondere Bedeutung kommt in seinen Kompositionen der Lichtführung zu, mit deren Hilfe er inhaltlich Bedeutendes herauszuheben und in der Wirkung zu steigern vermag.

Raum 24: Miniaturenkabinett.

Raum 25: Das »Tondo Doni« (anläßlich der Vermählung des Agnolo Doni mit Maddalena Strozzi 1505 gemalt, v. manchen Forschern später, bis 1508/10, datiert) ist die einzige für Michelangelo gesicherte gemalte Tafel. Die Interpretation des Darstellungsinhaltes ist umstritten. Vermutlich versinnbildlicht der Figurenaufbau die 3 heilsgeschichtlichen Zeitalter (»ante legem« – vor dem Gesetz, also vor Moses, die Figuren des Hintergrundes; nach Moses, »sub lege«, die überleitende Figur des Johannesknaben im Mittelgrund; »sub gratia«, das Zeitalter der Gnade, in der hl. Familie). Programm wie künstlerisch komplizierter Figurenaufbau zeigen den etwa 30jährigen Michelangelo als Wegbereiter des Manierismus. – Die virtuose Figurenanordnung der Akte in Rosso Fiorentinos »Moses verteidigt die Töchter Jethrons« (um 1520/23) zeigt deutlich die v. Michelangelo eingeleitete Entwicklung in ihrer Weiterführung durch die Florentiner Manieristen, zu deren Wortführern Rosso zu zählen ist.

Raum 26: Ruhe und klassische Harmonie in einer Sphäre der Idealität strahlt Raffaels »Madonna mit dem Stieglitz« (um 1506) aus. Sein Papstporträt »Leo X. mit den Kardinälen Giulio de' Medici und Luigi de' Rossi« (Hauptwerk der Spätzeit – um 1518 – unter Mithilfe seines Schülers Giuglio Romano fertiggestellt) ist ein hervorragendes Beispiel höchster Charakterisierungskunst, mit welcher der politisch aktive und den Künsten wohlgesinnte Kirchenfürst als Mann der Tat, aber auch als klug überlegender und mißtrauisch beobachtender Charakter geschildert wird. Die ihn flankierenden Kardinäle verstärken den Ausdruck des herrscherlich Festen. – Die »Madonna mit den Harpyien« (als Vogelwesen dargestellte Mädchengestalten, die Sinnbilder des Stur-

Ognissanti, Hl. Augustinus von Botticelli

mes in der griech. Mythologie) v. A. del Sarto gilt seit Vasari als Hauptbeispiel des Florentiner Klassizismus im 16. Jh. Sarto suchte eine Synthese aus den Errungenschaften Leonardos, Michelangelos und Raffaels zu schaffen, mit der er dem Verfall der Florentiner Malerei entgegenwirken wollte. Die ikonograph. Interpretation ist umstritten.

Raum 28: Unter den Werken Tizians im Besitz der Uffizien zählen die beiden Venusdarstellungen zu den reifen Lösungen dieses v. dem Künstler schon mehrmals zuvor behandelten Themas. »Venus und Cupido« (um 1555), eine um den sich nach dem weiblichen Akt umdrehenden Orgelspieler bereicherte Variante der Madrider und der Berliner Fassung, ist Ausdruck innerer Ruhe und Harmonie, die sowohl in der entspannten Haltung des schönen weiblichen Aktes als auch in dem für die venezianische Malerei typischen Landschaftsausblick wiedergegeben wird. Die vollkommene Beherrschung der Lichtbehandlung schließt Landschaft und Innenraum zu einem atmosphärischen Ganzen zusammen. – Die berühmte »Venus v. Urbino« wurde v. Tizian 1538 für Guidobaldo delle Rovere, den späteren Herzog v. Urbino, gemalt. Trotz der koketten Diesseitsbezogenheit der Pose, mit der sich Venus im Vordergrund in ihrer blühenden weiblichen Schönheit dem Betrachter zur Bewunderung anbietet, erinnert sie an die »Schlafende Venus« seines Lehrers Giorgione, die sich in Selbstvergessenheit dem Betrachter zu entziehen scheint. Die genremäßige Erweiterung des Venus-Themas durch die beiden Dienerinnen im Hintergrund verstärkt den Eindruck der Unmittelbarkeit und Lebensnähe der Tizianschen Fassung.

Palazzo Vecchio

Raum 29: Kaum einer der Manieristen hat es besser als Parmigianino verstanden, die fundamentale Verunsicherung zum Ausdruck zu bringen, welcher der Mensch des 16. Jh. durch die geistigen und sozialen Umwälzungen der Zeit ausgesetzt gewesen war. Durch die Labilität des kunstvoll aufgebauten Sitzmotives der thronenden »Madonna dal collo lungo« (»Madonna mit dem langen Hals«), den unmittelbaren Aufeinanderprall höchst unterschiedlicher Größenmaßstäbe (der winzige Prophet in räumlicher Ferne und die funktionslos gewordenen aufragenden Säulen kommen in der Bildfläche unmittelbar neben der riesigen Madonna zu stehen) und ebenso durch das eigenartige Licht wird der Charakter des Unwirklichen, Gespenstischen gesteigert.

Raum 41: Die beiden Episoden (»Einzug Heinrich IV. in Paris«; »Heinrich IV. in der Schlacht v. Ivry«) des unvollendet gebliebenen Zyklus zum Leben Heinrichs IV., den Rubens im Auftrag der Witwe des 1610 ermordeten Königs um 1628 zu malen begann, sind erfüllt v. barockem Bewegungsreichtum und v. strahlender Farbigkeit.

Raum 44: Mit der Wiedergewinnung einer durch den Manierismus verunklärten Festigkeit und Einfachheit des Bildbaues setzte der junge Caravaggio zukunftsweisende Maßstäbe, die er für sich aus dem Studium der Antike und der Rückbesinnung auf die Einfachheit und Klarheit der Hochrenaissance gewonnen hatte. Sein »Jugendlicher Bacchus« (um 1589) verbindet die bildbeherrschende Halbfigur des schläfrig auf den Betrachter blickenden Bacchus mit einem v. großem Wirklichkeitsgefühl geprägten Stilleben (dasselbe gilt für die Weinlaubkrone des Weingottes). – In seinem wenige Jahre später entstandenen Bild »Abraham opfert Isaak« (1591) zeichnet sich bereits deutlich der für das Werk Caravaggios charakteristische Einsatz des Lichtes als dominierendes Kompositionsmittel ab (Chiaroscuro), mit dessen Hilfe die bedeutenden Partien der

Bilderzählung dem Betrachter signalisiert werden (das aus dem Dunkelgrund aufleuchtende Opfer Isaak und sein Ersatz, der Schafbock; im selben scharfen Licht der eingreifende Engel). – Welche Möglichkeiten sich vor allem für Rembrandt mit der Kenntnis dieser Kompositionsmethode Caravaggios eröffneten und wie er sie mit hohen seelischen Ausdrucksqualitäten erfüllt hat, zeigt die v. der Museumsleitung hergestellte Konfrontation der Werke der beiden Meister. Selbst in dem »Jugendlichen Selbstbildnis« v. 1634 zeigt sich Rembrandt bereits als höchst selbständiger und eigenwilliger Fortsetzer der v. Caravaggio eingeführten Lichtmalerei des Barock. – Ausgang auf die Dachterrasse der Loggia dei Lanzi (Cafeteria).

Palazzo Vecchio (= della Signoria): Der Kern des wuchtigen, aber eleganten Baus der Tradition nach 1299 bis 1314 v. A. di Cambio als Sitz der Priori delle Arti und des Gonfaloniere errichtet. Der v. einem zinnenbewehrten Laufgang über 2 Geschossen mit regelmäßiger Anordnung v. Biforienfensterreihen in seiner Blockhaftigkeit betonte Bau in Rustikaquaderung erhielt nach mehreren Umbauperioden seine heutige Ausdehnung und seine im Inneren unübersichtliche Weitläufigkeit. Der schlanke, 94 m hohe Turm, Wahrzeichen v. Florenz (bis zur Zinnenhöhe massiv), v. 1310. Cosimo I. de' Medici residierte im Palazzo vorübergehend (1540–50), bis er als Großherzog der Toskana in den Palazzo Pitti übersiedelte. Mit Ausnahme seines Sohnes Francesco behielten die Nachfolger den Palazzo Pitti (die neue Residenz im Gegensatz zur alten, die nun »Palazzo Vecchio« genannt wurde) als Sitz bei. 1848/49 und 1859/60 wurde der Palazzo Vecchio vorübergehend Sitz der provisorischen ital. Regierung, anschließend bezog ihn die Deputiertenkammer, dann wurde er Außenministerium und schließlich, ab 1872, Sitz des Bürgermeisters.

Inneres: Der Eingang führt in den von Michelozzo 1470 ausgestalteten kleinen Hof. Dort *Porphyrbrunnenschale* mit dem berühmten »Putto mit dem Fisch« (»sokratischer Eros«), Abguß eines Hauptwerks v. Verrocchio v. 1476. Fresken mit der Darstellung der wichtigsten Städte des Habsburgerreiches an der oberen Wandpartie, entstanden anläßlich der Vermählung des

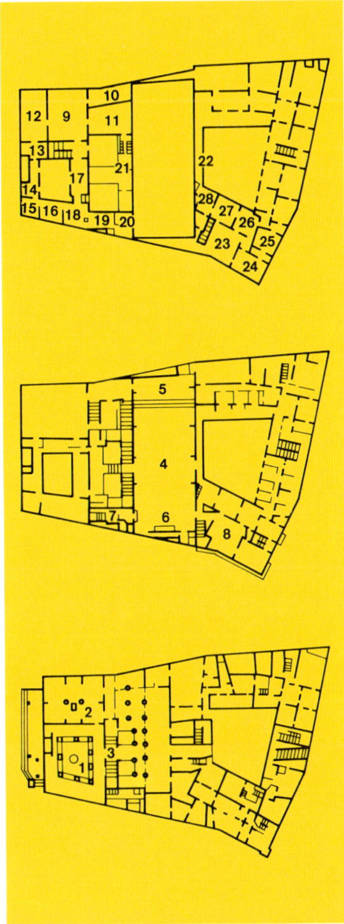

Florenz, Palazzo Vecchio Erdgeschoß: **1** Erster Hof von Michelozzo mit Brunnen **2** Waffenkammer **3** Scalone del Vasari (Treppe des Vasari)
Erster Stock: **4** Salone dei Cinquecento **5** Udienza **6** Mittelnische mit Michelangelos »Sieg« **7** Studiolo Francesco I. de' Medici **8** Saal Leo X.
Zweiter Stock: **9** Sala degli Gigli (Liliensaal) **10** Cancelleria, ehem. Büro des Machiavelli **11** Garderobe **12** Sala dell'Udienza (Audienzsaal) **13** Cappella della Signoria **14** Saal der Gualdrada **15** Saal der Penelope **16** Saal der Ester oder Speisesaal **17** Salon **18** Saal der Sabinerinnen **19** Grüner Saal **20** Kapelle der Eleonore **21** Durchgang zum »Quartiere di Eleonora di Toledo« **22** Galerie entlang des Salone dei Cinquecento **23** Saal der Elemente **24** Loggia des Saturn **25** Saal des Herkules **26** Jupiter-Saal **27** Saal der Kybele **28** Saal der Ceres

Granprincipe Ferdinando mit Johanna v. Österreich 1565. Die Oberleitung der Ausstattung hatte G. Vasari, der auch den *Treppenaufgang* (3) zu den beiden Obergeschossen neu gestaltete (1560–63). Die an den Hof anschließende Waffenkammer (2) hat sich in ihrer urspr. Form aus dem 14. Jh. erhalten. – Im 1. Stock: *Salone dei Cinquecento* (4; 53 m lang, 22 m breit, auf Vorschlag Michelangelos um 7 m auf 18 m erhöht) v. Cronaca 1495; Versammlungsraum der Volksvertretung bis zu ihrer Auflösung 1530; heute Konzertsaal. Von der urspr. Freskierung durch Leonardo da Vinci (»Reiterschlacht v. Anghiari«) und Michelangelo (»Schlacht v. Cascina«) nur Vorstudien in Kartons erhalten. Die überkommenen Schlachtendarstellungen von Vasari. Die 39 Kompartimente der reichgeschmückten Decke mit Szenen der Geschichte v. F. und der Familie Medici. – An der N-Seite die sog. *Udienza* (5), ein durch mehrere Stufen abgesetzter Bereich, der unter Großherzog Cosimo I. für repräsentative Zwecke (Audienzen, Empfänge etc.) geschaffen wurde. Die Statuenausstattung mit Nischenfiguren schufen Baccio Bandinelli (Cosimo I.; Leo X., segnend; Giovanni delle Bande Nere; Alexander de' Medici) und G. Caccini (Papst Clemens VII. krönt Karl V.; Großherzog Francesco I.). Über den Nischen Gemälde auf Schiefer v. Ligozzi (Bonifaz VIII. empfängt Botschafter verschiedener Staaten und bemerkt zu seinem Erstaunen, daß alle Florentiner sind) und Cigoli (Pius V. überreicht Cosimo die Großherzogsinsignien). – Gegenüber der Udienza unterhalb einer Verbindungsloggia zwischen dem Quartiere degli Elementi und dem Quartiere di Eleonora Toledo große *Mittelnische* (6) mit Michelangelos »Genio della Vittoria« (»Genius des Sieges«). Die möglicherweise im Zusammenhang mit dem Juliusgrab in Rom geschaffene Statue (die Datierung schwankt zwischen 1516 und 1534) verherrlicht den Sieg des Geistes über die Mächte der Dunkelheit. In den seitlichen Nischen antike röm. Statuen. An den Längswänden des Saales Statuen v. V. de' Rossi mit den Taten des Herkules. Die Wände dazwischen mit seltenen Tapisserien. – Rechts v. der Stirnwand mit Michelangelos »Sieg« Eingang zum *Studiolo* (= Studierzimmer) *di Francesco I de' Medici* (7) v. Vasari. Von ihm und seiner Schule Fresken mit dem Thema Mensch und Natur. In den Ecknischen Statuetten v. G. da Bologna u. a. Dem Eingang zum Studiolo gegenüber Zugang zum *Quartiere di Leone X* (8). Zugänglich nur der Saal Leo X. mit Fresken, die den bedeutenden Papst verherrlichen. – Im 2. Stock der *Quartiere degli Elementi* (23–28) mit 5 Sälen und 2 Loggien v. G. B. del Tasso um 1550. Die Aus-

Palazzo Vecchio, Detail

gestaltung v. Vasari zusammen mit C. Gerardi. Der *Quartiere di Eleonora da Toledo* (14–22) für die Frau des Großherzogs Cosimo I. unter Einbeziehung urspr. für die Priori bestimmter Räume, v. Vasari ausgestaltet (1559–62). Die zugehörige Privatkapelle (20) 1540 v. Bronzino freskiert. – Hauptraum des 2. Geschosses ist die *Sala dell' Udienza,* (12) urspr. Staatsraum der Republik. Decke v. unerhörter Pracht unter Mitwirkung v. G. da Maiano, v. seinem Bruder Benedetto die prächtigen Marmorportale (1476–78). Die durch B. da Maiano abgetrennte Sala dei Gigli (= Liliensaal) (9) mit Fresko v. D. Ghirlandaio (1481–85). – Im *Mezzanin* der *Quartiere del Mezzanino,* v. Michelozzo für die Priori ausgebaut, mit bedeutender Sammlung v. Kunstwerken. Bemerkenswert die »Madonna dell' Umiltà« v. Masolino da Panicale, die in ihrer Feinheit und im rhythmischen Fluß noch spätgot. Stilvorstellungen verhaftet ist. »Hl. Cäcilia« und »Hl. Katharina« v. B. Strozzi; »Pygmalion und Galatea« v. Bronzino; »Leda« aus der Schule des Leonardo; »Reiterbildnis des Principe G. C. Doria« v. Rubens; v. ihm auch eine »Judith mit dem Haupt des Holofernes«; Männerbildnis v. H. Memling; »Leda« v. Tintoretto. In einem Teil der Räume die an die Stadt F. vererbte Sammlung des amerikanischen Kunstkritikers Charles Loeser († 1928), die *Collezione Loeser,* mit Werken der toskanischen Malerei und Bildhauerei v. 14. bis 16. Jh.

Palazzo dei Vescovi → S. Miniato (Bischofspalast).
Pazzi-Kapelle → S. Croce.
Piazza del Duomo → Dombezirk.
Piazza di S. Croce → S. Croce.

Piazza di S. Maria Novella: Der Platz vor der gleichnamigen Kirche ist Schauplatz der »Palio dei Cocchi«, einem historischen Pferderennen, das seit 1563 abgehalten wird. Im S des fünfseitigen Platzes die *Loggia di S. Paolo,* 1489–96 nach dem Vorbild des Portikus am → Spedale degli Innocenti (F. Brunelleschi) gebaut und mit Terrakotten des G. und des A. della Robbia ausgestattet. Die Parkanlage des Platzes mit 2 Obelisken, die v. Bronze-Schildkröten getragen werden. Diese schuf Giovanni da Bologna 1608.

Piazza della SS. Annunziata: Der weiträumige und v. der Fassade der SS. Annunziata beherrschte Platz erhält seinen besonderen Charakter durch die beiden Flankenbauten, die Front des Spedale degli Innocenti v. Brunelleschi und den v. ihr inspirierten Portikus der Confraternita dei Servi di Maria, welchen A. di Sangallo d. Ä. zusammen mit Baccio d'Agnolo 1516–25 schuf. Nach SW hin

Piazza della Signoria, Herkules und Kakus v. B. Bandinelli (l), Reiterdenkmal Cosimos I. (r)

Piazza della SS. Annunziata, Reiterstandbild des Großherzog Ferdinand I. v. G. da Bologna

schließt der Palazzo Riccardi-Manelli, vormals Grifoni, den Platz ab (Ammannati, 1557–63), der durch das Reiterstandbild des Großherzogs Ferdinand I. v. Giovanni da Bologna einen hervorragenden Akzent erhält. Als letztes Werk des großen manieristischen Bildhauers verblieb es unvollendet und wurde v. seinem Schüler P. Tacca 1608 fertiggestellt. Von Tacca nach einem Projekt v. B. Radi stammen auch die beiden originellen Brunnen mit den Seeungeheuern (1629).

Piazza della Signoria: Ein der wachsenden Bedeutung der Stadt angemessenes weltliches Zentrum mit dem den Platz beherrschenden *Palazzo Vecchio* als dem urspr. Sitz der alten Stadtregierung, der Signoria (= Palazzo della Signoria). An der S-Flanke die Loggia dei Lanzi. Außerdem haben sich v. Altbestand der den Platz säumenden Gebäude der *Tribunale di Mercadanzia* (= altes Handelsgericht) v. 1359 an der O-Flanke und der *Palazzo Uguccioni* v. ca. 1550 in der N-Flanke erhalten. Ausstattung des Platzes mit bedeutenden Werken der Florentiner Skulptur: *Neptunsbrunnen* von B. Ammannati und Schule (1563–75). Künstlerisch bedeutsam die 12 Bronzefiguren am Beckenrand. Ca. 10 m v. Brunnen entfernt *Granitscheibe* an der Stelle des Scheiterhaufens, auf dem Savonarola mit seinen Gefährten (23.3.1498) verbrannt wurde. – Das *Reiterdenkmal Cosimos I. de' Medici*, bedeutendes Spätwerk des Giovanni da Bologna. – Gegen die Uffizien hin Marmorgruppe *Herkules und Kakus* v. B. Bandinelli (1533). Vor der Fassade des Palazzo Vecchio der berühmte *David* v. Michelangelo (Kopie v. 1905; Original seit 1873 → Galleria dell'Accademia). Kopie des *Marzocco-Löwen* (Original im → Museo Nazionale). – Bronzegruppe *Judith und Holofernes*, dramatisches Spätwerk (um 1455/60) des Donatello heute im → Palazzo Vecchio.

Piazzale Michelangelo: Die weitläufige Terrasse des 1865–70 errichteten Platzes mit der historisierenden Zusammenstellung eines Bronzeabgusses des Michelangelo-David

Piazza della Signoria, David v. Michelangelo (l), Neptunsbrunnen v. B. Ammannati

und der Abgüsse seiner Liegefiguren der Grabmäler aus → S. Lorenzo bietet einen außergewöhnlichen Blick über die Stadt F. mit ihren unschwer erkennbaren, markanten Bauwerken.

Pinacoteca dell' Ospedale degli Innocenti → Spedale degli Innocenti.

Ponte Vecchio: Die an einer Schmalstelle des Flußbettes errichtete Brücke (1345 erneuert) verdient ihren Namen »Alte Brücke« zu Recht, wenn man Vermutungen Glauben schenken will, nach denen bereits in etrusk. Zeit an der heutigen Stelle eine Vorläuferbrücke bestand. Durch die an beiden Seiten statt eines Geländers errichteten Häuschen, in denen nach einer Verordnung v. Großherzog Ferdinand I. nur mehr Goldschmiede Läden unterhalten durften, hat die Brükke besondere Berühmtheit erlangt und zählt zu den Sehenswürdigkeiten, die kein Fremder zu besuchen versäumt. Die malerische Vielfalt der Ladenbauten erhielt durch den v. Palazzo Vecchio über die Brücke zum Palazzo Pitti geführten und v. Vasari erbauten Gang einen zusammenschließenden Überbau.

Porta alla Croce (Piazza Beccaria): Errichtet 1248. Im Inneren das stark beschädigte Fresko »Madonna und Kind mit den Hll. Johannes d. T. und Ambrosius«.

Porta Romana (Via Romana): S-Tor der ältesten Befestigungsanlage jenseits des Arno (Oltrarno), die 1284–1333 errichtet wurde. Im Inneren des 1326 erbauten Tores Fresko des 14. Jh.: »Madonna mit Kind und 4 Hll.«.

Porta S. Frediana (oder: Porta Pisana; Borgo S. Frediano): 1332–34 wahrscheinlich nach Entwurf des A. Pisano errichtet.

Porta S. Giorgio (Costa S. Giorgio): Dem 2. Mauerring am l Arnoufer zugehörendes Tor, das 1260 fertiggestellt worden war. Außen Relief mit hl. Georg. Im Inneren Fresko v. Bicci di Lorenzo mit der Darstellung einer Madonna.

Ponte Vecchio, Cellini-Büste

Porta S. Niccolò (Piazza Poggi): In Verbindung mit dem Turm der Zecca am anderen Arnoufer bot dieses Stadttor die Möglichkeit, den Arno für jeden Verkehr zu sperren. 1324 errichtet.

S. Ambrosio (Piazza S. Ambrogio): Hinter der gotisierenden Fassade v. 1888 verbirgt sich eine Kirche, deren Ursprung in die Zeit der ersten Kirchen in F. zurückreicht. Der einschiffige Bau beherbergt mehrere Gedenksteine für in der Kirche beigesetzte Renaissancekünstler (Cronaca, Mino da Fiesole und Verrocchio). Beachtenswerte Ausstattung. Beim 2. Altar r Fresken (thronende Madonna mit Johannes d. T. und hl. Bartholomäus), A. Gaddi zugeschrieben. An der Mauer nach dem 3. Altar ein Bicci di Lorenzo zugeschriebenes Triptychon (Madonna mit Kind und Heiligen). Links v. Hochaltar die auf ein sakramentales Blutwunder zurückgehende *Cappella del Miracolo* (in dem v. einem Priester namens Uguccione [um 1230] nachlässig gereinigten Kelch hatten sich die hinterbliebenen Weintropfen über Nacht in Blut verwandelt). Mit dem Marmortabernakel der Kapelle schuf Mino da Fiesole (1481–83) eines seiner Hauptwerke. Die rahmenden Fresken v. C. Rosselli, v. dem auch das der Prozession mit der hl. Blutampulle im Anblick der Kirche S. Ambrogio stammt (Selbstbildnis des Künstlers mit schwarzem Barett). Vor dem folgenden Altar der l Wand gebogene Tafel mit Engeln und Heiligen v. A. Baldovinetti.

S. Felice (Piazza S. Felice; gegenüber Palazzo Pitti): Schlichter ma Kirchenbau, der mehrmals (im 14., 15. und 16. Jh.) Änderungen erfuhr. Die schlichte Renaissancefassade v. 1457 dem Michelozzo zugeschrieben. Über dem r Seitenportal guter gemalter Kruzifixus der Giotto-Werkstatt. Am 5. r Altar Madonna mit Kind und 4 Heiligen v. R. Ghirlandaio und Werkstatt. Links (v. der Chorkapelle zum Eingang) 2. Altar mit Triptychon des Neri di Bicci v. 1467 mit altertümlichem Goldgrund. Darüber Fresko des 14. Jh. Der letzte Altar mit Triptychon des Botticelli-Umkreises (Hll. Rochus, Antonius Abbas, Katharina und Szenen aus ihrem Leben zusammen mit einer Verkündigung an der Predella).

S. Felicità (Piazza S. Felicità): An der Stelle eines Gebäudes und eines frühchristl. Friedhofs errichtete Kirche, die nach mehreren Umbauten 1736 einem Neubau weichen mußte. Erhalten blieb dabei die v. Vasari errichtete Vorhalle mit dem darüber geführten Laufgang, der, v. Ponte Vecchio kommend, zum Palazzo Pitti führt. Vor dem Querhaus die beiden Emporen, v. denen aus die Großherzöge und ihre Familien dem Gottesdienst beiwohnten. Rechts v. Eingang die v. Brunelleschi erbaute (Reste davon fanden sich 1936) *Cappella Capponi*. Die malerische Ausstattung besorgte Pontormo (der Kuppelzwickel mit dem hl. Markus ist ein Werk des Bronzino). Zu seinen Hauptwerken zählen die »Kreuzabnahme« und die vor einigen Jahren gereinigte »Verkündigung«. Sakristeibau v. einem Nachfolger des Brunelleschi. Polyptychon des T. Gaddi (Madonna mit Kind und Heiligen).

S. Gaetano (Piazza Antinori): Die bereits im 11. Jh. existierende Kirche wurde v. 1604 an vollständig erneuert. Ihre Fassade v. G. Silvani (1648) zählt zu den schönsten Florentiner Kirchenfassaden des 17. Jh. In der an die 1. l Kapelle anstoßenden *Cappella Antinori* Kreuzigung mit den Hll. Maria Magdalena, Franziskus und Hieronymus v. Filippo Lippi. In der 2. Kapelle l »Martyrium des hl. Laurentius« v. P. da Cortona (1635).

S. Leonardo in Arcetri (Via di S. Leonardo; nahe der Porta S. Giorgio): Einschiffige Kirche des 11. Jh. mit berühmter, aus der abgebrochenen Kirche S. Piero a Scherafgo übertragener Kanzel des 13. Jh., v. der der hl. Antonius gepredigt hatte. Zahlreiche Tafeln des 15. Jh., darunter v. Neri di Bicci.

S. Lorenzo (Piazza S. Lorenzo): An der Stelle der v. hl. Ambrosius 393 geweihten frühchristl. Basilika Ambrosiana und des roman. Nachfolgebaus des 11. Jh. errichteter Neubau, für den 1419 die Planung vorliegt. Dem jungen, noch unbekannten Brunelleschi, v. Giovanni de' Medici urspr. nur für den Sakristeibau herangezogen, übertrug man schließlich um 1419/20 den Gesamtbau mit der Möglichkeit der Umplanung. 1428 die sog. *Alte Sakristei* und die *Chorkapelle* vollendet. Beim Tod Brunelleschis (1446) übernahm sein Schüler Manetti die Fertigstellung des Langhauses; Kuppel nach eigenem Plan. Fertigstellung 1469. Die v. Michelangelo geplante Fassade (Modell 1517) unterblieb. Dafür wurde er v. Papst Leo X. 1521 mit der Fertigstellung der *Neuen Sakristei* und ihrer Ausstattung als Grabkapelle betraut. Von 1524 an mit dem Einbau der *Bibliotheca Laurenziana* in den v. Manetti 1457 errichteten Klosterhofkomplex beschäftigt. Die an die Chorpartie der Kirche anschließende *Cappella dei Principi* plante Vasari 1561–68. Grundsteinlegung erst 1605. Kuppelabschluß im 19. Jh.

Kirche S. Lorenzo: Schlichter Außenbau mit reicher Staffelung um die Querhausarme; die Fassade roh belassen. Das *Innere* als flachgedeckte Säulenbasilika in strenger Anwendung des »gebundenen Systems« konzipiert. Die Chorgliederung, auf die Wandgliederung der Schiffe übertragen, ergibt

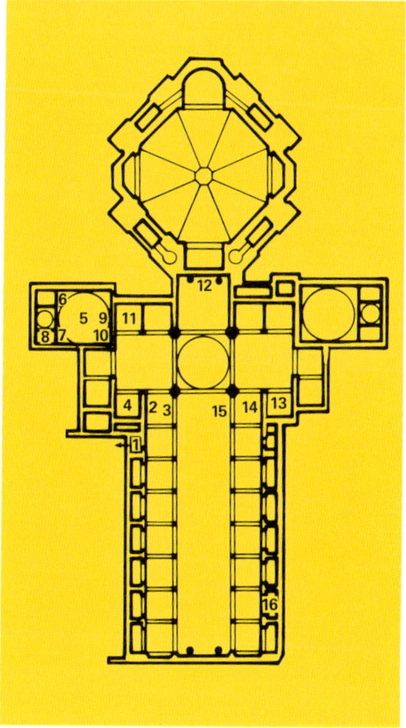

Florenz, S. Lorenzo **1** Marmorsängertribüne nach Entwurf von Donatello (zugeschrieben) **2** Fresko Martyrium des hl. Laurentius von A. Bronzino 1565–69 **3** Kanzel von Donatello, um 1460, und seinen Schülern Bellano und Bertoldo (provisorische erste Aufstellung 1515) **4** Kapelle der Martelli mit Denkmal für Donatello (1896) über seinem Grab im Fußboden; Altardiptychon mit Predella von Filippo Lippi, um 1440; Sarkophag des Niccolò Martelli, Schule des Donatello **5** Sagrestia Vecchia, nach Entwurf von Brunelleschi, 1420–29, mit Dekoration von Donatello (4 Stuckmedaillons aus der Geschichte des Evangelisten Johannes; 4 bemalte Terrakotten mit den Evangelisten); am Altar nach Entwurf von Donatello Triptychon aus der Schule des Taddeo Gaddi, in der Mitte der Sakristei Sarkophag der Eltern des Cosimo il Vecchio (Giov. Bicci de'Medici und Piccarda Bueri) **6** Porta degli Apostoli; Bronzetür mit 20 Figuren von Donatello **7** Porta dei Martiri (Bronzetür mit Märtyrerpaaren) in 10 Feldern von Donatello; über den beiden Türen bemalte Terrakottareliefs mit den Patronen der Familie Medici **8** Marmorbecken der Werkstatt des Donatello **9** Terrakottabüste des hl. Laurentius (oder des hl. Leonhard) Donatello zugeschrieben **10** Grabmal für Piero und Giovanni de' Medici (Söhne des Cosimo il Vecchio) von A. Verrochio, 1472 **11** Altar aus der Schule des Ghirlandaio **12** Kruzifix von Baccio di Montelupo **13** Altar, Ende 15. Jh.; römischer Sarkophag als Grab des Niccolò di Tommaso verwendet **14** Marmortabernakel des Desiderio da Settignano **15** Kanzel von Donatello, um 1460 und seinen Schülern Bellano u. Bertoldo (provisorische 1. Aufstellung 1515) **16** Altarblatt mit der Vermählung Mariä von R. Fiorentino, 1523 – Neu entdeckte Freskovorzeichnung(en) von Michelangelo im Untergeschoß der Medici-Kapelle. Besichtigung nur mit Sondergenehmigung (!)

auch im Aufriß vollendete Harmonisierung. Zusammen mit den harmonischen Maßverhältnissen wird der Bau zum exemplarischen Beispiel der Renaissancearchitektur. Der hohen Bedeutung der Architektur angemessen sind vor allem die beiden v. Donatello und seinen Schülern geschaffenen *Kanzeln* (vgl. Grundriß 3, 15); der Entwurf der Sängertribüne (1) wird Donatello zugeschrieben. Altardiptychon um 1440 v. F. Lippi (4). Bedeutende Werke der manieristischen Malerei sind die Altarblätter v. R. Fiorentino (16) und A. Bronzino (4). – Die *Alte Sakristei,* ein Gründerbau der Renaissance, kuppelgewölbter quadratischer Raum mit anschließendem kleinem Altar. Originelle zwölfteilige Kuppel. Besonderes Augenmerk verdient die v. Donatello nach Vollendung des Baus (1435) geschaffene Ausstattung (vgl. Grundriß). Ein frühes Hauptwerk des Verrocchio ist das doppelseitig konzipierte Grabmal für die Söhne v. Cosimo d. Ä. Medici (10). – Die *Neue Sakristei* v. Michelangelo mit Veränderungen fertiggestellt. Von ihm mit zwölfeckiger Laterne über halbkreisförmiger Kuppelkalotte abgeschlossen (Vorbild dafür ist das Pantheon). Zu den bedeutendsten Leistungen der europ. Kunst zählen die von Michelangelo geschaffenen Figuren der Grabmäler: Giuliano de' Medici, Herzog v. Nemours († 1516), Sohn des Lorenzo Magnifico, mit den Liegefiguren v. Tag und Nacht. Grabmal des Lorenzo de' Medici, Herzog v. Urbino († 1519), Enkel des Lorenzo Magnifico, mit den Liegefiguren des Morgens und Abends. Die skulpturale Ausstattung begann Michelangelo 1521 mit der Thronenden Madonna der Eingangswand. Die flankierenden Figuren der Hll. Cosmas und Damian v. Schüler R. da Montelupo nach Michelangelo. Im Bereich der Neuen Sakristei wurden 1976 Freskenvorzeichnungen v. Michelangelo entdeckt. – Die *Cappella dei Principi* (Fürstenkapelle) ist die 3. Grabkapelle der Medici für 6 der Großherzöge der Toskana; 2 davon mit Kolossalfiguren ausgestattet (P. Tacca). Der überkuppelte Bau mit reicher Gliederung und Einlagen mit kostbaren Steinen (Pietre Dure; siehe auch unter Galleria dell'Accademia: Opificio delle Pietre Dure). *Biblioteca Laurenziana:* 1444 mit der reichhaltigen Bibliothek Cosimos I. gegr. und in dem von Michelangelo 1524 begonnenen Bau über dem Westflügel des doppelgeschossigen Kreuzgangs von Manetti endgültig untergebracht. Die Vorhalle mit der kompliziert durchgestalteten Treppe und den in Wandkästen eingesperrten Stützmotiven ist ein erstes Hauptwerk und damit die Ausgangsposition der manieristischen Architektur. Bücherpulte von Michelangelo.

San Lorenzo, Cappella dei Principi, Kuppel

S. Marco (Kirche und Kloster, Piazza San Marco): Urspr. ein v. den Silvestrinern übernommenes Vallombrosanerkloster, das 1436 den Dominikanern v. Fiesole übertragen wurde. Daraufhin v. Cosimo il Vecchio mit Hilfe des Architekten Michelozzo 1437–52 renoviert. In der Folge wurde das Kloster zu einem der Zentren des Florentiner Geistes. Savonarola war Prior des Klosters, Fra Angelico, zu dessen Gedenken man 1919 ein eigenes Museum aus Beständen der Florentiner Sammlungen hier einrichtete, wurde zum berühmtesten Klostermitglied. Erzbischof Antonin (kanonisiert 1526) wirkte v. S. Marco aus als Dominikaner. Ihm schuf Giovanni da Bologna 1578–89 eine würdige Grabkapelle. – Die Fassade erhielt ihre heutige Gestalt 1777/78. Der Innenraum ist v. Charakter her noch got. Zu den bedeutenden Ausstattungsstücken zählen das mächtige giotteske Kreuz an der Fassadeninnenwand, die Baldachinmadonna des Fra Bartolommeo v. 1509 und eine Reihe v. führenden Leistungen der spätmanieristischen Florentiner Malerei und des Giovanni da Bologna und seiner Nachfolge. *Antoninskapelle* mit Fresken v. A. Allori, Antependium und Bronzekandelaber v. Giovanni da Bologna. – Die v. Michelozzo 1437–43 errichtete *Sakristei* zeigt den Einfluß Brunelleschis. Die in der Chorkapelle untergebrachte bronzene Liegefigur des hl. Antonin v. Giovanni da Bologna (Guß v. D. Ortigiani). – Die *Klosteranlage* wurde v. Michelozzo 1437–52 restauriert und teilweise erweitert. Die Fresken Fra Angelicos gehören zur bedeutendsten Ausstattung der Renovierungszeit. Im kleinen *Refektorium* Abendmahl v. D. Ghirlandaio. Außerdem Werke v. Mönchsmaler Fra Bartolomeo (in der Priorswohnung Bildnis Savonarolas, ferner Fresken). – Die *Klosterbibliothek* v. Michelozzo errichtet.

S. Miniato al Monte: Die in prachtvoller landschaftlicher Lage hoch über F. errichtete Kirche, ein Hauptwerk der Florentiner Protorenaissance, wird bereits in karolingischer Zeit genannt. Als Heiligtum über dem Grab des um 250 unter Kaiser Decius enthaupteten Christen Minias errichtet, 1018 cluniazensische Benediktinerabtei, deren Kirche 1207 vollendet gewesen sein dürfte. Von 1373 an gingen Kloster und Kirche in den Besitz der Olivetaner über. 1460 errichtet Manetti die Grabkapelle des in F. 1459 verstorbenen Kardinals Jakob v. Portugal, eines Mitgliedes des portugiesischen Königshauses. Im 16. Jh. in die kriegerischen Ereignisse einbezogen; im 18. und 19. Jh. mehrere Restaurierungen. Der Glockenturm nach Einsturz 1524–27 erneuert. – Die prächtige *Fassade* ist weiß-grün inkrustiert,

San Lorenzo, Grabmal mit Figuren Michelangelos

San Marco, Fassade

wobei die aus geometrischen Mustern bestehenden Dekorationsformen nach oben hin kleinteiliger, leichter werden. Dieser Abnahme des Gewichtes entspricht das Flacher-Werden des Fassadenreliefs v. plastischen Stützen im Erdgeschoß, auf welche Pilaster und schließlich eine nur mehr im Grün des Verde di Prato und Weiß v. Carrara gemusterte Giebelfläche folgen. Im Mittelfeld des dreiteiligen oberen Aufbaus, der in seiner Breite die Mittelschiffsdimensionierung nach außen hin sichtbar macht, über Ädikulafenster Mosaik des 13. Jh. mit segnendem Christus zwischen Maria und dem hl. Miniato. Der die Spitze über dem Giebel bekrönende Adler ist als Symbol der Calimala-Zunft Hinweis darauf, daß die Kirche bis 1288 unter der Verwaltung dieser Zunft stand. Der eindrucksvolle *Innenraum* dreischiffige Säulenbasilika (Stützenwechsel; die Kapitelle zum Teil antike Spolien) mit prächtigem offenen Dachstuhl. Die durch einen Triumphbogen abgetrennte Chorpartie über der bühnenartig heraustretenden Hallenkrypta des 11. Jh. (7 kreuzgratgewölbte Schiffe mit teilweise antikem Säulenmaterial und Kapitellen; die Fresken in den Gewölben v. T. Gaddi: Heilige und Propheten). Zwischen den Abgängen zur Krypta im Mittelschiff die großartige, ädikulaförmige Kreuzkapelle, die 1448 v. Michelozzo errichtet wurde. Ihre Tonnenwölbung mit glasierten Terrakottakassetten v. L. della Robbia. Die Kapelle wurde im Auftrag des Piero de' Medici zur Aufbewahrung des berühmten Kreuzes des S. Giovanni Gualberto (heute in S. Trinità; hier durch ein stark restauriertes Kreuz des 13. Jh. ersetzt). Die Darstellungen der Hll. Miniato und Giovanni Gualberto, die Verkündigung und Passionsszenen v. A. Gaddi (1394–96). Der Boden des Mittelschiffes mit reicher Marmorintarsie ausgelegt (Zodiak, Tauben, Löwen etc.), die 1207 entstand. – Dreischiffige Chorpartie, durch die zur Hälfte herausragende Krypta tribünenartig überhöht und v. einer großartigen Marmorchorschranke gegen das Langhaus abgeschlossen (1207). Die mit ihr verbundene reich dekorierte Kanzel mit einem Lesepult, das v. einem Figürchen gestützt wird und auf den ausgebreiteten Flügeln des Johannesadlers ruht. – Halbkreisförmige intarsierte Apsis mit eingetieften Fensternischen, die mit transparenten Steinplatten verschlossen sind. In der Kalotte Apsismosaik »Pantokrator, flankiert v. Maria und dem hl. Miniato, umgeben v. den Evangelistensymbolen« v. 1297; 1491 v. Baldovinetti restauriert. – Rechter Hand die Sakristei; großer quadratischer Raum v. 1387 mit reicher Freskenausstattung v. Spinello Aretino und Werkstatt (nach 1387): Gewölbezwickel mit den

San Marco, Fresko Fra Angelicos in der Klosteranlage

San Miniato al Monte ▷

Evangelisten; an den Wänden in 2 Zonen die Benediktlegende v. Verlassen seines Elternhauses bis zu seinem Tod. Am l Seitenschiff angebaut die Kapelle des Kardinals Jakob v. Portugal v. A. Manetti in Abhängigkeit v. der Alten Sakristei v. S. Lorenzo (1461–66). Dem harmonischen Bauwerk entspricht die bedeutende Ausstattung: Gewölbeausstattung von L. della Robbia (glasierte polychrome Terrakotten mit dem Hl. Geist, den Kardinaltugenden und Engeln). Die Fresken v. A. Baldovinetti (Evangelisten, Kirchenväter, Propheten). Rechts das Grabmal des Kardinals v. Portugal (Neffe des Königs Alfons, Erzbischof v. Lissabon) v. A. Rossellino (1461). Die Altartafel der Kapelle Kopie nach dem Original (→ Uffizien) v. A. und P. del Pollaiuolo (1467). – Rechts v. der Kirche der massive **Palazzo dei Vescovi,** begonnen unter dem Florentiner Bischof Andrea dei Mozzi (bei Dante, »Inferno«, XV, genannt). 1320 fertiggestellt, später erweitert. Sommersitz der Florentiner Bischöfe. Nach mehreren schweren Kriegsschäden 1903–22 restauriert. Heute dient der Palast häufig für Konzerte.

S. Trinità (Piazza S. Trinità): In der 2. Hälfte 11. Jh. v. Vallombrosinermönchen erbaut; im 14. erweitert und dabei gotisiert. Die Fassade 1593/94 v. B. Buontalenti. Dreischiffig mit quadratischer Apsis. In der 4. Kapelle des r Seitenschiffes Fresken des Lorenzo Monaco (um 1420/25). Rechts v. Chor die Sassetti-Kapelle mit Fresken des D. Ghirlandaio (1483–86). Von ihm auch das Altarbild der Kapelle (1485) mit der Anbetung der Hirten. Im l Querschiff Marmorgrab des Bischofs Benozzo Federighi v. L. della Robbia (1455/56).

S. Niccolò sopr' Arno (Via S. Miniato): Die im 15. Jh. weitgehend erneuerte Kirche des 12. Jh. besitzt in der Sakristei eine Ädikula in der Art des Michelozzo mit einem Fresko, das v. Baldovinetti oder P. del Pollaiolo 1450 gemalt wurde. Es zeigt die Gürtelspende der Madonna in einem v. lebhaftem Interesse am Studium der Natur getragenen Geist.

S. Pancrazio und Cappella Rucellai (Via della Spada): Die profanierte Kirche v. S. Pancrazio mit schöner Fassade des 14. Jh. (um

San Miniato, Krypta ▷

Santa Croce

Dante-Denkmal vor Santa Croce

1375). Marini-Museum. – In der daneben gelegenen *Cappella Rucellai* der Tempietto des Hl. Grabes, den L. B. Alberti nach dem Vorbild des Hl. Grabes in Jerusalem 1467 für Giovanni Rucellai ausführte. Im Inneren Freskenfragment einer Auferstehung Christi von A. Baldovinetti.

S. Salvatore al Monte (auch als S. Francesco al Monte alle Croce bekannt; in unmittelbarer Nähe v. S. Miniato al Monte): An der Stelle eines Oratoriums der Hll. Cosmas und Damian als Stiftung der Familie Della Tosa an die Franziskaner errichtetes Kloster mit Kirche. Die heutige Kirche wurde nach dem Entwurf v. Cronaca 1499 begonnen. Michelangelo nannte sie seine »bella villanella« (schönes Landmädchen). Schlichtes, harmonisches Inneres, in dem (im Gegensatz zu Brunelleschi) zum ersten Mal 2 (Pilaster-) Ordnungen übereinander angewendet wurden.

S. Croce (Piazza S. Croce): An der Stelle des antiken Amphitheaters die ausgedehnte, auf das Mittelalter zurückreichende *Piazza di S. Croce* (Dante-Denkmal v. 1865), seit jeher inoffizieller Versammlungsort des Volkes v. F. An seiner O-Seite liegt die Kirche S. Croce, die mächtigste Kirche des Franziskanerordens. Über einem Vorläuferbau v. 1228 (nach Vasari v. A. di Cambio) 1294 begonnen. Gegen 1300 Fertigstellung des Querhauses, Weihe der Kirche erst 1443 im Beisein v. Papst Eugen IV. – Das Tor zum Sakristeikorridor und die an seinem Ende gelegene *Medici-Kapelle* frühes Hauptwerk des Michelozzo um 1455. Fassade 1853–63, Kampanile 1847. – Einschneidende Veränderungen an der Ausstattung durch Vasari (steinerne Altartabernakel der Seitenschiffe; Entfernung des Chorgestühls aus dem Mittelschiff). – Schlichtes *Äußeres;* an der N-Flanke Portikus mit Marmorgrab aus der Schule des Tino da Camaino um 1330 (am O-Ende). – Der klar konzipierte *Innenraum* v. beeindruckender Weite in Form einer dreischiffigen Basilika mit abschließendem, v. Kapellen umgebenem Querhaus. Die Kapellenreihe im O flankiert die ausspringende

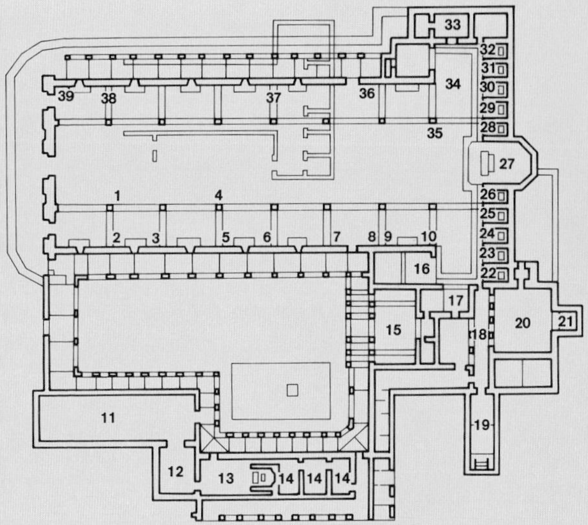

polygonale Apsis (reiche Glasfensterausstattung). Abmessungen der Kirche: Länge ca. 115 m; Breite des Schiffes ca. 38 m, Querhaus ca. 74 m.

Ausstattung: Durch zahlreiche *Gräber* (neben den 276 im Boden eingelassenen Grabplatten vornehmer Florentiner Familien) und *Kenotaphe* (Gedenkgräber) eine Art Pantheon ital. Kultur. Kunstgeschichtlich bedeutsam ist vor allem das v. B. Rossellino 1444/45 für den Humanisten, Historiker und Kanzler der Florentiner Republik *Leonardo Bruni* (1369–1444) geschaffene Grab, Prototyp des Florentiner Renaissancegrabmals. Ihm folgt z. B. eines der schönsten Grabmäler der Renaissance, das des Humanisten und Staatskanzlers Carlo Marsuppini (1398–1453), Hauptwerk (1455–66) des D. da Settignano. Das *Grabmal Michelangelos,* v. Vasari entworfen, 1573 fertiggestellt. *Grab*

Florenz, S. Croce 1 »Madonna col Bambino«, Relief v. A. Rossellino **2** Denkmal des Michelangelo v. Vasari (1570) **3** Kenotaph des Dante Alighieri v. S. Rica (1829) **4** Marmorkanzel v. B. da Maiano (1472–76) **5** Denkmal des Vittorio Alfieri v. Canova (1810) **6** Denkmal des Niccolò Machiavelli v. Spinazzi (1787) **7** Nische des Donatello mit Hochrelief »L'Annunziazione« (1435) **8** Grab des Leonardo Bruni **9** Denkmal des Gioacchino Rossini v. G. Cassioli **10** Grab des Dichters Ugo Foscolo **11** ehem. Refektorium **12** ehem. Kleines Refektorium **13** ehem. Cappella Canigiani **14** Sammlung mit bedeutenden Gemälden **15** Cappella de' Pazzi des Brunelleschi **16** Cappella Castellani mit Fresken des A. Gaddi **17** Cappella Baroncelli mit Fresken des T. Gaddi **18** Sakristeigang v. Michelozzo **19** Novizenkapelle oder dei Medici (1445) **20** Sakristei **21** Cappella Rinuccini mit Fresken des G. da Milano und des Meisters der Cappella Rinuccini **22** Cappella Velluti, Cimabue-Nachfolge **23** Cappella Calderini **24** Cappella Giugni **25** Cappella Peruzzi mit Fresken des Giotto **26** Cappella Bardi mit Fresken des Giotto **27** Cappella Maggiore mit Altarkreuz des Meisters di Figline **28** Cappella Tosinghi/Spinelli **29** Cappella Capponi **30** Cappella Ricasoli **31** Cappella Pulci e Beraldi mit Fresken des B. Daddi (ca. 1330) **32** Cappella Bardi di Vernio, Geschichte des hl. Silvester v. Maso di Banco (ca. 1340) **33** Cappella Bardi mit Kruzifix des Donatello **34** Denkmal des Luigi Cherubini v. O. Fantacchiotti **35** Denkmal des Leon Battista Alberti v. L. Bartolini **36** Denkmal des Carlo Marsuppini v. D. da Settignano **37** »Pieta« v. Bronzino **38** Denkmal des Galileo Galilei v. G. Foggini **39** Fresken (15. Jh.)

Galilei-Grabmal in Santa Croce

des Galileo Galilei v. 1737, des *Machiavelli* v. 1787 und des Musikers *Gioacchino Rossini*. Eines der bedeutendsten Grabdenkmäler des ital. Klassizismus schuf A. Canova 1810 für Vitt. Alfieri. Dante erhielt 1829 einen Kenotaph. – Hervorragende Beispiele der *Florentiner Renaissanceskulptur:* Von großer Anmut und Feinheit der Gestaltung das Marmorrelief der Madonna mit Kind im mandorlaförmigen Engelskranz v. A. Rosselino (1478), das zum Grab des Francesco Nori gehört. 1435 schuf Donatello das Altartabernakel mit der Verkündigung für die Familie Cavalcanti, das zu seinen Hauptwerken zählt. Von Donatello stammt auch der Holzkruzifixus in der *Bardi-Kapelle* am N-Ende des Querhauses. B. da Maiano schuf 1472–76 die oktogonale *Marmorkanzel* mit 5 Reliefszenen aus der Franziskuslegende. – Der überaus reiche Bestand an *Fresken* des Duecento ermöglicht es, die Entwicklung der Florentiner Malerei v. der Generation vor Giotto bis vor den Ansatz der Frührenaissance zu studieren. Die schlichten Zwickelmalereien der geosteten Querhauskapellen sind die ältesten Zeugnisse. Ein Nachfolger Cimabues (oder Cavallinis) schuf die Fresken der *Cappella Velluti:* Szenen der Michaelslegende (am Altar Polyptychon, frühes Alterswerk Giottos). Giottos Reifezeit belegen die Fresken der *Peruzzi-Kapelle* mit Szenen aus dem Leben der beiden hll. Johannes (nach 1320), zeitlich unmittelbar folgend die Freskierung der *Bardi-Kapelle* mit Szenen der Franziskuslegende (Altartafel Barone Berlinghieri zugeschrieben). Ein Hauptwerk des getreuesten Giotto-Schülers T. Gaddi v. 1332–38 sind die Fresken der *Baroncelli-Kapelle;* die Gürtelspende v. B. Mainardi (1480); Grabmal der Familie Baroncelli v. G. di Balduccio aus Pisa, Werkstattgenosse des T. di Camaino. Etwa zeitgenössisch dazu die Freskierung der *Pulci-Beraldi-Kapelle* v. B. Daddi (um 1330) und die der 2. *Bardi-Kapelle* v. Maso di Banco (um 1340). Der fortschreitende Individualisierungs- und Differenzierungsprozeß der 2. Jahrhunderthälfte ist an den Fresken des A. Gaddi in der *Castella-* oder *Sakramentskapelle* (um 1385) und in der *Chorkapelle* mit der Darstellung der Hl.-Kreuz-Legende zu beobachten. – In der an die kirchenartige *Sakristei* des 14. Jh. (schöne Schränke des 15. u. 16. Jh.; Terrakottabüste Christi v. G. della Robbia) chorartig anschließenden *Rinuccini-Kapelle* Freskierung, Hauptwerk des G. da Milano (um 1366). Schönes Schmiedeeisengitter mit Weiheinschrift. – Altarblätter der Seitenschiffsaltäre gute Beispiele des Florentiner Manierismus zur Zeit des Vasari; Santi di Tito (Kreuzigung, Auferstehung, Emmaus); J. Coppi del Moglio (Ecce homo); B. Naldini (Kreuzabnahme). – Neben der Kirchenfassade Eingang zu den Klosterhöfen (mit Museum) und der Pazzi-Kapelle.

Der aus der Zusammenlegung zweier trecentesker Kreuzgänge entstandene unregelmäßige Kreuzgang ist v. Säulengängen eingefaßt (Loggia an der Kirchenflanke Anfang 14. Jh.). Gegenüber dem Eingang die **Pazzi-Kapelle:** Als Grabkapelle der Pazzi und zugleich Kapitelsaal v. Andrea de' Pazzi gestiftet, von Brunelleschi 1430 begonnen. Hauptwerk der Frührenaissance v. vollendeter Harmonie. Die dekorative Terrakottaausstattung v. L. della Robbia. Die Holztüren v. G. da Sangallo (1470–78). – Im 1. Klosterhof Eingang in das **Klostermuseum,** dem ehem. Refektorium (= Museo dell'Opera di S. Croce); Hauptwerke der Sammlung sind die

6 in Fresko gemalten Szenen (rund 120 m^2; in einem Stück abgenommen) v. T. Gaddi; der große, gemalte Holzkruzifix, Spätwerk des Cimabue, und die vergoldete Bronzestatue des hl. Ludwig, eine der ersten Figuren Donatellos, die ganz der Renaissance verpflichtet ist (um 1423). – Der 2. Kreuzgang *(Chiostro Grande)*, einer der schönsten Renaissancekreuzgänge, v. Brunelleschi entworfen, nach seinem Tod vermutlich unter Mithilfe B. Rossellinos 1453 vollendet. Das Portal v. B. da Maiano (um 1450).

S. Maria del Carmine: Die Kirche des ehem. Karmeliterklosters wurde durch Brand 1771 weitgehend zerstört und 1782 erneuert. Erhalten hat sich glücklicherweise die *Brancacci-Kapelle* mit den hervorragenden Fresken v. Masolino und Masaccio (1424–27). Die Kapelle wurde vor 1386 gestiftet und wahrscheinlich ab 1424 auf Kosten des reichen Kaufmannes, Politikers und Diplomaten (u. a. Botschafter v. F. in Ägypten) Felice Brancacci mit Fresken ausgestattet. Begonnen wurden sie durch Masolino, der alleine den Auftrag übernommen hatte, aber bald schon Masaccio beizog, unter dessen Einfluß er geriet. Während eines zweijährigen Ungarnaufenthaltes (1425–27) überließ Masolino dem 18 Jahre jüngeren Masaccio die Weiterführung der Arbeit, die durch einen gemeinsamen Romaufenthalt der beiden Maler (1428) unterbrochen wurde und beim Tode Masaccios während des Romaufenthaltes unvollendet hinterblieb (1428). Die unfertigen Partien stellte Filippino Lippi 1481/82 fertig. Die Ausmalung des Gewölbes erfolgte erst im Barock. Außergewöhnliche Bedeutung erhalten diese Fresken durch ihre entwicklungsgeschichtliche Rolle im Zusammenhang mit der Entstehung der Frührenaissancemalerei. Der 1383 geborene Masolino war v. seiner Schulung her gotisierenden Tendenzen des Internationalen Stiles verpflichtet, einer lyrisch zartfühligen Erzählkunst. Masaccio hingegen schloß sich unter dem Eindruck einer gesteigerten Wirklichkeitserfahrung (Brunelleschi hatte die Linearperspektive entdeckt) an Giotto an, der sowohl v. seinen Erfahrungen der Körperhaftigkeit als auch v. der Einbeziehung seelischer Regungen in die Malerei für Masaccio noch nach mehr als einem Jh. vorbildlich geblieben war. Kompositionen, erfüllt v. seelischer Spannung und eindringlicher Wirklichkeitsnähe, waren das Ergebnis einer Auseinandersetzung mit der giottesken Vergangenheit unter dem Blickwinkel einer sich anbahnenden neuen Weltanschauung, deren optische Realisierung Masaccio als erster unternahm und dadurch zum Bahnbrecher einer Entwicklung wurde, die das gesamte 15. Jh. bestimmte. Als Beispiel für die neue Einstellung sei auf den zu Recht berühmten »Zinsgroschen« verwiesen (Hauptwand l oben).

Darstellungsinhalte (oben, v. l nach r; Mas. = Masaccio; mas. = Masolino; L. = Filippino Lippi): Vertreibung aus dem Paradies (Mas.); Zinsgroschen (Mas.); Predigt des Petrus (mas.); Petrus tauft die neu in die Kirche Aufgenommenen (Mas.); Petrus, gefolgt v. hl. Johannes, heilt den Verkrüppelten (l, Mas.) und erweckt Tabita (r, mas.); Versuchung v. Adam und Eva (mas.). – Unten (v. l nach r): Paulus besucht Petrus im Kerker (L. nach Vorzeichnung Mas.); Petrus erweckt Theophilus, den Sohn des Fürsten v. Antiochia (L.) und thronender Petrus (Mas.); Petrus, gefolgt v. Johannes, heilt durch seinen Schatten (Mas.); Petrus und Johannes verteilen Almosen (Mas.); Kreuzigung Petri (L.); Petrus und Paulus disputieren mit dem Magier Simon vor Nero (L.); der Engel befreit Petrus aus dem Kerker (L.).

Neben den 1394 entstandenen Fresken des Bicci di Lorenzo und einem Kruzifix der Cimabue-Nachfolge in der Sakristei beachtenswert das 1682 v. L. Giordano gemalte Kuppelfresko der Corsini-Kapelle.

S. Maria Novella (Kirche und Kloster): Bedeutendster Sitz des Dominikanerordens in F. 1246 wurde der heutige Kirchenbau an der Stelle eines Oratoriums des 10. Jh. begonnen und 1360 weitgehend fertiggestellt. Die Fassade v. 1350 an ausgestaltet (nach 1456 Fassadengliederung durch Alberti). An der Außenseite des Baus Familiengräber in Form v. Grabnischen (»Avelli«). Reich gestaltete Chorpartie. Der Innenraum Pfeilerbasilika mit Kreuzrippengewölben; Querhaus mit Chorkapellen in der Zisterzienser-tradition. Einer der schönsten got. Kirchenräume Italiens v. schlichter Feierlichkeit. Zu den bedeutendsten Werken der Ausstattung zählt das v. Gonfaloniere gestiftete *Fresko*, das Masaccio 1425 schuf. Es zeigt die knienden Stifter vor einem tonnengewölbten Renaissanceraum. Diesem Fresko zur Seite zu stellen ist der hölzerne *Kruzifixus* v. Brunelleschi in der v. G. da Sangallo 1508 ausgestalteten, l neben dem Hauptchor liegenden *Gondi-Kapelle*. Die Deckenfresken um 1270 zeigen Verwandtschaft zu den Mosaiken der Baptisteriumskuppel. In der *Strozzi-Kapelle* (Stirnwand des l Querarms) die um 1357 entstandenen Fresken des Nardo di Cione; der Altar von Andrea di Cione (genannt Orcagna) von 1357. In der Sakristei v. J. Talenti frühes Hauptwerk v. Giotto (gemalter Kruzifixus über der Eingangstür). Wandbrunnen v. G. della Robbia (1498). Die Hauptchorkapelle mit dem berühmten Freskenzyklus v. D. Ghirlandaio, 1485–90 (unter den mitwirkenden Schülern der junge Michelangelo). – Bedeutende Werke der manieristischen Malerei, darunter das letzte Werk des A. Bronzino (Altarbild der Gaddi-Kapelle). – *Kreuzgänge: Chiostro Verde*, nach 1350 vielleicht v. J. Talenti erbaut, nach den in »Terra Verde« im O-Flügel gemalten Fresken v. P. Uccello (größtenteils abgenommen und im Refektorium ausgestellt) *Grüner Kreuzgang* benannt. Diese nach 1447 entstandenen Fresken Uccellos sind monumentale Beispiele des neuen Stils der beginnenden Renaissance. An der N-Seite des Chiostro Verde die sog. *Span. Kapelle*. Als Kapitelsaal und zugleich Grabstätte der Stifterfamilie (Buon Amico di Lapo Guidalotti) 1348 begonnen und 1355 vollendet. Die 1365 vollendeten Wandmalereien v. Andrea da Firenze sind eines der hervorragendsten Beispiele der Trecentomalerei in Florenz. – Im *Chiostro dei Morti* Grabkapelle der Strozzi mit Fresken des Orcagna-Kreises.

Kirche SS. Annunziata (Piazza della SS. Annunziata): 1250 als Oratorium der Serviten der 1234 am Monte Senario gegr. Niederlassung erbaut. Die wunderbare Fertigstellung des v. Mönch Bartholomäus begonnenen Freskos durch einen Engel (1252) machte das Oratorium zu einem beliebten Volksheiligtum. Nach rasch notwendig werdenden Erweiterungen v. 1444 an Neugestaltung durch Michelozzo, beginnend mit der Grundsteinlegung für die 1477 unter Mitwirkung L. B. Albertis vollendete Rotunde als Chor. Kirche und Atrium 1453, die Vorhalle 1604 fertiggestellt. – Reiche Ausschmükkung im Barock. Hinter der siebenjochigen Vorhalle *Atrium* (Chiostrino dei Voti; 1833 überdacht) mit hervorragender *Freskenausstattung* der Hochrenaissance und des frühen Manierismus v. A. del Sarto und Schule, Pontormo, »Heimsuchung« (1516); Franciabigio, »Verlobung« (1513); v. A. del Sarto selbst, »Geburt Mariens«, sign.; dat. 1514, »Zug der Hl. Drei Könige« (1514) und die Benizzi-Szenen (l Seitenwand) v. 1509–10

Santa Maria Novella

(Ausnahme: Vision und Einkleidung des Hl. v. C. Rosselli 1475). Ältestes Fresko: »Geburt Christi« v. A. Baldovinetti (1460–62). – *Kirche:* Die Seitenschiffe der basilikalen Anlage des 14. Jh. durch Michelozzo kapellenartig unterteilt. Reiche barocke Flachdecke, 1669 gestiftet. Die urspr. Chorpartie abgetragen und unter Mitwirkung v. L. B. Alberti durch eine Rotunde nach dem Vorbild der antiken Minerva Medica in Rom ersetzt. – Links v. Eingang die *Cappella dell' Annunziata* mit Marmor-Tempietto (1447–61) zu Ehren des wunderbaren Verkündigungsfreskos (Werk der Florentiner Malerei des 14. Jh.). – Bedeutende Werke der Ausstattung: Marmor-Pieta v. B. Bandinelli (Kapelle am r Querhaus); Dreifaltigkeit mit Heiligen, abgenommenes Fresko v. A. del Castagno (1454–55; am Altar der 2. Kapelle l); »Auferstehung« v. A. Bronzino (um 1550; 1. Kapelle l v. der Chorkapelle der Rotunde). Wegen seiner einheitlichen Ausstattung bemerkenswert der als »Malerkapelle« ausgestattete ehem. *Kapitelsaal* mit Werken der Michelangelo-Nachfolge. Decke mit »Vision des hl. Bernhard« v. L. Giordano (um 1650). – In dem v. außerhalb der Kirche zugänglichen *Kreuzgang* (Chiostro dei Morti) Lünettenfresken mit der Geschichte des Servitenordens, Hauptwerke der toskanischen Schule Anfang 17. Jh. (Mascagni, Poccetti, Rosselli u. a.). – Über der Tür zur Kirche *Madonna del Sacco,* Hauptwerk des A. del Sarto (1525).

S. Spirito (Piazza S. Spirito): Klassisches Beispiel der Renaissancearchitektur. An der Stelle einer seit 1250 bestehenden, mehrmals veränderten Augustinerkirche v. Brunelleschi v. Grund auf erneuert. 1436 Beginn der Fundamentierung, Fertigstellung erst 1487, der Kampanile 1543; v. G. da Sangallo und Cronaca v. 1489 bis 1492 eine achteckige Sakristei angefügt. Erst 1601–02 wird die Vierungskuppel durch die Errichtung einer Laterne endgültig fertiggestellt. Die Kreuzgänge im späten 16. Jh. in die bestehenden ma Bauzusammenhänge eingefügt. Der unmittelbar v. der Sakristeivorhalle aus zugängliche um 1600 v. A. Parigi, der ältere (zum Bereich der militärischen Distriktsverwaltung gehörig) v. Ammanati zwischen 1564 und 1569 errichtet. Wegen ungelöster künstlerischer Streitfragen hinsichtlich der Fassade entstand schließlich eine völlig ungegliederte Ersatzlösung. Die Seitenwände nur durch stark gestreckte Fensterformen belebt. Die durch die mit Ausnahme der Fassade konsequent um den Gesamtbau geführten Seitenschiffe durch Apsidiolen Joch für Joch kapellenartig gedeutet (diese Joche mit Kalottengewölbe ausgestattet). Durch die Reduk-

Santa Maria Novella

Florenz, Santo Spirito 1 Kopie des auferstandenen Christus des Michelangelo (S. Maria Sopra Minerva, Rom) von T. Landini **2** Eingang zur Sakristei **3** Vorraum zur Sakristei von Cronaca, 1492–94, nach Plänen von Giuliano da Sangallo; kassettiertes Gewölbe mit mythologischen Figuren und Szenen; ein Teil der Kapitelle A. Sansovino zugeschrieben **4** Sakristei, 1489–92 nach Plänen von G. da Sangallo, die Kuppel und Laterne nach Modell von A. da Pollaiuolo u. Salvi d'Andrea, 1495–96; Kapitelle von A. Sansovino; Altar von A. Allori, 1596 **5** Thronende Madonna mit Heiligen, Schule des Fra' Bartolomeo, rechts Büste des G. Montorsoli von Tom. Cavalcanti, um 1560 **6** Trinität, von den hll. Katharina und Magdalena verehrt, von Franc. Granacci **7** Capella Corbinelli; Architektur u. reiche plastische Ausstattung sind ein Frühwerk des A. Sansovino, 1492; Hauptsehenswürdigkeit der Ausstattung **8** Geburt Christi, Schule des Dom. Ghirlandaio **9** Ehebrecherin, von A. Allori, 1577 **10** Altar mit hll. Märtyrern von A. Allori, 1574; die Predella zeigt den Palazzo Pitti vor seiner Erweiterung **11** Polyptychon des Maso di Banco **12** Hinter dem Bronzegitter: Marmorsarkophag des Florentiner Politikers Neridi Gino Capponi, 1388–1457, dem Bernardo Rosselino, 1458, zugeschrieben **13** Kopie des F. Ficherelli nach der Erscheinung der Madonna vor dem hl. Bernhard von Perugino in der Alten Pinakothek in München **14** Madonna mit Kind u. dem Johannesknaben, denen der hl. Martin und die hl. Katharina die Stifter präsentieren; Werk des Filippino Lippi, um 1490 **15** Statue des heiligen Nikolaus von Tolentino, nicht geklärt, ob die Statue nach Sansovino-Modell gearbeitet ist; seitlich gemalte Engel von Franciabigio **16** Kopie der Pieta des Michelangelo in St. Peter, Rom, von Baggio Biccio, 1549 **17** Glasfenster Herabkunft des hl. Geistes, nach Entwurf von Perugino

tion alles Dekorativen steht die große Wirkung der architektonischen Bauglieder beherrschend im Vordergrund. – Ausstattung: eine *Marmor-Pieta* v. Nanni di Baccio Bigio

SS. Annunziata, Pietà v. B. Bandinelli

Uffizien, Bildnis eines Mannes v. Botticelli ▷

nach der Michelangelo-Pieta in St. Peter (16); polychromierte und vergoldete Holzstatue des hl. Nikolaus v. Tolentino nach einem Modell v. J. Sansovino (15); die »Erscheinung der Madonna vor dem hl. Bernhard« v. Perugino ist eine Kopie des Originals in der Alten Pinakothek in München (13); Polyptychon des Maso di Banco (11); in der Cappella Corbinelli stammen sowohl die Architektur als auch die Ausstattung v. A. Sansovino (7); gegenüberliegend Tafel (Madonna mit Kind, Heiligen und Stiftern), Frühwerk des Filippino Lippi (14); bes. sehenswert die Sakristei (4).
Vom ehem. *Augustinerkloster* hat sich noch das Refektorium (Cenacolo) erhalten, dessen Stirnwand um 1360 v. Orcagna mit Fresken ausgestattet wurde. Bereits Ghiberti hat den Autor überliefert, der durch die auf die Restaurierungen v. 1941 folgenden kunstgeschichtlichen Studien als ihr Urheber bestätigt wurde. In der oberen Zone dramatische Kreuzigungsdarstellung mit hoch in den Himmel ragendem Kruzifixus. Die untere, schwer beschädigte Zone mit Letztem Abendmahl. Im Refektorium untergebracht die *Stiftung Salvatore Romano* (Schenkung des gleichnamigen Neapolitaner Kunsthändlers). Zusammen mit einigen bedeutsamen Architekturfragmenten Skulpturen aus vorroman. Zeit bis zum 15. Jh., darunter eine Karyatide des Tino di Camaino, 2 Fragmentstücke eines Hintergrundreliefs des Donatello-Altares für die Basilika des hl. Antonius in Padua, Madonna des J. della Quercia und Madonna aus dem Umkreis des Donatello.

Spedale Degli Innocenti mit Pinakothek (Piazza della SS. Annunziata): Das mit dem Patrozinium der Unschuldigen Kinder v. Bethlehem v. der Seidenweberzunft 1419 gestiftete Findelhaus wurde v. F. Brunelleschi geplant und in seiner historisch wichtigsten Partie (9 Bogenstellungen der Loggia) zwischen 1419 und 1426 v. ihm gebaut. Die berühmte Säulenhalle ist das erste Beispiel mit bogentragenden Säulenstellungen und seitlicher Rahmung durch eine »große« Pilasterordnung in der Entwicklung der Architektur der Renaissance. Vorbildlich sind sowohl die Proportionen als auch die bestechende Klarheit der architektonischen Gliederung und Rhythmisierung. Die Bogenzwickel mit Terrakottamedaillons (Wickelkinder), v. denen A. della Robbia 10 verfertigte (Frühwerke um 1463; die übrigen l und r sind Imitationen). Die mittlere Wölbung des Portikus und die seitlichen Lünetten mit Fresken v. Poccetti. Die Kirche S. Maria degli Innocenti 1786 vollkommen modernisiert. Im Inneren des Spedale 2 Kreuzgänge, die auf Brunelleschi zurückgehen. Im 1. Kreuzgang Eingang zu einem Saal im Obergeschoß, in dem abgenommene Freskenfragmente besichtigt werden können. – In der *Pinakothek* des Waisenhauses Werke des 15. und 16. Jh., darunter des L. della Robbia, des Piero di Cosimo, des D. Ghirlandaio u. a.

Synagoge (Tempio Israelitico i Via Farini): 1872–74 v. M. Treves und V. Micheli in maurischen Formen errichteter Bau, Hauptbeispiel des Historismus in F.

Theater: Teatro Communale (Via Magenta): Vom urspr. Theater hat sich nach Brand und Kriegszerstörung nur die klassizistische Fassade erhalten. Der Saal mit 2000 Sitzplätzen dient neben der gewöhnlichen Konzert- und Opernsaison auch Aufführungen im Rahmen des »Maggio Musicale Fiorentino«. – **Teatro alla Pergola** (Via della Pergola): In Holz 1656 von F. Tacca errichtet. Vom großherzoglichen Hof übernommen und 1681–94 verändert. 1755 in Stein erneuert, im 19. Jh. v. Grund auf renoviert. Die Pergola ist ihrer Opernaufführungen wegen berühmt; seit Beginn des 20. Jh. vorwiegend für die Aufführung von Theaterstücken verwendet.

Torre del Gallo mit Annex Villa la Gallina (Piazza di Volsanminiato): An den gut restaurierten Turm, der v. der Familie Galli auf die Lamberteschi und die Manfredini gekommen war, angebaut Villa mit Fresko des A. del Pollaiolo (junge tanzende Akte).

Umgebung

Badia di Ripoli (3,5 km sö): Abtei v. Ripoli, Benediktinergründung v. 790 mit der 1598 erweiterten Abteikirche des 11. Jh. – In der Nähe die Kirche **S. Pietro a Ripoli,** die bereits im 8. Jh. erwähnt wird. Schöner drei-

Uffizien, Bildnis von Francesco Francia

schiffiger Innenraum. – Über Bagno a Rípoli und Ponte a Ema die Kirche **S. Caterina dell' Antella,** errichtet 1387 und anschließend mit Fresken (Katharinenlegende) ausgestattet, die zu den Hauptwerken des Spinello Aretino zählen. – In **L'Antella** selbst schöne roman. Kirche *S. Maria.*

Galluzzo (5 km sw): Die 1341 begonnene *Certosa del Galluzzo* mit reichhaltiger Pinakothek, die neben den 5 Lünettenfresken des Pontormo (1522–25) eine dem Masolino zugeschriebene Tafel enthält.

S. Martino a Ménsola (in nö Richtung über die Via G. d'Annunzio, bei Converciano): Abteikirche des 9. Jh., deren Renaissancebau v. 1460 noch Reste des roman. Baus des 11. Jh. erkennen läßt. Im r Seitenschiff gutes Altartriptychon v. T. Gaddi. – In der Nähe die **Villa I Tatti**, die der Kunsthistoriker Bernhard Berenson 1905 erwarb und mit seiner reichen Bibliothek und Kunstsammlung ausstattete. Die Sammlung enthält beachtenswerte Werke vorwiegend der Florentiner Malerschule v. Giotto bis zum frühen 16. Jh.

Settignano (7 km ö): Bekannt als Geburtsort mehrerer Renaissancekünstler wie des Bildhauers Desiderio da Settignano, der Brüder Rossellino und des Architekten L. Fancelli. Die *Pfarrkirche S. Maria Assunta* aus dem 15. Jh. mit Terrakotta der Schule des A. della Robbia hinter dem Hochaltar. Kleines Ziborium nach Entwurf des D. da Settignano. – Auf der Strecke nach Terenzano die **Villa Gamberaia,** einer der schönsten Villenkomplexe des 16. Jh.

Villamagna: Schöne, im 11. Jh. erbaute roman. Kirche *S. Donnino.*

Grosseto, Dom, Fassadendetail

G

58100 Grosseto Grosseto		
Einw.: 62000	Höhe: 10 m	S. 136 □ D 7

G. ist das Zentrum der erst seit ungefähr 1960 fruchtbar gemachten Maremmen, jenes wilden Sumpfgebiets und Schwemmlands um die Mündung des Ombrone, das in den vergangenen Jahrhunderten sehr häufig v. der Malaria befallen war. Die im 10. Jh. erstmals erwähnte Stadt erhielt schon im 12. Jh. einen Bischofssitz. Nachdem sie 1336 v. Siena erobert wurde, gelangte sie 1559 an das Herzogtum Toskana, das auch 1574–93 die Erbauung der Festung und der Stadtmauern veranlaßte. Doch die durch die Malaria geschwächte Stadt (1835 lebten nur 2300 Menschen in G.) konnte nie eine besondere Rolle spielen.

Dom S. Lorenzo (Piazza Dante): 1294 wurde auf den Resten einer lombardisch-röm. Kirche (um 1180) mit dem Bau des Domes begonnen. Die rot-weiße Marmorfassade wurde 1840–45 erneuert. Die Pilaster mit den Kapitellen schuf der Dombaumeister Sozzo di Rustichino. Das reich dekorierte Portal und der Kampanile mit übereinandergestellten Mono-, Bi-, Tri- und Pentaforien stammen aus dem Jahre 1402. Im dreischiffigen Innenraum wurde sehr unglücklich restauriert (19. Jh.). Von der Ausstattung seien der große Taufbrunnen v. A. Ghini (um 1470), ein Marmorziborium des 16. Jh. im Vorraum der Sakristei, ein Holzkreuz aus dem 15. Jh. in der Cappella del SS. Sacramento sowie das Altarbild »Himmelfahrt Mariens« (15. Jh.) v. Matteo di Giovanni im l Querschiff hervorgehoben.

S. Francesco (Piazza Indipendenza): Der einfache Backsteinbau aus dem 13. Jh. bewahrt in seinem Inneren ein 1289 v. Duccio di Buoninsegna geschaffenes Tafelkruzifix.

Grosseto, Dom, Ostportal, Tympanon

Grosseto, Dom, Fassadendetail

Erwähnenswert sind auch die Sieneser Freskenreste (14. und 15. Jh.) sowie der Pozzo della Buffa genannte Kreuzgang aus dem 16. Jh.

Museo Archeologico (Via Mazzini): Seit 1975 ist das Museum im Palazzo del Liceo untergebracht. In vorzüglicher Anordnung werden Funde aus den meisten Ausgrabungsstätten der Provinz G. ausgestellt, z. B. aus Roselle, Vetulonia, Populonia, Talamone oder Poggio Buco. Unter den Funden seien die Grabstele eines etrusk. Kriegers (6. Jh. v. Chr.), die marmorne »geflügelte Sirene« (2. Jh. v. Chr.) sowie der Kopf der wohl ältesten lebensgroßen Etruskerstatue (Ende des 7. Jh. v. Chr.) hervorgehoben.

Museo Diocesano di Arte Sacra (über der Domsakristei): Hier werden Kunstwerke aus den Kirchen G. und Gemälde aus der Sieneser Schule des 13.–17. Jh. ausgestellt. Unter den Gemälden nimmt die »Madonna degli Ciliegie«, das Hauptwerk Sassettas, einen besonderen Rang ein.

Stadtmauer: 1574 wurde nach einem Plan B. Lancis mit dem Bau des sechseckigen Mauergürtels begonnen. Die Mauer umfaßt die Altstadt ähnlich wie in Lucca, was G. den Beinamen »Piccola Lucca« eingebracht hat. 1833–35 ließ Leopoldo II. das Glacis und die Bollwerke in Straßen und Gartenanlagen umwandeln. An der NO-Ecke der Anlagen befindet sich die urspr. 1315 v. den Sienesen errichtete *Mediceerfestung*. Empfehlenswert ist ein Spaziergang um die Mauern.

Außerdem sehenswert: *S. Pietro* (am Corso Carducci) mit roman. Apsis des 11. Jh. ist die älteste Kirche v. G. – Das *Denkmal Leopoldos II.* (Piazza Dante Alighieri) wurde 1846 v. L. Magni zur Erinnerung an den Sieg über die Malaria, woran Leopoldo II. großen Anteil hatte, geschaffen.

Umgebung

Istia d'Ombrone (7 km nö): Der v. einer Mauer des frühen 14. Jh. umschlossene Ort

war einst der Feudalsitz der Bischöfe v. Roselle.

In der *Franziskanerkirche* befindet sich ein Mariengemälde eines unbekannten Künstlers aus Siena (um 1400).

Magliano in Toscana (25 km sö): Auf einem hohen Hügel liegt der ma, v. einer noch gut erhaltenen Mauer umgebene Ort. Beachtenswert die *Porta Nuova* aus dem 16. Jh. und die *Porta S. Martino*. Schon im 7. Jh. hatte hier eine etrusk. Siedlung durch Ackerbau und die Gewinnung v. Bodenschätzen eine gewisse Blüte erreicht. In röm. Zeit befand sich hier eine Festung, das sog. municipium heba.

Etwa 2 km sö der heutigen Ortschaft befindet sich in der Nähe der roman. Kirchenruine S. Bruzio die *Grotta Dipinta*, ein leider nur schlecht erhaltenes *Grab* aus dem 5. Jh. v. Chr. Außerdem liegen um das Dorf verstreut mehrere *Nekropolen*. Ein bedeutender Fund ist eine kleine Bleiplatte, die in etrusk. Schrift Namen v. verschiedenen Gottheiten und Bestimmungen über den Totenkult überliefert und sich heute im Archäologischen Museum in Florenz befindet.

Paganico (25 km nö): Das schon in etruskischer Zeit gegründete Paganico war im MA Sitz der Aldobrandeschi, bevor es zu Siena kam. Die im 12. Jh. erbaute *Kirche S. Michele Arcangelo* bewahrt in ihrem Inneren eine »Madonna mit Kind und Heiligen« v. Andrea di Niccolò und Fresken des Sieneser Bartolo di Fredi, die dieser 1368 malte.

Roselle Scavi (12 km n): Etwa 4 km n der schon in der Antike bekannten Terme di Roselle (heute der Ort Bagno di Roselle) befinden sich die *Ausgrabungsstätten* des schon während der Villanova-Zeit besiedelten Roselle Scavi.

Das auf einem etwa 300 m hohen Hügel erbaute Roselle Scavi war ein sehr bedeutendes Mitglied des etrusk. Zwölfstädtebundes Während die meisten etrusk. Städte sich zu Beginn des 4. Jh. mit Rom verbündeten, kämpfte der v. den Römern nun Rusellae genannte Ort lange um seine Selbständigkeit. Doch 294 v. Chr. mußte es sich nach längerer Belagerung und schweren Kämpfen den Römern beugen. Als röm. Kolonie wurde das durch seine Landwirtschaft reiche Rusellae 205 v. Chr. gezwungen, die v. Scipio gegen Karthago eingesetzte Flotte mit Getreide und Tannenholz zu beliefern. Obwohl v. Barbarenvölkern zerstört, erhielt es im 4. Jh. einen Bischofssitz, den es erst 1198 an Grosseto verlor. Infolge der Versumpfung der Maremmen und der sich dadurch ausbreitenden Malaria wurde Roselle Scavi in den folgenden Jahrhunderten völlig entvölkert.

Der Verlauf der über 3000 m langen etrusk.

Roselle Scavi (Grosseto), Etruskerstadt

Mauern mit 4 freigelegten Toren ist fast vollständig erhalten. An einzelnen Stellen im n Bereich ist die im 6. Jh. v. Chr. aus polygonalen Blöcken errichtete Mauer noch bis zu 7 m hoch. Die Mauerreste aus quadratischen Blöcken im W dagegen stammen aus dem 2. Jh. v. Chr. Neben zahlreichen Fossa-, Kammer- und Felsgräbern außerhalb der alten Mauern wurden im Zentrum der Stadt auch einige Barbarengräber entdeckt. Innerhalb der Mauern legte man u.a. ein röm. Amphitheater, mehrere röm. Gebäude (Häuser, Ställe usw.), ein etrusk. Haus, eine Straße, Wasserleitungen sowie das röm. Forum mit einer Basilika frei. Ob die Grundmauern eines im S-Teil der Stadt gelegenen quadratischen Turms zum ma Kastell der Aldobrandeschi, die bis 1243 Roselle Scavi besaßen, oder zum Glockenturm einer christl. Basilika aus dem 8. Jh. gehören, konnte bis heute noch nicht einwandfrei bestimmt werden.

Die zahlreichen Fundstücke (u.a. ein Kochherd, verschiedene Haushaltsgeräte, Grabbeigaben) wurden im Museo Archeologico in G. untergebracht.

I

50023 Impruneta Florenz		
Einw.: 14000	Höhe: 275 m	S. 134 □ E 4

I., das im 12. und 13. Jh. im Besitz der berühmten Florentiner Familie Buondelmonte war, liegt 15 km s v. Florenz am Rande des weltbekannten Chianti-Weinbaugebietes. Doch ist das Städtchen nicht nur durch seine vorzüglichen Weine, sondern auch durch wunderschöne Keramikarbeiten und Strohhüte bekannt. Eine der wichtigsten Messen in ganz Europa war einst der am 18. Oktober stattfindende Jahrmarkt »Fiera di S. Luca«,

Roselle Scavi (Grosseto), Etruskerstadt

Impruneta, S. Maria, Kreuzgang

Impruneta, S. Maria, Triptychon

der auch heute noch rege besucht wird. Empfehlenswerter aber ist auf jeden Fall das nach der Weinlese im Herbst stattfindende Weinfest.

S. Maria dell'Impruneta (Piazza Vittorio Emanuele): Die Kirche wurde bereits 1054 geweiht, danach im 15. Jh. erweitert und mußte schließlich nach schweren Schäden im 2. Weltkrieg gründlich restauriert werden. Der zinnenbewehrte roman. Glockenturm stammt aus dem 13. Jh. Den Portikus, an den ein Uhrturm mit barockem Schmuckwerk gebaut wurde, errichtete man 1634 im Stil der Spätrenaissance. Im einschiffigen Innenraum wurden 1453–56 nach Plänen Michelozzos 2 Kapellen zu beiden Seiten des Chors neu erbaut. In der l Kapelle, der sog. Cappella della Madonna, befinden sich auf dem Altar ein wundertätiges byzantinisches Marienbild des 13. Jh. und die Terrakottafiguren der hll. Lukas und Paulus v. L. della Robbia. Dieser schuf auch die Terrakotta-Kreuzigungsgruppe in der Cappella della Croce (r v. Hochaltar) sowie alle Buntmajoliken in beiden Kapellen. Hinter einem kleinen Kreuzgang r der Kirche befindet sich der sehenswerte, zweistöckige *Große Kreuzgang*, der im 14. Jh. erbaut wurde.

Außerdem sehenswert: Die *Piazza Vittorio Emanuele* ist v. zahlreichen Arkadengängen umsäumt. – Beachtenswert sind auch mehrere prachtvolle *Villen* des 14.–18. Jh. rund um I., die sich heute jedoch alle in Privatbesitz befinden und deswegen nur schwerlich zu besichtigen sind.

Umgebung

S. Casciano in Val di Pesa (11 km sw): Hier lag – an der Grenze zwischen Florenz und Siena – eine sehr umkämpfte Festung. Vom Mauerring, der 1355 im Auftrag v. Florenz erbaut wurde, sind heute noch einige Reste erhalten. – Etwas außerhalb des Ortes, in Sant'Andrea a Percussina, lebte in einem kleinen, Albergaccio genannten (was Lumpenherberge bedeutet) Landhaus v. 1512 bis zu seinem Tode im Jahre 1527 der Florentiner Politiker, Historiker und Schriftsteller Niccolò Machiavelli. Hier entstand auch sein wohl bekanntestes Werk »Il Principe«.

57100 Livorno

Livorno

Einw.: 175000	Höhe: 3 m	S. 134 □ B 4

Die Stadt entwickelte sich um das 904 zum erstenmal erwähnte Küstenfort *Liberna*, das die Pisaner bis 1392 als Vorwerk des 3 km n gelegenen Porto Pisano (Hafen Pisas) befestigt hatten. Nachdem L. für wenige Jahre im Besitz Genuas war, gelangte es schließlich 1421 durch Verkauf an Florenz. Auf Veranlassung Cosimos I. de'Medici legte man 1540–70 einen neuen Hafen an, und in der Stadt wurden wichtige Umbauten durchgeführt. In der Folgezeit entstand nach einem 1577 v. Buontalenti geschaffenen Plan die »ideale Stadt« (La Città Ideale) innerhalb eines fünfeckigen Mauerrings. Seit 1593 konnten sich in L. auf Grund des v. Ferdinand I. begründeten Freihafenrechts, der sog. Constituzione Livornina, Geächtete (wie Piraten), Flüchtlinge oder Verfolgte aus aller Welt ansiedeln. Die wirtschaftliche Bedeutung L. nahm in den folgenden Jahrhunderten immer mehr zu, bis diese Entwicklung 1868 nach der Aufhebung des Freihafenrechts stagnierte. Von den schweren Kriegsschäden 1940–43 konnte die Stadt sich inzwischen wieder erholen und besitzt heute mit seinen Erdölraffinerien, Hüttenwerken und Schiffswerften den bedeutend-

Livorno, Hafenfestung

sten Hafen der Toskana, die v. hier mit den verschiedensten Waren beliefert wird. Auch als Anlaufhafen v. touristisch bedeutenden Inseln wie Elba, Korsika oder Sardinien spielt L. mittlerweile eine wichtige Rolle.
In L. wurden die Maler Giovanni Fattori und Amedeo Modigliani sowie der Komponist Pietro Mascagni geboren.

Dom S. Francesco d'Assisi (Piazza Grande): Der 1594 nach einem Entwurf Buontalentis begonnene Bau wurde 1606 v. A. Pieroni beendet. 1946–50 mußte der Dom nach schweren Kriegsschäden fast vollständig nachgebaut werden. In Marmor gehalten sind der Portikus mit 3 Arkadenbögen über jeweils 2 zusammengestellten Säulen sowie die dahinterliegende Fassade mit einem Fenster und abschließendem Dreiecksgiebel. Im majestätischen dreischiffigen Innenraum befinden sich Altarbilder v. Ligozzi, Passignano u. a. aus dem 17.–18. Jh.

S. Giulia (hinter dem Dom): Der wertvollste Kunstschatz dieser kleinen Kirche ist eine Tafel, auf der die hl. Giulia sowie 8 Szenen aus ihrem Leben dargestellt sind. Sie wird der Schule Giottos zugeschrieben.

S. Ferdinando (auch Chiesa della Crocetta, nahe der Via Venezia): Die v. G. B. Foggini entworfene Kirche wurde 1707–14 erbaut. Der Innenraum beeindruckt durch eleganten Stuck und schöne Deckengemälde.

Fortezza Vecchia (nahe der Via Caprera): Der mächtige Festungsbau wurde 1534 v. A. da Sangallo il Giovane am Mediceerhafen erbaut. In unmittelbarer Nähe befindet sich der *Mastio di Matilde*. Dieser im 11. Jh. errichtete Rundturm war Teil der Pisaner Strandburg, die Gräfin Matilde 1103 dem Domkapitel Pisas geschenkt hatte.

Fortezza Nuova: Die im späten 16. Jh. erbaute, teilweise zerstörte Neue Festung ist v. einem Wassergraben umgeben.

Monumento dei 4 Mori (Piazza Micheli): Dieses zu Ehren Ferdinands I. geschaffene

Denkmal ist das Wahrzeichen L. Die auf einem hohen Sockel stehende Figur Ferdinands wurde 1595 v. G. Bandini angefertigt. Seinen Namen hat das Denkmal durch die 4 an den Sockel geketteten Negerfiguren (quattro Mori), die 1624 Pietro Tacca in Bronze goß.

Museo Civico Giovanni Fattori (im Stadtpark Villa Fabricotti, nahe der Piazza Matteotti): Neben einigen antiken und prähistorischen Funden wie Grabbeigaben sind vor allem Arbeiten der sog. Macchiaioli (Künstlergruppe der 2. Hälfte des 19. Jh., die sich gegen den Akademismus wandte) ausgestellt. So befinden sich hier Gemälde und Zeichnungen v. Lega, Nomellini, Signorini, bes. v. Fattori, aber auch v. Modigliani. Aus den wenigen ma Ausstellungsstücken seien eine Kreuzigung v. Neri di Bicci und eine Madonna v. Cimo da Conegliano hervorgehoben.

Acquario Comunale (Via Italia): Hier befindet sich eine Sammlung v. Pflanzen, Fischen und sonstigen Meerestieren des Mittelmeers sowie ein naturhistorisches Museum.

Außerdem sehenswert: Die *Torre del Marzocco* ist ein 1423 v. den Florentinern errichteter achteckiger Turm. – Die im 16. Jh. erbaute *Synagoge* (Via Cairoli) mußte nach dem 2. Weltkrieg v. Grund auf restauriert werden. – An der Via Grande befindet sich der 1842 als Wasserbehälter im klassizistischen Stil erbaute sog. *Cisterino*. – Eine sehenswerte Barockfassade besitzt die Kirche *Santissima Annunziata* (Via della Madonna). – S des Acquario Comunale befindet sich die im 18. Jh. erbaute Barockkirche *S. Iacopo in Acquaviva*, gegenüber dem Dom der 1629 erbaute, nach dem 2. Weltkrieg rekonstruierte *Palazzo Grande*. – Beachtenswert ist auch die *Viale Italia* mit ihren Gärten, Palazzi und Villen sowie die bepflanzte *Terrazza Mascagni* mit schönem Blick auf die Insel Gorgona.

Umgebung

Gorgona (Insel 37 km sw): Die 255 m hohe, felsige Insel kann, da sich auf ihr seit 1869 eine Strafkolonie befindet, nur mit Genehmigung des ital. Justizministeriums besucht werden. Man findet hier eine v. Menschen kaum beeinflußte Naturlandschaft vor. Vor einigen Jahren wurden auf der Insel röm. Mauerreste entdeckt.

Livorno, S. Ferdinando, Altar

Santuario di Montenero (9 km s): Schon 1345 wurde diese Wallfahrtskirche in 193 m Höhe am Hang des 313 m hohen Colle di Montenero gegründet, doch erst 1575 war der Bau vollendet. 1771 wurde der Innenraum mit barocken Stilelementen erneuert. Von der Kirchenterrasse hat man einen herrlichen Blick auf Livorno, das Meer, die Inseln des Toskanischen Archipels und bei klarer Sicht sogar bis hinüber nach Korsika.

55100 Lucca

Lucca

Einw.: 90 000	Höhe: 19 m	S. 134 □ C 3

Das in der fruchtbaren Ebene des Serchio n des Monte Pisano und s der Apuanischen Alpen gelegene L. konnte sich innerhalb seiner im 15.–16. Jh. geschaffenen mächtigen Stadtmauern über Jahrhunderte hinweg die

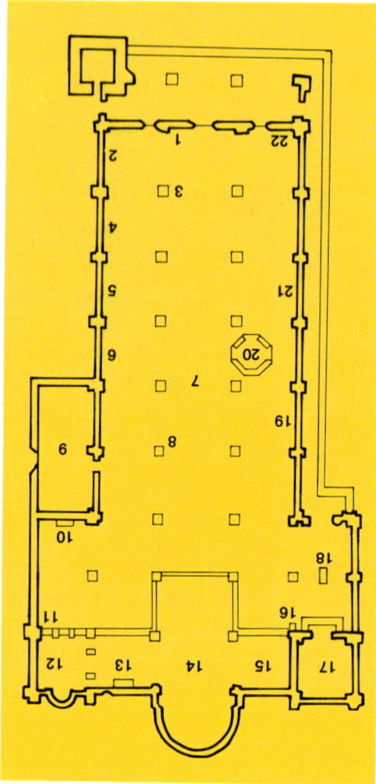

Lucca, Dom S. Martino 1 Marmorgruppe »Hl. Martin zu Pferd mit dem Bettler« v. einem unbekannten, vermutlich lombardisch-lucchesischen Meister des frühen 13. Jh. **2** Altarblatt v. D. Passignano, 1594 (»Geburt Christi«) **3** Weihwasserbecken des 15. Jh. **4** Altarblatt v. F. Zuccari (1595, »Anbetung der Könige«) **5** Altarblatt v. Tintoretto (um 1592, »Abendmahl«) **6** Altarblatt v. D. Passignano (1598, »Kreuzigung«) **7** Fußboden aus Buntmarmorintarsien; »Urteil des Salomon« v. A. Federighi **8** Kanzel v. M. Civitali (1494–98) **9** Sakristei; sehenswerte Gemälde, darunter Altarblatt v. D. Ghirlandaio (Ende 15. Jh., »Madonna mit Heiligen«); ebenfalls v. Ghirlandaio: »Grablegung«, »Bekehrung Pauli«, »Martyrium des hl. Clemens« und »Martyrium des hl. Sebastian« **10** Grabmal des Pietro da Noceto v. M. Civitali (1472) **11** Grabmal des Domenico Bertini v. M. Civitali (1479) **12** Cappella del Sacramento; 2 Engel v. M. Civitali (1477); Fresko v. St. Tofanelli (um 1800) **13** Kapelle; Altar des S. Regolo mit Statuen der Hll. Johannes d. T., Regulus und Sebastian v. M. Civitali (1484) **14** Presbyterium; Glasfenster v. Pandolfo di Ugolino da Pisa (1485); Chorgestühl v. L. Marti (1452–57); Marmorschranken v. M. Civitali (um 1475) **15** Cappella della Libertà; Altar mit »Auferstehung Christi« v. Giambologna (1579) **16** Plastik »Johannes d. Ev.« v. J. della Quercia (um 1410) **17** Cappella del Santuario; Altarblatt v. Fra Bartolommeo (1509, »Madonna mit Kind zwischen den Hll. Stephan und Johannes d. T.«) **18** Grabmal der Ilaria del Carretto v. J. della Quercia (1408) **19** Altarblatt v. J. Ligotti (1596, »Heimsuchung«) **20** Tempietto del Volto Santo; achteckiges Marmortempelchen, 1482–84 v. M. Civitali für den »Volto Santo« genannten Kruzifixus des 11. Jh.; kleiner Altar v. F. Juvara (1725); außerhalb des Tempietto »Hl. Sebastian« v. M. Civitali (1484) **21** Altarblatt v. G. B. Paggi (»Verkündigung«) **22** Fresken v. C. Rosselli (»Kreuzabnahme« und »Verkündigung«)

reizvolle und äußerst harmonische Altstadt mit ihren zahlreichen Kirchen, Palästen und malerischen Gassen bewahren. Der Besucher des häufig als »Freilichtmuseum« bezeichneten L. wird sofort v. der unvergleichlichen, überaus lieblichen Atmosphäre dieser Stadt gefangen sein.

Die Stadt entwickelte sich aus einer ligurischen Siedlung, die sich im weiten Sumpfgebiet des Serchio befand. Nachdem diese in etrusk. Abhängigkeit geraten war, gelangte sie schließlich um 180 v. Chr. als Kolonie an Rom, das den Namen *Luca* aus dem ligurisch-etrusk. Wort für Sumpf (»Luk«) übernommen hatte. 89 v. Chr. wurden L., wie vielen anderen Städten in ganz Italien, die röm. Bürgerrechte verliehen. Im Jahre 56 v. Chr. traf sich hier in L. Gajus Julius Cäsar mit Pompejus und Crassus (die seit 60 v. Chr. mit Cäsar das Triumvirat bildeten) und sicherte sich für weitere 5 Jahre das Prokonsulat über Gallien (wo der Gallische Krieg gerade in eine Winterpause geraten war), indem er Pompejus Spanien und Crassus Syrien überließ. Das außerhalb der röm. Mauern errichtete Amphitheater sowie Teile des streng quadratischen (röm.) Straßenmusters sind noch heute aus dieser Zeit erhalten.

Nachdem 568 die Langobarden das nun *Tuscia* genannte ehem. Etrurien besetzt hatten, wurde nicht Florenz, sondern L. wegen der hervorragenden Verbindung zur Langobardenhauptstadt Pavia zum Sitz der langobardischen Herzöge auserkoren. Auch unter den Karolingern (um 800) wurde der Stadt diese bedeutende Stellung zuteil. 1119 erklärten die seit 1080 gewählten Konsuln L. zur »Libero Comune« (freie Gemeinde), was 1162 Kaiser Friedrich Barbarossa, wohl auf Grund der Tatsache, daß die Stadt in vorbildlicher Weise die Reichsoberhoheit anerkannt und das Reich in wichtigen Angelegenheiten auch unterstützt hatte, bestätig-

Lucca, Dom ▷

S. Michele, Giebel

fahrt Christi, das um 1228 wahrscheinlich B. Berlinghieri schuf und das 1829 restauriert wurde. Die Seitenflügel mit Renaissancekapellen wurden später angebaut.

Der dreischiffige Innenraum ist mit Säulen (zum Teil echte antike Kapitelle aus dem röm. Amphitheater) unterteilt. Die Fassadeninnenwand schmücken Fresken eines Florentiner Meisters des 15. Jh. (*Heimsuchung, Petrus und Paulus*) und A. Aspertinis (*Madonna und Heilige*). Von Aspertini stammen auch die Fresken in der 2. Seitenschiffskapelle l, unter denen die 1508–09 geschaffene Darstellung der *Überführung des Volto Santo v. Luni nach Lucca* die interessantesten sind. Hier befindet sich außerdem der Grabaltar der hl. Zita, der Schutzherrin der Hausgehilfen. Der sehr fein ausgearbeitete roman. *Taufbrunnen* (in der 1. Seitenschiffskapelle, der sog. Taufkapelle) wurde im 12. Jh. v. mehreren Meistern geschaffen. So brachte im 12. Jh. Meister Roberto um das untere runde Becken die Reliefdarstellungen der Mosesgeschichte wohl nach dem Vorbild röm. Sarkophage an. Aus einer inmitten des unteren Beckens aufsteigenden Trägersäule erwächst ein 2., kleineres Bekken, dessen Deckel ebenfalls reich geschmückt ist. L daneben steht das noch heute benutzte Marmortaufbecken v. Matteo Civitali (1489). Beachtenswert sind auch die glasierten Terrakotta-Arbeiten *Verkündigung* und *Hl. Petrus* v. A. della Robbia neben dem älteren Brunnen. In der Cappella Trenta (4. Seitenschiffskapelle 1) ist das 1422 v. J. della Quercia geschaffene Polyptichon zu bewundern, dessen Figuren *Muttergottes mit Kind und Heiligen* aus einem einzigen Marmorblock geschlagen sind. Vom selben Künstler stammen auch die reliefgeschmückte Predella sowie die *Grabplatte* des Kaufmanns Lorenzo Trenta (in dessen Auftrag die Kapelle erbaut wurde) und seiner Gemahlin. Das Gemäle *Mariä Empfängnis und Heilige* an der Wand gegenüber stammt v. F. Francia. Erwähnenswert sind das Grabmal Lazzaro Papis (1763–1834) in der 5. Seitenschiffskapelle l, der Deckel des Grabs des hl. Frediano l v. Chor sowie ein Mosaik des 12. Jh. im Querschiff.

te. Nach 2 Jahrhunderten großen Aufschwungs, in die auch eine Vergrößerung des alten Mauergürtels (bis 1250) fiel, wurde die Stadt 1314 v. dem Pisaner Signore (Alleinherrscher) Uguccione della Faggiuola erobert. Doch schon 2 Jahre später konnte der einst aus L. verbannte Castruccio Catracane degli Antelminelli, der 1314 noch im Gefolge v. Uguccione della Faggiuola war, die Macht an sich reißen und zum Signore di L. aufsteigen. Nach dem frühen Tode des sehr erfolgreichen und kaisertreuen Castruccio im Jahre 1328 wurde L. erneut v. Pisa erobert, ehe es 1369 durch Kaiser Karl IV. erneut die Stadtfreiheit erhielt. 4 friedliche Jahrhunderte lang gedieh nun die kleine aristokratische Republik L., bevor sie 1799 Napoleon seiner Schwester Elisa Baciocchi-Bonaparte als Fürstentum schenkte. Nach der Niederlage Napoleons wurde auf dem Wiener Kongreß (1815) das Herzogtum L. geschaffen und Marie Luise v. Bourbon-Parma übergeben. 1847 vermachte es ihr Sohn Carlo Lodovico dem Großherzogtum Toskana, bevor es dann 1860 endgültig an das neu geschaffene Königreich Italien fiel.

L. ist die Vaterstadt der Malerfamilie Berlingieri (13. Jh.), des Bildhauers und Architekten M. Civitali (1436–1501) und seiner Söhne sowie der Komponisten L. Boccherini (1743–1805), A. Catalani (1854–93) und G. Puccini (1858–1924).

Erwähnenswert ist die jedes Jahr im Frühling und im Sommer stattfindende, v. der Bevölkerung rege besuchte »Sagra Musicale Lucchese«, auf der Werke vor allem v. Komponisten aus L. gespielt werden. Am 13. September tragen die Bruderschaften das Hl. Kreuz Volto Santo (aufbewahrt im Dom) in einer Lichtprozession, der sog. Luminara di S. Croce, durch die Stadt.

Dom S. Martino (Piazza S. Martino): Erst im 18. Jh. wurde diese schon im 6. Jh. wahrscheinlich v. hl. Fredianus gegründete und urspr. dem hl. Regulus geweihte Kirche zum Dom bestimmt und fortan dem hl. Martin v. Tours geweiht. Der heutige Bau wurde 1060 v. Bischof Anselmo da Baggio, dem späteren Papst Alexander II., errichtet. 1196–1204 erfolgten mehrere Erneuerungen, und seit 1372 wurde der Innenraum, vor allem v. M. Civitali, got. umgebaut. Die 1204 begonnene asymmetrische Fassade ist in weißem und schwarzem Marmor gehalten. Den Oberteil der Fassade mit den dreistöckigen pisanischen Bogengängen schuf der Bildhauer Giudetto da Como. Auffallend ist, daß der Giebel nicht vollendet wurde.

Das Untergeschoß ist eine Vorhalle hinter 3 großen Bögen, v. denen der r wegen des

S. Giovanni, Portal

Dom, Vorhalle

schon bestehenden Kampanile schmaler ausfallen mußte. Der wuchtige, zinnenbekrönte Glockenturm weist nach oben zunehmende Bogenfenster mit Säulen auf. R des mittleren Bogens der Vorhalle befindet sich die Kopie der Statue des hl. Martin, der einem Bettler die Hälfte seines Mantels reicht (das Original befindet sich im Inneren). Von den Reliefs der Vorhalle sei die *Kreuzabnahme* v. Niccolò Pisano (1260–70) in der Lünette des l Portals hervorgehoben. Von diesem Künstler stammen auch die Darstellungen am Türsturz (*Verkündigung, Christi Geburt* und *Anbetung der Könige*). Beachtung verdienen aber auch die Basreliefs am l und mittleren Portal (u. a. *Legende des hl. Martin* und *Monatsdarstellungen*).

Der got. Innenraum gliedert sich in dreischiffiges Langhaus und zweischiffiges Querschiff. Das Mittelschiff des Langhauses ist sehr hochragend und durch Pfeilerarkaden mit darüberliegenden Emporen, die über das Querschiff bis zum Chor laufen, gestaltet. Der mehrfarbige Marmorboden ist mit verschiedenen geometrischen Zeichnungen aus der Schule Civitalis versehen. So schmückt z. B. den Boden des Mittelschiffs eine Darstellung v. *Salomos Urteil* v. A. Federighi. R des Hauptportals befindet sich das Original der (oben erwähnten), v. einem lombardisch-lucchesischen Meister im frühen 13. Jh. geschaffenen, stilistisch schwer einzuordnenden Gruppe *Hl. Martin zu Pferd mit dem Bettler*. 1482–84 schuf Matteo Civitali für das wahrscheinlich aus dem 11. Jh. stammende *Volto Santo* genannte Holzkruzifix, das der hl. Nikodemus mit Engeln aus Zedernholz geschnitzt haben soll, ein achteckiges Tempelchen, den sog. *Tempietto del Volto Santo* (in der Mitte des l Seitenschiffs). Der Erlöser wird nur an wenigen Tagen im Jahr mit einem kostbaren, aus got. Goldstikkerei angefertigten Gewand bekleidet. Überdies wird zu Ehren des schon von Dante erwähnten Holzkreuzes, jeweils am 13. September ein Umzug durch die Straße v. L. veranstaltet. Im r. Seitenschiff befindet sich am 3. Altar das 1592 v. Tintoretto geschaffene Gemälde *Letztes Abendmahl*. Sehenswerte Gemälde v. D. Ghirlandaio (z. B. *Madonna mit Heiligen*, spätes 15. Jh.) u. a. werden in der Sakristei (Eingang am 5. Altar des r Seitenschiffes) aufbewahrt. Im l Querschiff verdient vor allem das *Grabmal der Ilaria del Carretto* († 1405) Bedeutung, das der Sienese J. della Quercia 1408 schuf: Auf einem Sarkophag liegt die Figur der jung verstorbenen zweiten Gemahlin Paolo Guininis, der zu Füßen ein Hündchen als Zeichen ihrer Treue zum Gatten ruht. Ebenfalls v. J. della Quercia stammt die Statue des hl. Johannes d. Ev. (um 1410) am l Pfeiler der

Dom, Römische Skulptur

Cappella della Libertà (unmittelbar l v. Presbyterium), die an die Befreiung L. v. Pisa erinnert. L daneben bewahrt die Cappella del Santuario das 1509 v. Fra Bartolommeo gemalte Bild *Madonna mit Kind zwischen Heiligen*. In der Cappella del Sacramento (hinter dem r Querschiff) befinden sich Fresken v. St. Tofanelli (um 1800) sowie 2 Engel v. M. Civitali (1477). Von diesem stammen auch ein 1484 angefertigter Altar des hl. Regulus (Kapelle r des Chors), die *Grabmäler* des Pietro da Noceto (Sekretär v. Papst Nikolaus V.) und des Domenico Bertini (im r Querschiff), die Marmorschranken im Presbyterium sowie die Kanzel v. 1494–98 im Mittelschiff.
Beachtenswert sind außerdem ein monumentaler Altar mit Statuen v. Giambologna v. 1579 (beim Chor), die 1485 v. Pandolfo di Ugolino da Pisa geschaffenen *Glasfenster* (im Chor), Altarblätter v. Passignano am 1. und 4. Altar des r Seitenschiffs (1594–98) und v. F. Zuccari am 2. desselben Seitenschiffs (1595) sowie das Chorgestühl v. L. Marti (1452–57).

S. Michele in Foro (Piazza S. Michele): Die Kirche wurde im 12. Jh. im Stadtzentrum an der Stelle des ehem. röm. Forums (daher der Zusatz »in Foro«) in charakteristischer pisanisch-lucchesischer Architektur errichtet. Bis zum Ende des 13. Jh. arbeitete man noch an den Flanken und der hohen Fassade, die der des Doms ähnelt und wohl auch v. derselben Werkstatt (u. a. Giudetto da Como) geschaffen wurde. Eigtl. sollte das Mittelschiff wesentlich höher errichtet werden, was an dem hohen freistehenden Säulengiebel noch gut zu erkennen ist. Wie das Mittelschiff, so konnte auch das l Seitenschiff wegen finanzieller Probleme nicht mehr aufgemauert werden. Der untere Teil der Fassade besteht aus 7 Blendbögen mit hohen, schlanken Vollsäulen über 3 Portalen. Am mittleren, größten Portal fällt der reliefgeschmückte Hauptbalken unter der Rosette im Portaltympanon auf. Darüber wurden 4 Loggienreihen errichtet, v. denen die 2 oberen, schmaleren den freistehenden Giebel bilden. Bekrönt wird dieser v. einer neueren, bronzeverkleideten Marmorstatue des hl. Michael im Kampf mit dem Drachen und 2 Engelsfiguren am Rand. Die phantasievollen Säulchen sind völlig unterschiedlich geformt (glatt, gewunden, gemeißelt, mit farbiger Marmorinkrustation überzogen), die Kapitelle mit Ungeheuer- und Tiermotiven geschmückt. An den Flanken setzt sich diese Anordnung mit allerdings nur einer Säulenreihe über den Blendbögen, vergleichbar etwa mit dem Dom v. Pisa, fort. Die Apsis wurde v. Diotisalvi, dem Baumeister des Baptisteriums in Pisa, im pisanisch-klaren Stil, also mit völlig gleichen Bögen und Säulen gestaltet. An der r Fassadenkante befindet sich die 1480 nach überstandener Pest v. M. Civitali geschaffene *Madonna im Strahlenkranz*. Der schlichte Kampanile mit den im 12. Jh. geschaffenen, nach oben zunehmenden Bogenreihen wurde erst im 19. Jh. bekrönt. Die Portale an den Querschiffarmen mit zum Teil reich verzierten Architraven des 12. Jh. sind zur Zeit verschlossen.
Der Innenraum ist durch Säulen mit teils antiken Kapitellen in 3 Schiffe geteilt. Erst im 16. Jh. wurde die roman. Balkendecke durch Gewölbe ersetzt. Im r Querschiff befinden sich eine Terrakottadarstellung *Madonna mit Kind* v. A. della Robbia und ein bemaltes Holzkreuz des 13. Jh. aus einer lucchesischen Werkstatt. Sehenswert ist auch die 1480–1500 v. Filippino Lippi geschaffene Tafel mit den hll. Hieronymus, Sebastian, Rochus und Helena im l Querschiff.

S. Frediano (Piazza S. Frediano): Im N der Stadt, an der Stelle der v. später heiliggesprochenen Bischof Fredianus gegründeten Basilika S. Vincenzo wurde 1112–47 ein niedriger roman. Bau errichtet. 1950 führte man im Kircheninneren Ausgrabungen durch, welche die Anlage des ersten Baus erkennen lassen (vor allem nahe des Taufbrunnens). Im 13. Jh. erhöhte man die Langhausmauern und bezog 2 heute neben dem Eingang befindliche Kapellen (ehem. Taufkapelle und Cappella S. Croce) in die Kirche mit ein. Der zinnenbekrönte, sechsstöckige Kampanile wurde mit v. oben nach unten abnehmenden Bogenfenstern (5. und 6. Stock: 4, 3. und 4. Stock: 3, 1. und 2. Stock: 2 Fenster) errichtet und lange als Festungsturm genutzt. Über der schmalen Säulengalerie der äußerst schlichten, durch Lisenen unterteilten Fassade befindet sich der überdachte Giebel. Dieser ist geschmückt v. einem bunt und golden schimmernden italo-byzantinischen *Mosaik* mit einer Darstellung der *Himmel-*

S. Michele, Fassade

S. Michele, Giebel

fahrt Christi, das um 1228 wahrscheinlich B. Berlinghieri schuf und das 1829 restauriert wurde. Die Seitenflügel mit Renaissancekapellen wurden später angebaut.
Der dreischiffige Innenraum ist mit Säulen (zum Teil echte antike Kapitelle aus dem röm. Amphitheater) unterteilt. Die Fassadeninnenwand schmücken Fresken eines Florentiner Meisters des 15. Jh. (*Heimsuchung, Petrus und Paulus*) und A. Aspertinis (*Madonna und Heilige*). Von Aspertini stammen auch die Fresken in der 2. Seitenschiffskapelle l, unter denen die 1508–09 geschaffene Darstellung der *Überführung des Volto Santo v. Luni nach Lucca* die interessantesten sind. Hier befindet sich außerdem der Grabaltar der hl. Zita, der Schutzherrin der Hausgehilfen. Der sehr fein ausgearbeitete roman. *Taufbrunnen* (in der 1. Seitenschiffskapelle, der sog. Taufkapelle) wurde im 12. Jh. v. mehreren Meistern geschaffen. So brachte im 12. Jh. Meister Roberto um das untere runde Becken die Reliefdarstellungen der Mosesgeschichte wohl nach dem Vorbild röm. Sarkophage an. Aus einer inmitten des unteren Beckens aufsteigenden Trägersäule erwächst ein 2., kleineres Bekken, dessen Deckel ebenfalls reich geschmückt ist. L daneben steht das noch heute benutzte Marmortaufbecken v. Matteo Civitali (1489). Beachtenswert sind auch die glasierten Terrakotta-Arbeiten *Verkündigung* und *Hl. Petrus* v. A. della Robbia neben dem älteren Brunnen. In der Cappella Trenta (4. Seitenschiffskapelle 1) ist das 1422 v. J. della Quercia geschaffene Polyptichon zu bewundern, dessen Figuren *Muttergottes mit Kind und Heiligen* aus einem einzigen Marmorblock geschlagen sind. Vom selben Künstler stammen auch die reliefgeschmückte Predella sowie die *Grabplatte* des Kaufmanns Lorenzo Trenta (in dessen Auftrag die Kapelle erbaut wurde) und seiner Gemahlin. Das Gemäle *Mariä Empfängnis und Heilige* an der Wand gegenüber stammt v. F. Francia. Erwähnenswert sind das Grabmal Lazzaro Papis (1763–1834) in der 5. Seitenschiffskapelle l, der Deckel des Grabs des hl. Frediano l v. Chor sowie ein Mosaik des 12. Jh. im Querschiff.

S. Frediano, Deckenfresko, 2. Kapelle

S. Francesco (Piazza D. Francesco): Mit dem Bau dieser einschiffigen Kirche begann man 1228, also im Todesjahr des hl. Franziskus. Der heutige Bau entstammt größtenteils dem 14. und 17. Jh. Beachtenswert ist das frühgot., v. 2 antiken Sarkophagen flankierte *Portal* an der Fassade. Der Innenraum bewahrt neben intarsiertem Chorgestühl und Fresken des 14.–15. Jh. vor allem zahlreiche *Grabmäler*, darunter das des Komponisten L. Boccherini (1743–1805) und des Bischofs Giovanni Guidiccioni (1500–41). Weitere Grabmäler und Fresken befinden sich in den Kreuzgängen l der Kirche, so das Grabmal des Buonagiunta Tiguosini und ein Muttergottesfresko v. D. Orlandi aus dem Jahre 1274.

S. Giovanni (Piazza S. Giovanni): Diese urspr. S. Reparata genannte Kirche war bis ins 8. Jh. Sitz des Domes v. L. Von der im 12. Jh. neu erbauten Kirche sind nur das Hauptportal mit Löwen und Architrav (Darstellung *Madonna zwischen 2 Engeln und Aposteln* v. Meister Villano) sowie die gestreifte r Seite erhalten. Der übrige Bau entstammt bis auf das im 14. Jh. errichtete quadratische Baptisterium mit hoher Kuppel dem Jahre 1622. Der dreischiffige basilikale Innenraum ist durch antike Säulen unterteilt. Die Kapitelle sind bis auf ein einziges römisches romanisch. In dem durch einen hohen Bogen zugänglichen *Baptisterium* befindet sich neben einem Taufbecken des 15. Jh. auch ein antikes, das wahrscheinlich aus einer röm. Therme stammt.

Chiesa del Salvatore (Piazza del Salvatore): Der obere Fassadenteil dieser aus dem 12. Jh. stammenden Kirche wurde im 19. Jh. neugot. gestaltet. Beachtenswert ist das r Seitenportal mit einer Darstellung der *Taufe des kleinen Nikolaus* des Pisaner Meisters Balduino (um 1180). Aus seiner Nachfolge stammen die *Szenen aus dem Leben des hl. Nikolaus* am Hauptportal.

S. Maria della Rosa (Via della Rosa): 1309 entstand diese inzwischen mehrmals vergrößerte Kirche. Reizvoll sind die got.-pisanische Bogenreihe an der Flanke und das Hauptportal des 15. Jh. aus der Schule des M. Civitali. Im 1609 umgebauten dreischiffigen Innenraum ist ein Teil der röm. Stadtmauer, an die die Kirche vermutlich angebaut war, hervorzuheben.

S. Maria Forisportam (Piazza S. Maria Forisportam): Die auch S. Maria Bianca genannte Kirche wurde im frühen 13. Jh. außerhalb der damaligen röm. Stadtmauern, also »foris portam«, vor dem Tor, erbaut. Die im pisanischen Stil begonnene Marmorfassade des 13. Jh. (oberer Teil ebenso wie Langhaus 16. Jh.) läßt das sonst hier übliche lucchesische Ornament an Säulen und Loggien vermissen. Mehr Schmuck weisen dagegen die 3 Portale auf, in deren Lüretten sich Reliefs des 12.–13. Jh. befinden. Im dreischiffigen Innenraum verdienen Werke Guercinos, einige antike Säulen und Kapitelle sowie das aus einem Sarkophag des 3.–5. Jh. geschaffene Taufbecken Beachtung.

S. Giusto (s. Fortsetzung der Via Fillungo): Diese im späten 12. Jh. begonnene Kirche hat wohl eine der ausgewogensten Fassaden v. L. Das mittlere Portal (frühes 13. Jh.) ist mit Ornamentschmuck und vorspringenden Löwen (um 1210 v. Giudetto da Como) im reich verzierten lucchesischen Stil errichtet, während die beiden Seitenportale in schlichten pisanischen Formen gestaltet wurden. Der Innenraum wurde im 17. Jh. im Barockstil verändert.

S. Allesandro (w der Via Vittorio Veneto): Die im 11. Jh. errichtete Kirche ist die älteste der in ihrer urspr. Gestalt erhaltenen Kirchen v. L. Das einzige Portal der grau und weiß gestreiften Marmorfassade ist v. einem Dreiecksgiebel bekrönt und zeigt im Relief eine Darstellung Papst Alexanders (13. Jh.). Beachtenswert auch ein Baldachinportal des 16. Jh. an der r Seite und der schlichte, beeindruckende Innenraum mit einigen antiken Säulen und Kapitellen.

S. Paolino (Via S. Paolino): Die einzige Renaissancekirche v. L. wurde 1522–39. v. Baccio da Montelupo an der Stelle eines röm. Gebäudes, vielleicht eines Tempels, erbaut. Im Inneren sind die Fresken aus dem Leben des hl. Paolino (17. Jh.) auf der Empore, ein vorchristl. Sarkophag hinter dem Altar sowie das eingelegte Chorgestühl (1563) v. S. Magni beachtenswert.

S. Giulia (n der Via S. Croce): Die Marmorfassade dieser roman. Kapelle ist in ihrem oberen Teil mit Zweierfenster und Bogenfries (1334) got. Im einschiffigen Innenraum

S. Frediano, Taufbecken, Zug durchs Rote Meer

mit Balkendecke verdient ein schönes bemaltes Holzkruzifix aus dem 13. Jh. besondere Beachtung.

S. Pietro Somaldi (Via della Fratta): Mit dem Bau dieser auf eine Gründung Sumualds (um 700) zurückgehenden Kirche wurde um 1200 begonnen. Im Giebel der weiß-grau gestreiften Marmorfassade (1248) befindet sich eine doppelte Loggienreihe aus Säulen mit reich verzierten Kapitellen. Der obere Teil des mächtigen Glockenturms und die Apsis wurden im späten 14. Jh. errichtet. Beachtenswert ist die Darstellung *Christus übergibt Petrus die Schlüssel* v. Guido da Como (1203) am Türsturz des Mittelportals. Die Gewölbe des dreischiffigen Innenraums wurden erst später eingebaut.

S. Romano (Piazza S. Romano): In der ehem., um 1280 errichteten Dominikanerkirche befinden sich zahlreiche Grabmäler alter Familien des 13.–15. Jh. 1373 vergrößerte man die Kirche im Bereich der Apsis. Die barocke Ausstattung entstammt dem 17. Jh.

S. Cristoforo (Via Fillungo): Die Kirche mit der schwarz-weiß gestreiften Fassade wurde im 13. Jh. auf einem älteren Bau errichtet. Aus dieser Zeit stammen noch die 3 Portale unter 5 Arkaden, während die Fensterrose jüngeren Datums ist. Interessant sind die am Mittelportal angebrachten eisernen Stäbe, welche das Längenmaß für Webstühle bestimmten. Gedenktafeln für M. Civitali und seine Söhne sind im dreischiffigen Innenraum bewahrt.

Palazzo Mazzarosa (Via S. Croce): Der im 17. Jh. im Barockstil erbaute Palast birgt im Innenhof eine Skulpturensammlung. Hervorgehoben sei ein röm. Sarkophag mit einer Venus-Adonis-Darstellung. Beachtenswert ist auch die reiche Gemäldesammlung.

Palazzo Pretorio (Piazza S. Michele, Ecke Via Vittorio Veneto): 1492 begannen Matteo Civitali und sein Sohn Nicolao mit dem Bau, 1588 erweiterte ihn Vincenzo Civitali. Heute befindet sich in diesem ehemaligen Sitz der Potestà das Gericht. Beachtenswert sind der offene Portikus mit Gedenkstatuen des 19. Jh. (darunter M. Civitali), die darüberliegenden zweibogigen Renaissancefenster und die Fassadenuhr (17. Jh.)

Palazzo Controni-Pfanner (Via degli Asili): Der Palast wurde 1667 erbaut. Doch das sehenswerte Treppenhaus mit Bogenarkaden, dem gepflegten Garten und die in diesem aufgestellten Statuen stammen aus dem 18. Jh.

S. Frediano, Taufbecken

S. Frediano

Palazzo Bernardini (Via S. Croce): 1512 erbaute N. Civitali diesen mächtigen Renaissancepalast. Besondere Beachtung verdienen die schönen Umrahmungen des Portals und der Fenster sowie der Innenhof mit Säulenvorhalle.

Palazzo Cenami (Via Roma): Dieser Bau wurde wahrscheinlich im frühen 16. Jh. v. N. Civitali unter Verwendung röm. und florentinischer Bauelemente errichtet.

Palazzo della Provincia (auch Palazzo della Signoria oder Palazzo Ducale, Piazza Napoleone): 1578 begann der Florentiner Ammanati an der Stelle eines kleinen Teils der 1322–26 im Auftrag v. Cartruccio Castracane degli Antelminelli erbauten riesigen Fortezza Augusta mit dem Bau dieses Palastes (heute 1 Teil) mit dem arkadengesäumten Schweizerhof. Erst 1728 kam der andere Flügel hinzu, den F. Pini wahrscheinlich nach Plänen Iuvaras errichtete. Die Innenausstattung stammt v. L. Nottolini, der 1819–47 auch noch weitere Umbauten durchführte. Bis vor wenigen Jahren war hier (im l Flügel) die Staatliche Gemäldesammlung untergebracht (jetzt größtenteils Palazzo Mansi). Heute ist der Palast Sitz der Provinzialregierung L.

Palazzo Guinigi (Via S. Andrea, Ecke Via Guinigi): Dieser imposante Ziegelbau wurde bis 1400 für die Familie Guinigi errichtet. Sehenswert sind die got. Zweier-, Dreier- und Vierer-Spitzbogenfenster sowie der mächtige Turm. Gegenüber liegt ein weiterer, im 15. Jh. erbauter Palast dieser Familie, der mit dem genannten bis auf den Turm identisch ist. Die beiden Paläste werden deswegen häufig als Case Guinigi bezeichnet.

Museo Nazionale di Villa Guinigi (Via della Quarquonia): 1418 wurde dieser herrschaftliche Backsteinbau außerhalb der damaligen Stadtmauer (v. 1260) für den Signore v. L., Paolo Guinigi, erbaut. Beachtenswert sind der offene Portikus des Erdgeschosses sowie die über diesem befindlichen, v. Arkadenreihen umrahmten schmalen Fenster. Seit 1968 befindet sich in den Sälen und im Portikus dieser nach dem 2. Weltkrieg hervorragend restaurierten Villa das sehr übersichtlich geordnete *Museo Nazionale di Villa Guinigi*. Neben antiken Fundstücken, wie etruskische Vasen (mit Theseus-Darstellung), Mosaike, röm. Marmorskulpturen oder etrusk. Grabbeigaben, werden hier vor allem Kunstwerke des MA und Erinnerungsstücke (z. B. an Puccini) aufbewahrt. Hervorgehoben seien Terrakottaarbeiten der della Robbia, eine Marmorplastik v. der Fassade der Kirche S. Michele in Faro oder eine Sakristeibank v. 1488. In der *Pinakothek* sind hauptsächlich Werke toskanischer und lucchesischer Maler des 13.–18. Jh. gesammelt, u. a. eine Croce dipinta v. B. Berlinghieri (um 1115), »Heimsuchung« v. Francesco di Giorgio (spätes 15. Jh.), ein Bildnis des Alessandro de'Medici v. J. da Pontormo (1525) sowie Arbeiten v. Fra Bartolommeo, M. Civitali und Tintoretto.

Pinacoteca Nazionale (Palazzo Mansi, Via Galli Tassi): Der Palast wurde im 17. Jh. für die Familie Mansi erbaut, in deren Besitz auch die bekannte Villa Mansi bei Segromigno war. Der außen sehr schlichte Bau wurde im 18. Jh. kostbar ausgestattet (u. a. die Innendekoration und die Stilmöbel der Säle). Hier befindet sich seit kurzer Zeit die v. Marie Luise v. Bourbon-Parma gegründete und v. Leopold II. vervollständigte und gestiftete staatliche Gemäldesammlung. Sie bewahrt u. a. Werke des 15.–19. Jh., so v. Fra Bartolommeo (*Hl. Vater mit Magdalena und Katharina*, 1509), Morazzone (*Verkündigung*), Lorenzetti (*Muttergottes mit Kind*), Beccafumi, J. da Pontormo oder A. del Sarto. Beachtenswert sind auch ein bemaltes Holzkruzifix (Croce dipinta) v. B. Berlinghieri sowie mehrere Wandteppiche.

Opera del Duomo (Piazza degli Antelminelli): Das wertvollste Stück des hier aufbewahrten Domschatzes (Tesoro del Duomo) ist das Kreuz der Pisaner, das 1424–39 als silberner Baum mit Vergoldungen geschaffen wurde.

Röm. Amphitheater (an der Via Fillungo): Das Amphitheater wurde im 2. Jh. nach Chr. in elliptischer Form errichtet. Auf seinen Fundamenten errichteten die Stadtbewohner im MA neue Häuser; z. T. wurden alte Bauteile übernommen, was bei einem Rundgang auf der Via dell' Anfiteatro um das ehemalige Amphitheater an 2 v. 54 erhaltenen

S. Michele in Foro

A
B
C
1
2
3
4
5
Pontrémoli
Bagnone
Villafranca in Lunigiana
F. Magra
Licciana Nardi
Fivizzano
La Spézia
Fosdinovo
Campo Cécina
Carrara
Colonnata
Alpi Apuane
Massa
Marina di Massa
Azzano
Seravezza
Forte dei Marmi
Pietrasanta
Valdicastello Carducci
Marina di Pietrasanta
Camaiore
Castiglione di Garf.
Castelnuovo di Garf.
Garfagnana
Castelvécchio Páscoli
Barga
F. Sérchio
S. Cass
La Villa Bagni
Borgo a Mozzano
Diécimo
Castelv
Villa Basi
Collod
Márlia
Segromigno
Viaréggio
Lago di Massaciuccoli
Lucca
Arliano
Torre d. Lago Puccini
F. Sérchio
Rigoli
Monte Pisano
Pisa
Calci
Certosa di Pisa
Vicopisano
F. Arno
TYRRHENISCHES MEER
S. Piero a Grado
Livorno
Montenero
I. di Gorgona
Castiglioncello
Rosignano Marîtt.
in Va
Cécina
Marina di Cécina
N
10 km

D
E
F
BOLOGNA
ZEICHENERKLÄRUNG
im Text beschriebener:
Hauptort
Umgebungsort
im Text beschriebenes Gebiet
Autobahn
Hauptstraße
Nebenstraße
Eisenbahn
Regionsgrenze
Flughafen
F. Reno
tigliano
S. Marcello Pist.
Gavinana
Monti d. Calvana
S. Ágata
Barberino di Mug.
Scarperia
S. Piero a Sieve
Cafaggiolo
Borgo S. Lorenzo
Trébbio
Vícchio
Alpe di S. Benedetto
Pistóia
Prato
S. Godenzo
Conv. M. Senário
S. Cresci
Dicomano
Pratolino
Parco Demidoff
Sesto Fior.
Careggi
Fiésole
Settignano
Carmignano
Póggio a Caiano
Comeana
Artimino
Vinci
Pontassieve
Cast. di Romena
Stia
F. Arno
Pieve di R.
Badia di Ripoli
Villamagna
Galluzzo
FLORENZ/FIRENZE
Empoli
Montelupo Fior.
Montemignaio
Vallombrosa
Strada
Poppi
S. Miniato
Impruneta
Incisa in V. d'Arno
Cáscia
S. Casciano in Val di Pesa
Pian di Scó
Castelfiorentino
Figline Vald.
Loro Ciuffenna
Grópina
Greve
S. Giovanni Valdarno
Conv. di Montecarlo
Terranuova Bracc.
Panzano
Barberino V. d'Elsa
Certaldo
Convento S. Vivaldo
S. Appiano
Montevarchi
Chianti
Pieve di Cellole
Radda in Chianti
Poggibonsi
Gaiole in Chianti
S. Gimignano
S. Lucchese
Castellina in Chianti
Meleto
Colle di Val d'Elsa
Staggia
Cast. di Brólio
F. Era
Volterra
Abbadia a Isola
Monteriggioni
Civitella in V. di Chiana
F. Ombrone
Pontignano
Montagnola
S. Leonardo al Lago
Siena
Monte S. Savino
Pomarance
Eremo di Lecceto
Castello di Belcaro
Montecatini Val di Niev.
Montecatini Terme
Monsummano Terme
Serravalle Pist.
Cerreto Guidi
Giov. a Lazzano

136
A
B
C
5
6
7
8
9
I. di Gorgona
Castiglioncello
Rosignano Maritt.
Montecatini in Val di Cécina
Cécina
F. Cécina
Marina di Cécina
S. Guido
Bolgheri
Coll.
Maremma Pisana
Castagneto Carducci
Suvereto
Campiglia Maritt.
TYRRHENISCHES MEER
Capráia
I. di Capráia
Populónia
Piombino
Follónica
Canale di Piombino
G. di Follónica
Elba / Isola d'Elba
Portoferráio
Rio nell'Elba
Marciana Marina
Mad. d. Monte
Marciana
V. Napoleone
S. Ilário in Campo
S. Piero in Campo
Porto Azzurro
G Stella
Punta Ala
TYRRHENISCHES MEER
I. di Montecristo
N
10 km

D
E
F
S. Lucchese
Stàggia
Meleto
Colle di Val d'Elsa
Cast. di Brólio
Civitella in V. di Chiana
Abbadia a Isola
Monteriggioni
Pontignano
F. Ombrone
Canale Maestro d Chiana
S. Leonardo al Lago
Siena
Monte S. Savino
Pomarance
Montagnola
Eremo di Lecceto
Castello di Belcaro
Lucignano
Torri
Asciano
Sinalunga
Metallifere
Abbazia di Farneta
Chiusdino
S. Galgano
Abbazia di Monte Oliveto Maggiore
Buonconvento
S. Anna in Comprena
Montepulciano
Pienza
Monticchiello
Massa Maritt.
Montalcino
S. Quirico d'Órcia
Chianciano
Chianciano Terme
Rocca d'Órcia
Castiglione d'Orcia
S. Ántimo
F. Órcia
Gavorrano
Paganico
Seggiano
Abbadia S. Salvatore
Arcidosso
Vetulónia
Piancastagnáio
F. Bruna
Roselle Scavi
S. Fiora
Roccalbegna
stiglione della Pescáia
Grosseto
Istia d'Ombrone
Sorano
Sovana
Satúrnia
Poggio Buco
Pitigliano
M. dell' Uccellina
Magliano in Toscana
Talamone
Marsiliana
L. di Orbetello
Capálbio
Porto S. Stéfano
Orbetello
Monte Argentário
Port'Ércole
Cosa
Ansedonia
lio Castello
Giglio Porto
I. del Gíglio
I. di Giannutri

F
G
H
3
4
5
6
7
Vicchio
S. Cresci
S. Godenzo
Dicomano
Montefeltro
F. Arno
Stia
Eremo di Camáldoli
Pontassieve
Cast. di Romena
Camáldoli
Badia Pratáglia
Villamagna
Montemignaio
Pieve di R.
Strada
Vallombrosa
Poppi
La Verna
Sestino
Pratomagno
Cáscia
Bibbiena
Incisa in V. d'Arno
Alpe della Luna
Pian di Scó
Caprese Michelángelo
Figline Vald.
Loro Ciuffenna
Grópina
S. Giovanni Valdarno
Sansepolcro
Conv. di Montecarlo
Terranuova Bracc.
Anghiari
Sovara
Montevarchi
Gaiole in Chianti
Arezzo
Monterchi
Tévere
Meleto
Cast. di Brólio
Civitella in V. di Chiana
F. Ombrone
Canale Maestro d. Chiana
Castiglion Fiorentino
Montécchio Vesponi
Monte S. Savino
V. di Chiana
Lucignano
Cortona
F. Tévere
Asciano
Camucia
Sinalunga
Abbazia di Farneta
Abbazia di Monte Oliveto Maggiore
Lago Trasimeno
Perúgi
Buonconvento
S. Anna in Comprena
Montepulciano
L. di Montepulciano
Montalcino
Pienza
Monticchiello
Chianciano
S. Quírico d'Órcia
L. di Chiusi
Chianciano Terme
Rocca d'Órcia
Chiusi
S. Ántimo
Castiglione d'Orcia
F. Órcia
Sarteano
Cetona
Seggiano
Abbadia S. Salvatore
Arcidosso
Piancastagnáio
S. Fiora
N
Roccalbegna
10 km

Bogenreihen noch erkennbar ist. Aus der Arena schuf man 1830–38 den heutigen Marktplatz, die sog. Piazza del Mercato.

Teatro Romano: An den Häusern der Via S. Sebastiano und an der anschließenden Piazza delle Grazie wurden bei Ausgrabungen die Reste eines röm. Theaters entdeckt. So steht der Glockenturm der ehemaligen Kirche S. Agostino auf einer urspr. zu diesem Theater gehörenden Bogenreihe.

Stadtmauern: Schon in röm. Zeit war L. v. mächtigen, bis zu 9 m hohen Mauern umgeben. Im 13. Jh. wurde ein größerer Mauerring geschaffen, den man im 15. Jh. nochmals erweiterte. Die heutige Befestigungsanlage wurde 1504–1645 v. flämischen Baumeistern errichtet. Die 4125 m langen, außen 12 m hohen Mauern mit den v. 124 Kanonen besetzten 11 Bastionen waren zusätzlich v. einem 30 m breiten Graben umgeben und galten damals als uneinnehmbar. Doch die Stadt mußte nie eine solche Bewährungsprobe bestehen, denn seit dem Bau der Mauer wurde sie nie belagert. Doch 1812 schützten die Mauern L. vor einer anderen großen Gefahr, nämlich vor einer Überschwemmung durch den aus seinen Ufern tretenden wilden Serchio. Seit 1815 veranlaßte Marie Luise v. Bourbon-Parma die Umwandlung der Befestigung in einen öffentlichen Park und ließ die Mauern und Bastionen vor allem mit Linden bepflanzen. Die 11 Bastionen mit ihren Denkmälern (19. Jh.) gleichen heute liebevoll gepflegten Schloßgärten. Vor einem Besuch der »Città dall'arborato archio« (der »Stadt mit dem baumgesäumten Gürtel«) empfiehlt sich auf jeden Fall ein Spaziergang auf den Anlagen um L., denn v. hier hat man nicht nur einen herrlichen Blick über die Stadt, sondern auch in die Talebene des Serchio bis zu den Bergen der Apuanischen Alpen und zum Monte Pisano. Die im 17. Jh. erbauten 6 Tortürme gleichen in ihrem reichen Barockschmuck Fassaden v. Palästen. Beachtenswert sind 2 innerhalb der heutigen Mauern befindliche Torbauten, die beide im Jahre 1260 zusätzlich zu dem im 13. Jh. geschaffenen Mauerring errichtet wurden: Die v. 2 charakteristisch halbkreisförmigen Türmen umrahmte *Porta di S. Gervasio e S. Protasio* an der Via S. Croce und das n Tor, *Portone dei Borghi,* mit 2 zylindrischen Türmen in pisanischen Stilformen. Erwähnenswert ist auch das gut erhaltene, um 1500 errichtete Torgebäude der *Antica Porta S. Donato* in der Piazzale S. Donato.

Außerdem sehenswert: In einer Seitenstraße der Via Vittorio Emanuele wurde die *Kirche*

Lucca, S. Maria Forisportam, Tympanon

Lucca, S. Pietro Somaldi, Portal

Massa, Palazzo Cybo-Malaspina

S. Caterina mit sehenswertem Portal im 18. Jh. erbaut. – Die *Kirche S. Maria Corteorlandini* (Via Tegrini) wurde im 13. Jh. errichtet und erhielt später die Barockfassade; beachtenswert ist auch das Löwenportal an der r Flanke. – In der Via del Suffragio befindet sich die *Kirche S. Maria del Suffragio* mit dem im 17. Jh. erbauten dreibogigen Portikus. – Aus dem 14. Jh. stammt die *Kirche S. Maria dei Servi* (nahe bei der Piazza Bernardini). – In der Via Poggio befindet sich das *Geburtshaus G. Puccinis* (vor der Kirche S. Michele in Foro). – Ebenfalls erhalten ist das *Geburtshaus des Komponisten L. Boccherini* an der Piazza S. Michele inmitten zahlreicher ma Häuser. – Sitz des *Staatsarchivs* ist der im 16. Jh. erbaute Palazzo Guidiccioni (Via Fillungo), wo wertvolle Urkunden und Handschriften v. L. bewahrt werden. – Der *Palazzo Buonvisi* (Via Elisa) ist hauptsächlich wegen des schönen *Parks* v. 1566 und den *Fresken* in den Sälen beachtenswert. – Im *Palazzo Orsetti* (Via Tegrimi, gegenüber S. Maria Corteorlandini) wohnte der Dichter Milton. – Der *Palazzo Gigli* (heute Cassa di Risparmio) aus dem frühen 16. Jh. wird M. und N. Civitali zugeschrieben. – Die *Torre delle Ore* (Turm der Stunden) an der Via S. Lucia wurde im 13. Jh. erbaut und diente bis 1471 als Uhrturm. – Die Villen v. L. wurden v. a. im 18. Jh. im lebhaften ital. Rokoko meist mit großen Gärten erbaut. Die *Via Buonvisi* allerdings (an der Via del Fosso) entstammt schon dem 15. Jh.

Umgebung

Arliano (9 km w): Die im 8. Jh. erbaute *Pieve* ist wohl eine Taufkirche aus langobardischer Zeit.

Marlia (8 km nö): In der *Villa Reale*, die im 18. Jh. erbaut und 1805–14 v. Elisa Baciocchi-Bonaparte, der Schwester Napoleons, vergrößert und mit einer herrlichen Gartenanlage verschönert wurde, war schon Fürst Metternich zu Besuch. In der heute zum Besitz der Familie Pecci Blunt gehörenden Villa gab Paganini häufig Konzerte für seine Mäzenin und deren Gäste.

Rigoli (12 km sw): In der im 12. Jh. erbauten *Pieve S. Marco* befindet sich ein sehenswertes Taufbecken aus dem 11. Jh.

Segromigno (5 km ö v. Marlia): Das Landhaus der aus L. stammenden Familie Mansi (die auch im Besitz des Palastes Mansi in L. war), die sog. *Villa Mansi,* wurde im 16. Jh. erbaut. Im 18. Jh. erweiterte Juvara die sehenswerte Renaissancevilla mit offener Loggia, Freitreppe und Statuenschmuck. Die Parkanlagen sind z. T. im engl., z. T. im ital. Stil angelegt. Das Gartentheater wurde 1785 erbaut. – Sehenswert ist auch die roman. *Landkirche S. Lorenzo.*

54100 Massa

Massa-Carrara

Einw.: 63500	Höhe: 65 m	S. 134 □ B 2

Das reizvoll am Flüßchen Frigido und den Ausläufern der Apuanischen Alpen gelegene M. ist gemeinsam mit Carrara Hauptstadt der Provinz. Als Siedlung wurde der Ort erstmals 822 urkundlich erwähnt. Einige Bedeutung konnte der seit dem 10. Jh. *Massa Vecchia* genannte Ort, der sich unterhalb der Festung der Malaspina befand, allerdings erst im 11. Jh. erlangen. Wegen der nahen Marmorbrücke und dem 4 km sw gelegenen Ausfuhrhafen (heute Marina di Massa) war Massa in dem folgendem Jh. in wechselndem Besitz v. Lucca, Mailand, Pisa und Florenz. Von 1442 bis 1790 war M. die Signoria der Malaspina-Fosdinovo (bis 1553) und Cybo-Malaspina. Aus der Familie der Cybo-Malaspina stammte auch Alberico d. Gr. (1554–1623), der das Neue Massa, *Massa Nuova* oder auch *Massa-Cybea,* systematisch mit breiten Straßen und großen Plätzen anlegen ließ. Die Bischofsstadt besitzt heute mehrere bedeutende Industriewerke.

Dom S. Pietro e S. Francesco (Via Dante): Der im 15. Jh. unter den Malaspina-Fosdinovo erbaute Dom wurde in den folgenden Jh. nach dem jeweiligen Stilgefühl verändert. So entstand u. a. eine moderne Fassade aus Carrara-Marmor. Im barocken einschiffigen Inneren finden sich Grabmäler der Cybo-Malaspina und einiger Bischöfe. Am Barockaltar der Cappella del SS. Sacramento befindet sich ein *Madonnen-Fresko* v. Pinturicchio. Beachtenswert sind außerdem ein Bronzeleuchter v. Tacca, eine Terrakotta v. Buglioni (16. Jh.) sowie ein Holzkreuz des 13. Jh.

Palazzo Cybo-Malaspina (Piazza Aranci): Mit dem Bau dieses Palastes begann man 1557 an der Stelle einer Villa. 1665 wurde der doppelte Loggienhof und 1701 die rotgelbe Fassade geschaffen. Zur Zeit ist hier die Präfektur untergebracht.

Malaspina-Festung: Auf einem Hügel thront über der Stadt die in ihrem Kern ma Burg. Im 15.–16. Jh. errichteten die Cybo-Malaspina hier einen Renaissancepalast, der durch eine Säulenloggia mit den ma Bauten verbunden ist. Sehenswert ist der reich geschmückte w *Innenhof.* Die äußeren Bastionen wurden im 16. und 17. Jh. erbaut. In dieser Burg wohnten u. a. Michelangelo, Karl V. und Katharina v. Medici. Von der Burg aus hat man eine wunderbare Sicht über die Neustadt hinweg bis zur Küste.

Umgebung

Forte dei Marmi (11 km s): Seinen Namen erhielt der Ort wegen der 1788 v. P. Leopoldo zum Schutz der Verladung der Marmorblökke erbauten Festung (Piazza Garibaldi). Heute ist Forte dei Marmi wohl der eleganteste Badeort der Riviera della Versilia mit herrlichen Alleen und schönen Sandstränden. – In der *Galleria Comunale d'Arte Moderna* (Via Canducci) werden im Sommer vor allem Arbeiten zeitgenössischer Künstler ausgestellt.

Massa, Dom

Massa Marittima, Dom

Marina di Massa (4 km sw): Der vielbesuchte Badeort mit schönem Pinienwald und langem Sandstrand besitzt in der *Kirche S. Maria degli Ulivi* eine sehenswerte Holzplastik des hl. Leonhard v. J. della Quercia.

58024 Massa Marittima Grosseto		
Einw.: 12000	Höhe: 380 m	S. 136 □ D 6

Schon seit prähistorischer Zeit war dieses Gebiet an den s Hängen der Colline Metallifere (»metallträchtige Hügel«) zwischen den Tälern v. Pecora, Zanca und Noni besiedelt. Etrusker und Römer förderten in diesen Bergen Kupfer, Silber (Metalle, die heute noch am meisten vorkommen) und Eisen. Der v. den Römern Massa (»größeres Landgut«) genannte Ort gewann jedoch nach der Zerstörung Populonias durch die Sarazenen (im frühen 8. Jh.) und der nachfolgenden Flucht des populonischen Bischofs vor diesen nach dem v. Meer weiter entfernten M. an Bedeutung. Der nun einsetzende Aufschwung ließ Massa im Hoch-MA (11.–13. Jh.) zur bedeutendsten Stadt der Maremmen werden, weshalb die Stadt zu Anfang des 14. Jh. den Beinamen »Marittima« erhielt, was als Synonym für das gesamte Maremmen-Küstengebiet, nicht für die Meeresküste, verstanden sein will. In der vor allem im 11.–13. Jh. erbauten *Città Vecchia* (heute Unterstadt mit vorwiegend roman. Gebäuden) lebten im frühen 13. Jh. an die 10000 Menschen. In der seit 1228 freien Gemeinde Massa entstand auch das erste Bergbaustatut Italiens, der sog. »Codice Mineraio«, der heute im Stadtarchiv, Piazza Cavour aufbewahrt wird. Das wegen seiner Mineralienbergwerke umworbene M. M. befand sich zunächst unter Pisaner Schirmherrschaft, bis es 1335 v. Sienesen erobert und 1365 der Republik Siena angeschlossen wurde. 1337 entstanden in der Oberstadt, der vor allem im 14.–16. Jh. bebauten got. *Città Nuova*, die Fortezza dei Senesi und die noch heute gut erhaltene Stadtmauer. 1555–59 wurde der Ort, dessen Bergwerke inzwischen stillgelegt waren, mit Siena an das Herzogtum Toskana angeschlossen. M. büßte immer mehr an Bedeutung ein und verlor durch die sich ausbreitende Malaria einen Großteil seiner Einwohner. Seit dem frühen 19. Jh. eröffnete man wieder die Bergwerke, und das Sumpfgebiet der Maremmen wurde trockengelegt, womit die Malaria-Gefahr gebannt war und sich anschließend hier wieder Menschen niederlassen konnten.

M. M. ist die Geburtsstadt des aus der sienesischen Familie Albizeschi stammenden

Massa Marittima, Dom, Detail

Massa Marittima, Dom, Bronzerelief

Massa Marittima, Dom, Römischer Sarkophag, 3. Jh., darüber Madonna, 14. Jh.

hl. Bernardino (1380–1444). Besuchenswert ist der jährlich am 1. Sonntag nach dem 20. Mai und am 1. Sonntag im August stattfindende »Balestro del Girifalco«, ein Armbrustwettschießen in ma Trachten, an dem meist Schützen verschiedener toskanischer Städte teilnehmen.

Dom S. Cerbone (Piazza Garibaldi): Der Dom wurde vermutlich auf den Resten einer frühroman. Kirche des 11. Jh. errichtet, was an der S-Seite des heutigen Baus erkennbar ist. 1287–1304 verlängerte möglicherweise G. Pisano im pisanisch-roman. Stil das Langhaus des schon 1228–67 im selben Stil errichteten Domes und erbaute Apsis und Querschiff. Die in warmen, goldbraunen Steinen erbaute Fassade ist durch hohe Blendarkaden, unter deren Bögen Kreise oder Rhomben gesetzt wurden, geschmückt. In dem roman. *Relief* (12. Jh.) über dem Hauptportal sind verschiedene Geschichten aus dem Leben des hl. Cerbonius dargestellt. Im oberen Teil der Fassade wurde über eine fünfbögige Säulenloggia in dem v. 3 got. Zinnen besetzten Dreiecksgiebel eine 2. zehnbögige Loggia gebaut. Bes. erwähnenswert ist, daß die mittleren Säulchen der Giebelloggia auf verschiedenen Figuren, wie z. B. auf dem Rücken eines Knienden, auf Pferden oder Greifen stehen, die dem Umkreis G. Pisanos zugeschrieben werden. Die grün-weißen Querstreifen zwischen den beiden Loggien setzen sich im Oberteil der Flanken (des Langhauses) über den leicht gotisierenden, v. Säulen getragenen Bogengängen fort. Der viereckige Kampanile mit nach oben zunehmenden Bogenfenstern entstand im 13. Jh. 1928 wurde der Turmaufsatz abgetragen und rekonstruiert.

Die Säulen im dreischiffigen, erst im 17. Jh. gewölbten Innenraum (vorher offener Dachstuhl) sind v. unterschiedlicher Höhe und tragen bemerkenswerte korinthische oder roman. Kapitelle. Die große *Fensterrose* (an der Fassadeninnenwand) mit Darstellungen aus dem Leben des hl. Cerbonius schuf im 14. Jh. Girolamo da Pietrasanta. Im r Seitenschiff befindet sich das *Baptisterium* mit einem aus einem einzigen Travertin-

Massa Marittima, Palazzo Comunale

Massa Marittima, Torturm

block gemeißelten achteckigen *Taufbecken*, das Giroldo da Como 1267 mit Reliefdarstellung aus dem Leben des hl. Johannes d. T. (v. der Verkündigung an Zacharias bis zur Enthauptung) und verschiedenen anderen Darstellungen (u. a. Christus) schmückte. Darüber in der Mitte des Beckens zeigt ein v. der Figur Johannes d. T. bekröntes Marmortabernakel v. 1447 in 12 Nischen Patriarchen und Propheten.

Die *Cappella della Madonna* (im l Querschiffsarm) bewahrt ein 1316, wahrscheinlich unter dem Eindruck Duccio di Buoninsegnas »Maestà« (Im Dommuseum Siena) geschaffenes Tafelbild *Madonna delle Grazie*. In der unterirdischen *Cappella delle Reliquie* (Eingang l v. Hauptaltar) ist unter den wertvollen Kirchenschätzen das in der Form eines got. Tempels geschaffene *Reliquiar des hl. Cerbonius*, eine sienes. Goldschmiedearbeit des 16. Jh., hervorzuheben. Über diese Reliquienkapelle gelangt man in die Krypta. Hinter dem Hauptaltar der *Arca di S. Cerbone* genannte, 1324 v. dem Sienesen Goro di Gregorio geschaffene Marmorsarkophag. An den Seiten des Sarkophags sind in 8 Reliefs Geschichten aus dem Leben des hl. Cerbonius dargestellt. (Vgl. oben Relief über dem Hauptportal.) Weitere 10 Reliefs befinden sich in Medaillons auf dem Deckel. An den Wänden sind 11 Marmorstatuen aufgestellt, außerdem finden sich einige Fresken (Kreuzigung, Passion) aus der Schule des Duccio di Buoninsegna. Beachtenswert sind auch der Granit-Hochaltar aus dem 13. Jh. (r Seitenschiff), das geschnitzte Chorgestühl aus dem 15. Jh., eine thronende Muttergottes eines Sieneser Malers vermutlich des 11. Jh. (im l Querschiff) und ein röm. Sarkophag aus dem 4. Jh. (im l Seitenschiff).

S. Agostino (Corso A. Diaz): Die Fassade dieser 1299–1313 begonnenen roman.-got. Kirche ist ohne jeden Zierat in Travertin gehalten, das Portal ist roman. Die got., polygonale Apsis wurde seit 1348 nach Entwürfen hauptsächlich v. Domenico di Agostino errichtet. Die Flanken sind mit spitzbogigen Fenstern versehen. Der einschiffige Innenraum mit offenem Dachstuhl bewahrt ein marmornes Ziborium (in der Apsiskapelle) und eine Terrakotta-Darstellung »Madonna mit Kind« aus dem 15. Jh. (Kapelle l. v. Chor).

S. Francesco (nahe der Via G. Verdi): Von der im 13. Jh. erbauten Kirche sind heute nur noch das Querschiff und die Kapellen um das Presbyterium erhalten.

Palazzo Pretorio (auch Palazzo dell'Podestà, Piazza Garibaldi, gegenüber der Domfassade): Die Fassade dieses ab 1230 in Travertin erbauten roman. Palastes ist v. 2. Stock an durch Reihen schöner Biforien geöffnet. An der Fassade wurden v. 1426 bis 1633 u. a. Wappen aus M. M., aber auch z. B. aus Siena angebracht.

Palazzo Comunale (Piazza Garibaldi, r neben Palazzo Pretorio): Durch den wuchtigen Zinnenturm *Torre dei Conti di Biserno* (l v. eigtl. Palazzo Comunale) ist der roman., v. Sieneser Meistern im 13. und 14. Jh. aus Travertin erbaute Palast mit dem zweistöckigen Haus der Grafen Biserno (13. Jh.) verbunden. Über dem Erdgeschoß mit Arkaden (13.–14. Jh.) wurden 3 Stockwerke mit Zweierbogenfenstern errichtet. Wie der Turm ist auch der Palazzo Comunale mit einem Zinnenkranz (19. Jh.) bekrönt. Das Mediceerwappen zwischen der 1. und der 2. Fensterreihe stammt aus dem Jahre 1563. Im Inneren befinden sich neben anderen wichtigen Kunstwerken die um 1330 v. A. Lorenzetti gemalte *Thronende Madonna,* die wohl eines der berühmtesten Werke der Sieneser Malerei darstellt, um 1525 geschaffene *Deckenfresken* und 2 v. Sassetta um 1450 geschaffene Bildtafeln.

Fortezza dei Senesi (nw der Piazza Matteotti, Città Nuova): Die 1337 v. den Sienesen errichtete Fortezza wurde in den Jahren 1774 und 1845 wegen des Baus des Krankenhauses teilweise abgerissen. Doch sind heute noch große Mauerteile (auch am Krankenhaus) erhalten.

Arco dei Senesi (Piazza Matteotti): Diesen Brückenbogen errichtete man 1337, um den schon 1228 erbauten quadratischen Uhrturm (Torre del Candeliere) mit dem Doppeltor (Porta alle Silici) der Fortezza zu verbinden.

Museo Archeologico (Piazza Matteotti, gegenüber der Torre del Candeliere): Das v. November bis März geschlossene Museum ist im prächtigen Renaissancepalast Palazzo delle Armi untergebracht. Neben einer Sammlung etrusk. Funde (vor allem Grabbeigaben wie Vasen und Urnen) und röm. Münzen und Vasen werden hier auch Majoliken aus Faenza und Gubbio sowie verschiedene Tafeln aus der Schule v. Siena (u. a. *Hl. Gabriel* v. Sassetta), sowie Erinnerungsstücke an Garibaldi ausgestellt.

Außerdem sehenswert: Die baufällige sog. *Loggia del Comune* (Piazza Garibaldi) wurde ab 1872 restauriert, das Obergeschoß erst später erbaut. – An einer Ecke des 1914 restaurierten *Bischofspalastes* (Piazza Garibaldi) befindet sich auf einer Säule eine röm. Wölfin, das Wahrzeichen der Stadt Siena, zu der ja v. 1365 bis 1555 M. M. gehörte. – In der 1317 erbauten roman.-got. *Palazzina della Zecca* (l v. Palazzo Pretorio) prägte die damals noch freie Stadt M. M. ihre eigene Münze (Zecca).

Umgebung

Chiusdino (26 km nö): In dem ehem. Burgdorf der Bischöfe verbrachte der Ritter Galgano Guidotti seine wilden Jugendjahre. – In der *Kirche S. Martino* befindet sich ein byzantinisches kupfernes Kreuz und an der *Kirche Compagnia di S. Galgano* ein 1466 geschaffenes sehenswertes Relief des hl. Galgano.

Follonica (23 km sw): Der gußeiserne Portikus an der *Pfarrkirche* weist darauf hin, daß Follonica im 19. Jh. Sitz der Verwaltung der metallhaltigen Colline Metallifere war. Heute ist Follonica ein vielbesuchter Badeort mit wunderbarem Blick auf die Insel Elba. – Alljährlich wird hier der »Carnevale Maremmano« gefeiert.

S. Galgano (32 km nö): Die *Abtei* erhielt den Namen nach ihrem Gründer, dem Ritter Galgano Guidotti, der hier 1180 auf dem 338 m hohen Monte Siepi als Einsiedler lebte. In der 1182 über seinem Grab erbauten runden Kapelle befinden sich beachtenswerte *Fresken* v. A. Lorenzetti. Im 13. Jh. ließ sich hier der Zisterzienserorden nieder und erbaute ein Kloster, das bald zu großer Bedeutung gelangte. So wurden die Mönche v

S. Galgano oft als Schiedsrichter erwählt und übernahmen Notariatsaufgaben. Nachdem der Söldner Hawkwood im 14. Jh. die gesamte Anlage verwüstet hatte, wurde sie im 16. Jh. endgültig aufgegeben und zerfiel in den folgenden Jh. zur Ruine. Ende des 18. Jh. brachen z. B. die Gewölbe ein. Die dreischiffige, kreuzförmige Kirche mit flachem Presbyterium wurde 1224–88 in reinsten got. Formen aus Backstein und Travertin (für die tragenden Teile) erbaut. Durch 16 wuchtige Pfeiler mit je 4 angelegten Säulen und wunderschönen Kapitellen ist der dachlose Raum bei meist erhaltenen Seitengewölben in 3 Schiffe unterteilt. Die Flanken sind mit einfachen oder doppelten Spitzbogenfenstern versehen. Auffallend ist, daß der wohl ältere O-Teil des Mittelschiffs aus 4, der W-Teil nur aus 3 Geschossen besteht. Erhalten blieben auch einige Teile des Klosters, wie z. B. der Kapitelsaal und das Refektorium mit 16 Zellen im Oberstock. Ebenso erhalten geblieben ist ein Teil des Kreuzgangs. Die Anlage war das erste got. Bauwerk und zugleich die einzige Neugründung der Zisterzienser in der Toskana. Neben der Abtei v. Fossanova sind die Ruinen zudem das wohl charakteristischste Beispiel der Zisterziensergotik in Italien.

Scarlino (20 km sw): Auch v. der Ruine der im 13. Jh. erbauten Pisaner *Burg* ist die Sicht zur Insel Elba noch sehr gut. Der Ort war eine etrusk. Gründung. – 13 km ö v. Scarlino: **Gavorrano.** Der Ort wurde wie Scarlino v. den Etruskern besiedelt. In diesem ma anmutenden Dorf sind Reste v. *Mauern, Bollwerken* und *Toren* erhalten.

53024 Montalcino
Siena

Einw.: 8 800	Höhe: 567 m	S. 136 □ F 6

Der auf einem Hügel über den Flußtälern des Ombrone und Asso gelegene ma Ort innerhalb einer gut erhaltenen Stadtmauer war schon v. den Etruskern und Römern bewohnt. Im 11. Jh. erwuchs M. aus der Abtei S. Antimo, in deren Obhut es sich seit 814 befand, zu einer freien Gemeinde, die schon bald v. Florenz und Siena wegen der bevorzugten natürlichen Lage auf dem Hang stark umworben war. Nachdem Siena 1202 sich gegen erheblichen Widerstand der Bewohner des Ortes bemächtigt hatte, schloß sich M. 1260 den Florentiner Guelfen an. Nach der vernichtenden Niederlage gegen die Ghibellinen Sienas im September 1260 bei Montaperti wurde M. völlig zerstört. 1361 erbaute Siena eine neue Burg, die im Jahre 1555 als letztes Bollwerk der »Repubblica di

Abbazia di S. Antimo (Montalcino), Abteikirche

Montalcino, Abbazia di S. Antimo 1 Hölzerner Kruzifixus (13. Jh.) **2** Kapitelle an Säulen und Pfeilern mit Darstellungen v. Tierfiguren, Pflanzen oder geometrischen Figuren (Schachbrett u. a.) **3** Auf dem Hochaltar Holzschnitzarbeit des 12. Jh. (Madonna mit Kind) **4** Durch Säulen v. Presbyterium getrennter Chorumgang mit 3 Kapellen

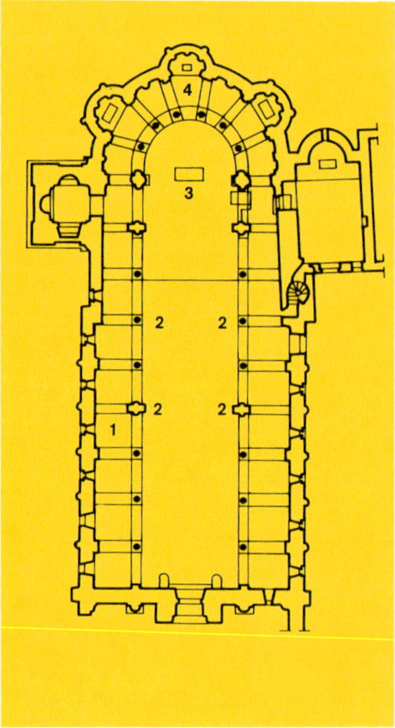

Siena in M.« 4 Jahre lang den Angriffen Cosimos I. v. Toskana widerstand, bis M. im Frieden v. Cateau-Cambrèsis (1559) endgültig dem v. Cosimo I. geschaffenen Großherzogtum Toskana eingegliedert wurde.

Dom (n der Via Ricasoli): 1818–32 wurde der Dom auf den Resten einer roman. Pieve des 11. Jh. in klassizistischem Stil erbaut.

S. Agostino (Piazza del Popolo): Der roman.-got. Backsteinbau wurde im 14. Jh. aus Resten einer 1260 v. den Sienesen zerstörten Kirche erbaut. Beachtenswert sind das weiße got. Marmorportal, die Fensterrose sowie im Inneren verschiedene Fresken des 14. Jh.

Palazzo Comunale (Piazza del Popolo): Der im 13.–14. Jh. erbaute Palast mit seinem schlanken, hohen Turm ist durch einige Wappen geschmückt. In der im 14.–15. Jh. erbauten Loggia steht die 1564 v. G. Bertini geschaffene Statue Cosimos I.

Burg und Stadtmauer: 1361 v. Siena erbaute Burg (Rocca) in beherrschender Lage über dem v. der alten Stadtmauer mit 6 Toren und Wehrtürmen umgebenen Ort.

Museo Civico (Piazza Cavour): In dem Stadtmuseum werden Gemälde der Schule v. Siena des 14.–15. Jh. und verschiedene kleine Kunstgegenstände bewahrt. Hervorzuheben sind eine Bibel aus dem 12. Jh., ein v. Bartolo di Fredi geschaffenes Polyptychon sowie einige Terrakotta-Arbeiten der della Robbia (13. und 14. Jh.).

Museo Archeologico (neben dem Museo Civico): In der ehemaligen Apotheke des Krankenhauses sind prähistorische und etrusk. Funde der nahen Umgebung ausgestellt. Einige Räume sind v. Sodoma und Tamagni mit Fresken ausgemalt.

Museo Diocesano (Via Ricasoli): Die bedeutendsten Ausstellungsstücke des im ehemaligen Augustinerkloster untergebrachten Diözesanmuseums sind eine »Himmelfahrt Mariens« v. Girolamo di Benvenuto, eine »Madonna mit Kind« v. Bartolo di Fredi, eine »Kreuzigung« v. Sodoma sowie ein aus dem frühen 13. Jh. stammendes bemaltes Holzkreuz.

Außerdem sehenswert: Die 1325 erbaute *Kirche* zeigt einige schöne roman. Kapitelle, die wohl aus dem 1260 zerstörten Bau stammen. – Die *Wallfahrtskirche Madonna del Soccorso* wurde im 17. Jh. erbaut (nahe der Stadtmauer).

Umgebung

Abbazia di S. Antimo (9 km s): Die im Starcia-Tal am Fuß eines Hügels gelegene, 813 erstmals erwähnte Benediktinerabtei war wegen der reichen karolingischen Schenkungen eine der reichsten der ganzen Toskana. Doch seit dem späten 13. Jh. nahm ein unaufhaltsamer Niedergang seinen Anfang,

Abbazia di S. Antimo, Apsis

Montepulciano, Dom, Maria mit Kind

der 1462 zur Aufhebung der Abtei durch Papst Pius II. führen mußte. Die Klostergebäude zerfielen fast völlig, doch die 1118–1260 in goldbraunem Travertin erbaute *Kirche* blieb bis heute erhalten und zählt in ihrer teils franz. (z. B. Chorumgang) teils roman.-ital. (z. B. isolierter Glockenturm) Architektur, die wohl durch die v. den Karolingern geschaffenen geistig-kulturellen Verbindungen nach Frankreich zu erklären ist, zu den schönsten Kirchen der Toskana. Das Portal an der schlichten Fassade wurde unter einem Zweierbogenfenster geschaffen, der Türsturz stammt v. einem Pisaner Meister. Die beiden reliefgeschmückten Seitenportale wurden aus älteren Teilen (9. Jh.) geschaffen. Aus der frühroman., halbkreisförmigen Apsis treten 3 Kleinapsiden hervor. Der basilikale, steile Innenraum ist durch Säulen und Pfeiler dreischiffig unterteilt. Die mit Tierfiguren, geometrischen Mustern (wie Schachbretter) und Blumen geschmückten *Kapitelle* wurden fast alle aus Alabaster gefertigt. Über den Seitenschiffen errichtete man Emporen, die auf der r Seite 1462 zu Wohnungen umgestaltet wurden. Der Chor ist v. einem durch Säulen geschaffenen Rundgang mit 3 kleinen Kapellen umgeben. In der Krypta (11. Jh.) wird ein röm. Grabstein v. 347 n. Chr. als Altar genutzt.

Beachtenswert sind auch ein Schnitzkruzifix aus dem 13. Jh. (im l Seitenschiff) und eine im 12. Jh. geschnitzte hölzerne Madonna mit Kind (auf dem Altar). Die »Karolingische Kapelle«, die sich l an die Apsis anschließt, wurde wahrscheinlich schon vor 813 aus rohbehauenen Steinen erbaut.

53045 Montepulciano Siena		
Einw.: 15500	Höhe: 605 m	S. 138 □ F 6

Der v. Mauern umzogene Ort erhebt sich malerisch auf dem langgezogenen Rücken des *Mons Politianus* über den fruchtbaren Flußebenen der Chiana und der Orcia. M. war schon in etrusk. Zeit als Außenfort v.

Clusium (Chiusi) besiedelt. Die seit dem 13. Jh. freie Gemeinde war fast 200 Jahre wechselweise mit Siena oder Florenz verbündet, bevor sie sich 1390 mit nur einer Unterbrechung (1494–1512, während der Verbannung der Medici) Florenz anschloß, mit dem es auch ins Großherzogtum Toskana trat. 1561 erhielt M. den Bischofssitz aus Chiusi und wurde mit Stadtrechten ausgestattet. Von 1609 bis zu ihrem Tode 1636 führte Christina v. Lothringen die Stadt, die ihr verstorbener Gatte Großherzog Ferdinando I. ihr vermacht hatte, als Kleinherzogtum. Danach wurde M. wieder dem Großherzogtum angegliedert, mit dem es 1860 an das Königreich Italien gelangte.

Während die meisten Bergstädte in der Toskana fast ausschließlich ma Züge aufweisen, ist M. in besonderem Maße v. (florentinischen) Renaissancebauten geprägt, die der Stadt den Beinamen »Perle der Renaissance« einbrachten. Im Auftrag berühmter Kardinäle wie Giovanni Maria del Monte (später Papst Julius III.), Marcello Cervini (ab 1555 Papst Marcellus II.) oder Roberto Bellarmino (Ankläger Galileo Galileis und später heiliggesprochener Initiator der Gegenreformation) errichteten so bedeutende Baumeister wie Michelozzo, Vignola oder A. da Sangallo d. Ä. prachtvolle Kirchen und Paläste. Neben Roberto Bellarmino ist der Dichter, Übersetzer und Humanist Angiolo Ambrogini (1454–94), der sich zu Ehren seiner Heimatstadt Angelo Poliziano nannte, der berühmteste Sohn der Stadt. M. Poliziano, der als Erzieher der Kinder seines Freundes Lorenzo il Magnifico am Hofe in Florenz wirkte, nimmt als Schöpfer des Dramas »La Fabula d' Orfeo« einen besonderen Rang in der Literatur ein.

Jährlich am 15. August findet auf der Piazza Grande die »Bruscello«-Aufführung, eine traditionelle Veranstaltung, bei der Episoden aus älteren Sagen gespielt werden, statt. Erwähnenswert sind auch die ausgezeichneten Weine, die in den Lagen um M. gedeihen.

Dom (Piazza Grande): Nachdem M. 1561 v. Chiusi den Bischofssitz übernommen hatte, wurde rund 30 Jahre später v. 1592 bis 1630 an der Stelle der im 15. Jh. erbauten Pieve S. Maria dieser Spätrenaissancebau nach einem Entwurf v. L. Scalza auf kreuzförmigem Grundriß errichtet. Vom früheren Bau übernahm man den noch unvollendeten Kampanile. Die Fassade mit 3 Portalen und 3 Fenstern blieb bei schwach erkennbarer Gliederung roh.

Der dreischiffige, durch Pfeiler gegliederte Innenraum wirkt gerade in seiner Einfachheit äußerst harmonisch. Wertvollstes

Montepulciano, Panorama

Kunstwerk ist das um 1430 v. Michelozzo für Bartolomeo Aragazzi (Sekretär Papst Martins V.) geschaffene *Grabmal*, welches das erste Grabmonument der Renaissance überhaupt darstellt und das im 17. Jh. leider auseinandergenommen wurde. Sofern nicht verloren oder an anderer Stelle (z. B. im Londoner Victoria and Albert Museum) aufbewahrt, sind die Bruchstücke in der ganzen Kirche verstreut aufgestellt. So wurde die liegende Statue des Verstorbenen Aragazzi an der Innenfassade l v. Mittelportal plaziert und 2 Reliefs des Grabmals (»Abschied der Mutter v. der Familie« und »Muttergottes segnet die Familie Aragazzi«) an den ersten Pfeilern über dem Weihwasserbecken angebracht. Ebenfalls v. diesem Grabmal stammen die beiden Statuen (»Glaube« und »Wissenschaft«) an den Seiten des Hochaltars. Eine 1885 angefertigte Rekonstruktionszeichnung des Aragazzi-Monuments befindet sich in der Sala Capitolare. Das Triptychon (mit *Himmelfahrt Mariä, Verkündigung, Krönung, Passionszenen* und *Szenen aus dem Alten Testament*) schuf bis 1403 Taddeo di Bartolo. Beachtenswert sind außerdem das Taufbecken (14. Jh.) v. Giovanni di Agostino sowie eine möglicherweise v. den della Robbia stammende Terrakottaarbeit, die ein Relief in der 1. Kapelle umrahmt.

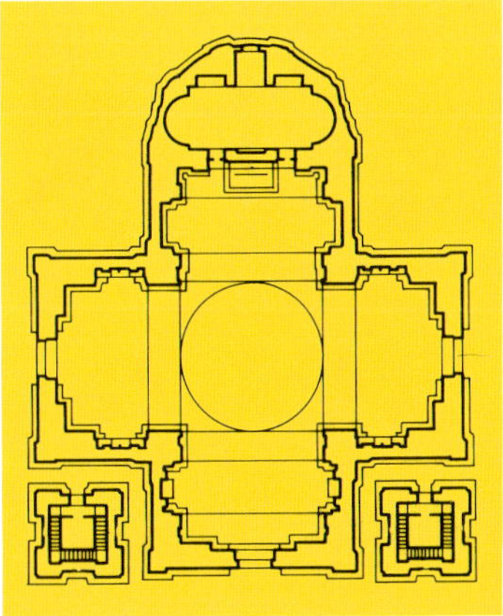

Montepulciano, Madonna di S. Biagio In der Form eines griech. Kreuzes angelegter Bau mit 2 frei stehenden Türmen und im S angebauter Apsis; Hochaltar, Goldstuck und Fresken aus dem 16. Jh.

S. Agostino (Via Roma): Mit dem Bau dieser Kirche begann man 1427 nach einem Entwurf Michelozzos. Dieser selbst schuf 1440 den unteren Teil der prachtvollen Fassade in Florentiner Gotik. Die Portalzone ist v. gerillten Pilastern (Stilelement der Frührenais-

Montepulciano, Piazza Grande, Brunnen

Montepulciano, Madonna di S. Biagio

Montepulciano, Palazzo Comunale

Montepulciano, Palazzo Tarugi

sance) und dem Portal gegliedert, dessen Rundbogen v. got. Formen nachgezogen werden. Ebenfalls v. Michelozzo stammt das Terrakottarelief im Tympanon (*Madonna und Kind zwischen Johannes d. T. und Augustinus*). R und l des Bogenfelds befinden sich 4 spitzbogige Statuennischen, über dem Bogenfeld in einer 3. Zone eine Fensterrose unter dem Dreiecksgiebel. Im einschiffigen, 1784–91 spätbarock veränderten Innenraum verdienen das im 15. Jh. v. Pallaiuolo bemalte, Donatello nahestehende Holzkreuz sowie eine Kreuzigung v. Lorenzo di Credi besondere Beachtung.

Madonna di S. Biagio (2 km sw, etwas außerhalb der Stadt): Dieser 1518–45 inmitten einer freien Landschaft auf dem Grundriß eines griech. Kreuzes errichtete Renaissancebau mit hoher Zentralkuppel ist das Hauptwerk v. A. da Sangallo d. Ä. und zählt in seiner Reinheit zu den eindrucksvollsten Werken der Spätrenaissance. Die dem s Arm angebaute, im Innenraum nicht sichtbare halbrunde Apsis wird als Sakristei benutzt. Von den beiden zwar freistehenden, aber nahe an der Fassade erbauten Glockentürmen konnte nur einer vollendet werden. Bes. auffallend an dem mit einer Pyramidenspitze bekrönten Turm ist, daß v. unten nach oben erst dorische, dann ionische, schließlich korinthische Säulen verwendet wurden. Die Wände sind zum Teil durch flache Pilaster und Nischen gegliedert. Einen besonderen Akzent setzt das im Laufe der Jahrhunderte goldbraun schimmernde Travertingestein aus dem die Kirche erbaut ist.

Im Innenraum ist die kraftvolle äußere Gliederung fortgeführt. Um 1560 wurde das Presbyterium im Barockstil mit vergoldetem Stuck und (Zuccari zugeschriebenen) Fresken verändert, was in dem an sich harmonischen Raum störend wirkt. Von der Ausstattung, die durch einen Kunstraub geschädigt wurde, sei die in der 2. Hälfte des 14. Jh. v L. Memmi gemalte *Verkündigung* in der Kapelle hervorzuheben.

Gegenüber der Kirche befindet sich das Renaissance-Pfarrhaus (*Canonica*), das 1595 ebenfalls nach einem Entwurf des zu diesem

Zeitpunkt bereits verstorbenen A. da Sangallo d. Ä. errichtet wurde. Beachtenswert ist die aus ionischen Säulen erbaute Loggia über einem Bogengang. Auch der Brunnen vor dem Pfarrhaus wurde nach einem Plan Sangallos d. Ä. geschaffen.

S. Maria dei Servi (Via del Poliziano): An der got. Fassade dieser im 14. Jh. erbauten Kirche befindet sich ein schönes Spitzpfeilerportal. Die barocke Dekoration des Innenraums schuf gegen Ende des 17. Jh. A. Pozzo. Die Altarbilder stammen v. Sieneser Meistern des 14. Jh., so die »Madonna della Santoreggia« am 2. Altar l und »Muttergottes mit Kind« (Schule des Duccio, 3. Altar l).

S. Lucia (Via Saffi): Die 1653 v. Flaminico del Turco erbaute Barockkirche bewahrt in ihrem klassizistisch umgestalteten Inneren ein Holzkreuz aus dem 16. Jh. v. Alessi sowie eine Muttergottes v. Signorelli.

Weitere Kirchen: Die Barockkirche *Chiesa del Gesù* (Via di Volaia) wurde 1733 erbaut. Die Innenausstattung dieses Zentralbaus schufen A. Pozzo u. a. – *S. Agnese* (vor der Porta al Prato) wurde 1311 erbaut; im Kreuzgang mit sehenswerter Säulenhalle befinden sich Fresken aus dem 16. und 17. Jh. – Die Franziskanerkirche *S. Francesco* (Via Ricci) wurde im 18. Jh. wesentlich verändert. Aus dem 13. Jh. erhalten ist ein got. Portal.

Palazzo Comunale (Piazza Grande, W-Seite): Den dreistöckigen Palast mit seinem Zinnenkranz, dem v. Guelfenzinnen bekrönten Turm und Turmaufsatz ordnete man lange dem späten 14. Jh. zu. Erst seit 1965, als die Baupläne veröffentlicht wurden, weiß man, daß dieser dem Palazzo Vecchio in Florenz nachempfundene Bau 1440–65 nach Plänen Michelozzos errichtet wurde. Vom Turm hat man eine herrliche Aussicht bis zum Monte Amiata und dem Trasimenischen See. Beachtenswert ist ein erst vor kurzem freigelegter Innenhof des 14. Jh.

Palazzo Contucci (Piazza Grande O-Seite, gegenüber Palazzo Comunale): 1519 begann

A. da Sangallo d. Ä. im Auftrag v. Kardinal Giovanni Maria del Monte (später Papst Julius III.) mit dem Bau des Palastes, den vermutlich B. Peruzzi fertigstellte. Das oberste Stockwerk wurde erst im Barock aufgesetzt. Gegen Ende des 17. Jh. malte A. Pozzo den großen Saal im Inneren in perspektivischer Scheinarchitektur aus.

Palazzo Tarugi (Piazza Grande, gegenüber Domfassade): Der im Erdgeschoß durch eine Pfeilerloggia geöffnete Palast wird Vignola zugeschrieben, könnte aber nach einem Entwurf A. da Sangallos d. Ä. erbaut worden sein. Beachtenswert ist, daß sich auch im 2. Stock ein heute geschlossener Bogengang hinter einer Balustrade befindet. Vor dem Palast steht der 1520 aufgebaute Ziehbrunnen *Pozzo dei Grifi e dei Leoni*. 2 Löwen umrahmen das Medici-Wappen auf dem v. 2 etrusk. Säulen getragenen Gebälk.

Palazzo Cocconi (Via Gracciano nel Corso): Der wahrscheinlich v. A. da Sangallo d. Ä. 1518–34 geschaffene Palast war lange im Besitz der Familie del Pecora, die im späten 14. Jh. die Signoria über M. erlangte.

Palazzo Bucelli (Via Gracciano nel Corso): In den Sockel dieses im 17. Jh. erbauten Palastes ließ der Besitzer Pietro Bucelli in 3 übereinanderliegenden Reihen etrusk. Urnen sowie etrusk. und röm. Inschriften einmauern.

Palazzo Cervini (Via di Voltaia nel Corso): Bau mit vorragenden Flügeln (1518–34) nach einem Entwurf v. A. da Sangallo d. Ä. für Kardinal Marcello Cervini.

Weitere Paläste: Der *Palazzo Avignonesi* (Via Gracciano nel Corso) wurde im 16. Jh. vermutlich v. Vignola erbaut. – In dem im 14. Jh. erbauten got. *Palazzo del Capitano del Popolo* (Via Ricci) ist heute das Gericht untergebracht. – Der *Palazzo Ricci* (Via Ricci, gegenüber Palazzo del Capitano del Popolo) wurde im frühen 16. Jh. errichtet. – Nicht fertiggestellt wurde der im 16. Jh. v. Vignola begonnene *Palazzo Gagnoni-Grugni* (Via di Voltaia nel Corso). – Der aus Ziegelsteinen und Travertin erbaute *Palazzo Benincasa* (Via Piana/Via Mazzini) hat ein schönes Barockportal.

Fortezza Medicea (Strada della Fortezza): 1885 baute man die Festung in freier Gestaltung, jedoch in ma Formen neu auf. Die Parta di Lagnano (Via del Poliziano, hinter dem Haus des Poliziano) wurde im 14. Jh. als Teil der alten ma Mauer erbaut. Die Porta al Prato (im N der Stadt, Via Gracciano nel Corso)

Montepulciano, Museo Civico

wurde als Teil der Befestigung im frühen 16. Jh. v. A. da Sangallo d. Ä. erbaut.

Museo Civico (Palazzo Neri-Orselli, Via Ricci): Der Backsteinbau mit Portal und Doppelbogenfenstern wurde im 14. Jh. in sienesisch.-got. Stil errichtet. Neben vor allem Sieneser, Aretiner und Florentiner Gemälden des 13.–18. Jh. befinden sich hier auch Terrakotta-Arbeiten der della Robbia (u. a. *Hl. Johannes, Verkündigung*) sowie sakrale Kunstgegenstände wie Chorbücher. Hervorzuheben sind eine *Krönung Mariens*, die A. Puccinelli zugeschrieben wird, und eine *Madonna mit Kind* aus der Duccio-Nachfolge.

Außerdem sehenswert: Die *Logge del Mercato* (Piazza delle Erbe) wurde in der 2. Hälfte des 16. Jh. v. I. Scalza als Markthalle erbaut. – In der *Casa del Poliziano*, einem im 14. Jh. erbauten, später mehrmals umgebauten Haus, wurde 1454 Agnolo Ambrogini geboren (Via del Poliziano). – Den *Teatro Poliziano* (Piazza degli Intrigati) erbauten 1793–95 G. und S. Barchi.

Umgebung

Chianciano Terme (8 km sö): Der zwischen waldreichen Höhen gelegene Ort ist einer der wichtigsten Kurorte Italiens. Die Kuranstalten sind v. schönen Parks umgeben und durch Alleen miteinander verbunden. – 2 km n v. Chianciano Terme: **Chianciano.** Innerhalb der teilweise noch erhaltenen Stadtmauer befindet sich der wappengeschmückte *Palazzo del Podestà* (13. Jh.). – Im Palazzo dell'Arcipretura ist ein *Museum* mit Werken sakraler Kunst des 14.–16. Jh. untergebracht.

52048 Monte San Savino Arezzo		
Einw.: 8000	Höhe: 300 m	S. 138 □ F 5

Das auf einem Höhenrücken w des Valdichiana gelegene M. S. S. war Grenzburg v. Arezzo und Florenz, auf die sich verbannte Guelfen oder Ghibellinen zurückzogen. Der berühmteste Sohn der Stadt ist der Architekt und Bildhauer A. Sansovino. Heute ist der Ort durch die Herstellung schöner Majoliken bekannt.

S. Agostino (Piazza di Monte): Die im 14. Jh. erbaute Kirche wurde Anfang des 16. Jh. v. A. Sansovino erneuert und später erweitert. Beachtenswert sind das got. Portal (14. Jh.), die Glasfenster v. Guillaume de Marcillat,

Montepulciano, Museo Civico, Wappentier

Monte San Savino, S. Chiara, Terrakotta

mehrere Fresken des 15. Jh. sowie der Kreuzgang, an dessen Bau auch A. Sansovino mitwirkte.

S. Chiara: Die Kirche wurde im 17. Jh. über einer Brücke zu einer noch heute erhaltenen Sieneser Burg v. 1383 erbaut. Im Inneren befinden sich mehrere Terrakottadarstellungen der della Robbia (16. Jh.) und v. Sansovino, der auch das Portal schuf.

Palazzo Ciocchi di Monte (auch Palazzo Comunale, Corso Sangallo): Diesen wuchtigen Bau errichteten in typischer Florentiner Renaissance A. da Sangallo d. Ä. und A. Sansovino.

Loggia dei Mercanti (Corso Sangallo): Auch diese fünfbogige Loggia auf korinthisch geordneten Säulen entstand aus der Zusammenarbeit Sansovinos mit A. da Sangallo d. Ä.

Außerdem sehenswert: Von der Befestigung blieben große Teile der *Stadtmauer* sowie 2 *Torbauten* des 13.–14. Jh., die *Porta Fiorentina* und die *Porta Romana,* erhalten.

Umgebung

Civitella in Val di Chiana (20 km n): Der 523 m hoch gelegene Ort diente den ghibellinischen Bischöfen Arezzos als Fluchtburg. – Die *Burg* befindet sich in recht gutem Zustand.
Lucignano (8 km s): Der auf einem Hügel in Form einer Ellipse angelegte Ort konnte sein ma Ortsbild gut erhalten. So blieb neben beachtlichen Mauerteilen mit Toren und Resten einer im 16. Jh. erbauten Mediceerfestung vor allem die *Hauptburg* des 14. Jh., der sog. Cassero, mit einigen Türmen erhalten. – In der 1248 erbauten *Kirche S. Francesco* mit schönem got. Spitzbogenportal (14. Jh.) befinden sich an den Wänden des Innenraums Fresken des 13.–14. Jh., v. denen wahrscheinlich Bartolo di Fredi einen Teil gemalt hat. – In einigen Sälen des im 14. Jh. erbauten *Ratshauses* befinden sich Fresken aus dem 15. Jh. Im Oberstock wurde das Stadtmuseum (*Museo Civico*) untergebracht, wo neben Werken sienesischer Malerei des 13.–15. Jh. (hervorzuheben: »Muttergottes« v. L. Signorelli, »S. Bernardino« v. Pietro di Giovanni aus dem Jahre 1448 sowie verschiedene Werke v. Bartolo di Fredi) auch der im 14. Jh. v. Ugolino di Vieri geschaffene große Reliquienschrein »Baum v. Lucignano«, eine prachtvolle Goldschmiedearbeit, ausgestellt ist. – Etwa 1 km n des Ortes befindet sich die im 16. Jh. erbaute *Wallfahrtskirche Madonna delle Querce,* v. der man einen schönen Blick bis zum Trasimenischen See und dem Vorapennin hat.
Sinalunga (8 km s v. Lucignano): In dem seit 1197 als *Asinalunga* erwähnten Ort, der im MA wechselweise zu Siena und Florenz gehörte, hielt man 1867 Garibaldi gefangen. – Die *Collegiata S. Martino* wurde aus den Resten der vernichteten Burg erbaut; eine Tafel »Madonna mit Heiligen« v. Sodoma wird im einschiffigen Innenraum (mit Seitenkapellen) aufbewahrt. – Beachtenswert sind außerdem einige *Gebäude* aus der Zeit der Renaissance und des Barock.

O

58015 Orbetello
Grosseto

Einw.: 14000	Höhe: 3 m	S. 136 □ E 9

Der Ort liegt inmitten der Laguna di O. auf einer Landzunge. Diese sehr salzige und durch ihre großen Fischbestände bekannte Lagune wird durch 2 künstliche Landzungen (ital. Tombolio) – im N durch den Tombolo di Giannella, im S durch den Tombolo di Feniglia – begrenzt. Das schon im 8. Jh. v. Etruskern besiedelte O. war schon für die Römer, später für die Sienesen wegen der Salzgewinnung und des Fischfangs interes-

Orbetello, Ansicht

sant. 1555 besetzten die Spanier unter Philipp II. den Ort und bauten ihn seit 1557 durch die Anlage v. Befestigungen und Häfen zum Stützpunkt ihres Flottenverbandes an der ital. Küste aus.

Dom: Man errichtete ihn 1376 auf den Resten einer älteren Kirche. Die Umbauten im 17. Jh. schonten die aus Travertingestein geschaffene got. Fassade.

Antiquarium Civico (Via Ricasoli): Seit 1923 ist dieses etrusk.-röm. Museum im Palazzo Pretorio untergebracht. Neben Grabbeigaben aus etrusk. und röm. Gräbern v. O. (ö an der Verbindung zur Via Aurelia) sind auch einige Funde v. den Inseln Giannutri und Giglio ausgestellt. Hervorzuheben sind eine archaische *Sphinx* aus Tuff (6.–7. Jh. v. Chr.), eine bronzene *Gürtelschnalle,* sowie einige bikonische *Urnen.* Neben unterschiedlichsten Gefäßen (u. a. Buccherogefäße, italische Vasen, Bronzegefäße) werden auch griech. und etrusk. Keramiken sowie Bronzestatuetten aufbewahrt.

Etruskermauern: Am Rand des Kanals w v. O. befinden sich die Reste der im 4.–3. Jh. v. Chr. aus polygonalen Steinblöcken erbauten Mauern, die den Platz gegen das Meer schützen sollten.

Stadtmauern: Die Fertigstellung des 1557 v. Philipp II. v. Spanien begonnenen Baus zog sich bis 1620 hin. Neben dem teilweise recht gut erhaltenen, v. Bastionen verstärkten *Mauerring* beeindrucken auch die 3 wahrscheinlich im frühen 17. Jahrhundert errichteten *Torbauten.*

Umgebung

Ansedonia (Cosa): Der 11 km sö auf einem felsigen, über dem Meer vorspringenden Hügel gelegene Ort (unterhalb des ö Tombolo di Feniglia) wurde 273 v. Chr. v. den Römern gegründet und hieß *Cosa.* Nach der Katholisierung im 4. Jh. war der nun Ansedonia genannte Ort im 7. Jh. Zufluchtsstätte der Arianer. Nach den Sarazeneneinfällen seit dem 9. Jh. v. Chr. und der einsetzenden Malaria verließ ein Großteil der Bevölkerung Ansedonia, das schließlich 1330 v. den Sienesen völlig zerstört wurde. Seit 1948 führte die Accademia Americana hier Ausgrabungen durch und konnte so die Siedlung wieder rekonstruieren. Am besten erhalten ist der im 3. Jh. v. Chr. aus polygonalen Blöcken errichtete *Mauergürtel,* der mit 18 Türmen verstärkt und durch 3 Tore (noch vorhanden: *die Porta Romana*) geöffnet war. Erhalten sind teilweise auch das *Forum* mit einer röm. Basilika (Gerichtshalle) und 2 Tempeln, Reste röm. Wohngebäude sowie die etwas höher gelegene, ummauerte *Akropolis.* Vom höchsten Punkt, wo sich die Reste der *arx* (Burg) und des Kapitols befinden, hat man einen wunderbaren Blick auf die Lagune, Orbetello und die Insel Giannutri. Vom antiken Hafen, der am Fuße des Hügels lag, ist ein Pfeiler des ehemaligen Hafentores erhalten. W davon ragt ein großer Fels aus dem Meer. In diesen Felsen wurde ein Kanal, die sog. *Tagliata Etrusca,* geschlagen. Unterschieden werden die nicht überdachte Außen-Tagliata und die sich dieser in stumpfem Winkel anschließende Innen-Tagliata, die einen 15 m langen Tunnel bildet. Dieses technische Meisterwerk röm. Ingenieure (die diese Fähigkeiten allerdings v. den Etruskern übernommen hatten) sollte den Wasserstand der Lagune v. Burano regeln und die Versandung des Hafens verhindern. Der *Spacco della Regina* ist eine natürliche, teils v. Menschen bearbeitete Felsspalte v. 260 m Länge und 1–6 m Breite. Die Funktion des Spacco konnte bis heute nicht genau festgestellt werden. Möglicherweise handelt es sich um ein altes Felsenheiligtum.

Die heutige Ortschaft liegt am Hang unterhalb der röm. Ruinen. Der hochragende Sarazenenturm S. Biagio ist als Rest der ma Befestigung erhalten. – 15 km nö v. Ansedonia: **Capalbio.** Der noch heute v. einer ma Mauer umgebene Ort wurde ebenfalls in der Antike gegründet. – 14 km nw v. Capalbio: **Marsiliana.** Am Fuße eines waldreichen Hügels, aus dem die Spitze eines Turmes ragt, befand sich ein riesiges Gräberfeld, die sog. Banditella. Die zahlreichen großartigen Fundstükke, die der Besitzer des Landes, Fürst Tommaso Corsini, mit dem Archäologen A. Minto 1908–16 und seit 1919 hier entdeckte, befinden sich alle im Archäologischen Museum in Florenz. Unter den Fundstücken befinden sich ein ausgehöhlter Steinblock mit Becken, Lanzen, Schilder, goldene und elfenbeinerne Schmuckstücke, die bekannte, nach Fürst Corsini benannte Fibel mit Schlangenbogen sowie zahlreiche Bronzegegenstände. Zu welcher Stadt diese unvor-

Orbetello, Dom

Orbetello, Domturm

stellbar reich ausgestatteten Gräber gehörten, kann nicht klar bestimmt werden. Da diese im 8.–7. Jh. in der Blüte stehende Stadt aber in dem v. antiken Autoren als »ager Caletranus« bezeichneten Gebiet lag, vermuten einige Historiker, daß diese Stadt Caletranus selbst war. Nach den Ausgrabungen wurden die Gräber leider zerstört (eingeebnet), doch ist in einem v. Minto geschaffenen Plan ihre Anlage genau zu erkennen.

Isola del Giglio (Insel 30 km w): Zweimal täglich verkehren Schiffe zwischen Porto S. Stefano und dieser schon v. Etruskern bewohnten Insel des Toskanischen Archipels. Nachdem die röm. Patrizierfamilie Domitii Ahenobarbi und im Früh-MA verschiedene Adelsfamilien und Abteien die Insel besaßen, gehörte sie v. 12. bis 14. Jh. zu Pisa und im 15. Jh. den Piccolomini. 1544 verwüstete Chaireddin Barbarossa die Insel und verkaufte die gesamte überlebende Bevölkerung als Sklaven. Die nun völlig menschenleere Insel kam 1555 mit Siena an die Toskana und wurde in den folgenden Jh. wieder bevölkert. Heute ist die zum Teil v. Weinhängen bedeckte, 21,2 qkm große »Lilieninsel« mit ihrer Felsenküste und dem glasklaren Meerwasser ein reizvolles Ferienziel. – Vom Hafenort *Giglio Porto* (O-Küste) mit röm. Ruinen führt eine Straße 9 km empor nach *Giglio Castello* (405 m). Eine malerische, mit Türmen besetzte Mauer umgibt dieses im 15. Jh. entstandene Dorf mit der schon im 14. Jh. erbauten *Burg*, deren Tor und Leuchtturm bes. beachtenswert sind. Von hier führt eine Straße in die an der W-Küste gelegene große Bucht Campese. – Vom 498 m hohen Poggio della Pagana (2 km sw v. Giglio Porto) hat man einen weiten Blick bis zum Monte Argentario, bis nach Elba oder gar Korsika.

Isola di Giannutri (27 km s): Zu dieser kleinen, sichelförmigen Insel gelangt man nur mit einem Motorboot. Die v. hohen Klippen umgebene Isola di Giannutri war lange Jahre im Privatbesitz eines Hauptmanns, der hier fast 40 Jahre (bis 1921) völlig allein lebte. So ist auch heute die Insel noch ziemlich unberührt. – Im NW befindet sich die Ruine einer großen *Römervilla* mit mehreren Bauten für Vorrat und Angestellte.

Port'Ercole (7 km s): Auch dieser Hafenort am O-Rand des Monte Argentario erhielt unter den Spaniern seine gewaltige mit Basteien erbaute *Burg*. – Beachtenswert sind auch die *Villen* und *span. Paläste* am Fuße der auf einem Hügel thronenden Burg. – Etwa 2 km w erhebt sich der höchste Berg der Halbinsel, der 635 m hohe Monte Telegrafo, der einen herrlichen Blick über die Inseln des Toskanischen Archipels bietet.

Porto S. Stefano (9 km w): Der malerische,

Orbetello, Dom, Portal

Orbetello, Dom, Portaldetail

vielbesuchte Ferienort mit seinem natürlichen, modern ausgebauten Hafen liegt an der N-Küste der Halbinsel des Monte Argentario. – Die Bucht wird überragt von einer v. den Spaniern erbauten *Festung*. – Am 15. August findet alljährlich, zur Erinnerung an einen Überfall der Sarazenen auf Porto S. Stefano, der »Palio Marinaro«, ein Seeturnier in historischen Trachten, statt.

Talamone (23 km n): Nach einer Sage soll der v. einer wuchtigen Festung, die die Spanier über einer älteren erbauten, überragte und auf einem Felskap gelegene Ort v. Telamon, einem Teilnehmer des Argonautenzuges, gegründet worden sein. In der Nähe der v. den Etruskern *Tlamu* genannten Stadt erlitten im Jahre 225 v. Chr. die in Italien eingefallenen Gallier eine vernichtende Niederlage. 82 v. Chr. wurden die Stadt und der in der Antike wichtige Hafen v. Sulla zerstört. Im MA wollte hier Siena einen bedeutenden Hafen errichten, was aber wegen der Versumpfung und der Malaria zum Scheitern verurteilt war. Bei *Ausgrabungen* in den letzten Jahren wurden einige Mauerfundamente, etrusk. Terrakotten des 6.–5. Jh. v. Chr. sowie verschiedene Grabbeigaben wie z. B. Vasen gefunden.

P

51017 Pescia Pistoia		
Einw.: 20000	Höhe: 62 m	S. 134 □ C 3

An beiden Ufern der Pescia erstreckt sich der gleichnamige Ort, der – urspr. lucchesischer Besitz – 1329 durch Verkauf an Florenz gelangte. Der Fluß teilt die Stadt in ein geistliches Zentrum (l Ufer) mit Dom und Kirchen und ein weltliches (r Ufer) mit dem Palazzo dei Vicari. Heute ist P. durch seine Blumenkulturen bekannt. So wird der täglich abgehaltene Großmarkt selbst v. Einkäufern aus dem Ausland besucht.

Pescia, Domportal

Dom: Er wurde 1693 auf den Resten einer älteren roman. Kirche erbaut. Von diesem Bau übernahm man vermutlich den 1306 errichteten Kampanile mit v. oben nach unten zunehmenden Bogenfenstern. Im barocken Innenraum sind die Grabkapelle für B. Turini (15. Jh.) und die Reste einer Kanzel aus dem 13. Jh. beachtenswert.

S. Francesco (Via Battisti): 1298 erbaute man über einer 1211 errichteten Kapelle diese Kirche, deren Fassade in der Folgezeit mehrmals umgestaltet wurde. Wertvollster Kunstschatz ist das berühmte, 1235 v. Bonaventura Berlinghieri geschaffene Tafelbild *Hl. Franziskus und 6 Geschichten aus seinem Leben* am 3. Altar r. Die Cappella Orlandini-

Pescia, S. Francesco

Pescia, Porta Fiorentina

Cardini schuf 1451 im Stil Brunelleschis dessen Adoptivsohn A. Cavalcanti (genannt Buggiano). Beachtenswert ist auch das *Fresko* v. Bicci di Lorenzo in der Apsiskapelle (15. Jh.)

S. Antonio Abbate (Via C. Battisti): Das im 14. Jh. erbaute Oratorium bewahrt in seinem Inneren eine Skulpturengruppe (Kreuzabnahme) aus dem späten 13. Jh. sowie Fresken aus dem 15. Jh.

SS. Pietro e Paolo (Piazza Mazzini, r Ufer): Auch diese Renaissancekirche schuf 1447 Buggiano (der auch die Cappella Orlandini-Cardini in S. Francesco erbaute) im Stil seines Stiefvaters Brunelleschi.

Palazzo dei Vicari (Piazza Mazzini): In diesem roman., im 13. Jh. erbauten Palast mit Turm und wappengeschmückter Fassade ist heute das Rathaus untergebracht.

Museo Civico (im Palazzo Galeotti, Piazza Mazzini): Hier werden neben verschiedenen Skulpturen und Miniaturbüchern vor allem Gemälde toskanischer Meister sowie Stiche v. Dürer und Ribera gezeigt.

Diözesanmuseum (im Bischofspalast, Nähe Dom): Im Museum sind Skulpturen und Gemälde des 13. bis 15. Jh. (darunter einige Altarbilder auf goldenem Grund) untergebracht. Beachtenswert sind auch eine mit della-Robbia-Terrakotten ausgestattete *Kapelle* sowie der im 15. Jh. errichtete *Kreuzgang*.

Außerdem sehenswert: Das im 18. Jh. erbaute Stadttor *Porta Fiorentina* führt zum Dom. – An der Piazza Mazzini befinden sich mehrere sehenswerte *Barock- und Renaissancegebäude*.

Umgebung

Buggiano (5 km s): In der roman. *Pfarrkirche* befinden sich einige Gemälde des 15. bis 16. Jh., in der Taufkapelle schöne Marmorskulpturen des 13. Jh. – Unter den Häusern des Hauptplatzes sei der im 12. Jh. erbaute, mit zahlreichen Wappen geschmückte *Palazzo del Podestà* hervorgehoben.

Castelvecchio (12 km n): An Fassade und Apsis der im 11. Jh. erbauten *Pieve S. Ansano* befindet sich ein reich verzierter Bogenfries. Im Inneren seien die schönen Kapitelle der Säulen und die Krypta hervorgehoben.

Collodi (6 km w): Geburtsort v. Carlo Lorenzini (1826–90), der unter dem Pseudonym Collodi seinen weltbekannten »Pinocchio« schrieb. R des Baches wurde der *Parco Monumentale di Pinocchio* mit einem Pinocchio-Denkmal v. E. Greco (1954) sowie figürlichen und szenischen Darstellungen aus dem Buch angelegt. Eine Treppe führt zu der 1633–62 auf den Resten einer ma Burg erbauten *Villa Garzoni.* Der Garten wurde auf mehreren Terrassen unterhalb der Villa mit Bädern, Statuen und Wasserspielen angelegt. Der Sommerpavillon mit origineller zweigeschossiger Fassade wurde um 1750 hinzugefügt. – 5 km n v. Collodi: **Villa Basilica.** In der im späten 13. Jh. nach Pisaner Muster erbauten roman. *Kirche* wird ein Kreuz (13. Jh.) des aus Lucca stammenden Bonaventura Berlinghieri aufbewahrt.

Montecatini Terme (9 km sö): Schon den Römern war die große Heilkraft der schwefel- und sodahaltigen Quellen, bes. bei Stoffwechselstörungen oder Magen- und Darmleiden, bekannt. Großherzog Leopoldo veranlaßte um 1780 den Bau der ersten Thermalbäder und Kurgebäude. Heute zählt der mit modernsten Kuranstalten, großzügigen Parkanlagen und Erholungszentren ausgestattete Ort zu den bekanntesten Heilbädern Europas. – 5 km nö v. Montecatini Terme: **Montecatini-Val di Nievole** (oder Montecatini Alto). Der hoch über Montecatini Terme gelegene Ort kann auch mit einer Drahtseilbahn v. der Viale Diaz aus erreicht werden. Bekrönt wird Montecatini-Valdinievole v. der weithin sichtbaren *Burg* mit ihren nach 1554 geschleiften Mauern. – Beachtenswert sind die *Fresken* der Kapelle am Hauptplatz sowie ein *Museum* mit Werken des 13.–16. Jh. neben dem imposanten Kampanile der Pfarrkirche. – 7 km nö v. Montecatini Terme: **Serravalle.** Beachtenswert sind hier die roman. *Kirche S. Michele* mit 1616 erbauter Loggia, der aus dem 12. Jh. stammende *Torre Barbarossa* genannte Turm der Pfarrkirche sowie die Ruine der im 12.–14. Jh. erbauten *Burg.* – 4 km ö v. Montecatini Terme: **Monsummano Terme.** Auch dieser an den n Ausläufern des Monte Albano gelegene Ort wird als Thermalbad besucht. So können in der Grotta Giusti, einer natürlichen Tropfsteinhöhle, Schwitz- und Badekuren gemacht werden.

Pienza, Ansicht

Uzzano (3 km ö): In diesem hochgelegenen, malerischen Ort verdient der im 14. oder 15. Jh. erbaute *Palazzo del Capitano del Popolo* besondere Beachtung.

52017 Pienza

Siena

Einw.: 3800	Höhe: 491 m	S. 138 □ F 6

Malerisch thront der urpr. *Corsignano* genannte Ort, v. Zypressen umrahmt, auf einem Hügel über dem Tal der Orcia. In dem unbedeutenden Corsignano, das Landgut der Sieneser Familie Piccolomini war, wurde am 14. Oktober 1405 Enea Silvio Piccolomini geboren, Humanist, Dichter und weitgereister Diplomat der Kurie, bevor er am 19. August 1458 Papst wurde und fortan den Namen Pius II. trug. Papst Pius II. beauftragte 1459 den Florentiner Baumeister B. Rossellino, in Corsignano eine Musterstadt in den sich vereinigenden Formen der Gotik und der Renaissance, den neuen Sommersitz des Papstes und der Kurie zu errichten. Schon 1462 waren die um den trapezförmigen Hauptplatz errichteten Bauten, die schon auf Grund ihrer Größe, ihres Baumaterials und Schmuckwerks ihre unterschiedliche Bedeutung erkennen lassen und hierarchisch einstufbar sind, vollendet. Durch die unterschiedliche Größe der Gebäude sowie deren Anordnung um den trapezförmigen Platz (so stehen sich r und l des Doms Palazzo Piccolomini und Palazzo Vescovile schräg gegenüber) gelang es Rossellino, eine eigentümliche, bes. beeindruckende perspektivische Wirkung zu erzielen. Im selben Jahre 1462 wurde der nun nach Papst Pius *Pienza* genannte Ort mit Stadtrechten ausgestattet und die Diözese begründet. Der Plan Pius' II., v. reichen Kardinälen rund um den schon geschaffenen Kern weitere Paläste errichten zu lassen und so P. zum Sommersitz der Kurie auszubauen, wurde nach seinem Tod am 15. August 1464 nicht weiterverfolgt. Da bis dahin nur Kardinal Rodrigo Borgia (der spätere Papst Alexander VI.) und Kardinal Giacomo Ammannati Palastbauten hatten errichten oder beginnen lassen, kam es schließlich nicht zur Vollendung dieses wohl einzigartigen Projekts einer einheitlich gestalteten Musterstadt.

Dom S. Maria Assunta (am Piazza Pio II. genannten Hauptplatz): Der Dom wurde 1459–62 nach dem Entwurf v. B. Rossellino errichtet. Die eigenwillige, aus Travertin errichtete Renaissancefassade ist durch auf hohen Sockeln stehende Pilaster mit seitlichen Säulen gegliedert. Während die Säulen

Pienza, Dom, Deckendetail

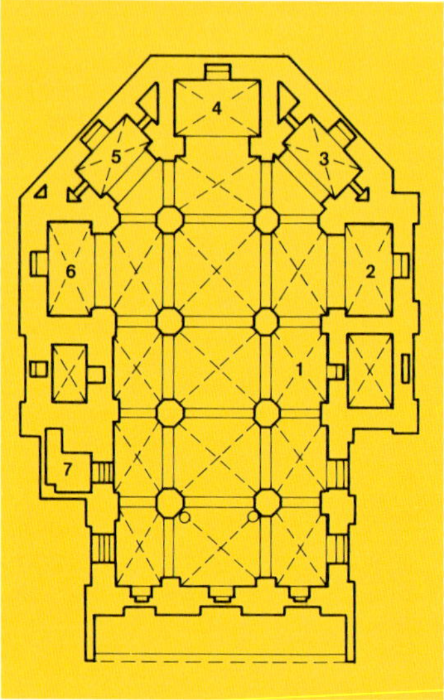

Pienza Dom S. Maria Assunta 1 Gemälde »Madonna mit Heiligen« v. Giovanni di Paolo **2** Gemälde »Madonna mit Heiligen« v. Matteo di Giovanni **3** Marmoraltar v. B. Rossellino **4** Intarsiertes Chorgestühl v. 1462 **5** Triptychon »Himmelfahrt Mariens« v. Vecchietta **6** Gemälde »Madonna mit Heiligen« v. Sano di Pietro **7** Eingang zur Krypta, in der sich ein Taufbrunnen v. B. Rossellino befindet

mit beachtenswerten korinthischen Kapitellen im Erdgeschoß lediglich die 3 v. regelmäßigen Bögen bekrönten Portale umrahmen, sind sie im oberen Geschoß durch Bögen verbunden und flankieren 2 seitliche Nischen sowie das zentrale Rundfenster. Unter dem abschließenden Dreiecksgiebel ist das große runde Wappen Papst Pius' II. angebracht. Spätgot. sind der am Abhang über dem Orcia-Tal errichtete Chor sowie das Maßwerk an den Fenstern des Querschiffs. Der dreischiffige, lichterfüllte Innenraum zeigt eine Hallenkirche (d. h. alle Schiffe sind gleich hoch), was wohl auf Veranlassung Pius' II. geschah, der bei seinen Reisen n der Alpen v. diesem dort häufig vorkommenden Typus sehr beeindruckt war. Weitere Elemente der nordischen Gotik sind außerdem in der Anlage der Chorkapellen oder an den Diensten zu erkennen. Von B. Rossellino stammen der *Taufbrunnen* aus Travertin in der Krypta sowie der *Marmoraltar* in der 2. Kapelle r mit der Reliquienbüste des Stadtheiligen St. Andreas. Die Altarbilder wurden v. Sieneser Meistern wie Matteo di Giovanni, Sassetta, Sano di Pietro und Vecchietta auf Goldgrund gemalt. Hervorzuheben sind eine *Pieta* v. Matteo di Giovanni in der 1. Kapelle r, eine *Madonna mit Heiligen* v. Sano di Pietro (5. Kapelle) sowie das Hauptwerk Vecchiettas, die *Himmelfahr*

Pienza, Palazzo Massaini

Mariens (4. Kapelle). Beachtenswert sind außerdem das geschnitzte Chorgestühl v. 1462 sowie Skulpturen aus einer älteren Kirche in der Krypta.

S. Francesco (r neben dem Palazzo Piccolomini): Die got. Kirche wurde schon im 13. Jh., also lange vor der Anlage der »Musterstadt« erbaut. Der einschiffige Innenraum mit flacher Decke bewahrt Fresken mit Darstellungen aus dem Leben des hl. Franz (14.–15. Jh.), ein Tafelkreuz eines Schülers v. Duccio di Buoninsegna (13. Jh.) sowie eine L. Signorelli nachempfundene Madonna.

Pieve di S. Vito (etwa 1 km w): In dieser schon im 8. Jh. erwähnten Pfarrkirche des ehem. Corsignano wurde Enea Silvio Piccolomini, der spätere Papst Pius II., getauft. Der heutige Bau wurde im späten 12. Jh. erbaut, wogegen der zylindrische Rumpf des Kampanile dem 11. Jh. entstammt. Beachtenswert sind die Bogenfriese unter den Giebeln, die reliefgeschmückten Portale sowie im Inneren das auf ein roman. Kapitell gestellte Taufbecken.

Palazzo Piccolomini (r neben dem Dom): Der zweistöckige, 1460–62 auf fast quadratischem Grundriß erbaute Palast ist das Hauptwerk Rossellinis und wohl dem v. seinem Lehrer Alberti in Florenz errichteten Palazzo Rucellai nachempfunden. Die Fassade ist horizontal durch vorspringende Gesimse, vertikal durch Pilaster mit dazwischenliegenden Doppelfenstern unter verzierten Rundbögen gegliedert. Der Innenhof ist v. schönen Bogengängen mit korinthischen Kapitellen umgeben. Von den 3 übereinanderliegenden Säulenloggien an der S-Seite des Palastes hat man eine herrliche Sicht auf den sich hier anschließenden *Giardino Pensile,* den hängenden Garten, sowie die Hügel des Val d'Orcia und den Monte Amiata. Einige Räume mit schönen Porträts aus dem 16.–17. Jh. und Erinnerungsstücke an die Familie Piccolomini können besichtigt werden. Der schöne Ziehbrunnen (Pozzo) vor dem Palast wurde ebenfalls nach einem Entwurf B. Rossellinos errichtet.

Palazzo Vescoville (l v. Dom, gegenüber Palazzo Piccolomini): Den Bischofspalast ließ Rodrigo Borgia, der spätere Papst Alexander VI., Vater v. Cesare und Lucrezia Borgia, erbauen. Beachtenswert sind das Portal, die wohl nach röm. Vorbildern gestalteten Fenster sowie an der Ecke das Borgia-Wappen.

Palazzo Comunale (gegenüber dem Dom): Der 1463 in Travertin erbaute Palast mit offener Säulenloggia im Erdgeschoß, darüber-

San Quirico d'Orcia (Pienza), Portale der Collegiata

Pietrasanta, Dom, Kanzel

liegenden Doppelfenstern mit Rundbögen und mit doppeltem Zinnaufsatz bekrönten Turm wurde um 1900 restauriert.

Museo Diocesano (Casa dei Canonici, hinter dem Palazzo Vescovile, an der l Domseite): In diesem Haus des Domkapitels ist das 1901 gegr. Diözesanmuseum untergebracht. Neben etrusk. und röm. Funden der näheren Umgebung sind hier vor allem Gemälde der Schule v. Siena (u. a. Altarbilder des 14. Jh. v. Bartolo di Fredi) und flandrische Wandteppiche (16. Jh.) untergebracht. Wertvollster Kunstgegenstand ist das *Pluviale Pius' II.*, ein reich besticktes Meßgewand aus dem 15. Jh.

Außerdem sehenswert: Den *Palazzo Ammannati* (l neben Palazzo Comunale) ließ Kardinal Giacomo Ammannati, ein Freund Pius' II., erbauen. Der Palast blieb jedoch unvollendet, was z. B. am Turmaufsatz gut erkennbar ist. – Ein weiterer kleiner *Palast* eines Kardinals befindet sich weiter w-wärts in Richtung Pieve di S. Vito. – R neben dem Palazzo Comunale *Backsteinhaus* des 15. Jh. – 4 km nö *Palazzo Massaini.*

Umgebung

Monticchiello (7 km sö): In der im 13. Jh. errichteten *Pfarrkirche* mit got. Portal und Fensterrose werden ein Tafelbild v. P. Lorenzetti sowie Reste eines Freskos aus dem 14. Jh. bewahrt. – Sehenswert sind auch die im 13. Jh. erbaute *Festung* und der recht gut erhaltene *Mauerring* mit einigen Türmen.

S. Anna in Comprena (7 km n): Die Pfarrkirche war Teil eines ehem. 1324 v. Bernardo Tolomei gegründeten Klosters. B. Tolomei war auch Gründer der bekannten Olivetanerabtei Monte Oliveto Maggiore, die etwa 20 km n v. S. Anna in Comprena liegt. Die *Fresken* im Refektorium (u. a. »Kreuzabnahme«) malte Sodoma 1502–03.

San Quirico d'Orcia (10 km sw): Der ummauerte Ort auf dem Hügel über dem Tal der Orcia und des Asso war schon zur Zeit der Etrusker besiedelt und entwickelte sich dann aus einem v. den Römern *Vicus alecinus* genannten Dorf. Die schon 712 als Pieve di Orsenna (SS. Quirico e Giulitta) erwähnte **Collegiata** (seit 1648) wurde im späten 12. Jh. aus Travertin erbaut. 1298 vergrößerte man das Querschiff, und bis 1806 erbaute man den Glockenturm. Die Kirche beeindruckt vor allem durch ihre *Portale:* Das Säulenportal an der einfachen Fassade wurde um 1080 erbaut und zeigt im Architrav ein Relief mit dem Kampf der Ungeheuer. Die schmale Vorhalle am G. Pisano zugeschriebenen Seitenportal (13. Jh.) wird v. Atlanten gestützt, die wiederum auf Löwen stehen. Ein 3. Portal mit got. hochgezogenem Ziergiebel (am r Querschiff) wurde 1298 erbaut. Im einschiffigen Innenraum befindet sich ein in der 2. Hälfte des 15. Jh. v. Sano di Pietro geschaffenes Triptychon, intarsiertes Chorgestühl v. A. Barili (1482–1502) sowie der Grabstein v. Heinrich v. Nassau, der auf dem Rückweg aus Rom in S. Quirico d'Orcia starb. – Hinter der Kirche liegt der 1679 auf Veranlassung des Kardinals F. Chigi v. C. Fontana im Barockstil erbaute *Palazzo Chigi,* der im 2. Weltkrieg allerdings große Schäden erlitt. – 7 km s. v. San Quirico d'Orcia: **Castiglione d'Orcia.** Die *Befestigung* dieses hochgelegenen Ortes ist noch recht gut erhalten. – In der Kapelle der *Pfarrkirche* befindet sich eine v.

Pietrasanta, Dom, Kanzelaufgang

Seravezza (Pietrasanta), Dom

P. Lorenzetti gemalte »Madonna mit Kind«. – 6 km s v. San Quirico d'Orcia: **Rocca d'Orcia.** Beachtenswert ist die *Turmruine* dieses malerischen ma Dorfes.

55045 Pietrasanta Lucca		
Einw.: 24000	Höhe: 25 m	S. 134 □ B 3

Der Hauptort der Versilia an den w Ausläufern der Apuanischen Alpen wurde erst 1242–55 v. Guiscardo Pietrasanta unterhalb der schon seit dem 12. Jh. bestehenden Burg Sala gegründet und nach seinem Erbauer benannt. In den nachfolgenden Jh. hatte der Ort häufig wechselnde Besitzer. Er kam unter Castruccio Castracane, der ihn zu seinem Stützpunkt in der Versilia auserkor, zu kurzer Blüte. Doch danach folgte, vor allem durch die sich ausbreitende Malaria, ein rapider Niedergang, der erst seit 1820 zum Stillstand kam, als Großherzog Leopold II. v. Toskana die gesamte tyrrhenische Küste v. der Malaria befreien konnte. Heute ist P. eines der wichtigsten Zentren der Onyx- und vor allem der Marmorverarbeitung.

Dom S. Martino (Piazza del Duomo): 1330 begann man mit dem Bau dieses 1821 letztmals restaurierten Domes. Der freistehende, aus rotem Backstein erbaute Kampanile (15.–16. Jh.) wurde nicht vollendet. Beachtenswert ist die Fassade mit reliefgeschmückten Rundbogenportalen aus der Werkstatt Pisanos (14. Jh.), got. Fensterrose und lucchesisch verziertem Bogenfries. Der durch Säulen in 3 Schiffe gegliederte Innenraum wurde im 17. Jh. verändert. Das Weihwasserbecken schuf im 16. Jh. der aus P. stammende St. Stagi, die Marmorkanzel entwarf im 17. Jh. der Pisaner Bitozzi. Beachtenswert sind auch einige Altarbilder und Skulpturen des 17. Jh., das Hochaltarbild »Verkündigung« eines unbekannten Meisters des 14. Jh. sowie die 1502–06 aus Marmor geschaffenen Chorsitze. Im *Baptisterium* (r neben dem Dom) v. 1608 entwarf D. Benti 1509 das Taufbecken. Die Schale mit dem Tempelchen schufen 1612 F. Pelliccia und O. Bergamini. Beachtenswert ist auch eine sechseckige Wanne aus dem 14. Jh.

S. Agostino (neben dem Dom): Der Glokkenturm dieser im 14. Jh. mit Marmorfassade erbauten got. Kirche wurde erst 1780 hinzugefügt. Beachtenswert sind der Kreuzgang mit dem Freskenzyklus »Geschichten des hl. Augustinus« aus dem 16. Jh.

Außerdem sehenswert: Durch die Porta Pisana, die ein Teil der ehem. Befestigung war, gelangt man zur *Piazza del Duomo,* die noch heute Mittelpunkt P. ist. – Am Domplatz befinden sich der 1530–1534 erbaute *Stundenturm,* ein *Marmorbrunnen* v. 1545, der *Palazzo Pretorio* (Portal v. 1515) sowie eine *Gedenksäule* mit einem Florentiner Löwen zur Würdigung Leopolds II. – Von der *Befestigung* selbst sind noch Reste der Burg des 13. Jh. (Rocca Sala) und der zinnengekrönten Mauern erhalten.

Umgebung

Camaiore (9 km sö): Der Ort entwickelte sich um eine schon im 8. Jh. erwähnte Benediktinerabtei. Im Innenraum der im 11. Jh. erneuerten, später mehrmals umgestalteten *Abteikirche S. Pietro* verdient das im 15. Jh. v. A. Anguilla geschaffene Altarbild »Madonna mit Heiligen« besondere Beachtung. – Die spätroman. *Chiesa della Collegiata* (an der Piazza S. Bernardino) wurde 1278 erbaut, der mit Ghibellinenzinnen bekrönte Turm erst 1350 errichtet. Im Inneren befindet sich ein reliefgeschmücktes Taufbecken des 14. Jh. (in der Taufkapelle). – Im *Museo d'Arte Sacra* (Piazza Diaz) sind vor allem kirchliche Kunstgegenstände untergebracht. Hervorgehoben sei eine geschnitzte Holzmadonna v. M. Civitali sowie ein flämischer Wandteppich aus dem Jahre 1516. – 2,5 km sö v. Camaiore (Abzweigung nach 1,5 km) befindet sich die im 12. Jh. erbaute *Pieve SS. Giovanni e Stefano* mit sehenswertem *Glockenturm* und einem in ein Taufbecken umgewandelten röm. Sarkophag aus dem 2. Jh. n. Chr.

Marina di Pietrasanta (4 km sw): Dieses Seebad mit breiten Feinsandstränden an der Riviera della Versilia besteht eigtl. aus 4 Siedlungen: Fiumetto, das sich an Forte dei Marmi anschließt, Tonfano, Motrone und Le Focette.

Seravezza (7,5 km n): In den um den Ort gelegenen Brüchen suchte Michelangelo Marmor für einige seiner Skulpturen, wie z. B. das Julius-Grab, aus. – Der *Renaissance-Dom* mit Zinnenturm und Kuppel wurde im

Populonia (Piombino), Etruskergrab

16. Jh. erbaut. Im Inneren befindet sich ein interessantes Taufbecken. – Der *Palazzo Mediceo* (heute Rathaus) mit Brunnen und schönem Arkadenhof wurde 1555 nach einem Entwurf B. Ammannatis für Cosimo I. errichtet. – 4 km n v. Seravezza: **Azzano:** Die roman. *Pieve della Cappella* dieses hochgelegenen, v. Kastanienwäldern umgebenen Ortes wurde im 14. Jh. mit wehrhaftem Turm erbaut.

Valdicastello Carducci (3,5 km ö): Hier wurde der berühmte Lyriker und spätere Nobelpreisträger Giosuè Carducci (1835–1907) geboren. In seinem Vaterhaus sind einige Erinnerungsstücke ausgestellt. – In der im 13.–15. Jh. erbauten *Kirche SS. Giovanni e Felicita* wurden in jüngster Zeit einige ältere *Fresken* freigelegt.

57025 Piombino Livorno		
Einw.: 37 000	Höhe: 19 m	S. 136 □ C 7

An der SW-Spitze des Piombino genannten Vorgebirges errichteten die Römer für das n gelegene, durch die Eisenverarbeitung überlastete Populonium den Nebenhafen *Porto Falesia*. Eine größere Ansiedlung entstand aber erst, nachdem die Pisaner hier 1115 einen Wachtturm erbaut hatten. Nach dem Machtverlust Pisas kam P. an die aus Pisa stammende Familie Appiani (1399–1603), danach an die röm. Familien der Ludovisi (1634–1706) und Buoncompagni (1706–1805), bevor es Napoleon 1805 seiner Schwester Elisa Bacciocchi-Bonaparte überließ. Nach Napoleons Niederlage wurde P. auf dem Wiener Kongreß endgültig dem Großherzogtum Toskana angegliedert, mit dem es schließlich 1860 in das Königreich Italien gelangte. Heute ist P. mit seinen zahlreichen Hüttenwerken ein Zentrum der eisenverarbeitenden Industrie, die ihre Erze aus Elba und dem Nahen Osten bezieht, sowie ein wichtiger Anlaufhafen für die Insel Elba.

SS. Antimo e Lorenzo: Diese Kirche ließ 1374 der Signore v. Pisa, Pietro Gambacorta, erbauen. Nach mehreren Restaurierungen ist v. Originalbau nur noch der Spitzbogen an der Fassade erhalten. Der Innenraum ist in 2 ungleich große Schiffe unterteilt. Den spätgot. *Taufbrunnen* schuf 1470 A. Guardi. Auf eine etrusk. Säule mit Resten eines Jagdszenenreliefs setzte man ein modernes Becken. Beachtenswert sind auch mehrere Grabmäler der Familie Appiani (14.–15. Jh.) sowie der Kreuzgang mit Marmorsäulen auf verschiedenen Kapitellen.

Populonia (Piombino), Etruskergrab

Populonia (Piombino), Etruskergrab

Palazzo Comunale (Piazza Verdi): Der im 13. Jh. v. den Pisanern erbaute Palast wurde mehrfach restauriert. Den Uhrturm ließen 1598 die Fürsten Appiani hinzufügen. Vor dem Palast befindet sich vermutlich als Rest der antiken Stadtmauer die *Porta S. Antonio*.

Außerdem sehenswert: An der Piazza Cittadella befindet sich gegenüber der um 1470 v. A. Guardi erbauten Kapelle und neben der Ruine des Pisaner Forts der 1468 errichtete, mit Wappen und Porträts der Familie Appiani geschmückte *Marmorbrunnen*. – Ein weiterer *Brunnen* (v. 1247) ist am alten Kanalhafen zu sehen. – Das *Krankenhaus* wurde mit Resten der frühgot. Kirche S. Anastasia erbaut. – Von der Terrasse der *Piazza Bovio* herrlicher Blick auf den Toskanischen Archipel und die Insel Elba.

Umgebung

Campiglia Marittima (18 km nö): Im Friedhof befindet sich eine *Kirche* mit reliefgeschmücktem Portal des 12. Jh. und 1163 aus Buntmarmor errichteter Fassade. – Beachtenswert sind außerdem der wappengeschmückte *Palazzo Pretorio* (15.–16. Jh.) sowie die Reste der im 11.–13. Jh. erbauten *Gherardesca-Burg*.

Populonia (14 km n): Der hoch über dem Meer gelegene Ort war schon im 9. Jh. v. Chr. durch die Verarbeitung v. Kupfer aus den Monti Metalliferi und aus Campiglia Marittima bekannt. *Pupluna*, die einzige Etruskerstadt direkt am Meer, entwickelte nun eine schon beachtliche Industrie, was die Anlage einer Unterstadt an den Werkstätten um den Hafen zur Folge hatte. Von einer im 4.–3. Jh. v. Chr. errichteten Mauer um beide Städte sind heute geringe Reste erhalten. Im 7. und 6. Jh. v. Chr., als vor allem Velathri (das heutige Volterra), aber auch Vetulonia und das weiter entfernte Chiusi mit Eisen beliefert wurden, hatte die Stadt ihre größte Blüte erreicht. Seit dem 3. Jh. v. Chr. wurde sie mit größtenteils aus Elba geliefertem Rohstoff zur wichtigsten Eisenschmiede der Römer. So mußte Populonia 205 v. Chr. die Flotte

Populonia (Piombino), Rocca

Scipios, die dieser gegen Karthago einsetzte, mit großen Mengen verarbeiteten Eisens ausrüsten. Der Abstieg Populonias vollzog sich seit 79 v. Chr., als es im Bürgerkrieg v. Sulla vernichtet wurde. Nachdem um 40 v. Chr. in Pozzuoli (Neapel) ein größerer Hafen und Werkstätten errichtet worden waren, sank Populonia zur fast völligen Bedeutungslosigkeit herab. Zwar erhielt die Stadt im 4. Jh. einen Bischofssitz, doch infolge der Sarazenengefahr und der sich ausbreitenden Malaria floh der Bischof 835 in das sichere Massa Marittima.

Bei der Gewinnung des Eisens durch in Öfen entzündete Holzfeuer blieben etwa 50 Prozent des Eisengehaltes in einer Schlacke zurück, die man notgedrungen über den Grabhügeln lagerte. Dadurch wurden zwar die Kuppeln der 1908 entdeckten Gräber eingedrückt, aber gleichzeitig die Grabbeigaben hervorragend konserviert. Die Schlacke selbst mit ihrem 50prozentigen Eisengehalt wurde seit 1959 v. der Industrie restlos abgebaut.

Die *Gräber* des 9.–3. Jh. v. Chr. (meist Tumuli mit Pseudokuppeln) sind alle recht gut erhalten und liegen am Golf v. Baratti. In der *Nekropole San Cerbone* befinden sich mehrere Kastengräber, über die Erdhügel geschüttet wurden, die v. einem kreisförmigen Mauersockel (sog. Krepis) gehalten wurden. In die Grabkammern führt durch diesen künstlichen Hügel ein Gang (teilweise mit Zellen oder Nischen). Das großartigste und charakteristischste Grab dieser Art ist die riesige *Tomba dei Carri* (7. Jh. v. Chr.), die ihren Namen wegen der in den Seitenkammern des Korridors gefundenen Streitwagen erhielt. In dieser Nekropole überrascht ein gut erhaltenes *Aedicula-Grab,* das in der Form eines kleinen Hauses mit Satteldach erbaut wurde. Ein weiterer, in Populonia seltener Typus sind die *Tombe a Cassone,* die in der Form eines Sarkophags mit Steinplatten abgedeckt wurden und frei auf dem Erdboden standen.

In der *Nekropole Porcareccia* ist vor allem das Grab »dei Flabelli« (bei der Kapelle S. Cerbone), wo man Bronzefächer, -helme, Goldschmuck u. a. fand, beachtenswert. In

der Nähe des Grabes »delle Oreficerie« (erst 1940 mit wertvollen Grabbeigaben entdeckt) befindet sich auch ein Schmelzofen mit Resten eines Kamins aus dem 3. Jh. v. Chr.
Außerdem fand man in Populonia zahlreiche *Einzelkammergräber* (Le Grotte), die meist im 2. Jh. v. Chr. in den Tuff gegraben wurden, sowie kleine Gräber aus der Villanova-Kultur. Die Grabbeigaben sind heute größtenteils im Archäologischen Museum in Florenz ausgestellt.
Die ehem. Oberstadt, der heutige Ort Populonia, wird v. Resten der im 14. Jh. v. Pisa errichteten *Mauern* umgeben und v. der ma *Rocca* mit einem zinnengekrönten zylindrischen und einem quadratischem Turm überragt. Von hier hat man einen herrlichen Blick auf das Meer und die Bucht v. Baratti. – Beachtenswertes *Museo Etrusco* (Hauptstraße), wo einige in den Gräbern am Golf v. Baratti gefundene Beigaben ausgestellt sind.

56100 Pisa Pisa		
Einw.: 103000	Höhe: 3 m	S. 134 □ B/C 4

Vermutlich war P. eine griechische Gründung des 7. Jh. v. Chr., die nach Ligurern und Etruskern um 180 v. Chr. v. den Römern als Kolonie *Julia Pisana* übernommen wurde. Die Siedlung lag n eines Lagunensees im Mündungsgebiet des Arno (der in diesen See mündete) und des Serchio (der in den Arno mündete). Die etrusk. Bezeichnung für Mund = Pisa (womit die Doppelmündung umschrieben war) wurde v. den Römern leicht verändert als *Pisae* übernommen. Nachdem der v. den Römern Sinus Pisanus bezeichnete Lagunensee im 6. Jh. n. Chr. versandet war, grub sich der Arno 10 km weit bis ins Mittelmeer, und auch der Serchio mündet heute nicht mehr in den Arno, sondern 15 km n v. diesem ins Mittelmeer. Durch diesen Lagunensee, den Augustus ausbauen und an dessen S-Spitze er den Hafen Portus Pisanus (das heutige Livorno) errichten ließ, war P. direkt mit dem Meer verbunden. Um sich vor den Sarazenenüberfällen im Mittelmeerraum schützen zu können, baute P. im 9. Jh. eine Flotte auf, die der

Pisa, Domfassade ▷

Dom, Bronzetür

Stadt rasch zu großem Aufschwung und Ansehen verhalf. Seit P. 1063 die Sarazenen aus Palermo verjagt und ihnen in den folgenden Jahrzehnten auch noch Sardinien, Korsika und die Balearen (1114) entrissen hatte, und seit 1135 die Meerrepublik Amalfi v. Pisaner Kampfschiffen völlig zerstört worden war, stellte es die absolute Hauptmacht im w Mittelmeer dar und pflegte bis nach Tunis, Konstantinopel und ins Heilige Land enge Handelsbeziehungen.

Neben der wirtschaftlichen erlebte die Stadt in der Zeit v. 11. bis 13. Jh. auch ihre große künstlerische und geistige Blüte. So begann man 1063 mit dem Bau des Doms, und 1193 wurde eine *Universitas* genannte Rechtsschule begründet. In Pisa wählte man seit dem 10. Jh. 2 Konsuln und einen Zwölferrat, der diese unterstützen, aber auch überprüfen sollte. Durch die Bestätigung dieser »Pisaner Gebräuche« durch Kaiser Heinrich IV. im Jahre 1081 hatte die Stadt quasi eine Autonomie unter Anerkennung der Oberheit des Reiches erhalten. 1162 sicherte Kaiser Barbarossa dem ghibellinischen und äußerst kaisertreuen P. die Autonomie und ein großes Besitztum v. Portavenere bis Civitavecchia. Nach dem Ende der Stauferzeit war Pisas Vormachtstellung v. der Landmacht Florenz und vor allem v. der – wie Florenz guelfischen – Seemacht Genua so stark bedroht wie nie zuvor. Die Flotte des inzwischen v. einem (auf 1 Jahr gewählten) Podestà regierten P. wurde 1284 bei Meloria (vor Livorno) v. einer starken Flotte der Genuesen völlig vernichtet. Nach dieser Niederlage ließ sich der damals schon 80jährige Admiral Ugolino della Gherardesca zum Podestà wählen. Um mit Genua besser über die Auslieferung der Gefangenen verhandeln zu können, schloß er mit Lucca und Florenz Frieden. Doch dieser Schachzug wurde v. den Pisanern nicht verstanden und führte schließlich, nachdem Ugolino eine Signoria geschaffen, also sich zum Alleinherrscher gemacht hatte, dazu, daß man Ugolino mit seinen Verwandten in den Gualandi-Turm warf. Dort starb der alte Graf nach 2 Jahren, allerdings nicht am Hunger, wie es Dante im »Inferno« beschreibt.

Dom, Bronzetür, Detail

In den folgenden Jahrzehnten verlor P. alle eine Besitzungen bis auf Elba, einige kleine- e Inseln des Toskanischen Archipels und ei- ıen Küstenturm in Piombino. Bis 1399 war P. eine v. einem Signore beherrschte Frei- tadt, doch nach dem Tode v. Signore Pietro Gambacorta verkauften die Appiani die Stadt an die Mailänder Familie Visconti, die s wiederum 1406 gegen einen hohen Betrag ın Florenz abtrat. Doch Florenz konnte das . seiner Bevölkerung aufopferungsvoll ver- eidigte P. erst nach längerer Aushungerung ım 9. Oktober 1406 übernehmen.

Jnter Florentiner Herrschaft verkümmerte P. immer mehr, und es kam zu einer Entvöl- erung auf Grund der sich ungestört aus- reitenden Malaria bis auf 8 500 Einwohner. Erst unter Cosimo I. de'Medici und nach Gründung des Großherzogtums Toskana ing es mit der Stadt wieder aufwärts. U. a. anierte man das Schwemmland des Arno ınd des Serchio und baute Brücken. 1543 vurde die Toskanische Universität gegrün- let und der Sitz des 1563 gestifteten Militär- ›rdens St. Stefan nach Pisa verlegt.

Die s des Monte Pisano, etwa 10 km v. Meer, zu beiden Ufern des Arno gelegene Stadt konnte sich v. den Schäden, die durch einen Bombenangriff 1944 entstanden waren, wieder erholen und wird heute v. Kunstliebhabern aus aller Welt besucht. Künstlerisches Zentrum ist der Domplatz, der völlig zu Recht den Beinamen »Piazza dei Miracoli«, also Platz der Wunder trägt.

In der Kunst schuf die Pisaner Architektur und auch Bildhauerei einen eigenen Baustil, die sog. Pisaner Romanik (später Pisaner Gotik), die nicht nur Luccas, Pistoias oder Pratos Bauwerke beeinflußte, sondern sogar bis nach Sardinien und Korsika wirkte. P. ist die Geburtsstadt des Astronomen und Physikers Galileo Galilei (1564–1642).

Unter den verschiedenen Volksfesten ist das jährlich am 1. Junisonntag stattfindende »Ginoco del Ponte« bes. interessant: 800, in historische Kostüme des 16. Jh. gekleidete Personen spielen den Kampf um die mittlere Brücke nach. Kurz danach, am 17. Juni, findet auf dem Arno eine Regatta auf alten Barken statt.

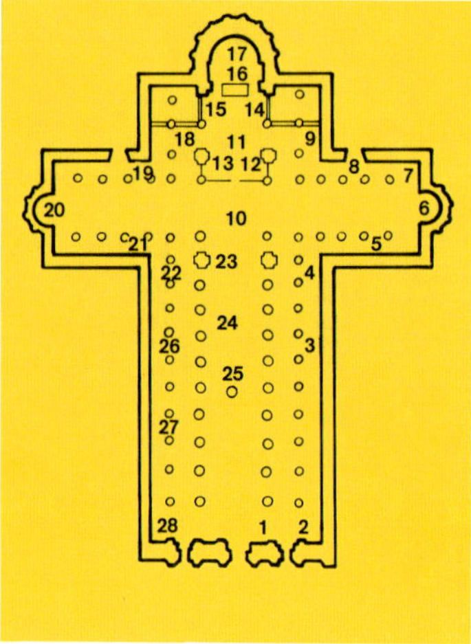

Pisa, Dom 1 Grabmal des Matteo Rinuccini; Bronzekruzifix v. P. Tacca (1582); Bronzestatuen des 17. Jh. über den Weihwasserkesseln **2** Fresken der Pisaner Schule des 15. Jh. **3** Marmoraltar v. Stagio Stagi; »Madonna delle Grazie« v. A. del Sarto und G. A. Sogliani **4** Marmoraltar v. St. Stagi; Marmorurne und Skulpturen (Gottvater) in der Lünette v. B. Ammanati **5** Gemälde »Maria zwischen Heiligen« v. G. A. Sogliani und P. del Vaga **6** Cappella di S. Ranieri; Sarkophag des G. B. Foggini; Skulpturen v. B. Lorenzi u. a. **7** Grabmal Kaiser Heinrichs VII. v. Tino di Camaino (1315) **8** Porta di S. Ranieri; reliefgeschmückte Bronzetür v. Bonanno Pisano (1186); I davon Marmoraltar mit hl. Blasius v. St. Stagi und Fancinelli **9** Sakristei und Schatzkammer; Madonna v. G. Pisano (1299) **10** Kuppel mit Fresken v. O. und G. Riminaldi (1631, »Himmelfahrt Mariens«); Fußboden des 12. Jh. **11** Presbyterium; Bronzeleuchter v. Giambologna (1620); geschnitztes Chorgestühl mit Einlegearbeiten (Ende des 16. Jh., 1616 erneuert) **12** »Hl. Agnes«, v. A. del Sarto **13** »Madonna mit Kind« v. Sogliani **14** »Hll. Katharina und Margarethe« **15** »Hl. Petrus und Johannes d. T.« v. A. del Sarto **16** Hauptaltar (1733) mit Bronzekruzifix v. Giambologna und 6 Engeln v. Pogliaghi **17** Apsis; »Musizierende Engel« v. Ghirlandaio; »Kreuzabnahme« v. Sodoma (1540); Tafel mit Szenen des Alten Testaments v. Beccafumi; in der Apsis-Kuppel Mosaik v. verschiedenen Künstlern, u. a. Cimabue (1302): »Thronender Christus mit Maria und Johannes d. Ev.« **18** Byzantinische Tafel des 13. Jh. **19** Grabmal des Erzbischofs d'Elci v. G. B. Vacca **20** Cappella del Sacramento; Architektur v. B. Lorenzi, Plastik v. F. Mosca (1563); Statuen v. Ch. Fancelli; Altar v. G. B. Foggini (1685); Mosaik des 14. Jh. (»Verkündigung«) **21** Marmoraltar v. St. Stagi **22** Altar v. B. Lorenzi (1592) **23** Ausdrucksstarke Kanzel v. G. Pisano, (1302–11); vor der Kanzel Bischofsstuhl **24** Vergoldete Renaissance-Kassettendecke im Mittelschiff **25** Bronzelampe v. Lorenzi (1587); an dieser Lampe soll Galileo Galilei das Pendelgesetz entdeckt haben **26** Altar v. V. Salimeni **27** Altar v. Passignano **28** Altar v. G. B. Paggi

Dom, Decke

Domplatz (Piazza dei Miracoli): Im Jahr 1063 begann man mit dem Dombau außerhalb der damaligen Stadtmauer, auf festen Untergrund, wie man glaubte. Doch ist nicht nur der Kampanile geneigt, sondern auch der Dom selbst und viele weitere Gebäude v P. Obwohl erst nach über 200 Jahren (127 Baubeginn des Camposanto) die endgültig Anlage des Platzes geschaffen war, wirke Dom, Baptisterium, Kampanile und Camposanto durch das einheitliche Baumateria (weißer carrarischer Marmor) und imme wieder verwendete gleiche Bauelemente wi die Arkadenreihen im Erdgeschoß und di Säulenloggien in den Obergeschossen (nich beim Camposanto) sehr homogen. Eine be merkenswerte Eigenart des Pisaner Dom platzes ist auch die ungezwungene Anord nung der Dombauten auf freistehender grünem Rasenplatz. Hinter dem Platz sin noch Reste der zinngekrönten Stadtmaue aus dem späten 12. Jh. zu sehen.

Dom: Kurz nachdem im Jahr 1063 die Sara zenen bei Palermo v. den Pisanern geschl

)om

;en worden waren, begann man dank des ›rbeuteten, auf 6 Frachtschiffen verladenen ;chatzes den Bau des Domes, der als das erte und zugleich typische Bauwerk der Pisaıer Romanik zu den bedeutendsten Werken ler ital. Architektur zählt. Von Buscheto, der aut Vasari griech. Abstammung war, begonıen, verlängerte Rainaldo 1100–30 das ,anghaus und setzte eine neue Fassade an, lie bis 1160 in ihren Obergeschossen fertig;estellt wurde. Erst als 1380 um den Ansatz ler elliptischen Kuppel eine got. Säulengaerie gezogen war, galt der 1118 v. Papst Geısius III. geweihte Bau als vollendet.

)ie 35 m breite *Fassade* mit 4 Zwerchgaleien über einer hohen Reihe v. Blendarkaden vurde vor allem in den Nachbarstädten Pitoia und Lucca häufig nachgeahmt. 3 v. äulen flankierte Portale öffnen sich unter len 7 Bögen im Erdgeschoß. Während die ›ortalbögen mit verschiedenen Reliefdartellungen geschmückt sind, wurden unter ,en türlosen Bögen Rauten mit Glassteinen ınd Marmorintarsien eingelegt. Unter dem rsten 1 Bogen befindet sich der Sarkophag Buschetos. Die v. Bonanno Pisano 1186 geschaffenen *Bronzetüren* an der Fassade mußten nach einem Brand 1595 v. Giambologna neu gegossen werden. Der mittlere Fassadenteil besteht aus 2 Säulenreihen, die 2. Reihe ist an den Seiten der absinkenden Dachleiste der Seitenschiffe angeglichen. Die darüberliegenden 2 weiteren Säulenreihen (oberster Fassadenteil) nehmen die Breite des Mittelschiffs ein, wobei die oberste den mit einer Madonna des N. Pisano und 2 Engeln bekrönten Dreiecksgiebel bildet. Auffallend ist die regelmäßige Anordnung der Säulen, die der Fassade eine große Anmut verleiht. An der Apsis taucht das Fassadenschema mit Blendarkaden und 2 Säulenreihen wieder auf. Die zweistöckigen Arkadenreihen im Erdgeschoß umlaufen den ganzen Bau. Die Bronzetüren der Porta di S. Ranieri (an der Seite zum Kampanile) schuf 1180 Bonanno Pisano, der sich zum Teil an hellenistische und röm., aber auch an byzantinische Vorbilder hielt. Die Reliefs zeigen Geschichten aus dem Leben Jesu und Mariens.

Dom, Säulendetail

Der *Innenraum* ist hier zum erstenmal in Italien in der Form eines Kreuzes angelegt. Die 5 Längsschiffe setzen sich im Chor fort und kreuzen unter der Kuppel das dreischiffige Querhaus, das ähnlich dem Langhaus (große Apsis) in Kleinapsiden endet. Das Mittelschiff ist durch Rundbögen auf 68 Tragsäulen mit meist nachgeahmten korinthischen Kapitellen v. den Seitenschiffen getrennt. Diese wiederum sind durch spitzbogige, islamischer Architektur nachempfundene Arkaden auf Säulen mit zum Teil antiken Kapitellen unterteilt. Über den Seitenschiffen befinden sich Emporen, die der Hagia Sophia in Konstantinopel nachempfunden sein könnten und in den Chorbereich weitergeführt sind. Auch das Querschiff wurde mit Emporen besetzt. 1595 wölbte man die Seitenschiffe ein und schuf im Mittelschiff die reichgeschnitzte und vergoldete Kassettendecke. Der lichterfüllte Innenraum weist in seiner Weite ins frühchristl. Rom, zeigt aber auch durch die schwarz-weißen Marmorstreifen orientalisches Gepräge. – Die 1302–11 v. G. Pisano geschaffene *Kanzel* (beim 1. Kuppelpfeiler l) zählt in ihrer ungewöhnlichen Ausdruckskraft zu den bedeutendsten Meisterwerken ital. Bildhauerei 1599 wurde sie, da sie als veraltet galt, auseinandergenommen, und 1926 setzte man die erhalten gebliebenen Teile wieder zusammen. Einige verlorengegangene Fragmente wurden rekonstruiert. Die sechseckige Kanzelbrüstung ruht auf 9 Säulen und Statuen, die einem runden Sockel entwachsen. Von den äußeren Säulen werden 2 v. Löwen, die ein Pferd niederstrecken, getragen 4 weitere Säulen sind aus menschlichen Figuren gebildet: der heidnische Herkules, der christl. Kämpfer Michael, der v. den 4 Evangelisten getragene Christus und über den 4 Kardinaltugenden Ecclesia. Die mittlere Tragsäule ist durch 3 Personen, die Glaube Hoffnung und Liebe bedeuten sollen, ersetzt. Die Kanzelbrüstung selbst ist v. herrlichen Relieffeldern mit Darstellungen aus dem Neuen Testament (Geburt Johannes d. T., Szenen aus dem Leben Jesu, Jüngstes Gericht) geschmückt. – Das *Grabmal Kaiser Heinrichs VII. v. Luxemburg* (r Querschiffarm), der 1313 in Buonconvento starb, schu[f] 1315 Tino di Camaino. – Ebenfalls im Querschiffarm befindet sich die mit Skulpturen v. B. Lorenzi (und anderen) ausgestattete Cappella di S. Ranieri. – In der großen Apsis des Chors schuf 1302 Cimabue die Figur des Johannes im Mosaik *Thronender Christus mit Maria und Johannes d. Ev.* Ebenfalls in der Apsis malten u. a. Beccafumi mehrere Szenen aus dem Alten Testament, sowie Sodoma eine *Kreuzabnahme*. – In der Mitte des Hauptschiffes hängt die 1587 v. B. Lorenzi geschaffene *Bronzelampe*, durch deren regelmäßige Schwingungen Galileo Galilei zum Aufstellen des Pendelgesetzes gelangt sein soll. Das bronzene Kruzifix am Hochaltar im Presbyterium schuf Giambologna.

Beachtenswert sind außerdem ein *Mosaik* des 14. Jh. (Verkündigung) in der Apsis des Querschiffes, eine *Hl. Agnes* v. A. del Sarto (16. Jh.) am r Kuppelpfeiler, eine *Madonna mit Kind* v. Sogliani am l Kuppelpfeiler, sowie die zahlreichen *Altäre* v. Stagio Stagi, Salimbeni u. a.

In der Sakristei (r v. Presbyterium) wird der *Domschatz*, u. a. eine Madonnenstatuette aus Elfenbein v. G. Pisano (1299) ausgestellt.

Schiefer Turm von Pis[a]

Kampanile: 1173 begannen Bonanno Pisano, der schon die Bronzetüren des Domes geschaffen hatte, und ein gewisser Guglielmo mit dem Bau des freistehenden Glockenturms, den sie durch hohe Blendarkaden im Erdgeschoß sowie die Säulenreihen in den oberen Stockwerken dem Dom anglichen. Doch nachdem der 3. Säulenstock vollendet war, begann sich der Turm zu neigen. Der Grund dafür ist wohl darin zu sehen, daß der Turm auf dem sandigen Erdboden der Schwemmlande v. P. errichtet wurde. So ist in P. nicht nur der v. den Italienern *Torre Pendente,* also schiefer Turm, genannte und weltberühmte Kampanile geneigt, sondern zahlreiche weitere Gebäude auch (Neigung der Domfassade z. B. 45 cm). Unter den zahlreichen weiteren Theorien sind diejenigen, die behaupten, der Dom sei auf Grund eines Konstruktionsfehlers oder gar nach Absicht seiner Erbauer schief, wohl die kühnsten. Erst rund 100 Jahre später, im Jahre 1275, setzte Giovanni di Simone 3 weitere Säulenreihen, leicht gekrümmt in Gegenrichtung zur Neigung, auf die schon erbauten Geschosse, um den inzwischen schon in ganz Italien belächelten Turm zu stabilisieren. Doch der neigte sich immer weiter, so daß schließlich Tommaso da Pontedera 1350–73 den Turm abtrug, wieder aufbaute und die runde Glockenkammer aufsetzte. Heute beträgt die Höhe im N 55,22 m, im S 54,52 m und die Abweichung v. der Senkrechten 4,27 m. Trotz der Stützung durch Zement-Injektionen neigt sich der Turm auch heute noch jährlich um etwa 0,8 mm, was freilich diesen einzigartigen Turm einige Jh. bestehen lassen wird, falls keine weiteren Schäden auftreten. Im Unterschied zu den quadratischen Glockentürmen der Toskana wurde der »Schiefe Turm« in zylindrischer Form errichtet, mit 6 Reihen luftiger Galerien, deren Säulen genau übereinander liegen. Das *Portal* (1173–74) zeigt verschiedene Tiere und Ungeheuer und ein Muttergottesrelief unter dem Rundbogen. Über eine Wendeltreppe mit 294 Stufen gelangt man auf den obersten Umgang, von wo Galilei seine Versuche mit der Schwerkraft machte.

Baptisterium: Wie so häufig in Italien, wurde auch in P. gegenüber der Domfassade eine Taufkirche erbaut. Diotisalvi errichtete ab

Camposanto, Fresko »Triumph des Todes« ▷

1153 das roman. Untergeschoß dieses klassischen Rundbaus und glich es durch die hohen Blendarkaden mit darübergesetzter Galerienzone sowie die schwarzen vertikalen Marmorstreifen der Fassade des Doms an. Von diesem roman. Erdgeschoß unterscheiden sich deutlich erkennbar die got. oberen Geschosse, für deren Errichtung seit 1260 N. Pisano verantwortlich war. So bekrönte er die Säulenloggia mit got. Wimpergen und Fialen und setzte auf diese die 20 Rundbogenfenster mit Spitzgiebeln, die wiederum kleine Fensterrosen umrahmen. Für die Ausschmückung und die figürliche Gestaltung verpflichtete man seit 1284 G. Pisano, den Sohn Nicolas. Die v. Marmorstreifen unterteilte konische Kuppel (Abschluß bildet die Statue Johannes d. T.) schuf seit 1358 Zibellino. Das *Hauptportal* gegenüber der Domfassade ist reich verziert und trägt in der Lünette die Kopie einer Muttergottes v. G. Pisano (Original im Museo del Opera).

Der *Innenraum* ist durch 8 figurenreich geschmückte Säulen und 4 Pfeiler in Mittelbau und Umgang, über dem sich, hinter einem Säulengang, Emporen befinden, unterteilt. In der Mitte steht der durch 3 Stufen erhöhte, achteckige *Taufbrunnen*, den 1246 G. Bigarelli schuf. Aus der Mitte des Beckens ragt eine 1520 geschaffene Täuferstatue auf einer Säule mit Kapitell empor. Im Jahre 1260 schuf N. Pisano die sechseckige, freistehende *Kanzel*. Der Körper ruht auf 7 Säulen, v. denen wiederum 3 auf Löwen stehen. Die Figuren auf den Säulen stellen die Tugenden (z. B. Herkules für Stärke) sowie Johannes d. T. dar. Die Mittelsäule ruht auf einem mit Tieren und Menschen verzierten Sockel. In den dreilappigen Bogenzwickeln, die über den Säulen und unter dem eigtl. Kanzelkörper liegen, sind Propheten- und Evangelistenskulpturen eingefügt. Die 5 *Relieffelder* der Kanzelbrüstung gehen sowohl in ihrer rechteckigen Form als auch in ihrer Tiefe auf Vorbilder röm. Sarkophage zurück und zeigen Szenen aus dem Leben Jesu sowie das Jüngste Gericht. So hat N. Pisano z. B. v. einem Sarkophag mit der Darstellung der Phädra-Sage (im Camposanto) Haartracht, Gewand und Gesichtsausdruck auf seine Maria in der »Anbetung der Könige« übertragen.

Camposanto (Friedhof, l vom Dom): 1203 soll Erzbischof Ubaldo de Lanfranchi bei seiner Rückkehr vom ersten Kreuzzug Erde v. Hügel Golgatha aus Palästina mit nach P. gebracht haben, um die Pisaner in heiliger Erde bestatten zu können. Um dieses hl. Feld (ital.: Camposanto) errichtete seit 1278 Giovanni di Simone, der zur gleichen Zeit auch den Kampanile weiterbaute, eine rechteckige Anlage, die in ihrem überdach-

Dom, Grabmal Heinrichs VII. v. Camaino

Baptisterium

Blick v. Campanile auf Dom und Baptisterium

ten Umgang einem mit Rundbogen versehenen Kreuzgang gleicht. Dieser öffnet sich zum Kern des Wiesenfeldes mit einer Arkadenwand. Die Außenmauer wurde mit ihren hohen, umlaufenden Rundbögen den Fassaden der übrigen Gebäude des Domplatzes angeglichen und mit nur 2 Portalen besetzt. Das Tabernakel mit einer Darstellung »Muttergottes mit Heiligen« über einem dieser Portale stammt aus der Schule G. Pisanos. Neben reliefgeschmückten röm. *Sarkophagen, Grabmälern* der Renaissance, *Vasen* und verschiedensten *Skulpturen* befinden sich an den Wänden des Kreuzganges und in den Kapellen *Fresken* des 14. und 15. Jh. Bei einem Gefecht zwischen Deutschen und Alliierten schlug am 27. Juli 1944 eine Bombe in das Dach des Camposanto und verursachte insbesondere an den Fresken unsagbaren Schaden. Bei der Abnahme der Fresken traten glücklicherweise Vorzeichnungen zutage, mit deren Hilfe die zerstörten Teile restauriert werden konnten. Die abgenommenen Fresken sind teilweise im Museo dell' Opera del Duomo aufbewahrt.

Zu den wichtigsten Fresken zählt das monumentale Wandgemälde *Triumph des Todes* (l neben dem Eingang im S-Trakt), das jüngste Forschungsergebnisse F. Traini zuschreiben und das um 1340–45 entstanden sein soll. Der bekannteste Ausschnitt dieses Freskos zeigt die Begegnung v. Lebenden mit den Leichen dreier Könige, die in verschiedenen Stadien der Verwesung in offenen Särgen liegen. Im N-Trakt befinden sich die *Schöpfungsgeschichten* (1390) v. Piero di Puccio sowie 23 *Szenen aus dem Alten Testament* (seit 1468) und die *Anbetung der Könige* über dem Eingang zur Cappella Ammanati, beides v. B. Gozzoli. Unter den im N-Trakt aufgestellten Sarkophagen sei der *Phädra-Sarkophag* aus dem 2. Jh. n. Chr. genannt, v. dem N. Pisano Details für ein Reliefbild seiner Kanzel im Baptisterium übernahm. Unter den zahlreichen Künstlern, die die Fresken malten, seien noch T. Gaddi, Sp. Aretino und P. Lorenzetti (vermutlich Schöpfer des *Anachoreten-Lebens*) genannt. Unter den Skulpturen verdienen ein Madonnenfragment v. G. Pisano, eine Figurengruppe mit Kaiser Heinrich VII. v. Tino di Camaino (um 1315) und ein islamischer Bronze-Greif des 11. Jh. besondere Beachtung. Der Camposanto wurde bis ins 18. Jh. als Grabstätte benutzt.

Museo dell'Opera del Duomo (Palazzo della Primiziale, gegenüber dem l Querschiff des Domes) Hier werden neben Pisaner Skulpturen des 12.–17. Jh. v. N. Pisano, G. Pisano, Tino di Camaino, B. Gozzoli (David und Goliath) u. a. auch Inschriften, röm. Meilensteine und Dokumente aus Pisas Stadtgeschichte aufbewahrt.

S. Caterina (Piazza S. Caterina): Der untere roman. Fassadenteil mit hohen Blendbögen und Portalen geht noch auf die Dominikaner zurück, die 1251 diese Kirche erbauten. Durch das Hinzufügen zweier zierlicher Loggienreihen und der Rosette erhielt die Fassade ihre charakteristischen Pisaner Züge. Der Glockenturm mit Bi- und Triforien brannte 1651 aus. Im einschiffigen Innenraum unter einer Balkendecke sind das *Monumentalgrab* des Bischofs Saltarelli v. N. Pisano (1342), eine ebenfalls v. diesem geschaffene *Verkündigungsgruppe* zu beiden Seiten des Hauptaltars, *Fresken* des 14. Jh. sowie Skulpturen und Altarbilder v. F. Traini, Fra Bartolommeo, T. Gaddi u. a. beachtenswert.

S. Francesco (Piazza S. Francesco): Die 1211 v. den Franziskanern gegr. Kirche geht in ihrer heutigen Gestalt mit angebautem Glokkenturm und 6 Querschiffskapellen auf Giovanni di Simone (1265–70) zurück. Der obere Fassadenteil wurde 1603 umgestaltet. Die marmorne Darstellung *Madonna und Heilige* auf dem Hochaltar schuf im 14. Jh. T. Pisano, die Fresken im Gewölbe T. Gaddi (1342). In der 2. Kapelle r des Chors ist der 1291 im Gualandi-Turm gestorbene Graf Ugolino della Gherardesca beigesetzt. Von den *Fresken* (14. Jh.) in Kreuzgang, Sakristei und Kapitelsaal sind v. a. die 1392 v. P. Gerini im ehem. Kapitelsaal des Klosters gemalten beachtenswert.

S. Michele in Borgo (Via Borgo Stretto): Auf den Resten eines Marstempels wurde 990 mit dem Bau einer Kirche begonnen. An der *Fassade*, die im 14. Jh. Fra G. Agnelli beendete, ist der Übergang v. der Romanik zur Gotik deutlich erkennbar. Über dem roman.

Pisa, Camposanto, Altardetail

Erdgeschoß mit 3 Portalen unter hohen Blendarkaden wurden 3 mit Marmorintarsien geschmückte Säulenreihen errichtet. Der Innenraum ist durch Säulen und Pfeiler in 3 Schiffe gegliedert. Beachtenswert sind das *St.-Michaels-Fresko* aus der Mitte des 13. Jh. (über dem l Innenportal), eine *Madonna mit Engeln und Heiligen* v. T. di Bartolo aus dem späten 14. Jh. (r Seitenschiff) sowie ein *Pisaner Kreuz* des 14. Jh. (l vom Hauptaltar).

S. Stefano dei Cavalieri (Piazza dei Cavalieri): Die Kirche und der Kampanile wurden 1565–72 nach einem Entwurf G. Vasaris errichtet. Die Marmorfassade geht auf Giovanni di Medici (1606) zurück. Der einschiffige Innenraum mit schöner Holzdecke bewahrt neben Siegestrophäen (Galionsfiguren u. a.) aus der Seeschlacht bei Lepanto v. 1571 ein v. Donatello 1472 geschaffenes vergoldetes Bronzereliquiar des hl. Rochus, einen aus Marmor, Bronze und Porphyr gebauten Altar, einen Weihwasserbehälter (nach einem Entwurf Vasaris), ein Altarblatt

»Steinigung des hl. Stephan« (1571 v. Vasari) sowie eine große Orgel.

S. Maria della Spina (Lungarno Gambacorti): Die 1323 erweiterte Kirche ist mit ihrem reichen Figurenschmuck und got. Marmorzierat (Wimperge, Tabernakel, Krabben, Nischen, Baldachine u. a.) eine der schönsten Schöpfungen der Pisaner Gotik. Unter den Rundbögen der v. schwarzen Marmorstreifen durchzogenen Fassade und der r Flanke befinden sich Portale sowie Dreier- und Viererfenster. Das reiche got. Schmuckwerk darüber stammt aus der Werkstatt N. Pisanos. Von den zahlreichen Figuren seien die Kopie der Muttergottes N. Pisanos (Original im Museo Nazionale) an der höchsten Spitze der Fassade und die seitlichen Nischenfiguren (Christus und die Apostel) aus der Nachfolge G. Pisanos hervorgehoben. Das Innere ist durch 3 Bögen in Langhaus und Chor unterteilt.
Besondere Beachtung verdient N. Pisanos bedeutendstes und volkstümlichstes Werk, die *Stillende Muttergottes*.
Ihren Namen erhielt die Kirche, die, urspr. direkt am Flußufer gelegen, 1871 abgetragen und an der heutigen Stelle wieder aufgebaut wurde, nachdem sie einen Dorn (ital.: spina) der Krone Christi als Reliquie empfangen hatte.

S. Paolo a Ripa (Piazza S. Paolo a Ripa): Schon 805 bestand hier eine Kirche, auf deren Resten im 11. und 12. Jh. der heutige Bau errichtet wurde. Auffallend sind die 5 ungleichen Bögen des unteren Fassadenteils. Unter dem 1., 3. und 5. Bogen wurden 3 roman. Portale eingesetzt. Das Obergeschoß wurde aus 3 übereinanderliegenden Säulenreihen errichtet, wobei die oberste sich der Form des freien Dreiecksgiebels angleicht. Wie die Fassade, so wurden auch die l Seite und das Querschiff dem Dom nachempfunden. Der dreischiffige Innenraum mit Querschiff und einer mit einer Pendentifkuppel bekrönten Vierung wurde 1943 stark beschädigt. Beachtenswert sind die zum Teil erhaltenen *Fresken* und *Altarbilder* aus dem 14. Jh. sowie ein röm. *Sarkophag*.

S. Pierino (auch S. Pietro in Vinculis, Piazza Cairoli): Diese Kirche wurde 1074–1119 (Weihe) möglicherweise an der Stelle eines röm. Tempels erbaut. Die Fassade ist durch Blendarkaden und zweibogige Fenster gegliedert. Der Kampanile an der l Seite dürfte älter als die Kirche sein. Der erhöhte, durch antike Säulen in 3 Schiffe unterteilte Innenraum zeigt einige restaurierte Fresken und Fußbodenmosaiken des 13. Jh. In der großen, vierschiffigen Krypta tragen Säulen und Pfeiler die Kreuzgratgewölbe.

S. Caterina

S. Sepolcro (Piazza S. Sepolcro, am Lungarno Galilei): Der achteckige Bau mit spitz zulaufender Kuppel und unvollendetem viereckigen Kampanile wurde ab 1153 v. Diotisalvi, der auch am Baptisterium mitwirkte, errichtet. Im Inneren ist das Grabmal der 1715 in Pisa gestorbenen Maria Mancini, der Geliebten Ludwigs XIV. und Nichte Kardinal Mazarins, beachtenswert.

S. Nicola (Piazza Carrara): Die im 12. Jh. erbaute Kirche wurde in den folgenden Jh. so stark verändert, daß heute nur noch die roman.-pisanischen Bögen am unteren Teil der Fassade ihr urspr. Aussehen bewahrt haben. Der Kampanile mit hohen Bögen und umlaufenden Säulenreihen erwächst achteckig aus einem zylindrischen Schaft und ist ähnlich dem »Schiefen Turm« leicht geneigt. Durch eine Schneckentreppe um einen Schacht gelangt man auf die Spitze des Turms. Diese Treppe soll Bramante beim Bau der Belvedere-Treppe im Vatikan beeinflußt haben.

S. Frediano (Via S. Frediano): Die Kirche wurde im 11. und 12. Jh. mit pisanisch-roman. Fassade (Rhomben unter Blendarkaden) erbaut. Nach einem Brand wurde 1675 der Innenraum mit roman. Kapitellen auf antiken Säulen barockisiert.

Weitere Kirchen: In der im 11.–13. Jh. erbauten, im 17. Jh. veränderten Kirche *S. Matteo* (Lungarno Mediceo) befindet sich ein pisanisches Holzkreuz des 13. Jh. – Die achteckige, roman. Kapelle *S. Agatha* (Lungarno Sonino) wurde im 12. Jh. erbaut. – Die 1332 errichtete Kirche *S. Martino* (Via S. Martino), deren Fassade v. 5 Rundbögen gegliedert ist, bewahrt im einschiffigen Inneren Fresken des 14. Jh. sowie eine »Madonna mit Kind« v. Passignano. – Auch der Kampanile v. *S. Michele degli Scalzi* (Via S. Michele degli Scalzi) ist geneigt. Im 11. Jh. erbaut, erlitt die Kirche 1944 schwere Schäden.

Palazzo dei Cavalieri (oder Palazzo della Caranova, Piazza dei Cavalieri): Nachdem Cosimo I. 1548 den Orden der Stephansritter gegr. hatte, beauftragte er 1562 Vasari, den ma, zerfallenen »Palast der Alten« (ehem. Kommunalpalast) für den Orden als Mutterhaus neu aufzubauen. Die *Fassade* des dreistöckigen Palastes überzog Vasari völlig mit Sgraffiti. Im 3. Stockwerk befinden sich in 6 Nischen Büsten der Großherzöge der Toskana. Brunnen und Marmorstandbild Cosimos I. vor der im 19. Jh. angefügten Freitreppe schuf 1596 Francavilla. Die Piazza dei Cavalieri war seit dem Bau des Palastes fortan das weltliche Zentrum der Stadt. Seit 1810 ist der Palast Sitz der v. Napoleon gegründe-

S. Stefano dei Cavalieri

ten Scuola Normale Superiore, einer Elite-Universität für Literatur, Naturwissenschaften, Philosophie und Philologie.

Palazzo Gambacorti (Lungarno Gambacorti, bei der Ponte di Mezzo): Der im 14. Jh. in got.-pisanischem Stil erbaute Palast mit 2 Reihen got. Doppelfenster beherbergt heute das Rathaus. 1393 wurde hier sein Besitzer Pietro Gambacorti ermordet.

Palazzo Medici (Piazza Mazzini): Der im 13. Jh. errichtete, im 14. Jh. umgebaute Palast ist heute Sitz der Präfektur. Nachdem er 1392–99 der Familie Appiani gehörte, gelangte er im 15. Jh. an die Medici. So verbrachte u. a. auch Lorenzo il Magnifico einige Zeit in diesem durch hohe Pfeilerbögen auffallenden Bau.

Palazzo dell'Orologio (Piazza dei Cavalieri): Auch dieses Gebäude nutzte der Stephansorden, der 1607 2 Turmhäuser, nämlich P. Staatsgefängnis und den Palazzo Gualandi, mit einem Torbogen verband. In den Gualandi-Turm warf man 1289 den Grafen Ugolino della Gherardesca, den selbsternannten Signore di P., der hier nach 2 Jahren (laut Dantes Beschreibung) starb. Aus diesem Grund wird der Palast auch häufig als »Palazzo della Gherardesca« bezeichnet.

Weitere Paläste: Im *Palazzo Toscanelli* aus dem 16. Jh. wohnte 1821–22 Lord Byron; heute ist hier das Staatsarchiv mit Dokumenten (seit 1091) untergebracht. – Am Lungarno Pacinotti liegt der im 17. Jh. erbaute *Palazzo Upezzinghi,* dessen Hausturm (hinter dem Palast) schon aus dem 13. Jh. stammt. – An der Piazza dei Cavalieri befinden sich noch die Renaissancepaläste *Palazzo del Collegio Puteano* (1605) sowie der 1603 v. Francavilla erbaute *Palazzo del Consiglio.*

Domus Galilaeana (Via S. Maria): In dem Galilei-Museum ist neben verschiedenen Erinnerungsstücken an Galileo Galilei, der 1564 in P. geboren wurde, u. a. auch eine Bibliothek mit alten Ausgaben seiner Werke untergebracht.

Logge di Banchi (Piazza XX. Settembre): In diesem 1603–05 v. C. Pugliani nach einem Entwurf B. Buontalentis geschaffenen eleganten Bau mit einer Säulenhalle im Untergeschoß war urspr. der Woll- und Seidenmarkt untergebracht. Zur Zeit befinden sich hier die Stadtarchive.

Università degli Studi (Via XXIX Maggio): Die Universität reicht bis ins Jahr 1193 zurück, als hier in P. eine »Studio« genannte Rechtsschule gegr. wurde, die 1543 Cosimo I. als Universität neu eröffnete und die vor allem als Lehrstätte für Naturwissenschaften weltbekannt ist. So war z. B. seit 1610 Galileo Galilei hier als Professor für Mathematik tätig. Die noch aus dem 15. Jh. stammenden Gebäude wurden in der Mitte des 16. Jh. unter Cosimo I. erneuert (sehenswert der damals geschaffene Renaissancehof), die Fassade restaurierte man letztmals 1907–11. Beachtenswert sind die *Bibliothek* mit wertvollen Handschriften sowie die *Museen* und *Sammlungen.*

Museo Nazionale di S. Matteo (Lungarno Mediceo): Seit 1948 beherbergt das ehem. Benediktinerkloster S. Matteo, in seinen Sälen und zum Teil auch im Kreuzgang das Nationalmuseum mit einer wertvollen Sammlung toskanischer (hauptsächlich pisanischer) Malerei und Plastik des 12.–16. Jh. Daneben sind aber auch antike Sarkophage und Skulpturen sowie Werke flämischer, katalanischer und dt. Künstler ausgestellt. Hervorzuheben sind im Erdgeschoß eine Sibylle und eine Tänzerin v. G. Pisano, zahlreiche weitere Baufragmente und Skulpturen aus dem Baptisterium, ein »Segnender Christus« aus einer pisanischen Schule des 13. Jh., eine »Verkündigung Mariens« v. A. Pisano sowie Werke A. del Verocchios, Donatellos u. a. Im oberen Stockwerk verdienen besondere Beachtung: mehrere auf Kreuze gemalte Szenen der Kreuzigung aus dem 13. Jh., ein Altarbild (Muttergottes) aus S. Martino, ein 1319 v. S. Martini geschaffenes Polyptychon, »Hl. Paulus« (1426) v. Masaccio, »Stillende Muttergottes« v. N. und (oder) A. Pisano, »Kreuzigung« v. Cecco di Pietro, »Auferweckung des Lazarus« v. Paolo Schiavo sowie ein Madonnenbild v. Gentile da Fabriano (um 1415).

Außerdem sehenswert: Von den 5 Brücken im Stadtzentrum ist der nach dem Krieg wieder-

S. Maria della Spina ▸

Palazzo dei Cavalieri

aufgebaute *Ponte Mezzo* die älteste. – Am Lungarno Simonelli befinden sich 6 1388 erbaute *Backsteinhallen,* urspr. das Lager der Galeeren des St.-Stephan-Ordens sowie die im Jahre 1406 v. den Florentinern erneuerte *Zitadelle.*

Nahe beim Domplatz befinden sich die Ruinen der röm. *Thermen,* Bäder des Nero genannt.

Umgebung

Calci (12 km ö): Der Ort am S-Hang des Monte Pisano besitzt eine im 11. Jh. erbaute pisanisch-roman. *Pieve* mit Doppelarkaden an der Fassade und unvollendetem Kampanile. Im basilikalen Innenraum befinden sich antike Säulen.

Certosa di Pisa (1 km ö v. Calci): Die herrschaftliche Klosteranlage mit Kirche, Wohngebäuden, Herberge, Mönchszellen und weitem Innenhof entstammt der 2. Hälfte des 14. Jh. und wurde im 17. Jh. weitgehend erneuert. In die erst im 18. Jh. erneuerte

Pisa, Römische Thermen

Klosterkirche mit schöner Barockfassade führt eine doppelläufige Treppe. Der mit *Fresken* des 18. Jh. und intarsiertem Chorgestühl des 15. Jh. ausgestattete Innenraum ist durch eine Marmorwand (mit Portal) in Vorraum und Raum der Mönche geteilt. Beachtenswert sind zudem der im 15. Jh. umgebaute *Kleine Kreuzgang (Chiostrino capitolare)* sowie der v. Cartoni geschaffene *Große Kreuzgang* mit schönem Schalenbrunnen.

S. Piero a Grado (5 km sw): Der roman. Bau wurde in der Mitte des 11. Jh. über einer schon im 6. Jh. errichteten Basilika erbaut. Diese erste Kirche wurde an der Stelle errichtet, an welcher der hl. Petrus, aus Sardinien kommend, gelandet sein soll, also an der Mündung des Arno in den zur damaligen Zeit noch bestehenden Lagunensee »Sinus Pisanus«.

Nachdem Petrus hier über einem steinernen Altar eine Ecclesia (Kirche) erbaut hatte, zog er über Pisae nach Rom, wo er bekanntlich den Märtyrertod erlitt. Die aus weißem und schwarzem Tuff errichteten Außenmauern der dreischiffigen Basilika sind durch Lisenen und einen rundum verlaufenden roman. Kleinbogenfries geschmückt. Bes. auffallend ist, daß neben den 3 Apsiden im O eine weitere Apsis im W errichtet wurde. Der 1944 zerstörte Kampanile wurde im Untergeschoß wiederaufgebaut.

Der weiträumige Innenraum ist durch 24 Säulen mit antiken Kapitellen und 2 Pfeiler in ein hohes Mittelschiff und 2 Seitenschiffe gegliedert. Die Wände über den Arkadenbögen im Mittelschiff stattete D. Orlandi gegen Ende des 13. Jh. mit *Fresken* aus (untere Zone: Papstporträts v. Petrus bis Johannes XVII.; mittlere Zone: »Geschichten aus dem Leben des hl. Petrus«; obere Zone: »Die Mauer des himmlischen Jerusalem«). Im W-Teil entdeckte man die Fundamente der ersten Basilika, in der vermutlich der Altar des hl. Petrus stand.

Vicopisano (16 km ö): Die *Kirche* dieses malerisch auf einem Höhenrücken unterhalb des Monte Pisano gelegenen Ortes wurde in Pisaner Romanik erbaut. – Die Türme der alten, v. Mauern umgebenen *Burg* schuf Brunelleschi.

S. Piero a Grado, westlich von Pisa

Pistoia, Dom

Pistoia, S. Giovanni Fuorcivitas, Portal

51100 Pistoia Pistoia		
Einw.: 93000	Höhe: 65 m	S. 134 □ D 3

Der an den s Ausläufern des Apennin gelegene Ort entstand aus einem *Pistoriae* genannten Oppidum (Festung), das die Römer an der Stelle, wo die Via Cassia sich in 2 Richtungen verzweigte, errichteten. 1115 erklärte sich P., das bisher v. kaiserlichen Vikaren verwaltet worden war, zur Freien Gemeinde mit selbsterwählten Konsuln und Stadträten und schuf 1177 eine der ältesten Stadtverfassungen in ganz Italien. In diesem 12. Jh. erlebte die Stadt auch ihre höchste Blüte. So genossen die Banken v. P. in ganz Europa großes Ansehen, wurden zahlreiche, v. der Pisaner Romanik geprägte Bauwerke errichtet und die Stadt mit einer 2., v. 60 Türmen besetzten Mauer umzogen. Doch diese Blütezeit der kaisertreuen ghibellinischen Stadt fand 1254, als das guelfische Florenz einen harten Frieden diktierte, ihr jähes Ende. In den folgenden Jahren litt P. sehr unter den Kämpfen der »schwarzen« und »weißen« Guelfen, was 1306 zur erneuten Belagerung durch lucchesische und Florentiner Truppen führte. Nachdem die mächtigen Stadtmauern niedergerissen waren und der Signore di Lucca, Castruccio Castracane, P. 1315 in seinen Besitz gebracht hatte, gelangte es schließlich 1329 unter Florentiner Schutzherrschaft. Obwohl der Stadt nun die (politische) Unabhängigkeit genommen war, konnte sie sich ihren wirtschaftlichen Reichtum erhalten und errichtete den auch heute noch größtenteils erhaltenen Mauerring sowie mehrere florentinisch beeinflußte Bauten wie die Kirche S. Maria delle Grazie. 1550 gelangte P. als Bestandteil des Florentiner Stadtstaates in das v. Cosimo I. gegründete Großherzogtum Toskana und mit diesem 1861 in das Königreich Italien. Nach großen Schäden im 2. Weltkrieg entwickelte sich P. zu einem bedeutenden Wirtschaftszentrum. Auf dem Domplatz findet alljährlich in den letzten Julitagen die »Giostra dell'Orso«, ein Umzug und Ritterspiel in historischen Kostümen des 14. Jh., statt.

Dom, Grabmal v. Kardinal Forteguerri

Pistoia, Dom, Terrakotta v. A. della Robbia

Dom S. Zeno (Piazza del Duomo): Im 12. und 13. Jh. wurde der heutige Bau an der Stelle des damals niedergebrannten alten Doms aus dem 5. Jh. in Pisaner Romanik errichtet. Auffallend ist die besondere Anordnung der 3 Loggienreihen im oberen Fassadenteil. So sind die Galerien des Mittelschiffs durch eine Rahmung v. den Säulen an den abgeschrägten Seitenschiffen hervorgehoben. Außerdem bilden die Säulen der abgeschrägten Seitenschiffe und die der 3. Reihe des Mittelschiffs (unter dem Dreiecksgiebel) keine Bogenreihen wie in den ersten 2 Reihen des Mittelschiffs. 1311 fügte man im Erdgeschoß der Fassade einen Portikus mit hufeisen- und halbkreisförmigen Blendbögen hinzu und versah diesen mit grün-weißer Marmorverkleidung in Streifen (wie teilweise in den Loggienreihen) und Rechtecken. Die Terrakotten am kassettierten Tonnengewölbe der mittleren, höchsten Arkade und die Terrakottadarstellung *Madonna mit Kind* in der Lünette schuf um 1500 A. della Robbia. Der 67 m hohe *Kampanile* soll, was jedoch nicht bewiesen werden kann, in seinem unteren Teil v. einem langobardischen Wachtturm übernommen worden sein. Wahrscheinlich jedoch wurde mit seinem Bau erst 1199 begonnen. Die 3 in ihrer grün-weißen Marmorstreifung der Domfassade angeglichenen, übereinanderliegenden Säulenloggien haben laut Vasari G. Pisano und Fra' Guglielmo da Pisa errichtet. Der über 2 Zinnenkränzen liegende spitze Turmhelm wurde erst im 16. Jh. aufgesetzt.

Der *Innenraum* ist durch Säulen und ein Pfeilerpaar mit verschiedenem Kapitellschmuck in ein flachgedecktes Mittelschiff und Seitenschiffe mit Kreuzgratgewölben gegliedert; das Presbyterium ist erhöht. Eines der größten Werke der ital. Silberschmiedekunst ist der v. 1287–1456 v. verschiedenen Goldschmiedemeistern geschaffene *Silberaltar des hl. Jakobus* in der Cappella di S. Jacopo (am r Seitenschiff). Der v. 628 Figuren (einzeln und in Gruppen) geschmückte Silberaltar zeigt die stilistische Entwicklung innerhalb der florentinischen Gotik. An den 15 Szenen des Neuen Testaments, den 9

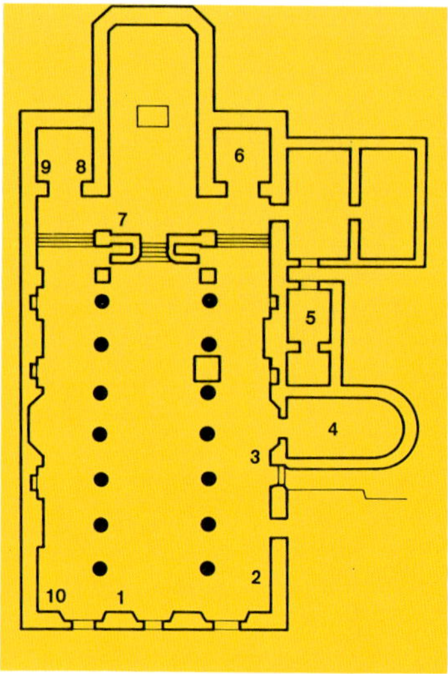

Pistoia, Dom S. Zeno 1 Taufbecken v. Andrea Ferucci da Fiesole nach Entwurf v. B. da Maino (2. Hälfte 15. Jh.) **2** Grabmal des Cino da Pistoia (1337) **3** Gemalter Kruzifixus v. Coppo di Marcovaldo und dessen Sohn Salerno (1275) **4** Cappella di S. Jacopo; Silberaltar des hl. Jakobus v. Künstlern aus Florenz, Pistoia und Siena, (1287–1456); Vorderseite v. Andrea di Jacopo di Ognabene (1361–64), l Seite Leonardo di Giovanni (1367–71) **5** Museo Capitolare (Kirchenschatz); u. a. Silberkreuz (1330), roman. Alabasterskulpturen, Statue eines Knienden (um 1440) **6** Grabmal des hl. Alto († 1153) **7** Bronzener Kandelaber v. Maso di Bartolomeo (1440) **8** »Thronende Muttergottes mit Kind zwischen Johannes d. T. und dem hl. Zeno« (sog. »Madonna di Piazza«), v. Verocchio begonnen, v. L. di Credi bis 1485 vollendet **9** Reliefgeschmückter Grabstein des Bischofs Donato de' Medici v. A. Rossellino (um 1485) **10** Grabdenkmal des Kardinals Niccolò Forteguerri († 1473) v. Verrocchio und seinen Gehilfen (u. a. L. di Credi)

des Alten Testaments und den 9 St.-Jakobus-Szenen arbeiteten u. a. Andrea di Jacopo d'Ognabene (Szenen des Neuen Testaments), Leonardo di Giovanni (St.-Jakobus-Szenen) und Brunelleschi (2 halbfigurige Propheten). – In der l Chorkapelle befinden sich der um 1475 v. A. Rossellino geschaffene Grabstein des Bischofs Donato de'Medici sowie die *Thronende Muttergottes mit Kind zwischen Johannes d. T. und dem hl. Zeno* (die sog. *Madonna di Piazza),* die, nachdem sie A. del Verrocchio entworfen und begonnen hatte, v. seinem Schüler L. di Credi 1485 fertiggestellt wurde. Ebenfalls v. A. del Verrocchio und seinen Schülern (L. di Credi u. a.) stammt das monumentale *Grabmal des Kardinals Niccolò Forteguerri* (1419–73) zu Beginn des l Seitenschiffes. Diesem gegenüber befindet sich im r Seitenschiff das 1337 v. einem unbekannten Bildhauer aus Siena geschaffene Grabmal des Dichters Cino da Pistoia. – Durch die Sakristei gelangt man in das *Museo Capitolare,* wo der reiche *Kirchenschatz* (Statue eines Knienden um 1440, Silberkreuz v. 1330, Meßgewänder, Meßbücher u. a.) aufbewahrt ist. – L v. Hauptaltar befindet sich das um 1490 v. Ferrucci da Fiesole nach einem Entwurf B. da Maianos geschaffene *Taufbecken.* – Beachtenswert sind außerdem ein gemaltes Kreuz v. Coppo di Marcovaldo aus dem Jahre 1275 (im r Seitenschiff) sowie ein *Bronzekandelaber,* vermutlich v. Maso di Bartolomeo um 1440 (im Chor).

Baptisterium (gegenüber der Domfassade): Diese hohe, achteckige Taufkirche mit ihrer weiß-grün gestreiften Marmorverkleidung und got. verzierter, umlaufender Säulenreihe unter spitz ansteigendem v. einem Türmchen bekrönten Dach wurde 1338–59 nach einem Entwurf A. Pisanos v. Cellino di Nese erbaut. Der Bau erinnert, obwohl er wesentlich steiler ist, in seiner achteckigen Anlage und dem Dach doch stark an das Baptisterium in Florenz. Von den 3 reliefgeschmückten Portalen sei das mittlere mit Skulpturen und Reliefs v. T. und N. Pisano (14. Jh.) hervorgehoben. Das Taufbecken mit Intarsienplatten (im Inneren) schuf 1226 Lanfranco da Como.

S. Andrea (Via S. Andrea): Die im 12. Jh. erbaute Kirche mit ihrer pisanisch-roman., mit grün-weißen Marmorstreifen verkleideten Fassade (Oberteil nicht vollendet) zählt zu den auffälligsten Kirchen P. 5 auf Säulen ruhende Blendbögen umziehen vertiefte Rhomben sowie die 3 Portale. Die *Reliefs (Zug der Hl. Drei Könige, Begegnung mit Herodes, Anbetung des Kindes)* am Architrav des Hauptportals schufen 1166 Gruamonte und sein Bruder Adeodato, die schönen Kapitelle an den Säulen stammen v. zeitgenössischen Meister Enricus. Der hohe Innenraum mit Balkendecke ist durch teilweise antike

Pistoia, Dom, Silberaltar des hl. Jakob

Säulen in 3 Schiffe gegliedert. Wertvollstes Stück der Ausstattung ist die v. 7 roten Porphyrsäulen (die teils auf Löwen ruhen) getragene sechseckige *Marmorkanzel*, die 1298–1301 G. Pisano wohl in Anlehnung an die berühmte Kanzel seines Vaters Nicola im Baptisterium v. Pisa schuf. Wie in Pisa sind auch hier an der Kanzelbrüstung Reliefszenen aus dem Neuen Testament (allerdings wesentlich dramatischer) dargestellt. In ihrer lebendigen, unerreichten künstlerischen Vollendung ist diese Kanzel als bedeutendstes Werk G. Pisanos anzusehen. Von diesem stammt auch das in Gold gehaltene Holzkruzifix am 3. Altar l, in seiner Art (oder möglicherweise auch v. ihm) scheinen ein weiteres Kreuz sowie der Taufbrunnen.

S. Giovanni Fuorcivitas (Via Cavour): An der Stelle einer Kirche des 8. Jh., die (wie der Name sagt) »vor der Stadt« lag, begann man im 12. Jh. mit der Errichtung des heutigen Baus, der erst im 14. Jh. v. einem Meister aus Como beendet wurde. Während die Hauptfassade unvollendet blieb, wurde die in weißem und grünem Marmor gestreifte n Seitenwand mit hohen Blendbögen und 2 darüberliegenden blinden Bogenreihen in Pisaner Romanik erbaut. Doch in der erwähnten intensiven Marmorstreifung, den reich geschmückten Kapitellen und v. a. den nach oben kleiner werdenden Bogenreihen (bei zunehmender Bogenzahl) werden auch einige pistoiaische Elemente verwendet. Den Architrav des Portals an dieser Seite schmückte 1162 Gruamonte mit einer *Reliefdarstellung des Abendmahls*. Der einschiffige Innenraum bewahrt einige wertvolle Kunstwerke. So schuf G. Pisano noch in seiner Jugend die Skulpturen der weltlichen Tugenden am *Weihwasserbecken*. Die rechteckige, an eine Wand gelehnte und v. 2 auf Löwen ruhenden Säulen getragene *Kanzel* (1270) stammt v. Fra Guglielmo da Pisa, einem Gehilfen und Schüler N. Pisanos. In ihren Relieffeldern sind in Anlehnung an antike Sarkophage Szenen aus dem Leben Jesu und Mariens dargestellt, die jedoch nicht die vollendete Ausdruckskraft N. oder G. Pisanos besitzen. Beachtenswert sind auch ein 1553–55 v. T. Gaddi geschaffenes *Polyptychon* (l v. Hauptaltar) und eine Terrakottadarstellung *Heimsuchung Mariens* v. A. della Robbia (l Altar).

S. Maria delle Grazie (Piazza S. Lorenzo): 1452–69 wurde diese Kirche mit einfacher Fassade und schönem Portal nach einem Entwurf Michelozzos errichtet. Der einschiffige Innenraum mit halbkugelförmiger Kuppel auf 4 Säulen bewahrt einige Gemälde des 14.–16. Jh.

Pistoia, S. Andrea

Pistoia, alte bischöfl. Residenz

S. Bartolomeo in Pantano (Piazza S. Bartolomeo in Pantano): Die älteste roman. Kirche P. wurde schon im 8. Jh. »im Sumpf« (in Pantano), also außerhalb der Stadtmauern errichtet. Der heutige Bau entstammt größtenteils dem Jahre 1159. Der untere Fassadenteil spiegelt in seinen 5 Blendarkaden um vertiefte Rauten charakteristische pisanisch-roman. Elemente. Der obere Fassadenteil (17. Jh.) blieb unvollendet. 1167 schuf Gruamonte in Anlehnung an antike Vorbilder (Sarkophagfiguren) am Architrav das Relief *Christus und die Apostel.* Im v. Säulen mit schönen Kapitellen dreischiffig gegliederten Innenraum verdient die rechteckige, 1250 v. Guido da Como gefertigte *Kanzel* mit Reliefdarstellungen aus dem Leben Christi die größte Beachtung. Diese auf 3 Säulen ruhende Kanzel ist, noch ohne jede Beeinflussung durch die aus Apulien stammende, in Pisa wirkende Bildhauerfamilie der Pisanos, ein reines Werk der roman. Kunst in P. Beachtenswert ist außerdem ein aus dem 12. Jh. stammendes, byzantinisierendes Holzkreuz in der Apsis.

S. Pietro Maggiore (Piazza S. Pietro Maggiore): Diese im 13. Jh. erbaute, 748 bereits v. den Langobarden gegründete Kirche zeigt in ihrem unteren, mit grün-weißen Marmorstreifen verkleideten Fassadenteil Elemente der Pisaner Romanik (Blendarkaden um eingetiefte Rauten). Die Reliefs am Architrav des Hauptportals schuf in der 2. Hälfte des 13. Jh. Buono di Bonaccolto in antikisierendem, an röm. Sarkophage erinnernden Stil.

Madonna dell' Umiltà (Via della Madonna): An der Stelle der Kirche S. Maria Forisportae begann Ventura Vitoni 1494 in der Art Brunelleschis mit dem Bau dieser Kirche, die Vasari bis 1568 vollendete. Die Kirche besteht aus dem 1494 erbauten Vestibül und einem anschließenden dreistöckigen und achteckigen Zentralbau, dem Vasari 1561 die Kuppel aufsetzte. Im Inneren sind einige *Fresken* v. 1494 sowie der *Marmorhochaltar* v. P. Tacca (17. Jh.) sehenswert.

S. Francesco (Piazza S. Francesco d'Assisi): Diese einschiffige, weite Kirche mit ihren 5 Chorkapellen wurde, nachdem man schon 1294 mit ihrem Bau begonnen hatte, erst nach etwas über 100 Jahren (um 1400) vollendet. Die schlichte, grün-weiß gestreifte Fassade entstammt sogar erst dem Jahre 1717. Die Kirche besitzt in ihrem Inneren zahlreiche *Fresken* des 13. und 14. Jh. Hervorzuheben sind die vermutlich v. P. Capanna, einem Schüler Giottos, geschaffenen Fresken *Geschichten aus dem Leben des*

Pistoia, Palazzo del Comune, Gestühl

Pistoia, Gitter an Haus

hl. Franziskus in der Hauptchorkapelle. Beachtenswert sind auch der Kreuzgang sowie die Sakristei mit Fresken aus dem frühen 15. Jh. und der 1291 errichtete, ebenfalls mit sehenswerten Fresken ausgemalte Kapitelsaal.

S. Domenico (Corso Umberto): Mit dem Bau dieser T-förmigen Kirche des Bettelordens begann man gegen Ende des 13. Jh. Um 1380 wurden einige Erweiterungen vorgenommen, und nach schweren Kriegsschäden wurde die Kirche ab 1970 wiederaufgebaut. Im Innern befinden sich *Freskenreste* des 14. Jh., so z. B. in der flach schließenden got. Chorkapelle, und mehrere *Grabmäler* des 15.–16. Jh., darunter das 1467–68 v. B. und A. Rossellino geschaffene Grabmal des Filippo Lazzari. Sehenswert sind auch der Magdalenenkreuzgang mit Fresken des 16. Jh., der Große Loggienkreuzgang mit einer Gedenktafel an B. Gozzoli sowie der Kapitelsaal mit Fresken des 14.–16. Jh., die zum Teil v. den Kirchenwänden abgelöst wurden.

S. Paolo (Ecke Corso S. Fedi/Via Canal Bianco): Die 1291–1302 erbaute Kirche zeigt an ihrer (im 14. Jh. restaurierten) Fassade sowohl pisanisch-roman. (Blendbögen u. a.) als auch got. Bauelemente (Fensterrose im Dachgiebel, Wimperg u. a.). Über den hohen Blendbögen, die das reichverzierte Portal und spitzbogige Grabnischen umschließen, befindet sich eine pisanische Säulenreihe. Im einschiffigen Innenraum sind ein Holzkruzifix v. 1399 sowie mehrere Altarbilder des 16. Jh. beachtenswert.

S. Antonio del Frati T (Corso Umberto): Diese einschiffige, im 14. Jh. erbaute, 1774 profanierte Kapelle hat ihren Namen nach dem griech. Buchstaben Tau, den die Anhänger des hl. Antonius auf ihre Mäntel zeichneten. Im Innern befinden sich zahlreiche Fresken des 13. und 14. Jh., darunter einige v. Niccolò di Tomaso.

Palazzo del Podestà (oder Palazzo Pretorio, Piazza Duomo): Der 1367 für den Podestà erbaute, wappengeschmückte Palast mit got. Zweierfenstern wurde 1836–46 aufgestockt und um den Seitenflügel erweitert. Im ebenfalls mit Wappen verzierten *Innenhof* befinden sich unter dem Portikus (breite Arkaden auf schweren Pilastern) Steinbänke der Angeklagten, Gerichtstische und ein 1507 erneuerter Richtersitz mit interessanter lat. Inschrift (Hic locus odit, amat, punit, conservat, honorat – Nequitiam, Leges, Crimina, Jura, Probos = Dieser Ort haßt Verruchtheit, liebt Gesetze, straft Verbrechen, bewahrt das Recht, ehrt die Rechtschaffenen).

Palazzo del Comune (Piazza Duomo): Mit dem Bau dieses Palastes wurde 1294 im Auftrag des Florentiner Podestà Gino della Bella (Bauherr des Palazzo Vecchio in Florenz) begonnen, und erst 1385 waren die Arbeiten vorläufig abgeschlossen. 1637 legte man zwischen Palast und Dom eine überdachte Verbindungsbrücke. Über dem Arkadengang im Erdgeschoß erscheinen in den darüberliegenden Stockwerken Biforen und schon etwas spitzbogige Triforen. L neben dem Mittelfenster des 1. Stockes befindet sich ein eingelassener schwarzer *Marmorkopf* der schon für das Porträt verschiedener Personen gehalten wurde. So z. B. für den so gefürchteten, 1113 v. Pisanern geschlagenen Maurenkönig Mugahid oder für Filippo Tedici, der während einer Besetzung 1315 die Stadt verraten hatte. Über diesem Fenster wurde das Wappen der Medici mit den päpstlichen Schlüsseln Leos X. angebracht. Von den teils mit *Fresken* des 15. und 16. Jh. ausgestatteten Sälen sei der Ratssaal mit einer Balkendecke des 15. Jh. sowie schönem Gestühl (ebenfalls 15. Jh.) hervorgehoben. Beachtenswert sind auch r v. Portal eiserne, genormte Maßstäbe und der 1353 errichtete Innenhof. – Im *Museo Civico* (im obersten Stockwerk) sind überwiegend florentinische und sienesische Gemälde (L. di Credi u. a.) und Keramiken des 13.–18. Jh., aber auch eine Medaillen- und Münzensammlung (v. 741 bis 1878) und einige Ausgrabungsfunde untergebracht.

Ospedale del Ceppo (Via F. Pacini): Dieses im 13. Jh. gegründete Hospital erhielt seinen Namen v. einem ausgehöhlten Baumstamm (Ceppo), in dem Spenden für die öffentliche Pflege der Kranken gesammelt wurden. 1514 fügte man nach dem Vorbild des v. Brunelleschi in Florenz erbauten Findelhauses die auf schlanken Säulen ruhende *Vorhalle* hinzu. Diese Vorhalle schmückte G. della Robbia und seine Werkstatt mit buntglasierten *Terrakotten* aus. In den *Medail-*

lons (an den Zwickeln der Arkadenbögen) sind Wappen der Medici, des Spitals und v. Pistoieser Familien sowie Marienszenen eingelassen. Am darüberbefindlichen Fries sind verschiedene Werke der Barmherzigkeit, abwechselnd mit weltlichen und geistlichen Tugenden, dargestellt. Die früheste Arbeit ist eine Terrakottadarstellung der *Marienkrönung* v. 1510 über dem l Seitenportal.

Außerdem sehenswert: Der *Palazzo Vescovile* (Piazza del Duomo) wurde im 14. Jh. als Bischofspalast erbaut. – In der Via S. Andrea befinden sich der aus dem 18. Jh. stammende *Palazzo Fabroni* und der 1588 erbaute *Palazzo Sozzifranti.* – Der *Palazzo Panciatichi* an der Piazetta del Soli wurde schon 1313 errichtet. – Hinter dem Baptisterium liegen der 1292 an einem älteren, robusten Turmstumpf erbaute *Palazzo del Capitano del Popolo,* ein altes, »Palagetto« genanntes *Sippenhaus* des 13. Jh. und der *Lumpenmarkt.*

58017 Pitigliano
Grosseto

Einw.: 4800	Höhe: 313 m	S. 136 □ F 8

Malerisch erhebt sich dieses Städtchen auf einem steil abfallenden Felsporn über tiefen Schluchten, die in prähistorischer Zeit v. 2 Flüssen in das vulkanische Tuffplateau gegraben wurden. Schon die Etrusker besiedelten den leicht zu verteidigenden Sporn, der nur auf einer Seite durch eine Mauer gesichert werden mußte. Aus dieser Zeit stammen die zahlreichen, in den Tuffstein hineingetriebenen Etruskergräber, die sog. »Columbarien« (Taubenschläge), die schon v. den Römern meist als Weinkeller, heute auch oft als Ställe oder Scheunen genutzt werden. Über diesen Höhlen scheinen die Häuser in ihrem gelbroten Tuffgestein dem steilen Felsen zu entwachsen. Im MA wurde hier zunächst ein Kastell für die Aldobrandeschi erbaut. Der dann entstandene Ort gelangte 1293 an die mächtige röm. Guelfenfamilie Orsini, die P. Stadtrechte verschaffte, und wurde schließlich 1608, nach einer Schutzherrschaft unter Cosimo I., in das Großherzogtum Toskana aufgenommen. Erst 1660 erhielt P., wo sich der Bischof v. Sorano schon seit der Zeit der Orsini aufhielt, auch offiziell den Bischofssitz zugesprochen. P. wird heute nicht nur wegen seiner ungewöhnlich malerischen Lage, sondern auch wegen der ausgezeichneten Weinlagen rund um den Ort besucht.

Dom SS. Pietro e Paolo (Via Roma): Der Dom stammt wie sein mächtiger, urspr. als

Pitigliano, Gesamtansicht

Pitigliano, Palazzo Orsini

Burgturm dienender Kampanile aus dem 13. oder 14. Jh. Im 18. Jh. wurde v. a. die Fassade im Barockstil erneuert.

Palazzo Orsini (Piazza Repubblica, Stadtzentrum): Dieser zinnenbekrönte Palast mit schönem Innenhof wurde um 1330 erbaut. Im 15.–16. Jh. fügte G. da Sangallo das reich verzierte Portal und die auf ionischen Säulen ruhende Vorhalle hinzu.

Außerdem sehenswert: Aus dem Jahre 1545 stammen die *Citadella* (Festung) der Orsini und der ebenfalls unter diesen erbaute *Aquädukt* mit 15 eleganten Bögen. – Auf dem Hauptplatz steht eine 1490 geschaffene *Säule* mit dem Bären der Familie Orsini. – Die *Synagoge* für die seit dem 15. Jh. in Pitigliano ansässige jüdische Gemeinde erbaute V. Manin. – Im *Museo Civico* (in der ehem. hebräischen Schule) sind einige wichtige Funde aus der Umgebung, wie z. B. Impasto-Töpfereien, aufbewahrt. – Die Fassade der *Kirche S. Maria* wurde im Renaissancestil errichtet. – An der Porta Capo di sotto befinden sich noch einige Teile der alten *Etruskermauern*. – Etwa 1,5 km n (Straße nach Sorano) liegt die Ruine der *Villa Orsini* mit ihrem Garten, in dem die aus Tuff gemeißelten Sitzbänke und Skulpturen inzwischen stark verwittert sind. Beachtenswert sind 2 riesige Figuren aus Tuffstein, die v. Volksmund als »Orlando und sein Weib« bezeichnet werden.

Umgebung

Poggio Buco (9 km w): Der letzte Teilweg zu dem hochgelegenen Poggio Buco ist nicht mit dem Auto erreichbar. Hier soll urspr. die antike Stadt *Statonia* gelegen haben, was aus einigen Funden (Reliefplatten des nicht mehr erhaltenen Tempels) bestimmt wurde. – Im W des Plateaus befindet sich eine *Nekropole* mit recht einfach gestalteten Gräbern. Beachtenswert ist eine Grabkammer unter einem großen, weißen Haus am Zugang zum Plateau.

Sorano (9 km nö): Wie P. liegt auch dieser Ort malerisch auf einem Tuffelsen über steil

Sorano (Pitigliano), Ansicht

abfallender Schlucht. Auch hier errichteten die Orsini im 15. Jh. eine *Burg*, die noch heute das ma Dorf überragt. – Auch hier finden sich zahlreiche in den Fels geschlagene *Columbarien*. – In der Umgebung entdeckte man einzelne *etrusk. Gräber*.

Sovana (8 km nw): Auf einem Plateau über tiefen Schluchten erhebt sich dieser schon im 7. Jh. v. Chr. v. Etruskern besiedelte und bis ins 6. Jh. v. Chr. aufblühende Ort. Einen neuen Aufschwung erlebte das nun röm. Sovana im 3. Jh. v. Chr., bis der Bischofssitz v. den Langobarden zerstört wurde. Nachdem das Städtchen auch im 10.–13. Jh. als Lehen der Aldobrandeschi hohen Wohlstand erlebte, büßte es in den folgenden Jh. immer mehr an Bedeutung ein.

In Sovana wurde der Mönch Ildebrando geboren, der als Papst Gregor VII. (1073–85) die Kirchenreform des 11. Jh. begründete (Verbot der Priesterehe, keine Verleihung geistlicher Ämter durch Laien, also auch nicht durch Könige) und somit den Investiturstreit auslöste.

Überragt wird Sovana v. der grandiosen *Burgruine* der Aldobrandeschi (am Ortseingang), die im 13. Jh. erbaut und im 17. Jh. geschleift wurde. – Am v. ma Häusern umgebenen Hauptplatz (Piazza del Pretorio) befinden sich der im 13. Jh. erbaute, wappengeschmückte *Palazzo Pretorio* (Fresken des 16. Jh. im Verhandlungssaal), der im 16. Jh. erbaute *Palazzo Bourbon del Monte*, eine *Loggia* mit Mediceerwappen, die Kirchenruine *S. Mamiliano* sowie die im 12. Jh. errichtete roman. *Kirche S. Maria*, die in ihrem Innern Fresken des 16. Jh. und ein in der Toskana einzigartiges vorroman. Marmor-Ziborium bewahrt. – Im Haus Nr. 29 an der Strada di Mezzo wurde Papst Gregor VII. geboren. – Der *Dom* (am Ortsende) wurde aus den Resten eines Baus des 9.–11. Jh. im 12.–13. Jh. errichtet. Trotz got. erneuerter Fassade und Wölbung ist der Dom ein roman. Bauwerk mit Apsis, schönen Portalreliefs und fünfschiffiger Krypta auf Säulen. Im dreischiffigen Innenraum sind v. a. die Figurenkapitelle an den Halbsäulen der Pfeiler (z. B. vorletzter Pfeiler mit einer Szene aus dem Alten Testament) sowie das Grabmal des hl. Mamilianus (Bischof v. Palermo) beachtenswert. – N des Doms entdeckte man 1905 die Reste eines *etrusk. Tempelchens* aus dem 3. Jh. v. Chr. (heute im Archäologischen Museum in Florenz). – In der Umgebung Sovanas befinden sich mehrere *etrusk. Nekropolen,* deren Gräber größtenteils aus dem 4.–3. Jh. v. Chr., zum Teil aber auch aus dem 7. Jh. v. Chr. stammen. Die *Tomba della Sirena* (3. Jh. v. Chr.) an einem mit dichtem Wald bedeckten Abhang ist das bekannteste Grab Sovanas. Dieses aus Tuffstein gefertigte Aedicula-Grab (d. h. Form eines Hauses) zeigt über der Nische ein interessantes, leider stark verwittertes Relief. Zum Typus der Tempelgräber zählt die aus dem Tuff-Felsen geschlagene, mit urspr. 8 Säulen versehene *Grotta Pola.* Das wichtigste Grab ist die monumentale *Tomba Ildebranda* (Ende 2. Jh. v. Chr.) in der Form eines Tempels. An 3 Seiten befanden sich insgesamt 12 Säulen, deren Kapitelle mit menschlichen Köpfen und Blättern geschmückt waren (heute steht noch eine einzige völlig erhaltene Säule). 2 Außentreppen führen zu diesem erhöht auf einem Podium liegenden Bau. In die im Grundriß eines griech. Kreuzes angelegte Grabkammer selbst führt unterhalb des Podiums ein schmaler Gang. Die spärlichen Funde aus den Gräbern um Sovana wie z. B. hellenistische Terrakotten, Vasen, Buccheri und wenige Bronzegegenstände des 7. Jh. v. Chr. befinden sich heute im Archäologischen Museum in Florenz. – 14 km w v. Sovana: **Saturnia.** Der Ort zählt als ehem. Teil des Stadtstaates Vulci zu den ältesten Siedlungen der Gegend. – Die *Porta Romana* wurde v. den Römern in die noch heute teilweise erhaltene, aus großen Polygonalblöcken errichtete *etrusk. Mauer* eingesetzt. – N der Ortschaft entdeckte man aus Travertinplatten geschaffene *Gräber,* die heute leider größtenteils eingestürzt und v. Büschen überwachsen sind, sowie Gruben- und Fossagräber der Villanova-Zeit. Gefunden wurden hier Urnen mit kopfähnlichen Deckelaufsätzen, Impasto-Gefäße oder Buccheri.

53036 Poggibonsi
Siena

Einw.: 25000	Höhe: 116 m	S. 134 □ E 5

Der im Elsatal an der Verbindungsstraße Siena–Florenz gelegene Ort besaß im MA eine der mächtigsten Burgen *(Podium Boniti)* der Toskana. 1270 zerstörte Guido di Monforte, Podestà aus Florenz, diese Burg und das gesamte Dorf. Erst 1478 ließ Lorenzo il Magnifico eine neue mächtige Burg als

Poggibonsi, Rocca

Radda in Chianti (Poggibonsi), S. Maria

Grenzfeste gegen Siena erbauen, die allerdings wegen der Gründung des Großherzogtums Toskana 1550 durch Cosimo I. nicht vollendet wurde. Nach schweren Schäden im 2. Weltkrieg entwickelte sich P. rasch zu einem bedeutenden Handelsstädtchen hauptsächlich für Wein und Möbel.

Rocca di Poggio Imperale (2 km, über der Stadt): 1478 ließ Lorenzo il Magnifico dieses *Kastell* nach Plänen v. G. da Sangallo errichten. Doch nach der Gründung des Großherzogtums blieb die Burg unvollendet.

Außerdem sehenswert: Die im 14. Jh. erbaute, nach dem 2. Weltkrieg rekonstruierte *Kirche S. Lorenzo* bewahrt ein Kruzifix aus dem 14. Jh. – Beachtenswert ist auch der got. *Palazzo Pretorio* mit ma Zinnenturm und in die Außenmauer eingelassenem Wappen.

Umgebung

Barberino Val d'Elsa (9 km n): Auf dem Hügel über dem Tal der Elsa und der Pesa lebten schon etrusk. Bauern. – Beachtenswert sind die *Mauern* des 13. Jh., der im 15. Jh. erbaute *Palazzo Pretorio* sowie einige ma *Häuser*. – Etwa 5 km nw v. Barberino Val d'Elsa befinden sich *Burgruinen* des 1202 v. Florenz zerstörten kaisertreuen *Semifontes*. – 5 km sw v. Barberino Val d'Elsa: **Pieve S. Appiano.** Diese roman. *Landkirche* mit Turm und Apsis aus dem 13. Jh. bewahrt in ihrem Inneren das sehenswerte Relief eines hl. Michael.

Castellina in Chianti (13,5 km ö): Dieses typische Chiantidorf ist ein wichtiges Weinzentrum in charakteristischer toskanischer Landschaft. Da seit dem 19. Jh. der Rotwein v. n Gebiet über Florenz bis in den S bei Siena, v. Pisa im O bis nach Arezzo im W auch als Chianti verkauft wird, versuchen die Weinorte der Chiantiberge (Castellina, Gaiole, Greve, Radda u. a.) ihren Wein durch die Bezeichnung Chianti Classico vor Mißbrauch zu schützen. – Sehenswert ist die *Festung* aus dem 15. Jh. und v. a. das riesige, »Monte Calvario« genannte *etrusk. Tumulus-Grab* (Durchmesser 50 m). In dem niedrigen Grabhügel wurden 4 durch Gänge zugängliche, jeweils unterschiedlich gestaltete Grabkammern errichtet. Sehr beeindrukkend ist das s Grab mit Gang, Seitenzellen, Vorraum und Grabkammer. – 18 km n v. Castellina in Chianti: **Greve.** Der Ort entstand nach 1555 als Marktflecken innerhalb des v. Burgen übersäten Grenzgebietes zwischen Siena und Florenz. – Sehr beachtenswert ist der asymmetrische *Marktplatz* mit einem umlaufenden Laubengang, an dem jeder Hausbesitzer selbständig mitbaute. Auf dem

Radda in Chianti (Poggibonsi), Brunnen

Marktplatz steht ein 1913 geschaffenes *Denkmal* des Seefahrers Giovanni di Verrazzano (1485–1528), der auf der nahegelegenen Grenzfeste Verrazzano geboren wurde und später für Franz I. v. Frankreich die Küsten Nordamerikas erkundete. – 11 km n v. Castellina in Chianti: **Panzano.** Die ehem. Florentiner Grenzfeste wurde 1260 nach der Niederlage bei Montaperti zerstört. Auch dieser Ort zählt zu den berühmten Chianti-Weindörfern. – Etwa 1 km s v. Ortszentrum befindet sich die im 10. Jh. erbaute *Pieve S. Leonino* mit 3 Apsiden und Säulenhalle. Beachtenswert ist auch der im 14. Jh. erbaute Kreuzgang. – 13 km ö v. Castellina in Chianti: **Radda in Chianti.** In diesem auf einem Bergvorsprung gelegenen Chiantidorf mit der Kirche S. Maria befindet sich ein ehem. *Kastell* der Grafen Guidi. – 9 km s v. Radda in Chianti: **Meleto.** Das Innere des gut erhaltenen kleinen *Kastells* mit den runden Ecktürmen aus dem 11. Jh. wurde im 18. Jh. erneuert 8 km sö v. Meleto: **Castello di Brolio.** Die im 9. Jh. erbaute, sehr gut erhaltene *Burg* mit mächtigen Türmen und Ringmauer ist seit 1147 im Besitz der Grafen Ricasoli, die es letztmals im 19. Jh. stilgerecht erneuern ließen. Beachtenswert sind die 1343 erbaute Kapelle, die Krypta mit Grabmälern der Familie Ricasoli und die Waffensammlung im got. Herrschaftshaus. Im Weinkeller Ricasoli wird der bekannte Markenwein »Chianti – Brolio« gelagert. – 5 km nö v. Meleto: **Gaiole in Chianti.** In diesem durch seinen Wein weitbekannten Ort ist nur die im frühen 14. Jh. erbaute *Pieve di S. Maria e Spaltenna* beachtenswert.

Colle di Val d'Elsa (10 km sw): Den Ort besaßen bis ins 12. Jh. die Bischöfe v. Volterra. Danach war er als freie, meist guelfische Gemeinde häufig Zufluchtstätte für aus Siena verbannte Guelfen und gelangte schließlich 1333 unter Florentiner Oberherrschaft. Das seit 1592 mit Bischofssitz und Stadtrechten ausgestattete Colle di Val d'Elsa besteht aus der recht gut erhaltenen Oberstadt (Colle Alta) und der inzwischen industriell genutzten Unterstadt (Colle Bassa). – In der Unterstadt ist allein die im 13. Jh. erbaute *Kirche S. Agostino* mit Gemälden v. Taddeo di Bartolo, Ghirlandaio u. a. beachtenswert. – Im noch recht ma, v. Resten der alten Stadtmauer umzogenen Colle Alta sind mehrere Sehenswürdigkeiten zu finden. Neben dem im Stil der Spätrenaissance erbauten *Dom* wurde im alten Pfarrhaus das *Museo d'Arte Sacra* mit sakralen Kunstgegenständen (u. a. Sieneser Triptychon des 14. Jh.) untergebracht. – Im *Museo Civico* (Palazzo dei Priori) werden Werke des 15.–17. Jh. v. R. Manetti, S. Conca u. a. ausgestellt. – Der 1539 v. Baccio d'Agnolo begonnene Renaissance-

Colle di Val d'Elsa (Poggibonsi), Colle Alta

bau des *Palazzo Campana* wurde nicht vollendet. – Im wappengeschmückten *Palazzo Pretorio* aus dem 14. Jh. ein Aquarium. – Der Florentiner Baumeister Arnolfo di Cambio soll 1240 in dem später nach ihm *Casa di Arnolfo* genannten Wohnturm (12. Jh.) geboren sein. – Beachtenswert sind auch die tunnelähnliche *Via della Volte* sowie einige mit Wappen versehene Häuser.

Monteriggioni (12 km sö): Im Jahre 1203 begann Siena auf einer zwar niederen, aber dennoch weithin sichtbaren Anhöhe mit dem Bau eines gegen Florenz gerichteten *Kastells*. Der vollständig erhaltene, 570 m lange Festungsring mit seinen 14 quadratischen, äußerst wehrhaften Türmen, die schon Dante mit Giganten verglich, umgibt noch heute den gesamten Ort. Rund um den Ort befinden sich zahlreiche, meist kreisrunde etrusk. Kammergräber aus dem 6.–4. Jh. v. Chr. Die meisten Grabbeigaben und Urnen sind heute im Nationalmuseum v. Ost-Berlin untergebracht. – 3 km w v. Monteriggioni: **Abbadia a Isola.** Das im Jahre 1101 gestiftete Zisterzienserkloster befand sich urspr. auf einer Insel (a Isola) innerhalb eines Sumpfgebietes. Von der Abtei blieb lediglich die im 12. Jh. erbaute roman. *Kirche* erhalten. In ihrem dreischiffigen Inneren befinden sich eine etrusk.-röm. Urne, ein Taufbecken aus dem 15. Jh. sowie Fresken v. Taddeo di Bartolo. – Im Pfarrhaus wird eine Duccio di Buoninsegna zugeschriebene *Madonnentafel* aufbewahrt.

S. Lucchese (2 km s): Die got., auf einem Hügel gelegene *Kirche* errichtete im 13. Jh. der Franziskanerorden auf den Resten eines roman. Vorgängerbaus. Beachtenswert sind der Kreuzgang und die Vorhalle. Im Inneren befinden sich wertvolle *Fresken* des 14. Jh. sowie die Terrakotta-Altarverkleidung, die vermutlich im 16. Jh. die della-Robbia-Werkstatt schuf. Die Fresken in der Sakristei stammen v. Gerino da Pistoia (1513).

Staggia (7 km s): Das ma Bergdorf ist noch v. Resten der *Mauer* aus dem 14. Jh. umgeben. – Die *Burg* mit einem Viereck- und 2 Rundtürmen stammt aus dem 15. Jh. – Beachtenswert ist auch das Gemälde »Hl. Maria Magdalena« v. A. del Pollaiuolo aus dem 15. Jh. in der *Pfarrkirche*.

54027 Pontremoli Massa-Carrara		
Einw.: 11500	Höhe: 236 m	S. 134 □ A 1

In der nördlichsten Toskana, im Tal der Magra, liegt dieser v. Hügeln mit Edelkastanien umgebene Ort. Schon um 990 war P. als Station an der Via Francigena erwähnt, und in

Colle di Val d'Elsa, S. Agostino

Pontremoli, S. Francesco

Pontremoli, Stadtansicht mit Kathedrale und Festung

den folgenden Jh. kam es auf Grund dieser strategisch wichtigen Lage zwischen genuesischen und florentinischen Adelsfamilien zeitweise zu ernsthaften Auseinandersetzungen um den Ort, der heute eines der Zentren der Alta Lunigiana ist. P. liegt direkt an der Auffahrt zum Cisapaß (an der Grenze zur Region Emilia), einer wichtigen Verbindung nach Parma.

Festung Cacciaguerra: Dieses 1322 unter Castruccio Castracani errichtete Kastell in erhöhter Lage bewahrt heute ein *Museum (Museo Lunigiana).* Hier werden Statuen und archäologische Funde, z. B. die rätselhaften Bildsäulen, aus dem Gebiet der Lunigiana ausgestellt.

Außerdem sehenswert: Die *Kirche S. Francesco* mit roman. Kampanile bewahrt in ihrem Inneren ein farbiges Relief »Madonna mit Kind« aus dem 15. Jh. – In der im 15.–16. Jh. erbauten *Kirche Santissima Annunziata* (s, etwas außerhalb der Ortschaft) verdient ein achteckiger, kleiner Marmortempel (15. Jh.) mit Schmuckwerk in der Art Sansovinos besondere Beachtung. – Erwähnenswert sind auch die barocke *Kathedrale* mit klassizistischer Fassade sowie die im 18. Jh. erbaute *Kirche Madonna del Ponte.*

Umgebung

Fivizzano (21 km sö): In diesem 373 m hoch gelegenen Heimatort des Dichters Giovanni Fantoni (1755–1808) sind der *Palazzo del Governatore* (heute Rathaus), die *Porta Sarzanese* sowie die *Kirche SS. Jacopo e Antonio* mit einem Altarbild v. P. Sorri beachtenswert. – 3 km außerhalb befindet sich die im 12. Jh. erbaute roman. *Pieve di S. Maria Assunta.* Der Innenraum ist durch Säulen mit figürlichen Kapitellen in 3 Schiffe unterteilt.

Villafranca in Lunigiana (10 km s): Der Ort wird v. einer *Burgruine* der Malaspina überragt. – Die 1525–50 erbaute *Kirche S. Francesco* wurde nach schweren Schäden im 2. Weltkrieg neu aufgebaut. – 5 km nö v. Villafranca de Lunigiana: **Bagnone.** Hier wurde

Pontremoli, Kathedrale, Portalausschnitt

im 16. Jh. ein *Kastell* mit zylindrischem Turm erbaut. – 3 km s befindet sich (in Castiglione) eine weitere, aus der Mitte des 13. Jh. stammende *Burg*. – 11 km s v. Bagnone: **Licciana Nardi.** Auch hier befindet sich ein v. den Malaspina angelegtes *Kastell*. – Beachtenswert ist ein *Denkmal*, dem offenbar die Gestaltung antiker Sarkophage als Vorbild diente (Piazza del Municipio).

52014 Poppi Arezzo		
Einw.: 6900	Höhe: 437 m	S. 138 □ F 4

Das auf einer Anhöhe gelegene, teilweise noch v. Mauern umzogene P. ist neben Bibbiena der wichtigste Ort des Casentino, jenem im W durch den Pratomagno begrenzten oberen Arnotal v. Monte Falterone im N (wo der Arno entspringt) bis nach Arezzo im S. Das idyllische Casentino mit seinen v. Wiesen, Weinlagen, Olivenhainen und Wäldern bewachsenen Hängen im sehr fruchtbaren Arnotal entwickelte sich in den letzten Jahren zu einem hauptsächlich v. Italienern besuchten Erholungsgebiet. Im MA wurde das abgeschiedene Casentino v. Burgen des Landadels und Klöstern geradezu übersät. Und auch in P. erbaute die seit dem 11. Jh. hier ansässige Adelsfamilie Guidi eine mächtige, das Tal beherrschende Burg, die bald darauf einer der bedeutendsten Stützpunkte der toskanischen Ghibellinen war. Erwähnt werden sollte auch, daß in P. der berühmte Bildhauer Mino da Fiesole geboren wurde (1430–84).

Castello: Im 13. Jh. ließen die Grafen Guidi an der höchsten Stelle der Siedlung diese imposante, heute noch sehr gut erhaltene Burg erbauen. Nachdem die urspr. ghibellinischen Guidi ab 1440 das guelfische Florenz anerkannt hatten, wurden sowohl der Hauptbau (mit got. Biforien unter Rundbögen) als auch der beherrschende, mächtige Turm mit Guelfenzinnen bekrönt. Beachtenswert ist der wappengeschmückte *Torbau*, der in den prächtigen *Innenhof* mit

Poppi, Stadtansicht

Wappenschildern und Freitreppe führt. Im Inneren werden in einigen der im 14.–16. Jh. eingerichteten Säle verschiedene Malereien, Handschriften sowie Drucke aufbewahrt. Die Burgkapelle wurde im 14. Jh. mit Fresken ausgeschmückt.

Außerdem sehenswert: Dem Castello gegenüber befindet sich der sog. *Teufelsturm,* die erste v. den Guidi errichtete Burg. – An der v. Laubengängen geschmückten Via Cavour liegt die im 12. Jh. erbaute *Kirche S. Fedele,* die eine Krypta sowie einige beachtenswerte Gemälde besitzt.

Umgebung

Camàldoli (16 km nö): In einer malerischen (816 m hohen) Bergschlucht liegt inmitten eines dichten Waldes das ehem. *Kloster* des im Jahre 1012 v. hl. Romuald gegr., nach diesem Ort benannten Kamaldulenser Ordens (auch Camaldulenser). Die weiträumige Anlage besteht aus verschiedenen Gebäuden, die heute zum Teil für Studienkurse oder Kongresse genutzt werden. Der Säulenhof des *Hospizes* entstammt dem späten 11. Jh., im 15. Jh. kam ein kleiner *Kreuzgang* hinzu. Die *Kirche* (11. Jh.) wurde im 18. Jh. barock erneuert und bewahrt eine Muttergottes v. Mino da Fiesole und ein Gemälde v. Vasari. Im frühen 17. Jh. wurden das *Refektorium* mit einem Gemälde v. Pomarancio sowie die *Apotheke* erbaut, die mit urspr. Möbeln und Gefäßen ausgestattet ist und wo noch heute der eigene Klosterlikör verkauft wird. Beachtenswert ist außerdem die v. 13.–15. Jh. geschaffene *Bibliothek.* – Über der Abtei liegt einsam unter dunklen Tannen in 1122 m Höhe die *Einsiedelei Camaldoli (Eremo di Camaldoli).* Hierhin zog sich der aus Ravenna stammende Mönch Romuald zurück, um in strengster Regel in völliger Abgeschiedenheit zu leben. Romuald war einer der wichtigsten Vertreter der Kirchenreformen des 11. Jh., Berater Kaiser Ottos III. und Begründer des Kamaldulenserordens. Von den 20 Zellen (Häuschen mit kleinen Gärten, durch Mauern getrennt) stammen noch

Castello di Romena bei Poppi

3 aus der Gründungszeit im Jahre 1012, die anderen wurden bis ins 17. Jh. hinzugefügt. Die *Kirche* mit ihrer v. 2 Türmen flankierten Fassade wurde im 17. Jh. barockisiert (im Inneren verdienen ein Marmortabernakel des 16. Jh., die reiche Stuckdekoration sowie ein hölzernes Lesepult aus dem 17. Jh. besondere Beachtung). Zur Einsiedelei gehört auch die *St.-Antonius-Kapelle* mit verschiedenen Terrakotta-Arbeiten. – 9 km ö v. Camaldoli: **Badia Prataglia.** Das 835 m hoch gelegene Badia Prataglia erfreut sich zunehmender Beliebtheit als Urlaubsort. – Die im Jahre 1005 erbaute roman. *Pfarrkirche* mit erhöhtem Chor und Holzdecke wurde inzwischen stilgerecht restauriert. In der Krypta v. 1008 befinden sich mehrere Säulen mit interessanten roman., teils antiken Säulen.

Castello di Romena (12 km nw, Gemeinde Pratovecchio): Die in 610 m Höhe gelegene mächtige *Burgruine* mit Mauerresten und 3 verfallenen Türmen war wohl die mächtigste der v. den Grafen Guidi gegr. Burgen. Diese Burg wurde v. Dante im »Inferno« erwähnt und war für den aus Florenz Verbannten vermutlich die erste Zufluchtsstätte. – Etwa 5 km w (an der SS 70 nach Florenz, Abzweigung SS 310 nach Stia) erinnert eine *Gedenksäule* daran, daß hier im Jahre 1289 einer der blutigsten Kämpfe, die Battaglia di Campaldino, zwischen Guelfen und Ghibellinen stattfand, aus dem die guelfischen Florentiner als Sieger über das ghibellinische Arezzo hervorgingen. – 2 km s v. Castello di Romena: **Pieve S. Pietro di Romena.** 1152 wurde mit dem Bau dieser dreischiffigen, auf einem 475 m hohen Hügel gelegene Basilika begonnen. Die Kirche wurde an der Stelle einer älteren erbaut, was gefundene Reste im Presbyterium bestätigen. Laut Inschrift an einem Kapitell war der Bauherr ein gewisser Pfarrer Albericus. Die Baumeister waren möglicherweise eine Gruppe lombardischer Steinmetze, die auch an dem Bau weiterer Kirchen des Casentino (z. B. in Montemignaio oder Stia) mitwirkten. Bes. auffallend ist die doppelte Reihe v. Blendarkaden an der Stirnfront der Querschiffe und an der einzigen Apsis. Im Inneren treten an der Apsis erneut 2 Reihen v. Blendarkaden auf, die

Poppi, Castello

Prato, Dom, Seitenportal

Seitenschiffe laufen in kleine Räume aus. Die Kapitelle auf den wahrscheinlich antiken Säulen sind mit roman. Darstellungen v. Tieren, Pflanzen, menschlichen Figuren oder auch Fratzen geschmückt. Das Tafelbild entstammt dem 13., weitere Gemälde datieren aus dem 13.–14. Jh. – 4 km n v. Pieve S. Pietro di Romena: **Stia.** Der Ort liegt am Fuß des 1 654 m hohen Monte Falterona, der bes. gern v. hier erstiegen wird. – Die *Pieve di S. Maria Assunta* wurde um 1160 erbaut. Nachdem man in der 1. Hälfte des 17. Jh. die Seitenschiffe eingewölbt hatte, gestaltete man im 18. Jh. auch die Fassade klassizistisch um. Die Säulen und ihr Kapitellschmuck wurden v. denselben Meistern geschaffen, die auch in der Pieve di Romena arbeiteten. Im Inneren sind ein Triptychon v. Bicci di Lorenzo (1414), eine Madonna mit Kind v. A. della Robbia sowie eine Muttergottes aus dem 13. Jh. beachtenswert.

Strada (8 km nw): Die um 1175 errichtete *Pieve di S. Martino a Vado* wurde 1745 im Barockstil umgestaltet. Seit einigen Jahren besitzt sie jedoch wieder ihr urspr. Aussehen.

50047 Prato Florenz		
Einw.: 140 000	Höhe: 63 m	S. 134 □ D/E 3

Die am Flüßchen Bisenzio gelegene Stadt wird wegen ihrer weithin bekannten Textilindustrie gern als »Manchester Italiens« bezeichnet, bewahrt aber in ihrem teilweise noch ummauerten Kern beeindruckende, häufig aus der Frührenaissance stammende Kunstwerke. Vermutlich war das Stadtgebiet schon v. Etruskern besiedelt, sicher dagegen ist, daß die Römer hier ein größeres Händler- und Handwerkerdorf gründeten, das sie *Pagus Cornius* (Pagus = größere Siedlung im Unterschied zum kleineren vicus) nannten. Aus diesem entstand in langobardischer Zeit der höher gelegene *Borgo al Cornio*, wohin sich die Bewohner während der Gotenkriege zurückzogen. Unterhalb des Borgo lag der *Prato* (Wiese), auf dem später Markt gehalten wurde. Im 11. Jh. gelangte die inzwischen P. genannte Ansiedlung mit ihrer Burg (v. der noch heute 2 Turmstümpfe im

Prato, Dom, Portalausschnitt

Castello dell'Imperatore erhalten sind) in den Besitz der mächtigen Lehensgrafen Alberti. Nachdem 1107 die mächtige Guelfengräfin Mathilde v. Canossa vergeblich versucht hatte, die Burg einzunehmen, wurden bereits 1147 eigene Konsuln gewählt, und 1187 bestätigte Kaiser Barbarossa das kaisertreue P. als freie Gemeinde. 1237–48 wurde im Auftrag Kaiser Friedrichs II. das einzigartige Kastell (Castello dell'Imperatore) im Stil sizilianischer Stauferburgen errichtet. Auch in P. kam es im 13. und 14. Jh. zu heftigen Auseinandersetzungen zwischen Ghibellinen (Familie Dagomari) und Guelfen (Familie Guazzalotri). Letztere war schließlich siegreich. Durch das nahegelegene Florenz und Lucca in ihrer Freiheit bedroht, stellten sich die Bewohner v. P. unter den Schutz der Anjou aus Neapel. Doch schon 1351 gelangte die Stadt durch Verkauf (17 500 Gulden) an die ungeliebten Florentiner. Da P. erst ab 1653 Stadtrechte und einen Bischofssitz (den es bis 1954 mit Pistoia teilte) erhielt, befand sich hier zuvor auch kein Dom. Im 13.–15. Jh. war P. durch seine Woll- und Seidenverarbeitung ein in ganz Europa wohlbekannter Ort. Unter den zahlreichen vermögenden Kaufleuten der damaligen Zeit war der Großhändler und Bankier Francesco Datini (1330–1410), der den Wechsel erfand, einer der erfolgreichsten und wohl der berühmteste. Seit dem 16. Jh. wurde P. immer unbedeutender, und immer mehr Bewohner verließen die Stadt. Seit dem ausgehenden 19. Jh. erlebte die Stadt wieder einen Aufschwung, was sich am besten an den rapide steigenden Einwohnerzahlen (v. 1920 bis 1960 Verzehnfachung) erkennen läßt. Alljährlich findet im Juni/Juli eine internationale Orgelmusikwoche und im Oktober/November die »Sagra Musicale Pratese« statt.

Dom S. Stefano (Piazza del Comune): Erst seit 1653 wird diese schon im 10. Jh. erwähnte Pieve di S. Stefano als Bischofskirche verwendet. Der heutige Bau stammt vorwiegend aus dem 13. und 14. Jh. 1211 errichtete Guidetto da Como Fassade und r Langhauswand im pisanisch-lucchesischen Stil. Die

Prato, Dom S. Stefano 1 Außenkanzel »Pergamo del Sacro Cingolo« (1434–38); Architektur v. Michelozzo, 7 Reliefplatten Kopien der Originale v. Donatello **2** Holzkruzifix v. G. Pisano oder dessen Schülern (um 1320) **3** Tabernakel mit »Madonna del Olivo« v. G. und B. da Maiano (1480) **4** Tafelbild v. Fra Filippo Lippi (1452, »Tod des hl. Hieronymus«) **5** Cappella del Crocifisso; Fresken v. A. Franchi (1873–76); Holzkruzifix (12. Jh.) **6** Cappella dell'Assunta; Fresken v. P. Uccello oder dem sog. Maestro di Prato (um 1445, »Geburt Mariens«, »Tempelgang« u. a.) und Andrea di Giusto (um 1455, »Steinigung und Aufbewahrung des hl. Stephan«, »Verlobung Mariens«) **7** Hauptchorkapelle; Freskenzyklus v. Fra Filippo Lippi und Fra Diamante (1452–68, l Wand: »Geschichte des hl. Stephan«, r Wand: »Geschichte Johannes' d. T.«); auf dem Hochaltar Bronzekruzifix v. F. Tacca (1653); Glasfenster v. L. da Pèlago (1459) **8** Kapelle; Fresken, A. Gaddi zugeschrieben (frühes 15. Jh., »Legende des hl. Jakobus d. Ä. und der Margherita v. Cortona«) **9** Kapelle; Grabmal des Filippo Inghirami (1480), Simone di Niccolò da Bardi zugeschrieben; abgenommenes Fresko des 14. Jh. **10** Sakristei mit Resten der Dekoration des 14. Jh. **11** Cappella del Sacramento; Tafel v. Z. Poggini (1549) **12** Bronzeleuchter v. Maso di Bartolomeo **13** Kelchförmige Marmorkanzel, Reliefs v. Mino da Fiesole (»Gastmahl des Herodes«, »Enthauptung Johannes' d. T.«) und A. Rossellino (1473, »Himmelfahrt Mariens«, »Steinigung und Grablegung des hl. Stephan«); Sphingen an der Basis v. Matteo da Montepulciano **14** Cappella del Sacro Cingolo (1385–95); Bronzegitter, begonnen v. Maso di Bartolomeo, beendet v. P. di Matteo da Montepulciano (1438–67); auf dem Altar »Muttergottes mit Kind« v. G. Pisano (um 1317); Fresken v. A. Gaddi und Gehilfen (1392–95 »Legende des Hl. Gürtels« und »Leben Mariens«) **15** Museo dell'Opera del Duomo (Dombaumuseum) mit Originalen der Reliefs der Außenkanzel v. Donatello, abgetrennten Fresken v. Fra Filippo Lippi, P. Uccello u. a.; Reste des roman. Kreuzgangs (12. Jh.)

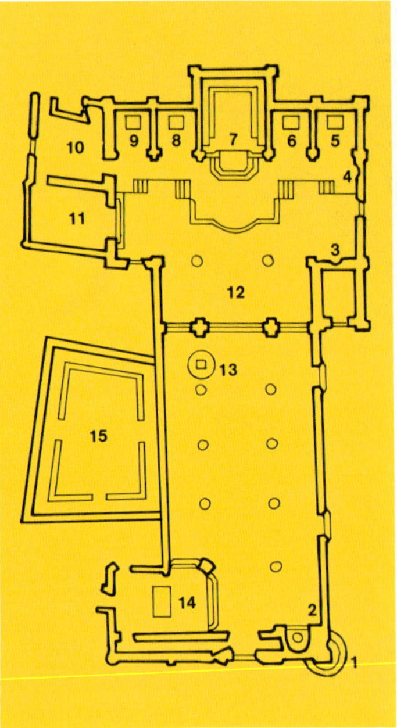

Fassade wurde 1385–1457 nach Plänen G. Pisanos mit spätgot. Stilelementen umgestaltet. Doch die r Langhauswand blieb mit ihren Blendbogen (wenn auch in grün-weiß gestreifter Marmorverkleidung und zusätzlich angebrachtem Schmuckwerk) in urspr. Form erhalten. Die Fassade wurde wie auch die r Flanke mit grün-weißer Marmorstreifung versehen und erhielt ein v. Spitzpfeilern flankiertes got. Portal. Die weiß glasierte Terrakottadarstellung »Madonna mit Kind und Heiligen« schuf 1489 A. della Robbia.

An der r Fassadenseite befindet sich im Rund um das Mauereck die berühmte, 1434–38 errichtete *Außenkanzel Pergamo del Sacro Cingolo,* die wohl zu den bedeutendsten Meisterwerken der Renaissance zu zählen ist. Ihren Namen hat die Kanzel daher, weil v. hier aus an einigen kirchlichen und weltlichen Festtagen die Reliquie des Sacro Cingolo (hl. Gürtel) dem Volk gezeigt wird. Nach der Legende gab Maria ihren Gürtel einem Priester, der ihn dem Händler Dagomari aus P. überließ. Vor seinem Tode vermachte Dagomari den Sacro Cingolo Vertretern der Gemeinde und dem Propst. Der Gürtel wird heute in der Cappella del Sacro Cingolo im Dominneren aufbewahrt. In diese Kapelle gelangt man nur mit Hilfe zweier verschiedener Schlüssel, die sich im Besitz des Bischofs und der Stadtverwaltung befinden. Während Michelozzo die Säule, die runde Brüstung und den Baldachin des Pergamo del Sacro Cingolo schuf, schmückte Donatello die 7 rechteckigen Relieffelder des Kanzelkörpers mit tanzenden Putti (heute Kopien, Originale im Dommuseum).

1313–68 erweiterte man die Kirche um das Querschiff mit 5 Kapellen, wobei jedoch die Krypta zerstört wurde. 1340–1356 setzte man den unteren, mit roman. Zweierfenstern geschmückten 3 Stockwerken des Kampanile 2 Obergeschosse mit got. Dreierfenstern über Zweierfenstern auf.

Das roman. Langhaus ist v. schweren, dunkelgrünen Marmorsäulen unter weiten Bö-

Prato, Dom, Außenkanzel

gen (lombardisches Stilelement) in 3 Schiffe unterteilt, und wurde erst 1676 eingewölbt. Die grün-weiß gestreifte Marmorverkleidung des Langhauses setzt sich an den Pilastern und Diensten des (um 6 Stufen erhöhten) Querschiffs mit Rippengewölben und Chorkapellen fort.

Der wertvollste Kunstschatz ist der 1452–68 v. Fra Filippo Lippi unter der Mitarbeit v. Fra Diamante gemalte *Freskenzyklus* in der Chorkapelle, der in seiner ausdrucksvollen künstlerischen Gestaltung zu den bedeutendsten Zeugnissen der Florentiner Frührenaissance zählt. Während an der Chordecke die 4 Evangelisten dargestellt sind, zeigen die Fresken an der l Chorwand Geschichten aus dem Leben des hl. Stephan sowie an der r Wand Szenen aus dem Leben Johannes' d. T. in jeweils 3 Zonen. Das große, bronzene Kruzifix am Hauptaltar schuf 1653 F. Tacca, das dahinterliegende Glasfenster L. de Pèlago (1459).

Die Cappella dell' Angelo Custode (r neben dem Chor) wurde 1443–55 v. Andrea di Giusto und v. sog. Prato-Meister mit *Fresken* (»Geburt Mariä«, »Tempelgang Mariä« u. a.) ausgestattet. Wer dieser bedeutende, unbekannte Prato-Meister war, konnte bis heute nicht genau geklärt werden. Jüngsten Forschungsergebnissen zufolge soll es sich um P. Uccello oder auch um D. Veneziano handeln. Das *Grabmal* des 1480 gestorbenen Filippo Inghirami in der äußersten Kapelle r stammt wahrscheinlich v. Simone di Niccolò da Bardi. Die Fresken der Legende des hl. Jakobus d. Ä. und der Margherita v. Cortona in der Kapelle l v. Chor werden A. Gaddi und seiner Werkstatt zugeschrieben. Im r Querschiff befinden sich das 1452 v. Fra Filippo Lippi geschaffene Tafelbild *Tod des hl. Hieronymus* sowie ein Tabernakel mit der *Madonna dell' Olivo* v. B. da Maiano (1480). Die Reliefs der in Kelchform errichteten Marmorkanzel im Mittelschiff schufen 1473 Mino da Fiesole (»Gastmahl bei Herodes« und »Enthauptung Johannes' d. T.«) und A. Rossellino (»Himmelfahrt Mariens« und »Steinigung des hl. Stephanus«). Den Sokkel mit Schaft und Sphingen schuf wohl Matteo da Montepulciano. In der Cappella del Sacro Cingolo (l v. Haupteingang) malte A. Gaddi 1392–95 die *Fresken* über das Leben der hl. Maria sowie die Legende des hl. Gürtels. Außerdem befinden sich in dieser Kapelle eine Madonna mit Kind v. G. Pisano (1317) und ein 1438 v. Maso di Bartolomeo begonnenes Bronzegitter. Beachtenswert sind außerdem ein Holzkreuz v. G. Pisano (r v. Haupteingang), ein Schmiedeeisengitter v. 1348 neben dem Hauptportal sowie ein Bronzeleuchter v. Maso di Bartolomeo im Presbyterium.

Museo dell' Opera del Duomo: Das Museum ist direkt an die l Seitenwand des Domes angebaut. Im Hof sind Reste eines roman. *Kreuzganges* (12. Jh.) mit Marmorintarsien erhalten. Hier sind neben den Originalreliefs der Außenkanzel des Doms v. Donatello Altargemälde, Goldschmiedearbeiten, Meßbücher, Miniaturen und abgelöste Fresken aufbewahrt. Besondere Beachtung verdienen das Gemälde »Hl. Lucia« v. Fra Filippo Lippi, ein Kästchen für den »hl. Gürtel« v. Maso di Bartolomeo, mehrere Werke v. Lorenzo Monaco und Botticelli sowie einige P. Uccello zugeschriebene Bilder.

S. Maria delle Carceri (Piazza S. Maria delle Carceri): An einer urspr. v. Kerkern (Carceri) eingenommenen Stelle erbaute G. da Sangallo 1484–95 diese freistehende Kirche auf dem Grundriß eines griech. Kreuzes mit zentraler Kuppel. In ihrem Aufbau beeinflußte S. Maria delle Carceri u. a. auch die Wallfahrtskirche Madonna di S. Biagio in Montepulciano. Die Außenwände sind durch einfache geometrische Figuren wie Rechtekke in grünem auf hellem Marmor verziert, wobei die Verkleidung der Obergeschosse allerdings erst 1885 geschaffen wurde. Der äußerst harmonisch und erhaben wirkende Innenraum ist eines der besten Beispiele für ausgewogene Raumgestaltung in Renaissancebauten. Die weiß-blaue *Terrakottadekoration* im Fries und an der Kuppeldecke über 4 weiten Bögen schuf 1492 A. della Robbia. Die antikisierende Aedicula am Hochaltar entstand 1514 nach einem Entwurf G. da Sangallos.

S. Francesco (Piazza S. Francesco): Dieser Backsteinbau mit grün-weiß gestreifter Marmorfassade, hochgezogenem Rundbogenportal, Fensterrose sowie Blendbogen an Apsis und Flanken wurde vermutlich gegen Ende des 13. Jh. begonnen. Erst um 1500 fügte man den Giebel an. Aus dem einschiffigen Innenraum seien das um 1460 v. B. Rossellino geschaffene *Grabmal des Gimignano Inghirami* sowie die Grabplatte für den Kaufmann und Erfinder des Wechsels, Francesco Datini, v. N. Lamberti (um 1411) hervorgehoben. Erwähnenswert ist auch ein Holzkreuz des 15. Jh. am Hauptaltar. Durch den im 15. Jh. wohl v. B. Rossellino entworfenen Kreuzgang gelangt man in den *Kapitelsaal* des Klosters, den 1395 N. di P. Gerini mit Fresken (Geschichten aus dem Leben des hl. Antonius und des Apostels Matthäus) ausmalte.

S. Domenico (Piazza S. Domenico): Nachdem 1283 unter Fra Mazetto mit dem Bau begonnen worden war, konnte er bis 1322 nach einigen Änderungen, z. T. v. G. Pisano, vollendet werden. Bemerkenswert sind die fortlaufende Reihe v. spitzbogigen Grabnischen an der l Seitenwand und um das got. Marmorportal an der unvollendeten Fassade. Der im 13. Jh. aus Ziegelsteinen erbaute Kampanile ist mit got. Zweier- und Dreierfenstern durchsetzt. Der einschiffige, nach einem Brand im 17. Jh. barockisierte Innenraum bewahrt eine *Croce dipinta* v. N. di P. Gerini (14. Jh.). Im 15. Jh. errichtete man den Kreuzgang mit Portikus und Loggia. Im angrenzenden Kloster ist heute ein *Museum* (Museo di pittura murale) untergebracht. Es werden abgelöste Fresken und Vorzeichnungen (sog. Sinopien) des 13.–17. Jh. aus den Kirchen v. P. ausgestellt.

Palazzo Pretorio (heute **Galleria Comunale,** Piazza del Comune): Der massive Palast besteht aus 2 (deutlich erkennbar) in verschiedenen Perioden errichteten Bauten. An den im frühen 13. Jh. aus Backsteinen erbauten Wohnturm (r Seite) fügte die Stadt ab 1333 einen aus Hausteinen geschaffenen Bau mit got. Zweierfenstern unter Spitzbögen und »Rednerbalkon«. In der Tabernakelnische über dem Portal befand sich bis 1799 eine Statue Karls I. v. Anjou-Neapel. Aus dem 16. Jh. stammen die Außentreppe, der Turm und die Zinnenbekrönung.
Im Inneren wurde die *Galleria Comunale* untergebracht, die Gemälde und sonstige Kunstgegenstände vorwiegend florentinischer und toskanischer Meister des

14.–18. Jh., aber auch Werke aus niederländischen und neapolitanischen Schulen ausstellt. Besondere Beachtung verdienen B. Daddis »Legende des hl. Gürtels« v. 1328 (v. der Predella-Tafel des ehem. Hauptaltars im Dom), die »Madonna del Ceppo« v. Fra Filippo Lippi, das Tabernakelfresko »Madonna und Heilige« (1498) v. Lippis Sohn Filippino, die Originalfigur des Bacchus und weitere Bronzeteile eines Brunnens v. F. Tacca v. 1665 (Kopie auf dem Brunnen vor dem Palast) sowie Werke v. Fra Bartolommeo, L. Signorelli, L. Monaco, K. van Wittel, G. B. Caracciolo und den della Robbia.

Palazzo Datini (Via Rinaldesca): Hier lebte und arbeitete der sehr vermögende Kaufmann und Bankier Francesco Datini (1330–1410), der seinen gesamten Besitz den Armen vererbte und die Wohltätigkeitsorganisation Ceppo begründete. 1411 wurden die Außenwände des Palastes vollständig mit Geschichten aus dem Leben Datinis bemalt, wovon heute jedoch nur Reste (meist der Vorzeichnungen) erhalten sind. Loggia und Fenster im Erdgeschoß wurden erst im 16. und 17. Jh. hinzugefügt. Im Inneren malte N. Gerini einige Säle mit Fresken aus. Beachtenswert sind Geschäftskorrespondenzen und Stoffproben v. 1380 bis zum Tode Datinis.

Castello dell' Imperatore (Piazza S. Maria delle Carceri): 1237–48 ließ Kaiser Friedrich II. v. apulischen Baumeistern auf fast quadratischem Grundriß diese in Mittel- und Norditalien einzigartige Stauferburg als Stützpunkt an der Kaiserstraße v. Deutschland nach Sizilien erbauen. Von einer ersten Festung aus dem 10. Jh. wurden 2 Turmstümpfe als Wachttürme übernommen. Zwischen den quadratischen Ecktürmen errichtete man zusätzlich fünfeckige Turmsporne. Ein ghibellinischer Zinnenkranz umläuft sowohl die Mauer wie auch die Turmspitzen. Der Rahmen des mit einem Dreiecksgiebel bekrönten und 2 Steinlöwen verzierten Hauptportals ist mit grün-weiß gestreiften Marmorintarsien verkleidet.

Außerdem sehenswert: Das im 15. Jh. erbaute *Oratorium Madonna del Buonconsiglio* (Via Garibaldi) zeigt an Portal und Altar schöne Terrakotten v. A. della Robbia. – An der Piazza del Comune befinden sich neben dem oben erwähnten Palazzo Pretorio noch der im 14. Jh. erbaute, um 1800 klassizistisch veränderte *Palazzo Comune,* ein 1896 geschaffenes Denkmal des Großhändlers Francesco Datini sowie die Kopie des 1659 v. F. Tacca errichteten Bacchus-Brunnens. – Aus dem Jahre 1838 stammt das elegante, vielbesuchte *Teatro Metastasio* (Via dei Tintori).

S. Francesco, Grabmal für Francesco Datini

Prato, Palazzo Pretorio, Fassade

Umgebung

Poggio a Caiano (8 km s): 1480–85 ließ Lorenzo il Magnifico in diesem kurz zuvor v. ihm erworbenen Ort am N-Hang des Montalbano eine prächtige *Mediceervilla* nach Plänen G. da Sangallos errichten. Ein Portikus-Vorbau umzieht im Erdgeschoß den gesamten Bau und bildet zugleich eine v. 4 Sälen zugängliche Terrasse im ersten Stock. Durch eine zweiflügelige, im 18. Jh. errichtete Treppe gelangt man v. der mit einem klassischen Tempelgiebel bekrönten Loggia in den im Stil der Frührenaissance weitläufig angelegten Park. Der Sohn Lorenzos, Giovanni de'Medici (später Papst Leo X.) ließ den großen, zweigeschossigen Festsaal v. A. del Sarto, Franciabigio und A. Allori mit *Deckenfresken* (Szenen aus der antiken Geschichte und der Geschichte der Medici) ausstatten. Über der Fenstertür in diesem mittleren Saal befindet sich J. da Pontormos bekanntes Fresko *Apfelernte*. Beachtenswert sind auch die v. Vittorio Emanuele II. v. Savoyen modernisierten Appartements im 1. Stock. Bekannt wurde die Villa wohl auch dadurch, daß hier Francesco I. und seine Frau Bianca Cappello innerhalb weniger Stunden auf höchst mysteriöse Weise (nach offiziellen Angaben durch Malaria) im Jahre 1587 starben. – 3 km s v. Poggio a Caiano: **Comeana.** Nahe bei diesem Ort, der in einem schon früh v. Etruskern besiedelten Gebiet liegt, finden sich mehrere *Grabhügel* des 7. Jh. v. Chr., die noch untersucht werden. Beachtenswert ist die monumentale *Tomba Etrusca di Montefertini*. – 4 km s v. Comeana: **Artimino.** Die freistehende, v. 2 Ecktürmen flankierte *Villa Artimino* mit Säulenloggia über der monumentalen Freitreppe erbaute 1594 B. Buontalenti für Großherzog Ferdinando I. Die Innenräume (Stil des 19. Jh.) können nicht besichtigt werden, da die Villa heute in Privatbesitz ist. Beachtenswert ist der schöne *Garten*. – Sehr gut erhalten ist die im 11. Jh. erbaute frühroman. *Kirche S. Leonardo* (etwas außerhalb). – In der Gegend um den Ort wurden kürzlich mehrere *Etruskergräber* entdeckt. – 5 km w v. Poggio a Caiano: **Carmignano.** In der *Pfarrkirche* wird das 1530 v. J. da Pontormo geschaffene Gemälde »Heimsuchung« aufbewahrt.

Sesto Fiorentino (10 km sö): In diesem durch seine Porzellanherstellung bekannten Ort

Poggio a Caiano, Villa Medici

befindet sich das *Museo della Porcellane di Doccia*, das die Entwicklung der 1735 gegründeten Porzellanmanufaktur Doccia anhand v. Produkten aufzeigt. – 14 km nö v. Sesto Fiorentino: **Pratolino.** Die ehem. *Medici-Villa* befindet sich inmitten eines riesigen, 250 ha großen Parks, der v. hohen Mauern umgeben ist. Da Fürst Demidoff im 19. Jh. das Pagenhaus der Villa bewohnte, wird diese Ruine heute Villa Pratolino-Demidoff genannt. Beachtenswert ist eine kolossale, an einem Teich kauernde Statue, die den Apennin personifiziert. – 8 km s v. Pratolino: **Careggi.** Ab 1435 baute Michelozzo einen 1417 v. den Medici erworbenen ma Landsitz für Cosimo d. Ä. in eine *Villa* mit Turm, Loggia und Hof um. Hier starben 1464 Cosimo d. Ä. und 1492 auch Lorenzo il Magnifico, der sich in dieser Villa mit großen Dichtern, Philosophen und Künstlern seiner Zeit traf. Heute gehört die in ihrer urspr. Form erhaltene Villa zu einem großen Klinikkomplex v. Careggi. Im Innern befinden sich Fresken aus dem 16. Jh. v. A. Bronzino und J. da Pontormo.

53037 San Gimignano
Siena

Einw.: 19500	Höhe: 324 m	S. 134 □ D 5

Das auf einem Höhenrücken über dem Elsatal gelegene S. G., das v. den Italienern gerne als »Stadt der schönen Türme« bezeichnet wird, konnte sich sein v. den 15 noch erhaltenen *Geschlechtertürmen* geprägtes, charakteristisches ma Stadtbild bewahren. Nach einer alten Vorschrift durfte keiner der 72 Türme den des Palazzo del Podestà überragen. Als man jedoch um 1300 einen neuen Palazzo del Podestà erbaute, wurde natürlich auch die *Torre Grossa* um 3 m höher als die *Rognosa* des ersten Kommunalpalastes gebaut. Außerdem mußte jeder Bewohner ein bestimmtes Vermögen vorweisen, um überhaupt einen solchen Turm bauen zu dürfen. Wie die im Umkreis v. S. G. gefundenen Gräber und Beigaben zeigen, war der Ort schon v. Etruskern besiedelt, blieb jedoch lange Zeit völlig unbedeutend. Im 9. Jh. entwickelte sich um ein frühmittelalterliches Kastell eine neue Ortschaft, die im frühen 11. Jh. ummauert wurde und der man den Namen des 347 in Modena gestorbenen, später heiliggesprochenen Bischofs Gimignano gab. Im 12. Jh. ernannte sich das bisher – trotz schon gewählter Konsuln – v. den Bischöfen aus Volterra beherrschte S. G. zur freien Gemeinde und stellte sich bis ins 14. Jh. sowohl gegen Siena als auch Volterra. Da S.G. kein Bischofssitz war, wurden ihm auch keine Stadtrechte verliehen. Dennoch ist hier eine gleiche politische Entwicklung wie in den großen Städten der Toskana zu beobachten. So löste auch in S.G. ein v. Räten kontrollierter Podestà die ehem. Konsuln ab. Im 13. Jh. kam es zu blutigen inneren Kämpfen zwischen den kaisertreuen Ghibellinen (v.a. Familie Salucci) und papstfreundlichen Guelfen der Familie Ardinghelli. Dante, der hier im Jahre 1300 für den Beitritt S.G. in die v. Florenz angeführte Toskaner Guelfenliga warb, wurde schroff abgewiesen. Doch schon 25 Jahre später unterstützte man Florenz im Kampf gegen das ghibellinische Lucca, und 1352 stellte sich die Stadt freiwillig unter florentinisches Protektorat.

Im Stadtbild fällt bes. auf, daß fast keine Bauwerke im Stil des Barock oder der Renaissance errichtet wurden, daß jedoch die roman.-got. Bauperiode in den verschiedensten pisanischen, lucchesischen, sienesischen und florentinischen Stilmerkmalen erscheint.

Im Oktober findet ein Fest des bekannten Weins Vernaccia di S.G. statt.

Dom oder **Collegiata S. Maria Assunta** (Piazza del Duomo): Die der Assunta geweihte Kirche wird auch als Dom bezeichnet, obwohl S.G. nie Bischofssitz war. Der urspr. roman. Bau mit seiner schlichten Fassade (1239) über hoher Freitreppe steht mit mehreren Palästen und Türmen am Domplatz. An der dreischiffigen Basilika wurden im 15. Jh. einige wichtige Umbauten vorgenommen. So baute seit 1465 G. da Maiano das Querhaus mit 6 Kapellen an, verlängerte den Chor und schuf damit den neuen Grundriß eines lat. Kreuzes.

Gewölbe und Wände des v. roman. Säulen dreischiffig unterteilten Innenraumes sind mit wertvollen *Fresken* des 14.–15. Jh. geschmückt. Die Wand der Innenfassade schmückte Taddeo di Bartolo 1393 mit den Darstellungen *Paradies, Jüngstes Gericht* und *Hölle* (v. l nach r), das Fresko *Martyrium des hl. Sebastian* unter dem »Jüngsten Gericht« schuf 1465 B. Gozzoli, v. dem auch die Fresken an den Pfeilern stammen (Augustinus, Bernhard, Hieronymus). Ebenfalls an dieser Wand befinden sich die hölzernen Figuren einer *Verkündigung* v. J. della Quercia (um 1421). Den sehr ausführlichen Freskenzyklus *Szenen aus dem Neuen Testament* am r Seitenschiff malte Barna da Siena bis zur Kreuzigung, ehe er 1381 v. Gerüst stürzte und starb. Sein Schüler Giovanni d'Asciano vollendete dieses Werk. Die *Szenen aus dem Alten Testament* im l Seitenschiff malte um 1360 der Sienese Bartolo di Fredi. Am Ende des r Seitenschiffs erbaute G. da Maiano (1468–75) die Cappella di S. Fina in reinsten Formen der Renaissance. Die hl. Fina ist die Stadtheilige v. S.G., die, nachdem sie mehrere Wunder vollbracht hatte, 1253 als 15jähriges Mädchen starb. Die Ausstattung schufen der Bildhauer B. da Maiano (Dossale) und D. Ghirlandaio, dessen Fresken *Der hl. Papst Gregor verkündet dem Mädchen Fina den nahen Tod* (r Wand) und *Begräbnis* zu den größten Werken der Freskenmalerei des 15. Jh. zu zählen sind. Ebenfalls v. D. Ghirlandaio stammt das Fresko *Verkündigung* im Baptisterium (14. Jh.). Beachtenswert sind auch die Kanzel und das Chorgestühl v. A. da Colle (15. Jh.) sowie das v. B. da Maiano geschaffene Ziborium am Hochaltar.

Museo d'Arte Sacra dell'Opera della Collegiata (Piazza Pecori, l v. Dom): Das Museum für sakrale Kunst ist in dem im 13. Jh. erbauten *Palazzo della Prepositura* untergebracht. Hier werden v.a. Skulpturen, Schnitzereien und verschiedene andere sakrale Kunstwerke aus dem urspr. basilikalen roman. Dom, aber auch Werke aus anderen Kirchen S.G. sowie etrusk. Fundstücke aus der nahen Umgebung ausgestellt. Besondere Beachtung verdient eine Croce dipinta aus dem 12. Jh.

S. Agostino (Piazza S. Agostino): Diese einschiffige Kirche der Augustiner Chorherren mit schlichter Fassade, schlankem Kampanile, 3 Apsiden und offenem Dachstuhl wurde 1280–98 im roman.-frühgot. Stil errichtet. In der Cappella die Beato Bartolo (innen r v. Hauptportal) befindet sich das *Grab des Heiligen* (Bartolo) sowie ein *Marmoraltar* mit Figuren und Reliefs v. B. da Maiano. 1464 bemalte B. Gozzoli in 2 Jahren die Wände der Hauptchorkapelle mit den berühmten 17 *Szenen aus dem Leben des hl. Augustinus*. Ebenfalls v. B. Gozzoli stammt das Fresko *Hl. Sebastian* am 2. Altar l. Die Fresken *Szenen aus dem Leben Mariens* in der r Chorka-

Pinacoteca Civica, Taddeo di Bartolo ▶

pelle schuf bereits 1356 Bartolo di Fredi. Besondere Beachtung verdient auch die *Krönung Mariens* v. P. Pollaiuolo (1483) am Hochaltar im Presbyterium. Im 15. Jh. wurde der Kreuzgang mit einer Loggia über Säulenarkaden erbaut.

S. Jacopo (Via Folgore da San Gimignano): Die im 13. Jh. aus Backstein und Travertin erbaute Kirche zeigt an ihrer Fassade ein schönes Portal im pisanischen Stil und eine Fensterrose. Im erhöhten Presbyterium des einschiffigen Innenraums sind *Fresken* des 14. Jh. v. Memmo di Filippuccio (»Kreuzigung« und »Maria mit Heiligen«) und P. F. Fiorentino (»Hl. Hieronymus«) bes. beachtenswert.

S. Pietro (Piazza S. Agostino): Die im 11.–12. Jh. erbaute Kirche bewahrt in ihrem schlichten Inneren Fresken v. Sieneser Meistern.

Palazzo del Popolo oder **Palazzo Nuovo del Podestà** (Piazza del Duomo, s Seite): 1288 begann man nach einem Entwurf v. Arnolfo di Cambio mit diesem wappengeschmückten Palast. Nachdem 1310 die *Torre Grossa*, der mit 54 m höchste Turm S. G. errichtet war, fügte man 1323 schließlich den malerischen *Innenhof* mit einer Loggia, v. der Recht gesprochen wurde, an. Der Ziehbrunnen in diesem Hof stammt aus dem Jahr 1361, die Zinnenbekrönung des Palastes aus dem 18. Jh. In der Sala del Consiglio (oder auch Sala di Dante) im 1. Stock versuchte Dante am 7. Mai 1300 im Auftrag v. Florenz den Podestà und den Consiglio Generale (Rat) zu einem Beitritt S. G. zur toskanischen Guelfenliga zu bewegen. Im Jahr 1317 malte L. Memmi (an die r Wand) eine berühmte *Maestà* (thronende Madonna mit Kind, Heiligen und dem Podestà Mino da Tolomei), die er der »Maestà« S. Martinis im Palazzo Pubblico nachempfunden hat. Die weiteren Fresken in diesem Saal schuf 1292 Anzo da Siena.

In den oberen Stockwerken wurde die *Pinacoteca Civica* mit Werken v. Künstlern, die im 13.–15. Jh. in S. G. arbeiteten, untergebracht. Bes. beachtenswert sind eine »Verkündigung Mariens« v. Filippino Lippi (1483), 2 Altartafeln v. B. Gozzoli, eine »Muttergottes mit Heiligen« v. Taddeo di Bartolo, ein gemaltes Kreuz v. Coppo di Marcovaldo (nach 1260) sowie eine »Madonna mit Engeln« v. Guido da Siena. Das Zimmer des Podestà stattete Memmo di Filippuccio im frühen 14. Jh. mit Fresken (erotische Szenen) aus. Die Loggia l v. Palast zählt zu den ältesten öffentlichen Loggien in Mittelitalien.

San Gimignano, Panorama

Palazzo del Podestà (Piazza del Duomo, gegenüber Dom): Der Palast mit seinem 51 m hohen Turm, die sog. *Rognosa* (Räudige), wurde 1239 erbaut und im Jahre 1337 erweitert. Im Erdgeschoß befindet sich die offene Loggia mit schönen Steinsitzen des Stadtrats. Links grenzt die 1280 erbaute Torre Chigi an, die urspr. im Besitz der Familie Useppi war.

Palazzo Pratellesi (Via S. Giovanni): In diesem im 14. Jh. erbauten Palast mit schönen Kreuzstabfenstern und sienesischen Bögen sind heute im 1. Stock die *Stadtbibliothek* und das *Stadtarchiv* untergebracht. – Links v. diesem Palast befindet sich der ehemalige, 1353 erbaute *Konvent S. Caterina* (Haus Nr. 16), r schräg gegenüber die *Torre dei Canpatelli.* – Am s Straßenende liegt das 1262 aufgebaute *Stadttor S. Giovanni,* dem 1601 eine kleine Kirche eingefügt wurde.

Piazza della Cisterna (s an Piazza del Duomo anschließend): Dieser dreieckige, schräg abfallende Platz mit den ihn umgebenden Palästen, Türmen und Familienhäusern (13.–14. Jh.) ist der Stadtmittelpunkt. Benannt ist er nach dem 1346 auf einem sechseckigen Podest errichteten Ziehbrunnen. Wie der Domplatz sind auch auf der Piazza della Cisterna die Pflastersteine im Fischgräten-Muster angelegt. Hervorzuheben sind die im 13. Jh. erbauten *Zwillingstürme der Ardinghelli,* die zu den bedeutendsten Familien S. G. zählten, der *Turmstumpf des Palazzo del Capitano del Popolo* aus dem frühen 13. Jh., die *Torre del Diavolo* aus dem 14. Jh., die *Casa Razzi* (heute Banca Toscana) sowie der *Palazzo Tortoli* aus dem 14. Jh. mit Travertin-Untergeschoß und Obergeschoß aus rotgelb gestreiften Backsteinen.

Via S. Matteo: Diese malerische Straße mit ma Gebäuden und Türmen schließt sich n an den Domplatz an und läuft bis zur *Porta S. Matteo,* einem im 13. Jh. im sienesischen Stil errichteten Torbau. An dieser Straße befinden sich u. a. die im 13. Jh. erbauten *Zwillingstürme der Salvucci,* der *Arco della Cancelleria* (Stadttor der ersten Mauer), diesem gegenüber der im 13. und 14. Jh. erbaute *Palazzo della Cancelleria* (Palazzo Marsili), die im 12. Jh. erbaute *Kirche S. Bartolo,* der um 1200 errichtete *Wohnturm Pesciolini* mit Zweierfenstern sowie der eigtl. aus 2 Wohnbauten bestehende *Palazzo Tinacci* (13. Jh.) mit schönen florentinisch, lucchesisch und sienesisch geprägten Fenstern.

Fonti (etwas außerhalb der w Porta delle Fonti): In diesem großen, aus 10 Bögen auf Säulen und Pfeilern konstruierten Brunnen-

San Gimignano, Domplatz

San Gimignano, Porta S. Giovanni

Madonna v. F. Lippi im Museo

haus wurde urspr. Schafwolle gewaschen. Die Rundbögen entstammen dem 12. Jh., die hohen Spitzbögen dem 14. Jh.

Rocca: Die 1353 an der höchsten Stelle des Ortes errichtete *Festung* (w über dem Dom) ließ Cosimo I. 1558 schleifen. Erhalten blieben Teile der *Mauern* und der mittlere *Turm*, v. dem man einen wundervollen Blick auf die Stadt und das Elsatal hat.

Außerdem sehenswert: Die *Kirche S. Francesco* (Via S. Giovanni) wurde im 12. Jh. mit wuchtigem Mauerturm erbaut. An der Fassade sind pisanische Stilelemente erkennbar. – An der Via del Castello liegt die *Kirche S. Lorenzo in Ponte* (1240), dieser gegenüber gründeten im 14. Jh. die Dominikaner an der Stelle des frühmittelalterlichen Kastells ein Kloster (heute Gefängnis). – *Palazzo* und *Torre Cugnanesi* (Piazetta dei Cugnanesi) wurden im 13. Jh. erbaut. – Von der ersten Mauer stammt noch das *Stadttor Arco dei Becci* (an der Via degli Innocenti). – Etwa 1,5 km s der Porta S. Giovanni liegt das

San Gimignano, Stadttor Arco dei Becci

1340–1458 erbaute *Kloster Monte Oliveto* mit Säulenvorhalle, Backstein-Kampanile und Kreuzgang des 15. Jh.

Umgebung

Pieve di Cellole (4,5 km nw): Die im 13. Jh. erbaute Kirche mit roman. Portal und einer v. Säulen, Bogenfries und mit Flechtwerk geschmückten Apsis ist v. Zypressen umrahmt. Im dreischiffigen Inneren treten an der Apsis die Elemente v. Außenbau wieder auf. Beachtenswert ist der achteckige, aus einem Monolith geschaffene Taufbrunnen.

52027 San Giovanni Valdarno

Arezzo

Einw.: 19000	Höhe: 134 m	S. 134 □ F 4

Der Ort im oberen Arnotal, das hier im W v. den Wein- und Olivenhängen der Monti del Chianti und im O v. den hohen Gebirgszügen des Pratomagno begrenzt ist, wurde im Jahr 1296 v. Florenz als Grenzfeste gegen die ghibellinische Familie Ubertini aus Arezzo gegr. Seit dem Ende des 19. Jh. entstanden in diesem Tal einige Industriestädtchen, v. denen S. G. V. mit seinen Braunkohlelagern und Stahlwerken zu den bedeutendsten zählt. Am 21. Dezember 1401 wurde in S. G. V. der berühmte Maler Masaccio geboren.

S. Maria delle Grazie (Piazza Masaccio): Die Fassade dieser im 15. Jh. erbauten Kirche wurde im 18. Jh. verändert. Das glasierte Terrakottarelief unter dem Portikus schuf G. della Robbia. Im barockisierten Inneren befinden sich einige Gemälde toskanischer Künstler. – In der *Gemäldegalerie* neben der Kirche werden verschiedene Kunstwerke (hauptsächlich Gemälde) aus der Schule v. Florenz des 14.–18. Jh. ausgestellt.

S. Lorenzo (Piazza Masaccio): Die Fresken dieses im 14. Jh. erbauten Oratoriums werden dem jungen Masaccio zugeschrieben.

San Gimignano, Museumshof, Wappenfresken

San Giovanni Valdarno, Palazzo Pretorio

Palazzo Pretorio (Stadtzentrum): Im frühen 14. Jh. wurde dieser Palast mit dem mit Zinnen bekrönten Turm nach einem Entwurf v. Arnolfo di Cambio erbaut, der wohl auch für die Anlage des Kastells v. 1292 verantwortlich war. Der wappengeschmückte, umfassende Portikus mit darüberliegender Loggia wurde erst im 15. Jh. aufgebaut.

Außerdem sehenswert: An der Fassade der im 18. Jh. veränderten *Kirche S. Giovanni* aus dem 15. Jh. befinden sich Terrakottaarbeiten aus der Werkstatt der della Robbia.

Umgebung

Figline Valdarno (8 km n): Der schon im 12. Jh. erwähnte Ort wurde im 14. Jh. v. Florenz neu aufgebaut, nachdem er zuvor zerstört worden war. In der im 14. Jh. erbauten got. *Kirche S. Francesco* befinden sich an den Kirchenwänden, im Kreuzgang und im Kapitelsaal Fresken meist Florentiner Künstler. Eine *Himmelfahrt Mariens* wird der Werkstatt Botticellis zugeschrieben. – Beachtenswert sind außerdem die im 12. Jh. gegr. *Pfarrkirche*, der *Palazzo Pretorio* mit einem Turm aus dem 14. Jh., das im 15. Jh. erbaute *Sippenhaus Serristori* mit einer Gemäldesammlung und schönem Hof sowie Reste der alten *Ringmauer*. – 3,5 km n v. Figline Valdarno: **Incisa in Val d'Arno.** Die 1538–92 erbaute *Kirche del Vivaio* erhielt im 18. Jh. ihre spätbarocke Ausstattung. Beachtenswert ist die breite Säulenhalle. – Von der 1223 erbauten, um 1370 erneuerten *Burg* ist heute noch ein Palazzetto sowie das Wohnhaus des Vaters v. Petrarca erhalten. – N der Kirche befindet sich der *Wohnturm Castellano* mit zinnenbekrönter Mauer (12.–13. Jh.).

Montecarlo, Convento di (2,5 km s): In der auf einem Hügel gelegenen Kirche befindet sich eine sehr schöne »Verkündigung« v. Fra Angelico und ein Werk v. Neri di Bicci. Beachtenswert ist auch der im Stil der Renaissance errichtete Kreuzgang.

Montevarchi (5 km sö): Der im 12. Jh. unterhalb der Burg Monte Guarchi entstandene Ort ist heute bedeutendes Landwirtschafts-

Montevarchi (San Giovanni Valdarno), Kirche S. Lorenzo

und Industriezentrum. – Die *Kirche S. Lorenzo* aus dem 14. Jh. wurde mit spätbarokken Formen umgestaltet. – Im *ehem. Kloster S. Ludovico* sind die Stadtbibliothek und die v. P. Bracciolini gegr. Accademia Valdarno mit sehenswerter Fossiliensammlung des oberen Arnotals untergebracht. – Neben der im 18. Jh. erbauten Kollegiatskirche befindet sich ein kleines *Museum* mit einer Sammlung v. Werken der della Robbia, Skulpturen und Goldschmiedearbeiten. – Beachtenswert ist auch der 1476 errichtete *Klosterkreuzgang* und der aus dem 14. Jh. stammende, häufig veränderte *Palazzo Pretorio.* – 3,5 km nö v. Montevarchi: **Terranuova Bracciolini.** Der Ort ist nach seinem berühmtesten Sohn, dem Humanisten Poggio Bracciolini, benannt. – Beachtenswert sind einige mächtige *Sippenhäuser.* – 8 km nö v. Terranuova Bracciolini: **Loro Ciuffenna.** Der auf einem 330 m hohen Bergsporn, am Fuße des Pratomagno gelegene ma Ort war schon v. Etruskern bewohnt. Aus dieser Zeit wurde wohl auch der eigenartige Name übernommen. – In der *Pfarrkirche* (14. Jh.) wird eine Muttergottes v. Lorenzo di Bicci bewahrt. – 2 km s v. Loro Ciuffenna: **Gropina.** Die an einem Ausläufer des Pratomagno, inmitten v. Kastanienwäldern gelegene *Pieve di S. Pietro* schenkte Karl d. Gr. im Jahre 780 dem Kloster Nonantola (in der Nähe v. Modena). Der heutige Bau wurde gegen Ende des 12. Jh. begonnen, der wuchtige Kampanile war erst 1233 vollendet. Kürzlich entdeckte man Reste v. 2 früheren Bauten. Auffallend sind ein röm. Marmorkopf an der einfachen Fassade sowie der Bogenfries und eine kleine Säulenreihe an der äußeren Apsis. An der Innenwand der Apsis erscheint ein doppelter Bogenfries auf Säulen. Der basilikale Innenraum ist durch Monolithsäulen und ein Pfeilerpaar in verschiedenen Abständen dreischiffig gegliedert. Bes. beachtenswert sind die Säulenkapitelle, die völlig unterschiedlich mit Darstellungen v. Menschen, Pflanzen, Dämonen, kämpfenden Tieren, Monstern oder auch biblischen Themen gestaltet wurden. Die reliefgeschmückte Kanzel wird v. einem schlangenumwundenen Säulenfuß getragen. Die Reliefs zeigen u. a.

Evangelistensymbole und eine zweischwänzige Schlange.

56027 San Miniato Pisa		
Einw.: 23000	Höhe: 156 m	S. 134 □ D 4

Auf einem dreigeteilten Hügel in beherrschender Lage über dem Tal des unteren Arno liegt dieses malerische Städtchen. Auf einem der 3 Hügelrücken errichteten die Römer unter Augustus die v. ihnen *Quarto* genannte Militärstation. Seit dem 6. Jh. entstand hier ein Zentrum der Langobarden, die 748 eine dem hl. Miniato geweihte Kirche errichteten, worauf der Ort den heutigen Namen erhielt.
962, im Jahr seiner Kaiserkrönung, ließ Otto I. auf dem Höhenrücken über der bedeutenden Via Francigenia ein Kastell errichten und setzte als Vikare die Markgrafen der Tuscia (Toskana) ein, welche die oberste Gerichtsbarkeit über die gesamte Toskana innehatten. Die Markgräfin Mathilde vermachte 1115 die Toskana dem Papst, worauf der Streit zwischen den kaisertreuen Ghibellinen und den papstfreundlichen Guelfen entstand. 1162 verlegte Rainald v. Dassel den Sitz der Finanz- und Steuerverwaltung für die ital. Reichslande Tuszien und Spoleto nach S. M. Ab 1218 ließ Friedrich II. an der höchsten Stelle eine Kaiserburg errichten, v. der nur ein Turm erhalten blieb, der im Juli 1944 v. dt. Truppen beschossen, später wieder original aufgebaut wurde. In diesen Turm warf man im Jahre 1249 den kaiserlichen Berater Pier della Vigna, der des Mordanschlages auf den Kaiser angeklagt war und der sich, nachem er geblendet worden war und keine Möglichkeit mehr hatte, seine Unschuld zu beweisen, umbrachte. Diesen tragischen Vorgang beschrieb Dante in ergreifender Weise in seinem »Inferno«. Nachdem sich S. M. 1294 der toskanischen Guelfenliga angeschlossen hatte, gelangte es 1369 an Florenz und verlor damit seine Selbständigkeit. Bei dem oben erwähnten Beschuß während des 2. Weltkriegs wurde ein großer Teil der ma Bauwerke zerstört, doch konnten diese Schäden bis heute wieder beseitigt werden.
Alljährlich führt das Istituto del Dramma Popolare zu Ehren des Märtyrers Genesius am 25. August ein modernes christl. Drama auf.

Dom (Piazza del Duomo): Der dem hl. Genesius geweihte Dom wurde im 12. Jh. begonnen und in den folgenden Jh. mehrfach umgebaut und erweitert. Die Backsteinfas-

Figline Valdarno (San Giovanni Valdarno), S. Francesco

sade stammt noch aus dem 13. Jh., ihre 3 Portale, unter jeweils einer Fensterrose, wurden im Stil der Renaissance eingefügt. Der mächtige Kampanile war urspr. Teil der alten Markgrafenburg.
Der durch Säulenreihen dreischiffig unterteilte Innenraum wurde im 18. Jh. barockisiert und bewahrt neben einigen Grabmälern v. a. Gemälde des 16. und 17. Jh. Vom baumbestandenen Domplatz hat man einen weiten Blick ins Arnotal.

Museo Diocesano d'Arte Sacra (nahe beim Dom): Hier werden v. a. Gemälde und Skulpturen des 16.–19. Jh. u. a. v. A. del Verrocchio, Neri di Bicci, Fra Filippo Lippi oder Fra Bartolommeo ausgestellt.

S. Domenico (auch S. Jacopo de Foris/Portam, Piazza del Popolo): Die 1330 errichtete Kirche mit roh gebliebener Fassade wurde im 17.–18. Jh. verändert. Im Inneren verdient, neben Fresken aus dem 14. bis 18. Jh. der Schulen v. Florenz, Pisa und Siena, das *Chellini-Marmorgrab* mit einer 1461 v. Donatello geschaffenen Figur besondere Beachtung.
Im Kreuzgang sind heute das Stadtarchiv und die Bibliothek untergebracht.

S. Francesco (ö vom Domplatz): Dieser roman., rote Backsteinbau an der Stelle der 783 v. den Langobarden gegründeten und dem hl. Miniato geweihten Kirche wurde 1276 v. den Franziskanern verändert und im 15. Jh. erweitert. Während die Apsiden in reinem got. Stil errichtet wurden, zeigen sich an der Fassade neben dem got. Portal auch noch roman. Spuren. Am 2. Altar l befindet sich ein aus der Werkstatt Masolinos stammendes Fresko (15. Jh.), auf dem Altar der Kapelle r ein Tafelbild v. Giusto di Andrea.

Santuario del Crocifisso (l hinter dem Dom): Die Barockkirche wurde 1705–18 auf dem Grundriß eines griech. Kreuzes erbaut. Beachtenswert sind die Fresken mit Szenen aus dem Leben Jesu und ein Holzkruzifix des 12. Jh.

Bischofspalast (Piazza della Repubblica): In diesem Palast lebten urspr. die toskanischen Markgrafen (1046 wurde hier Mathilde v. Canossa geboren), bis er im 13. Jh. Kaiserresidenz und schließlich 1622 Bischofssitz wurde.

Seminargebäude (gegenüber Bischofspalast): Der langgestreckte, gekurvte Bau mit sehenswerter Treppe und Freskenschmuck zwischen den Fenstern wurde im 17. Jh. errichtet.

San Miniato, Seminargebäude, Portalausschnitt

Palazzo del Comune (beim Santuario del Crocifisso): Das aus dem 14. Jh. stammende Rathaus erhielt eine moderne Fassade. Unter den Fresken des 14. Jh. in der Sala del Consiglio (Ratssaal) sei das 1410 v. Cenni di Francesco gemalte Wandbild der thronenden Muttergottes hervorgehoben.

Palazzo Grifoni (Piazza Grifoni): Diesen Ziegelpalast mit Renaissancefenstern und Loggia im oberen Geschoß erbaute im 16. Jh. G. d'Agnolo für den Hofmeister des Herzogs Alessandro de' Medici.

Haus Buonaparte (P. Maioli): In diesem Haus wohnte der Priester Filippo, letzter Bonaparte aus S. M. Am 29. und 30. Juni 1796 besuchte Napoleon hier seinen Verwandten.

Turm Friedrichs II. (oberhalb des Doms): Dieser im 2. Weltkrieg als letzter Rest der Kaiserburg Friedrichs II. zerstörte Backsteinturm (1236) wurde inzwischen in seiner alten, mächtigen Erscheinung neu aufgebaut. Von hier hat man einen weiten Blick bis zum Meer, den Apuanischen Alpen und Volterra.

Außerdem sehenswert: An der Piazza Buonaparte wurde das *Denkmal* des Großherzogs Leopoldo II. aufgestellt. – Zwischen der Piazza del Popolo und der Piazza Grifoni befinden sich mehrere kleine *Palazzi* aus dem 14. und 15. Jh. – Von den zahlreichen weiteren Kirchen sind erwähnenswert die im 14. Jh. erbaute *Klosterkirche S. Chiara* mit einem kleinen *Museum* (Altarbilder des 16. Jh.), die *Kirche SS. Michele e Stefano* aus dem 13. Jh. (im 14. Jh. vergrößert, im Barockstil umgestaltet), die *Chiesa del Loretino* (14. Jh.) mit einem schönen schmiedeeisernen Gitter des 14. Jh. und Fresken aus der Schule Giottos sowie die *Chiesa della Misericordia* aus dem 16. Jh. mit einem schönen Tafelbild (Krönung Mariens) aus dem 15. Jh.

Umgebung

S. Giovanni a Corazzano (9 km s): Diese im 11. Jh. über dem Egola-Tal erbaute *Kirche* bewahrt in ihrem Inneren ein schönes Madonnenfresko aus dem 15. Jh.

52037 Sansepolcro

Arezzo

Einw.: 15 000	Höhe: 330 m	S. 138 □ G 4

Das noch v. einer alten Stadtmauer umgebene S. im oberen Tibertal s der Alpe della Luna liegt an der Grenze zur Region Umbria. Laut Überlieferung brachten im Jahre 934 Pilger aus dem Hl. Land Teile v. Grab Christi mit und errichteten für diese Reliquien ein Oratorium, das sie folgerichtig *San Sepolcro* (Hl. Grab) nannten. Nachdem um 1020 Mönche aus Camaldoli hier ein Zweigkloster für ihren Orden erbaut hatten, entwickelte sich um diese reichsfreie Abtei der ma Borgo, der sich schon bald zur Comune Libero (freie Gemeinde) erklärte. Im 14. Jh. war S. Besitztum der Ghibellinenfamilien della Faggiuolo und Tarlati, bevor es sich – freiwillig – dem Kirchenstaat anschloß. Doch 1441 verkaufte Papst Eugen IV. den Ort für 25 000 Gulden an Florenz.
S. ist der Geburtsort v. Piero della Francesca (1410–92) des Hauptmeisters der ital. Frührenaissance, der durch Freskenzyklus im Presbyterium v. S. Francesco in Arezzo berühmt wurde. – Jährlich findet am 2. Septembersonntag auf der Piazza Torre di Berta der »Palio della Balestra«, ein Armbrustschießen in historischen Kostümen, statt.

San Miniato, Dom, Deckenausschnitt

Dom (Via Matteotti): Der Dom wurde 1012–49 v. den Kamaldulensern erbaut, im 13. und 14. Jh. erweitert und inzwischen mehrmals verändert. Über den 3 Portalen der schlichten, spätroman. Fassade wurde eine prachtvolle *Fensterrose* eingefügt. Der Innenraum ist durch Säulen in 3 Schiffe geteilt. Die glasierten Terrakottafiguren *Hl. Romuald* (der »wilde Mönch« und Gründer des Kamaldulenserordens) und *Hl. Benedikt* im Presbyterium stammen ebenso wie das kleine Tabernakel in der Sakristei aus der Werkstatt der della Robbia. Unter den Gemälden sind eine »Auferstehung« v. Raffaellino del Colle und eine vermutlich v. Perugino gemalte »Himmelfahrt« (beide l v. Chor) hervorzuheben. Beachtenswert ist auch ein 1509 geschaffenes Grabmal für ein Familienmitglied der Graziani (l Seitenschiff).

S. Francesco (Piazza S. Francesco): Diese Kirche mit got. Portal und darüberliegender Rosette wurde 1258 begonnen. Im später barockisierten Inneren befinden sich ein got. Altar sowie ein v. Rossignano geschaffenes Gemälde. Sehenswert sind auch der Kapitelsaal und der got. Kreuzgang.

Palazzo del Landi (Via Matteotti): Der 1591–1602 im Stil der Renaissance erbaute Palast mit schönem Portikus ist heute Sitz der Kommunalverwaltung.

Palazzo Pretorio (Via Matteotti): Die Fassade dieses im 14. Jh. erbauten, um 1840 umgestalteten Palastes ist mit Terrakotta-Wappen aus der Werkstatt der della Robbia verziert.

Palazzo Comunale (Via Matteotti 6): In diesem aus dem 14. Jh. stammenden später häufig restaurierten Bau ist heute die *Pinakothek (Pinacoteca Comunale)* untergebracht. Wertvollstes Kunstwerk ist das 1463 v. Piero della Francesca gemalte, abgelöste Fresko »Auferstehung«, in das Piero seine eigene Person miteinbezog (2. Figur l, am Hl. Grab lehnend). Ebenfalls v. Piero della Francesca stammt das Polyptychon mit »Madonna mit Heiligen«, »Verkündigung«, »Kreuzigung« und »Fünf Szenen aus der Passionsgeschichte« (1445 begonnen). Beachtenswert sind außerdem eine »Kreuzigung« v. L. Signorelli sowie Werke v. Matteo di Giovanni, Raffaellino del Colle, J. da Pontormo, S. di Tito und der della Robbia.

Fortezza Medicea: Über den Resten einer Festung des 14. Jh. errichtete man möglicherweise nach einem Entwurf v. G. da Sangallo im frühen 16. Jh. diesen Bau. Noch recht gut

Sansepolcro, Dom, Madonna

Sansepolcro, Dom

erhalten sind die *Stadtmauern* des 14. und 15. Jh. sowie die im 16. Jh. an den Ecken angefügten *Bollwerke*.

Außerdem sehenswert: In der *Kirche Madonna delle Grazie* (Piazza S. Francesco) findet sich ein Tafelbild v. Raffaellino del Colle. – An der Via Matteotti stehen 2 *Turmstümpfe* sowie mehrere *Wohnbauten* des 15. Jh. – Die Palästen ähnlichen *Familienhäuser* parallel zur Stadtmauer wurden im 16.–18. Jh. erbaut. – Beachtenswert sind auch der mehrfach restaurierte *Palazzo Pichi* an der Piazza di Torre Berta, die nach einem 1944 zerstörten Turm des 13. Jh. benannt ist, sowie das *Elternhaus v. Piero della Francesca*.

Umgebung

Anghiari (8 km sw): Der 1048 als *Castrum Angulare* erstmals erwähnte, noch v. Mauern des 14. Jh. umzogene, sehr reizvolle Ort liegt auf einem 429 m hohen Hügel über dem Tibertal. Seit 1440, nachdem die Florentiner in der Schlacht v. Anghiari den Mailänder Herzog Filippo Maria Visconti besiegt hatten, war das Kastell Anghiari im Besitz v. Florenz. – In der *Kirche S. Maria delle Grazie* (18. Jh.) befindet sich hinter dem Hochaltar eine reizvolle Terrakottaarbeit der della Robbia. – Die Marmorverkleidung des Altars in der um 1000 begonnenen, später mehrfach umgestalteten *Chiesa di Badia* wird D. da Settignano zugeschrieben. – Von den Palästen sind der *Palazzo Pretorio* mit wappengeschmückter Fassade sowie der im Stil der Renaissance errichtete *Palazzo Taglieschi* (heute Heimatmuseum) beachtenswert. – Etwa 1 km s. v. Anghiari: **Sovara.** Hier befindet sich eine schöne roman. *Kirche* aus dem 10. Jh. mit interessantem Skulpturenschmuck im Inneren. – 8 km sö v. Anghiari: **Monterchi:** Der 350 m hoch gelegene Ort ist teilweise noch v. seinen ma *Mauern* umgeben. – In der *Friedhofskapelle* das 1460 v. Piero della Francesca geschaffene Fresko »Madonna del Parto« (schwangere Muttergottes mit 2 Engeln als Geburtshelfer).

Sestino (40 km nö, über Badia Tedalda): Vom ehem. röm. Municipium (Festung) *Sestinus* werden im Antiquarium neben der Pfarrkirche einige Fundstücke aufbewahrt.

53100 Siena
Siena

Einw.: 66000	Höhe: 322 m	S. 134 □ E 5

Die auf 3 schmalen, in Y-Form zusammenhängenden Hügeln erbaute Bischofs- und

Sansepolcro, Dom, Tabernakel

Anghiari (Sansepolcro), Ansicht

Universitätsstadt über dem Tal der Arbia konnte sich ihr ma Bild mit abschüssigen Plätzen und engen, oft steilen Gassen fast unversehrt erhalten. Auf Grund dieser dreiteiligen Hügellage ist S. in Stadtdrittel mit insgesamt 17 Contraden (Kleingemeinden) unterteilt. Die Hauptstraßen zwischen den Stadtteilen »Terzo di Città« (im SW), »Terzo di Camollia« (im N, der Y-Fuß) und »Terzo di S. Martino« (im SO) treffen hinter dem Palazzo Pubblico im Stadtzentrum aufeinander. Trotz einiger Renaissancepaläste und roman. Überreste ist S. vor allem eine Stadt der Gotik. Ihr eigentümlichstes Kennzeichen ist der sog. »Sieneser Bogen« (arco senese), ein vorgeblendeter spitzer Bogen über einem gedrückten, fast roman. Wenn auch die isolierte Lage S. diesen got. Charakter mit beeinflußt haben mag, so ist doch die Ursache vorwiegend im jahrhundertelangen Gegensatz zu Florenz, der Stadt der Renaissance, zu suchen.

Zwei voneinander abweichende Legenden berichten v. der Gründung der Stadt durch die Senonen während des Galliereinfalls im 5. Jh. v. Chr. bzw. durch Senius, den Sohn des Remus. Die Wölfin, die Senius mitgenommen haben soll, ist seit dem 13. Jh. das Wahrzeichen der Stadt. Beweisbar ist jedoch nur, daß S. in einem v. Etruskern besiedelten Gebiet lag und daß in der Kaiserzeit des Augustus die militärische *Colonia Sena Julia* errichtet wurde. 751 wurde S. erstmals urkundlich erwähnt, und in den folgenden Jahren siedelte sich hier fränkisch-karolingischer Landadel an und errichtete in der nahen Umgebung einige Burgen. Im 11. Jh. gelangte die Herrschaft über die Stadt an Graf-Bischöfe, die jedoch schon bald in ihrer Macht durch das aufstrebende Bürgertum beschränkt wurden. So wählte die »Freie Kommune« bereits im frühen 12. Jh. Konsuln, und 1147 vertrieb man gar den Bischof aus der Stadt. Gleichzeitig erblühten der Textilienhandel und das Bankgeschäft (u. a. regelte der Heilige Stuhl seine finanziellen Geschäfte über Sieneser Bankiers), was jedoch den Konflikt mit anderen Stadtstaaten schüren mußte.

Durch die im 13. Jh. beginnenden Auseinandersetzungen zwischen Ghibellinen und Guelfen verschärfte sich der Gegensatz des kaisertreuen (ghibellinischen) S. zum guelfischen, papstfreundlichen Florenz. Am 4. September 1260 vernichteten Sieneser Truppen, ergänzt durch 800 dt. Ritter König Manfreds und v. Farinata degli Uberti angeführte verbannte Florentiner, bei Montaperti die Florentiner Guelfen. 10000 Florentiner fielen auf dem Felde und weitere 20000 wurden gefangengenommen. Doch nur 9 Jahre später, nachdem 1266 König Man-

Siena, Dom

Siena, Dom

fred gefallen und 1268 sein Nachfolger Konrad enthauptet worden war, unterlag S. zwischen Colle di Val d'Elsa und Monteriggioni Florenz und trat kurz darauf der v. Karl v. Anjou angeführten Guelfen-Liga bei. Die urspr. aus S. verbannten Guelfen kehrten nun in ihre Heimatstadt zurück, setzten den »Rat der 24« ab und schufen neue Regierungsformen, v. denen der bekannte »Rat der 9« am längsten währte (1280–1355).
In dieser langen Friedenszeit setzte die Blüte der Sieneser Kunst (Höhepunkte im 13. und 14. Jh.) ein. Die als Bildhauer für die Arbeiten am Dom beauftragten N. und sein Sohn G. Pisano gaben der sienesischen Baukunst neue Impulse, die dann unter den Bildhauern Tino di Camaino und vor allem J. della Quercia (1374–1438) ihren höchsten Stand erreichte. Die durch ihre Farbigkeit und Ausdruckskraft gekennzeichnete Sieneser Malerei wurde durch Duccio di Buoninsegna (um 1250–1319) begründet und v. ihrem wohl charakteristischsten Vertreter S. Martini (1284–1344), seinem Schwager L. Memmi († 1357) sowie den Brüdern A. und P. Lorenzetti (beide † 1348) zum Teil noch verfeinert. Der aus Vercelli stammende G. A. Bazzi, genannt Sodoma (1477–1549), brachte ein völlig neues Element, den Stil seines Lehrers Leonardo da Vinci nach Siena. Beccafumi schließlich nimmt in S. als Vertreter des (v. Michelangelo beeinflußten) Frühmanierismus einen besonderen Rang ein. Um die Wende v. 13. zum 14. Jh. entstanden die meisten got. Bauwerke wie z. B. das Rathaus (Palazzo Pubblico).
1339 beschloß man, um der Bedeutung S. ein sichtbares Zeichen zu geben, einen riesigen Dom zu bauen, der v. alten Dom lediglich das Querschiff übernehmen sollte. Doch schon 1355 infolge der Pest v. 1348, die über zwei Drittel der Einwohner dahinraffte, und auf Grund statischer Fehler wurden die Arbeiten an dem Kolossalbau eingestellt. 1399 erhielt der Mailänder Giangalozzo Visconti die Signoria über S., und 1487 errichtete der v. Machiavelli als »charakteristischer Tyrann« bezeichnete Pandolfo Petrucci il Magnifico eine 2. Signoria (bis zu seinem Tode im Jahre 1512), die der Stadt aber zu neuer Blüte verhalf. Nachdem S. sich an Frankreich gelehnt hatte, ließ es Kaiser Karl V. belagern, und da die Stadtmauern nicht zu überwinden waren, 18 Monate lang v. der Zufuhr abschneiden. Schließlich ergab sich der größte Teil der Bevölkerung. 600 Familien jedoch zogen sich mit Piero Strozzi, der schon die Verteidigung organisiert hatte, nach Montalcino zurück und hielten dort unter tapferster Verteidigung die »Neue Republik Siena« formell noch 4 Jahre lang am Leben. Schließlich übergab man 1559 die

Dom, Detail

Dom, Mosaik

Stadt an Cosimo I., der die gewaltige Fortezza errichten ließ und S. in sein neu geschaffenes Großherzogtum Toskana aufnahm.

In S. lebten und wirkten die hier geborene Schutzpatronin Italiens, die hl. Katharina (1347–80), und der aus Massa Marittima stammende hl. Bernhardin (1380–1444).

Der alljährlich am 2. Juli (seit 1650) und am 16. August (seit 1147, Tag des hl. Rochus) auf dem muschelförmigen Campo zu Ehren der Jungfrau Maria (Schutzherrin S. seit der Schlacht bei Montaperti) stattfindende »Palio« ist im Unterschied zu anderen Wettspielen in ital. Städten ein echtes Fest der Einheimischen, wird also nicht als eigtl. touristische Attraktion durchgeführt. In einem Wettrennen, das dreimal um den zuvor als Rennbahn hergerichteten Campo führt, kämpfen 10 Reiter auf ausgelosten Pferden für 10 Contraden (Kleingemeinden) um das »Pallium«, ein seidenes Banner mit dem Bildnis der Madonna, das dem Palio auch den Namen gab. S. besteht aus 17 Contraden, die alle mit alten Wappennamen bezeichnet werden (z. B. Aquila = Adler, Drago = Drache, Oca = Gans, Lupa = Wölfin, Nicchio = Muschel, Selva = Wald oder Torre = Turm) und die alle ihre eigenen Kirchen, Brunnen oder Museen besitzen und untereinander stark konkurrieren. So versteht sich kaum ein Sienese als solcher, sondern als Mitglied seiner jeweiligen Contrada. Bei jedem Wettritt nehmen aber nur 10 Kleingemeinden teil, nämlich die 7, welche beim letzten Palio ausgesetzt haben, sowie 3 ausgeloste aus dem letzten Teilnehmerfeld.

Da die Fantini (Reiter) keine Sienesen sein dürfen, mietet jede teilnehmende Contrada diese meist aus Sizilien, Sardinien oder den Maremmen. Nach 2 Proberennen am Vortag und dem traditionellen Festessen am Vorabend, mit den Fantini, dem Capitano (Anführer), ausgewählter Comparsa (Mannschaft) sowie zahlreichen Gästen, werden am Nachmittag des Rennens die Pferde in den Stadtteilkirchen geweiht, bevor um 17 Uhr das Fest beginnt. Nach dem Umzug in historischen Trachten mit Musikern, Fahnenschwingern, Darstellern der Obrigkeit und als Abschluß mit dem v. 4 weißen Stieren gezogenen Wagen mit dem Pallium findet anschließend der eigentliche Palio, der Wettritt, statt. Das Rennen führt um das Innenrund des mit 70000 Menschen vollgestopften Campo in einer Länge v. insgesamt 1050 m. Jedes Mittel, selbst die Verletzung eines Gegners, ist erlaubt. Was zählt, ist nur der Sieg, und dieser wird v. der siegreichen Contrada in Triumphzügen durch die geschlagenen Kleinkommunen tagelang ausgekostet.

Dom, Glasfenster, Abendmahl

Siena, Dom S. Maria 1 Weihwasserbecken v. A. Federighi (1463) **2** Marmorfußboden (1372–1562) v. Matteo di Giovanni, Domenico di Niccolò, Pinturicchio, D. Beccafumi u. a. **3** Über Portal zum Kampanile Grabmal des Bischofs Tomaso Piccolomini del Testa v. Neroccio (1485) **4** Cappella della Madonna del Voto oder Chigi v. B. Giovanelli (1661); Altar, Tabernakel, Bronzeengel v. G. L. Bernini (um 1660); Altartafel »Madonna del Voto«, Guido da Siena zugeschrieben (um 1260) **5** Grabmal des Bischofs Carlo Bartoli († 1444) v. Federighi und da Como **6** Statuen der 4 Schutzpatrone Sienas, der hl. Katharina und des hl. Bernhard v. di Francesco und Turapilli **7** Marmorner Hochaltar v. B. Peruzzi (1532); Bronzeziborium v. Vecchietta (1467); Bronze-Konsolen v. Cozzarelli mit 8 Engeln v. Beccafumi (1550); Glasfenster nach Duccio (1288, »Marienleben«, Heilige und Evangelisten); Fresken v. Beccafumi (um 1550, »Paradies«); Chorgestühl, Seitenteil v. F. und G. di Francesco del Tonghio u. a. (1362–97), Beifügungen v. Fra Giovanni da Verona (1503), Mittelteil v. T. di Bartolino und B. di Giovanni nach Riccio (1567–70) **8** Weihwasserbecken v. Giovanni di Torino (1437) **9** Sakristei und Zugang zum Kapitelsaal (mit Gemälden v. Sano di Pietro u. a.) **10** Kanzel v. N. und G. Pisano, A. di Cambio, Donato und Lapo di Ricevuto (1266–68); Treppe 1570 v. Riccio erneuert **11** Cappella di S. Asano; über Altar Grabmal des Kardinals Riccardo Petroni v. T. di Camaino (1318); im Fußboden Bronzeplatte des Bischofs Giovanni Pecci v. Donatello (1426); Gemälde v. F. Vanni (1596, »S. Asano tauft die Sieneser«) **12** Cappella di S. Giovanni Battista v. Giovanni di Stefano, 1482; Fresken v. Pinturicchio (1505, »Szenen aus dem Leben Johannes' d. T.«, 2 Bildnisse Alberto Aringhieris); Bronzestatue Johannes' d. T. v. Donatello (1457); Statue der hl. Katharina v. Alexandrien v. Neroccio (1487); Armreliquiar Johannes' d. T. **13** Libreria Piccolomini; außen: Fresko v. Pinturicchio (1503, in der Lünette: »Krönung Pius' III.«); Bronzegitter v. A. Ormani (1497); innen: Fresken v. Pinturicchio und Schülern (1502–09, »Szenen aus dem Leben Papst Pius' II.«); Pulte v. Barili (1496) **14** Piccolomini-Altar, 1481 v. A. Bregno begonnen; Statuen der Hll. Petrus, Paulus und Pius v. Michelangelo (1501–04); Muttergottes in mittlerer Nische, J. della Quercia zugeschrieben (um 1400)

Dom S. Maria (Piazza del Duomo): An der höchstgelegenen Stelle der Stadt begann man wahrscheinlich zu Beginn des 13. Jh. mit dem Bau des Domes, der zu den glänzendsten Werken der ital. Kunst zählt. In den folgenden Jahrzehnten ergänzte man diesen Bau, v. dem nur noch das Langhaus und der Kuppelraum erhalten sind, in wesentlichen Teilen. 1259–64 wurde die Kuppel aufgesetzt, 1267 war eine erste Apsis fertiggestellt, 1284–99 schuf G. Pisano den Figurenschmuck der Fassade (heute teilweise im Museo dell'Opera), und 1316 wurde der Chor nach O erweitert, weshalb auf Grund des abschüssigen Geländes die Taufkirche als Stütze erbaut werden mußte.

Als 1339 mit dem Bau eines neuen, 109,56 m langen Kolossaldoms begonnen wurde, stellte man die Arbeiten am alten Dom bis auf weiteres ein. Doch dieses Vorhaben, das u. a. vorsah, den alten Dom als Querschiff zu übernehmen, wurde 1355 wegen statischer Fehler und der Auswirkungen der erst 7 Jahre zurückliegenden Pest wieder aufgegeben.

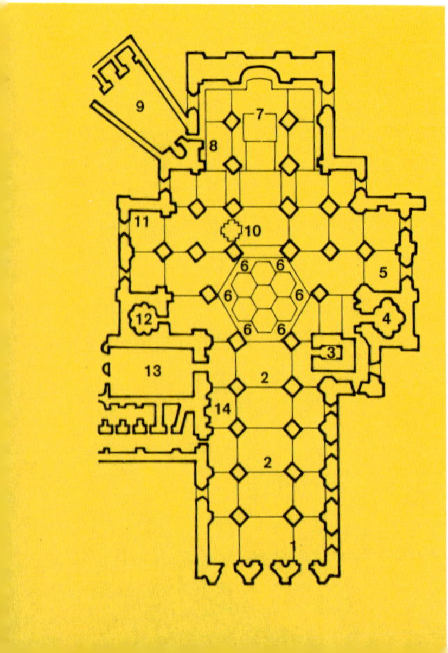

Dom, Fresken

(Reste an der O-Seite des Doms zeigen, welch ungeheure Größe der neue Dom erhalten sollte). Daraufhin vollendete man bis 1382 den alten Dom. So wurde v. G. di Cecco in Anlehnung an den Dom in Orvieto der obere Fassadenteil fertiggestellt und das Langhaus erhöht, was übrigens bewirkte, daß heute ein Teil der äußeren Kuppel im Innern zu sehen ist. Die mit reicher Architekturplastik (Säulen, Statuen, Türmchen, Zinnen u. a.) versehene, aus rotem, grünem und weißem Marmor geschaffene Fassade zeigt in ihrem unteren Teil 3 spätroman. Rundbogenportale, die v. spitzen got. Giebeln bekrönt sind. Der got., obere Fassadenteil wird bestimmt durch die v. 2 Fialen flankierte Fensterrose (in quadratischem Feld). Der mittlere, über der Fensterrose liegende große Dreiecksgiebel und die niederen Seitendreiecke sind mit venezianischen Mosaiken nach Entwürfen v. 1878 gefüllt. Den Engel auf dem Mitteldreieck schuf 1633 Redi. Der weiße Marmor der Seitenwände ist mit schwarzen Querstreifen versehen, die l Wand trifft beinahe auf den Erzbischöflichen Palast, die r ist (wie das ihr völlig gleichende anschließende Querschiff) durch Wandpfeiler und hohe got. Doppelfenster gegliedert. Der sechsstöckige, 1313 erbaute roman. *Kampanile* in grün-weiß gestreifter Marmorverkleidung und mit v. unten nach oben zunehmenden Fensteröffnungen (v. Monoforen bis zu sechsteiligem, durch Säulen gegliederten Bogenfenstern) ist mit einer achteckigen, v. 4 Ecktürmchen umrahmten Pyramide bekrönt. Die sechseckige Domkuppel mit aufgesetzter Laterne ruht auf einer Trommel mit zwei Säulenreihen.

Das basilikale *Innere* ist durch hohe, mit halbkreisförmigen Säulen besetzte Pfeiler dreischiffig unterteilt. Wände und Pfeiler sind mit weiß-dunkelgrünen Marmorquerstreifen verkleidet, während die Gewölbe mit goldenen Sternen auf blauem Untergrund bemalt sind. Unter dem Gesims zwischen Wölbung und Bogen des Mittelschiffs wurden insgesamt 208 Terrakottabüsten v. Päpsten und weltlichen Herrschern angebracht (15.–16. Jh.). Von 1369 bis 1547 schufen über 40 verschiedene Künstler wie Beccafumi, A. Federighi, Matteo di Giovanni oder Pinturicchio im *Marmorfußboden* auf 56 Feldern einzigartige, meist figürliche Darstellungen aus dem Alten Testament oder Wappen (ältere: Sgraffiti, jüngere: Intarsien). Ein großer Teil ist meist durch einen Holzbelag verdeckt, einige wurden restauriert oder mußten durch Kopien ersetzt werden (Originale im nahen Museo dell'Opera). Die achteckige *Kanzel* (l Querschiff, bei einem Kuppelpfeiler) schuf in weißem Marmor 1266–68 N. Pisano mit seinem Sohn

Dom-Bibliothek, »Die 3 Grazien«

Giovanni, Arnolfo di Cambio und einigen weiteren Helfern. Der Kanzelkörper ruht auf 9 Säulen aus grünem Marmor, Porphyr und Granit, wovon 4 auf Löwen stehen. 8 Figuren, die ma Künste (z.B. Astronomie oder Musik) personifizieren, umfassen die mittlere Säule. In den Relieffeldern der Kanzelwände sind das Leben Christi und das Jüngste Gericht dargestellt. Im Vergleich mit N. Pisanos älterer Kanzel im Baptisterium v. Pisa ist der Übergang zu gotisierenden Elementen (z.B. geschmeidigere Figuren) erkennbar.

1495 ließ Kardinal Francesco T. Piccolomini (später Papst Pius III.) die *Libreria Piccolomini* (Dombibliothek) zur Aufbewahrung der Bibliothek und der Handschriften seines Onkels Enea Silvio Piccolomini (Papst Pius II.) errichten. Die Renaissancefassade der Libreria Piccolomini mit 2 Eingangsbogen schuf der Sienese Marrina, das Fresko »Papstkrönung Pius' III.« in der Lünette am Eingang Pinturicchio (1504). Ebenfalls v. Pinturicchio sind die Fresken an den Innenwänden (1502–09), die 10 Szenen aus dem Leben Pius' II. zeigen. Beachtenswert sind auch die Figurengruppe »Drei Grazien« (röm. Kopie nach Praxiteles), die geschnitzten Lesepulte v. Barili (1496) sowie einige Choralbücher. Der *Piccolomini-Altar* (l neben der Libreria Piccolomini) mit dreistöckigem Renaissance-Aufbau mit Nischen wurde 1503 v. A. Bregno begonnen. Von den Nischenfiguren schuf 1504 Michelangelo die der hll. Petrus und Paulus sowie die des hl. Pius. Eine Madonna mit Kind in der oberen mittleren Nische schuf J. della Quercia um 1400 noch in seinen Jugendjahren.

In der *Cappella di S. Ansano* (l Querschiff) befinden sich das marmorne *Grabdenkmal des Kardinals Riccardo Petroni* in got. Formen v. T. di Camaino (1318) sowie im Fußboden eine bronzene Grabplatte des Bischofs Giovanni Pecci v. Donatello (1427). 1482 erbaute Giovanni di Stefano im Stil der Renaissance die *Cappella di S. Giovanni Battista* (l Querschiff, gegenüber der Cappella di S. Ansano) für das Armreliquiar Johannes' d. T. Neben den *Fresken* Pinturicchios (Szenen aus dem Leben Johannes' d. T., Porträts des jungen und des alten Alberto Aringhieri, der den Bau der Kapelle veranlaßte) v. 1505 befinden sich ein Taufbecken aus der Werkstatt A. Federighis (1484), eine Statue der hl. Katharina v. Alexandrien v. Neroccio (1487) sowie eine Bronzestatue des Täufers, die Donatello 1457 schuf.

Den *Marmor-Hochaltar* im Chor schuf bis 1532 B. Peruzzi, das Bronzetabernakel 1467 Vecchieta. 8 ebenfalls aus Bronze gefertigte Engel an den Chorpfeilern stammen v. Beccafumi (1550), der auch die Apsis mit Fresken (u.a. Darstellung des Paradieses) ausstattete. Das runde *Glasfenster* mit Darstellungen aus dem Marienleben (in der Apsis) wurde 1288 nach einem Entwurf Duccios begonnen; es ist das älteste Kirchenglasfenster seiner Art in ganz Italien.

1661 wurde für das Bild »Madonna del Voto« (13. Jh., wahrscheinlich v. Guido da Siena) die sog. *Cappella Chigi* (nach ihrem Auftraggeber Papst Alexander VII., dessen Familienname Chigi war) oder auch *Cappella del Voto* (nach dem Madonnenbild) errichtet. Die meisten Ausstattungsstücke dieser Kapelle wie den Altar, die Skulpturen der Maria Magdalena und des hl. Hieronymus sowie das Tabernakel schuf G. L. Bernini.

Baptisterium, Taufbrunnen (Ghiberti) ▷

Unter den zahlreichen weiteren Kunstschätzen des Domes verdienen außerdem besondere Beachtung: 2 Weihwasserbecken v. A. Federighi (1463) neben dem Eingang, 2 Fahnenmasten aus der für S. siegreichen Schlacht bei Montaperti (1260) an den Mittelpfeilern der Kuppel sowie das seitliche Chorgestühl (1363–97) mit Einlegearbeiten v. Fra Giovanni da Verona (1503) und das v. Riccio entworfene, 1567–70 geschaffene mittlere Chorgestühl.

Baptisterium S. Giovanni (Piazza S. Giovanni): Diese Taufkirche wurde im Jahre 1316 als Stütze des verlängerten Domchors am steil abfallenden Hügel errichtet und bildet, unter der Apsis des Doms gelegen, gewissermaßen dessen Krypta. Die klar gegliederte, unvollendete Fassade mit 3 Portalen wurde erst 1382 wohl v. Giacomo di Mino di Neri Pellicciaio geschaffen. Das Innere wird v. mächtigen, den Chor des Doms tragenden Pfeilern in 3 Schiffe gegliedert. Die got. Gewölbe und die Wände sind mit *Fresken* v. Vecchietta und seinen Helfern (Mitte 15. Jh.) ausgestattet. Das sechseckige *Taufbecken* entwarf 1417 J. della Quercia, v. dem auch das aus der Mitte wachsende, auf einem Pfeiler ruhende Marmorziborium (1429) stammt. An der Ausschmückung dieses großartigen Meisterwerks am Übergang der Gotik zur Frührenaissance waren bedeutende Künstler beteiligt. Die 6 vergoldeten Bronzereliefs des Beckens schufen J. della Quercia (»Vertreibung des Zacharias aus dem Tempel«) 1428–29, Giovanni di Turino (»Geburt des Täufers«, »Predigt des Täufers«) 1427, L. Ghiberti (»Taufe Christi«, »Gefangennahme des Täufers«) und Donatello (»Gelage des Herodes«). Getrennt sind diese Reliefs durch Eckstatuetten v. Goro di Neroccio, Giovanni di Turino und Donatello (»Glaube« und »Hoffnung«). Die Marmorstatue des Täufers auf dem Ziborium sowie 5 Prophetenstatuen in den Nischen stammen v. J. della Quecia, 3 Bronzeengel v. Donatello, ein vierter ist das Werk v. Giovanni di Turino.

S. Agostino (Prato di S. Agostino): Die 1258 begonnene Ordenskirche der Augustiner mit Säulenportikus und Apsis (14. Jh.) wurde im 15. Jh. umgebaut und im 18. Jh. restauriert. Den einschiffigen, lichtstarken Innenraum gestaltete 1755 Vanvitelli im Barockstil um. Die *Kreuzigung* am 2. Altar r schuf 1506 Perugino. In der Cappella Piccolomini (unmittelbar anschließend) befinden sich ein *Fresko* (Maestà) v. A. Lorenzetti (1340–48), die dramatische Darstellung des Kindermordes v. Bethlehem v. Matteo di Giovanni (1483). S. Martinis einziges Tafelbild »Legende des Agostino Novello« (um 1330) sowie die »Anbetung der Hl. Drei Könige« v. Sodoma (um 1520) auf dem Marmoraltar. Beachtenswert sind außerdem »Christus fällt unter der Last des Kreuzes« v. Salimbeni (1612) am 4. Altar r sowie die erst 1978 freigelegten *Fresken* (»Verkündigung an Joachim«, »Geburt Mariens« und »Anbetung der Hirten«) v. dem Sienesen Francesco di Giorgio (spätes 15. Jh.).

Siena, S. Francesco 1 An den Wänden Banner der Handwerkerzünfte der Republik S. **2** Grabmal der Familie Tolomei (13. Jh.) **3** Grabmal des Cristoforo Felici v. U. da Cortona (1462) **4** »Madonna mit Kind« v. A. Vanni **5** Überreste eines Grabmals v. Francesco di Giorgio Martini **6** Abgenommenes Fresko v. P. Lorenzetti (um 1331, »Kreuzigung«) **7** Abgenommene Fresken v. A. Lorenzetti (um 1331, »Hl. Ludwig v. Anjou«, »Martyrium der ersten Franziskanermönche in Ceuta«) **8** Fresken aus der Schule der Lorenzetti

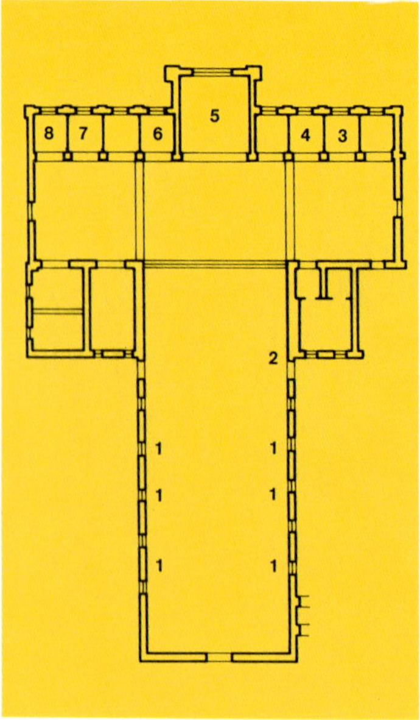

S. Francesco (Piazza S. Francesco): Der 1326 nach Plänen A. di Agnolos auf T-förmigem Grundriß errichtete Bau konnte erst 1475 vollendet werden. 1655 wurden barocke Veränderungen unternommen, 1765 der Kampanile aufgebaut und v. 1894 bis 1913 die Backsteinfassade mit neugot. Portal und Fensterrose errichtet. Der einschiffige Innenraum mit 2 Querschiffen und quadratischer Apsis ist v. schwarz-weißen, aufgemalten Querstreifen umzogen. Das Fresko der *Kreuzigung* in der 1. Kapelle l der Apsis stammt v. P. Lorenzetti (um 1330), die Fresken in der 3. l der Apsis v. seinem Bruder Ambrogio (gleichzeitig entstanden). Beachtenswert sind außerdem das Grabmal des Cristoforo Felici v. U. da Cortona (1462) in der 2. Kapelle r der Apsis, das Vierbogenfenster in der Apsis und mehrere Zünftebanner an den Wänden. Ein weiteres Fresko v. A. Lorenzetti, *Madonna del Latte* (stillende Muttergottes), befindet sich in der Kapelle des dazugehörigen Klosters. Der Renaissance-Kreuzgang r der Kirche wurde im 15. Jh. errichtet.

Oratorio di S. Bernardino (gegenüber dem Kloster der Kirche S. Francesco): Im 15. Jh. errichtete man an der Stelle, wo einst der hl. Bernhardin seine sehr leidenschaftlichen und rührseligen Predigten hielt, diesen Bau. Im unteren Oratorium befindet sich u. a. eine »Muttergottes mit Kind und Heiligen« v. Brescianino sowie Statuen des hl. Bernhardin und der hl. Katharina. Die Fresken zwischen den Pfeilern des oberen Oratoriums schufen 1518–37 Sodoma, Beccafumi und Pacchia. Die Madonna auf dem Altar im Vestibül stammt v. Sano di Pietro.

S. Domenico (Piazza S. Domenico): 1226 begann man mit dem Bau dieser Backsteinkirche. Im 14. Jh. wurden der (im 18. Jh. gekürzte) Kampanile und das Querschiff mit darunterliegender, stützender Krypta »Chiesa di Morte« (Begräbnisstätte) angefügt. In der Cappella delle Volte (vorne r v. Eingang) befindet sich ein Fresko mit einem lebensnahen Bildnis der hl. Katharina v. A. Vanni (um 1380).

In der 1488 errichteten *Cappella di S. Caterina* (r Seitenwand) wird in einem 1940 gefertigten Reliquiar der Kopf der in der Kirche S. Maria sopra Minerva in Rom bestatteten Heiligen bewahrt; den Marmortabernakel gestaltete 1466 Giovanni di Stefano. Die Kapelle selbst ist mit *Fresken* v. Sodoma (1526) und einem Wandgemälde in Öl v. F. Vanni (1593) an der r Wand ausgestattet.

Auf dem Hochaltar des v. je 3 Kapellen umrahmten Chors wurden ein Marmortabernakel und Leuchterengel v. G. da Maiano (um 1475) angebracht. In den l Chorkapellen befinden sich vor allem Werke v. Matteo und Benvenuto di Giovanni (15. Jh.). Beachtens-

Siena, S. Domenico 1 Weihwasserbecken v. J. della Quercia **2** Cappella delle Volte; Fresko v. A. Vanni (um 1380, »Hl. Katharina«), ein lebensnahes Bildnis der hl. Katharina; Gemälde v. C. Gambarelli (um 1605) und A. Casolani (1587) **3** Altarblatt v. Giovanni di Paolo (um 1460, »S. Bernardino«) **4** Cappella di S. Caterina; Marmortabernakel v. Giovanni di Stefano (1466); Reliquiar (1940) mit dem Haupt der hl. Katharina; Fresken v. Sodoma (1526, »Geschichten aus dem Leben der hl. Katharina«) und F. Vanni (1593, »Heilung einer Besessenen«) **5** Grabsteine dt. Studenten der Universität Siena im 16. und 17. Jh. **6** »Madonna zwischen den Hll. Johannes d. T. und Hieronymus« v. Matteo di Giovanni (um 1470) **7** Auf dem Hochaltar Marmorziborium und Leuchterengel v. G. da Maiano (um 1475) **8** Altarblatt v. F. di Giorgio Martini (»Geburt Christi«) **9** Tafelgemälde v. Matteo di Giovanni (um 1480, »Hl. Barbara zwischen Engeln und Heiligen«, »Anbetung der Könige«) und Benvenuto di Giovanni (1483, »Muttergottes mit Heiligen«)

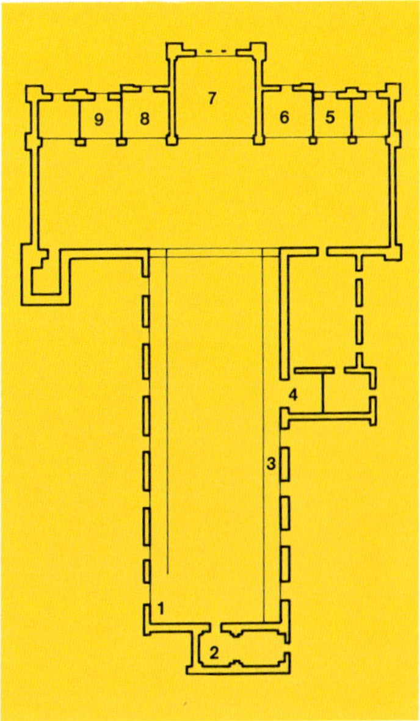

wert sind auch ein Werk v. Sodoma in der 1. Chorkapelle r (Gottvater), Grabsteine dt. Studenten (16. und 17. Jh.) in der 2. Chorkapelle r sowie ein Weihwasserbecken v. J. della Quercia (am Eingang). Ein gemaltes Kruzifix in der dreischiffigen Backsteinkrypta schuf um 1460 Sano di Pietro. Der 1325 an der r Kirchenfassade angefügte *Kreuzgang* ist mit *Fresken* v. L. Memmi (um 1340) und A. Vanni (um 1360) geschmückt.

S. Maria dei Servi (Piazza Alessandro Manzoni): Diese Basilika mit unvollendeter Fassade wurde im 13. Jh. begonnen. 1473–1528 wurde nach einem Entwurf v. B. Peruzzi das Langhaus eingewölbt und im Stil der Renaissance verändert. Der wuchtige roman. Kampanile mit 4 Reihen nach oben zunehmender Bogenfenster und Zinnenbekrönung stammt noch aus dem 13. Jh. Während Querschiff und Apsis noch got. sind, wurde das v. Granitsäulen unterteilte Langhaus mit Presbyterium und 4 Kapellen in Renaissanceformen umgestaltet. Im r Seitenschiff sind die »Madonna del Bardone« v. Coppo di Marcovaldo (1261) auf dem 2. Altar und der »Bethlehemitische Kindermord« v. Matteo di Giovanni (um 1470) hervorzuheben. In der 2. Kapelle des r Querschiffs befinden sich eine »Madonna del Popolo« v. L. Memmi (1317) sowie das Fresko »Kindermord in Bethlehem« v. P. Lorenzetti (um 1335), der auch die Fresken »Gastmahl des Herodes« u. a. in der 2. Kapelle des l Querschiffs schuf. Beachtenswert sind außerdem am Hochaltar die »Marienkrönung« v. B. Fungai (1500) und die »Madonna della Misericordia« v. Giovanni di Paolo (1436) in der äußersten Kapelle des l Querschiffs.

Chiesa di Fontegiusta (nahe Via Camollia): Diese Backsteinkirche wurde 1482–84 nach einem Entwurf v. F. di C. Fedeli auf quadratischem Grundriß erbaut. Den Marmorrahmen des Hauptportals schuf 1489 Urbano da Cortona. Im dreischiffig geteilten Inneren befinden sich ein 1528 v. B. Peruzzi gemaltes Fresko (l Seitenwand) und ein Marmortabernakel auf dem Hochaltar (um 1515) v. Marrina, der auch das Bronzeziborium am 3. Altar r entwarf.

S. Maria di Provenzano (Piazza Provenzano): Diese Kirche mit geradliniger, weißer Fassade und hoher Kuppel wurde 1594 v. Flaminoi del Turco zu Ehren der Muttergottes v. Provenzano (Muttergottesbild auf dem Hochaltar) errichtet. Dieses Bild befand sich urspr. im Besitz Provenzano Salvanis, der 1260 die Sienesen bei Montaperti zum Sieg über Florenz führte. Im barocken Inneren

S. Maria dei Servi

finden sich 3 erbeutete türkische Fahnen (17. Jh.), eine Fahne v. Boxeraufstand (1901 in China) sowie mehrere im 16. und 17. Jh. v. Sieneser Malschulen geschmückte Altäre.

S. Spirito (Via dei Pispini): Diese Renaissancekirche mit romanisierter Fassade (Portal 1519 v. Peruzzi) und mächtiger Kuppel (1508 v. Cozzarelli) wurde 1498 erbaut. Im einschiffigen Innenraum Fresken v. Sodoma (1. Kapelle r, sog. Spanierkapelle), eine »Krönung Mariens« v. Beccafumi (3. Kapelle r), eine »Krönung Mariens« v. Pacchia und ein bemaltes Kreuz v. Sano di Pietro (beide 3. Kapelle l) sowie eine Terrakottakrippe v. A. della Robbia (r v. Eingang).

S. Maria del Carmine (Via Mantellini): Die aus dem 14. Jh. stammende Kirche mit Kampanile und Portal mit darüberliegender Fensterrose wurde im frühen 16. Jh. v. B. Peruzzi verändert. Benannt wird die Kirche nach dem Altargemälde »Madonna del Carmine« in der Apsis. Im einschiffigen Inneren mit hohen got. Fenstern und bemaltem Dachstuhl befinden sich u. a. eine »Geburt Mariä« v. Sodoma (Sakramentskapelle), »Verkündigung« v. A. Lorenzetti (daneben) und ein »Hl. Michael« v. Beccafumi (2. Altar r). Beachtenswert ist auch der mit Fresken geschmückte Kreuzgang des ehem. Klosters.

Weitere Kirchen: *S. Sebastiano in Valle Piatta* (r hinter dem Ospedale di S. Maria della Scala, Piazza del Duomo) wurde im frühen 16. Jh. v. G. Ponzi auf dem Grundriß eines griech. Kreuzes erbaut. – *S. Pietro alla Magione* (Via Camollia) wurde im 11. Jh. gegr.; r neben der Fassade wurde eine aus Backstein errichtete Renaissancekapelle angefügt. – Die urspr. roman. *Kirche S. Cristoforo* (Piazza Tolomei) mit v. 4 Säulen gegliederter Backsteinfassade wurde 1720 verändert. Im einschiffigen Inneren sind ein mit Leder verkleidetes Holzkreuz (14. Jh.), ein »Hl. Gregor« v. Sano di Pietro und eine »Muttergottes mit Kind und Heiligen« v. Pacchia hervorzuheben. – In der 1753 neu erbauten dreischiffigen *Kirche S. Pietro Ovile* (Piazza Provenzano) sind ein bemaltes Kruzifix v. Giovanni di Paolo (um 1450) sowie eine Kopie (15. Jh.) v. S. Martinis »Verkündigung« (Original in den Uffizien in Florenz) sehenswert. – In der 1641 umgebauten *Kirche S. Stefano* (NO-Ecke der Parkanlage La Lizza) wird ein um 1400 v. A. Vanni geschaffener großer Flügelaltar mit Darstellungen u. a. v. Giovanni di Paolo (1460, an der Predella) aufbewahrt. – Der größte Kunstschatz der kleinen *Kirche S. Eugenio* (Via Pispini) ist eine v. Matteo di Giovanni um 1470 geschaffene Madonna. – Die *Kirche S. Martino* (Via di Porrione) wurde 1537 erbaut. Die Fassade

Palazzo Sansedoni

fügte 1613 G. Fontana hinzu. Im einschiffigen Innenraum unter der Vierungskuppel sind der Hochaltar v. Marrina (1522), eine »Geburt Christi« (1523) v. Beccafumi am 3. Altar l sowie Skulpturen aus der Werkstatt J. della Quercias beachtenswert.

Ospedale di S. Maria della Scala (gegenüber der Domfassade): Das nach der gegenüberliegenden Domtreppe (»Scala«) benannte Krankenhaus wurde an der Wende des 13. zum 14. Jh. erbaut. Die Sala del Pellegrinaio wurde v. Domenico di Bartolo (1440–43) u. a. anderen Sieneser Malern des 15. und 16. Jh. mit einem *Freskenzyklus,* der die Aufgaben und Pflichten des Krankenhauses darstellt, ausgemalt. Beachtenswert sind außerdem ein Fresko »Joachim und Anna« v. Beccafumi (1512) im 2. Vorhof sowie Fresken Vecchietas (15. Jh.) in der Bibliothek. Die 1252 erbaute *Spitalkirche S. Maria della Scala* geht in ihrer heutigen Gestalt auf das 15. Jh. zurück. Im einschiffigen Inneren ist eine bronzene Christusstatue v. Vecchieta (15. Jh.) hervorzuheben.

Haus der hl. Katharina (Vicolo del Tiratajo, unterhalb der Kirche S. Domenico): Katharina wurde am 25. März 1347 als Tochter des Färbers Jacopo geboren. Ihre größte historische Tat bestand darin, daß es ihr 1377 gelang, Papst Gregor XI. zu überzeugen, aus seinem sicheren Exil in Avignon ins unbequeme Rom zurückzukehren. Seit 1939 ist sie neben dem hl. Franziskus Schutzpatronin Italiens. Nachdem sie 1461 heiliggesprochen worden war, baute man ihr Geburtshaus in eine Weihestätte mit Oratorien um. Den Portikus ließen 1941 die Gemeinden Italiens errichten (Portico dei Communi d'Italia). Durch eine kleine, 1533 nach einem Entwurf v. Pelori errichtete Loggia erreicht man das sog. *obere Oratorium,* die ehem. Küche des Hauses mit erkennbaren Resten der Herdstelle. Die Kassettendecke, der Altar (B. Fungai), das Renaissancegestühl sowie 17 Wandgemälde mit Darstellungen aus dem Leben der Heiligen (16. und 17. Jh.) wurden später hinzugefügt. Im *Oratorio delle Camere,* dem ehem. Schlafzimmer Katharinas, befinden sich u. a. ein Stein, der Katharina als Kopfkissen diente, sowie ein Freskenzyklus v. A. Franchi (1896). Das *Oratorio del Crocifisso* (im ehem. Garten) bewahrt das Kruzifix (13. Jh.), vor dem Katharina 1375 die Stigmata (Wundmale) erhielt. Das untere Oratorium (etwas unterhalb des oberen), das sog. *Oratorio di S. Caterina Fontebranda,* wurde 1474 im ehem. Färberladen des Vaters der Heiligen errichtet. Die Holzstatue der S. Caterina schnitzte 1474 Neroccio, 5 Engel (darüber) stammen v. Sodoma, die Wandfresken v. Girolamo del Pacchia, Salimbeni und weiteren Malern des 15. und 16. Jh.

Piazza del Campo: An der Stelle, wo die 3 Stadthügel aufeinandertreffen, also im Zentrum S., befindet sich der oft nur *Il Campo* genannte Platz, der in seiner Ausgewogenheit und in seiner muschelförmigen, die Unebenheiten des Bodens aufs vorzüglichste ausgleichenden Krümmung zu den schönsten Anlagen der Welt zählt. Die Gebäude sind alle aufs harmonischste aufeinander abgestimmt, keine einmündenden Straßen stören das Bild, denn nur schmale Korridore zwischen den Palästen und Wohnbauten führen auf den Platz. Selbst der Palazzo Pubblico ordnet sich diesem System ein, überragt die anderen Bauten kaum und unterscheidet sich nur durch Baumaterial und einige Bauformen. Die hochragende *Torre del Mangia* symbolisierte die für S. so wichtige Stadtfreiheit.

Daß diese einzigartige Geschlossenheit überhaupt erreicht wurde, war das Verdienst eines mit allen Befugnissen ausgestatteten Ausschusses, der für die Schönheit der Stadt verantwortlich war. So ließ er z. B. 1370 ein Gebäude, das um 40 Zentimeter aus der Front der Bauten um den Campo ragte, völlig abreißen. In der Mitte des oberen Muschelrandes (vor der Loggia della Mercanzia) befindet sich die *Fonte Gaia* (heitere Quelle), ein rechteckiger nach einer Seite offener Brunnen, der sein Wasser urspr. durch einen Aquädukt erhielt. Die Reliefs an den Brunnenwänden v. J. della Quercia (1410–19) wurden durch Kopien v. T. Sarrochi (1868) ersetzt. Die Originale werden im Palazzo Pubblico aufbewahrt.

Auf dem Campo fanden zu allen Zeiten historisch oder kulturell bedeutsame Ereignisse statt. 1260 feierten hier die Sienesen den großen Sieg über Florenz (bei Montaperti), hier hielt der hl. Bernhardin berühmte Reden, und hier wird noch heute alljährlich der »Palio« gefeiert.

Palazzo Publico ▷

Palazzo Pubblico (Piazza del Campo): 1297 begann man mit dem Bau dieses Palastes. Bis 1310 waren Erdgeschoß und das 1. Stockwerk, bis 1342 der (dreistöckige) Mittelbau und der r Seitenflügel, 1680 schließlich der l Seitenflügel vollendet. Den Türen und Fenstern des aus grauen Travertinquadern geschaffenen Erdgeschosses sitzen charakteristische »Sieneser Bogen« (gedrückter Bogen unter doppeltem Spitzbogen) auf. Ab dem 1. Stock wurde der Palast in rotem Backstein weitergebaut und mit 2 Reihen dreigeteilter Fenster unter doppelten Spitzbögen versehen. Die Seitenflügel werden im 2. Stock durch einen Zinnenkranz abgeschlossen, während der Mittelbau um ein weiteres, mit Zinnen und 2 Glockenhaltern bekröntes Stockwerk erweitert wurde. Im obersten Stockwerk des Mittelbaus wurde zwischen den beiden Zweierfenstern eine Kupferscheibe mit dem Christus-Monogramm des hl. Bernhardin eingelassen. Direkt darunter im 2. Stock befindet sich das großherzogliche Wappen der Medici, und in den Bogenfeldern an Fenstern und Türen ist das weiß-schwarze Wappen S. (die sog. Balzana) angebracht.

Der 88 m hohe *Torre del Mangia* (l Palastekke) wurde 1325–44 v. den Brüdern M. und F. di Rinaldi nach einem Modell L. Memmis errichtet. Genannt wird der Turm übrigens nach dem Glöckner, der den Spitznamen »Mangia Guadagni« (Verdienst-Fresser) hatte. Der mit Luftlöchern verzierte Turmschaft wurde wie die oberen Stockwerke des Palastes aus rotem Backstein erbaut. Aus der in Travertin gehaltenen Zinnenbekrönung (über Konsolen) entwächst ein weiterer schmaler Zinnenturm mit 1666 gegossener Glocke. Nach der Pest (1348) wurde die *Cappella Piazza* (zu Füßen des Turmes) 1352–76 in Form einer offenen Loggia im Stil der Renaissance erbaut. Die Figuren in den Nischen stammen aus dem 14. Jh., das Fresko auf dem Altar schuf 1539 Sodoma. Die Säle im *Inneren* des Palastes sind mit wertvollen Fresken und Gemälden ausgestattet. Im Vestibül des Erdgeschosses wird die 1445 v. Sano di Pietro geschaffene *Krönung Mariä* und im r angrenzenden Saal eine *Auferstehung* v. Sodoma (1537) aufbewahrt. In der Sala del Mappamondo, benannt nach einer v. A. Lorenzetti gemalten, leider verlorengegangenen Erdkarte, befinden sich mehrere Werke großer Künstler: Das Fresko *Madonna mit Kind zwischen Aposteln und Heiligen (Maestà)* l v. Eingang malte 1315 Simone Martini, v. dem auch das 2. Monumentalfresko *Der Sieneser Feldhauptmann Guidoriccio da Fogliano reitet zur Belagerung nach Montemassi* (1328) an der gegenüberliegenden Wand stammt. Die darunter be-

Palazzo Chigi-Saracini, Decke

findliche *Thronende Muttergottes* malte wohl um 1260 Sano di Pietro. Die Darstellungen Sieneser Heiliger an den Pfeilern stammen v. Sodoma, Vecchieta und Sano di Pietro.

In der r anschließenden Sala della Pace schuf A. Lorenzetti v. 1337 bis 1340 den größten Freskenzyklus profanen Inhalts des MA, der die Personifikationen der *Guten Regierung* (gegenüber Fenster) und der *Schlechten Regierung* (gegenüber) sowie die *Auswirkungen der guten Regierung auf Stadt und Land* (Eingang) und die *Auswirkungen der schlechten Regierung* (gegenüber) darstellt.

Die *Fresken* in der »Cappella« und »Anticappella« (erreichbar durch die Sala del Mappamondo) schuf 1407 Taddeo di Bartolo (hervorzuheben: »Leben Mariens«), die »Hl. Familie und der hl. Leonhard« auf dem Hochaltar stammt v. Sodoma (1535), die Einlegearbeiten am Chorgestühl v. Domenico di Niccolò (bis 1428). In der Sala del Concistoro sind die *Gewölbefresken* v. D. Beccafumi (1529–1535) und das Marmorportal v. B. Rossellino (1448) beachtenswert. Den *Freskenzyklus* »Lebensgeschichte des Papstes Alexander III.« in der Sala dei Priori schufen 1407 Spinello und Parri Aretino, die Deckenfresken sind v. Martino di Bartolommeo (1408). In der Loggia (oberstes Stockwerk) werden die Originalfiguren und -reliefs des *Fonte Gaia* v. J. della Quercia aufbewahrt. Das *Fresko* »Madonna mit Kind« (gegenüber der Eingangswand) malte 1340 A. Lorenzetti. In der Sala Monumentale zeigen Fresken (1886–91) die wichtigsten politischen Geschehnisse während der Regierungszeit Vittorio Emanueles II.

In einigen weiteren Sälen wurde das *Museo Civico* mit Keramiken, Münz-, Waffensammlungen und verschiedenen anderen Kunstgegenständen untergebracht.

Palazzo Sansedoni (Piazza del Campo): Der 1219 begonnene dreistöckige Palast mit dem Rumpf eines Turmes wurde 1339 v. Agostino di Giovanni erweitert. Die Fenster der gekrümmten, dem Bogen des Campo angeglichenen Fassade wurden nach einer Verordnung v. 1297 den Fenstern des Palazzo Pubblico angepaßt (Dreierfenster unter Spitzbögen).

Loggia della Mercanzia (Piazza del Campo): In diesem nach Plänen Sano di Matteos 1417–28 in den Formen der Gotik und der Renaissance errichteten Palast war früher das Handelsgericht untergebracht. Die Heiligenfiguren an den Pfeilern schufen Vecchieta (außen) und A. Federighi (in der Mitte), v. dem auch 5 Darstellungen bedeuten-

Cappella Piazza, Nischenfiguren. – Rechts: Pinakothek, Madonna aus der Schule del Riccio

der Römer wie z. B. Cicero an der r Marmorbank stammen.

Palazzo del Capitano di Giustizia (Via del Capitano): Dieser got. Palast mit schmalen Sieneser Spitzbogen über Türen und Gitterfenstern des Erdgeschosses wurde gegen Ende des 13. Jh. erbaut. Das Obergeschoß mit Zweierfenstern unter Bogen und schönem Bogenfries wurde (im Unterschied zum Erdgeschoß) aus Backsteinen errichtet. Diese Verwendung unterschiedlichen Baumaterials an Erdgeschoß und darüberliegenden Stockwerken ist in S. sehr häufig anzutreffen.

Palazzo Chigi-Saracini (Via di Città): Dieser Bau mit 2 Reihen v. Dreierfenstern unter charakteristischen Sieneser Bogenformen wurde zwar im 12. Jh. begonnen, entstammt in seiner heutigen Form jedoch hauptsächlich dem 14. Jh. Wie die Fassade, so ist auch der mit Zinnen versehene Eckturm zweifarbig (untere Teile grau, obere aus rotem Backstein) gestaltet. Seit 1932 ist hier die Accademia Musicale Chigiana, deren Kurse einen weltweiten Ruf genießen, untergebracht. In den Sälen (wie z. B. Konzertsaal, Musikbibliothek) sind Gemälde und Skulpturen des 13.–15. Jh. v. Vecchietta, Matteo di Giovanni, Sodoma, Pinturicchio, S. Martini, J. della Quercia, Sassetta u. a. ausgestellt.

Palazzo Piccolomini delle Papesse (Via di Città 128): Nach einem Entwurf v. B. Rossellino wurde dieser Palast 1460–95 für Caterina Piccolomini, die Schwester Papst Pius' II., errichtet. Der Bau wurde wohl dem florentinischen Palazzo Rucellai und den Piccolomini-Palästen in S. und Pienza, der Musterstadt Papst Pius' II., nachempfunden. Über dem Erdgeschoß befinden sich 2 Reihen got. Zweierfenster.

Palazzo Salimbeni (Piazza Salimbeni): Der dreigeschossige got. Palast aus dem 14. Jh. wurde im späten 19. Jh. erweitert und restauriert. Bemerkenswert sind die 6 Dreierfenster unter spitzen Sieneser Bogen im 2. Stock sowie die kleinen Blendarkaden unter dem Zinnenabschluß. – An der l Platzseite (rechtwinklig an den Palazzo Salimbeni anschließend) erbaute 1548 der Sienese Riccio den *Palazzo Tantucci*. – Der *Palast Spanocchi* im Stil der Frührenaissance (r Platzseite) mit Rechteck-Fenstern im Erdgeschoß, 2 Reihen doppelbogiger Fenster in den darüberliegenden Stockwerken und schönem Loggienhof wurde um 1470 v. G. da Maiano begonnen.
In diesen 3 Palazzi ist die 1472 gegr. älteste Bank Sienas, die »Monte dei Paschi di Siena« untergebracht. Das Denkmal des Sallusto Bandini in der Mitte des Platzes wurde 1882 geschaffen.

Palazzo Tolomei (Piazza Tolomei 11): Der zwischen 1207 und 1265 erbaute schlichte Palast mit Doppelfenstern unter spitzen Bogen (im Obergeschoß) und im 19. Jh. erneuertem Portal ist der älteste Familienpalazzo S. Auf der Piazza Tolomei befindet sich eine v. D. Arrighetti geschaffene *Wölfin* auf einer antiken Säule.

Palazzo Piccolomini (Via Banchi di Sotto 52): Dieser wunderschöne Renaissancepalast mit eindrucksvollem Kranzgesims wurde 1469 nach einem Entwurf v. B. Rossellino, dem der Palazzo Rucellai in Florenz als Vorbild diente, geschaffen. Heute ist hier das *Staatsarchiv* mit den bedeutendsten Dokumenten S. (päpstliche Bullen, Gerichtsakten, kaiserliche Erlasse, Schriften v. Papst Pius II. u. a.) v. 736 an untergebracht. Bes. beachtenswert sind einige Buchdeckel v. Jahrbüchern der Biccherna (sienesischer Finanzhof) v. 1258–1659, die u. a. v. D. Beccafumi, P. und A. Lorenzetti, Sano di Pietro und Taddeo di Bartolo meist mit biblischen Szenen oder Darstellungen bedeutender Zeitereignisse ausgeschmückt wurden.

Loggia del Papa (Via di Pantasseto): Die »Loggia des Papstes« wurde 1462 in Renaissanceformen mit Bogengang und reich dekorierter Attika v. A. Federighi im Auftrag Papst Pius' II. (zu Ehren der Familie Piccolomini) erbaut.

Weitere Paläste: Der *Palazzo Marsili* (Via di Città 132) wurde 1458 v. L. di B. Luponi mit got. Dreierfenstern erbaut. – Der 1489 v. G. Petrucci errichtete *Palazzo della Prefettura* (am Platz r v. Dom) wurde im 16. Jh. v. B. Buontalenti verändert. – Der *Erzbischöfliche Palast* (l v. Dom) wurde 1718–23 in neugot. Formen erbaut. – Für den Signore Sienas, Pandolfo Petrucci (genannt il Magnifico) errichtete man 1508 nach einem Entwurf

G. Cozzarellis den *Palazzo del Magnifico* (Via Pellegrini). – An der Via Pendola befindet sich der im Stil der Renaissance geschaffene *Palazzo Pollini* des Baumeisters und Malers B. Perucci (1481–1536).

Pinacoteca Nazionale (Palazzo Buonsignori, Via S. Pietro 29): Der got. *Palazzo Buonsignori* (14. Jh.) mit Dreierfenstern und Zinnenbekrönung zählt zu den schönsten Familienpalästen S. Seit 1932 ist hier die Pinacoteca Nazionale mit bedeutenden Werken vor allem der sienesischen Malerei des 12.–16. Jh., aber auch einigen umbr., toskanischen, genuesischen, flämischen und dt. Gemälden hier untergebracht. Mit Ausnahme S. Martinis sind alle bedeutenden Meister der Sieneser Malerei vertreten. Der Rundgang beginnt, chronologisch geordnet, im 2. Stock. Da durch die Aufnahme neu erworbener Werke die Anordnung zeitweise verändert wird, empfiehlt es sich, einen Katalog zu erwerben. Hervorzuheben sind im 2. Stock die »Madonna der Franziskaner« v. Duccio di Buoninsegna und seiner Werkstatt, ein »Thronender St. Petrus« v. Guido da Siena, eine »Madonna mit Kind« vom Meister der Badia a Isola, eine »Verkündigung« v. A. Lorenzetti, eine »Thronende Muttergottes« v. P. Lorenzetti, eine »Madonna mit Kind« v. L. Memmi, eine »Verkündigung Mariens« v. Taddeo di Bartolo, eine »Madonna mit musizierenden Engeln« v. Domenico di Bartolo sowie eine »Kreuzigung« v. Giovanni di Paolo. Im 1. Stock sind beachtenswert eine »Verkündigung Mariens« v. G. da Cremona, ein »Hl. Hieronymus« v. A. Dürer sowie Werke v. Pinturicchio, Beccafumi oder Sodoma. Im Säulenhof des Palastes sind Skulpturen aus der Antike und dem MA aufgestellt.

Museo dell'Opera Metropolitana (Duomo Nuovo, Piazza del Duomo): Von dem 1339 begonnenen, 1355 unvollendet wieder eingestellten Bau des neuen Doms sind nur wenige Reste erhalten. Unter 3 Arkaden des als Langhaus geplanten Trakts errichtete man das Dommuseum, wo Originale sowie solche Kunstwerke des Doms aufbewahrt werden, die bei seinem Bau nicht verwendet werden konnten. Im Erdgeschoß befinden sich u. a. Originalfiguren, die um 1290 G. Pisano für die Domfassade geschaffen hatte sowie ein Relief v. J. della Quercia. Im Duccio-Saal (1. Stock) wird heute die 1311 v. Duccio di Buoninsegna geschaffene *Maestà* aufbewahrt, die sich bis 1506 auf dem Hochaltar des Doms befand. Die urspr. Darstellungen der Rückseite und die Predellentafeln wurden abgesägt und seitlich aufgestellt. Im selben Saal sind außerdem die »Geburt Mariens« v. P. Lorenzetti (1342), eine »Muttergottes« aus Crevole v. Duccio (1283) sowie Gemälde v. A. Lorenzetti, Beccafumi u. a. ausgestellt. Beachtenswert sind auch die Pläne für den Bau des Duomo Nuovo, Entwürfe der Fußbodenmosaiken und -sgraffiti im alten Dom (im oberen Stockwerk), 12 aus Holz geschaffene Apostelstatuen v. G. Mazzueli (2. Stock) und die »Muttergottes mit den großen Augen« (3. Stock), ein 1238 v. einem unbekannten Künstler geschaffenes Werk, v. dem die Sienesen vor der Schlacht bei Montaperti Schutz und Hilfe erbaten.

Museo Archeologico Nazionale (Via della Sapienza): Hier werden Funde aus neolithischer, etrusk., griech. und röm. Zeit des Gebietes um S., aber auch aus Chiusi, Chianciano und der Gegend um den Monte Amiata ausgestellt. Hervorzuheben sind einige Urnen der Villanova-Kultur, ein Terra-Sigillata-Gefäß, etrusk. Terrakotten, einige etrusk. und ägyptische Bronzearbeiten sowie etrusk., italische und röm. Münzen.

Fonte Branda (Via S. Caterina, unterhalb S. Domenico): Der schon 1081 als Färberanlage erwähnte Brunnen stammt in seiner heutigen Gestalt mit 3 spitzen Arkadenbogen über den Wasserbecken und der abschließenden Zinnenbekrönung aus dem 13. Jh. (Baumeister Giovanni di Stefano).

Forte S. Barbara (im NW Sienas): 1560, nachdem S. in das Großherzogtum Toskana eingegliedert worden war, ließ Cosimo I. nach einem Plan Lancis diese mächtige rechteckige Festung mit 4 starken Basteien (an den Ecken) aus Backstein errichten. Heute ist die Burg in die Parkanlagen La Lizza miteinbezogen. Im Burghof werden Freilichtspiele aufgeführt. In einer der Basteien: die »Enoteca Italia« (Weinprobierstuben mit allen ital. Markenweinen).

Außerdem sehenswert: Die aus rotem Backstein errichtete *Stadtmauer* mit ihren prachtvollen Toren umzieht noch heute S. Unter den Torbauten ist die aus dem 14. Jh. stammende, 1604 veränderte *Porta Camollia* (an der Via Camollia, im NW) mit burgähnlichem Vorbau und dem bekannten Willkommensgruß »Cor magis tibi Sena pandit« (»Dir öffnet Siena ganz sein Herz«) hervorzuheben. Doch auch die *Porta d'Ovile, Porta Romana* oder *Porta Pispini* sind sehr beeindruckend. – Unter den zahlreichen öffentlichen Sieneser Brunnen mit spitzen Bogen verdienen neben der *Fonte Branda* (siehe oben) auch die *Fonte di Follonica* (unterhalb der Piazza S. Francesco) aus dem 13. Jh. die gewaltige *Fonte Nuovo* (Via Pian d'Ovile) aus dem 14. Jh. oder die *Fonte di Pescaia* (unter Porta Camollia) aus dem 14. Jh. besondere Beachtung. – In der Via Banchi di Sotto befindet sich die im 13. Jh. gegründete *Universität* mit Gebäuden des 16. Jh. – *Museo dell'Accademia del Fisiocritici* (am Ende der Via S. Pietro, gegenüber S. Agostino): Ein naturhistorisches Museum mit mineralogischen und zoologischen Ausstellungsstükken. – Als charakteristische ma Straße der Stadt sei die *Via Sallustio Bandini* mit zahlreichen Häusern des 13. Jh. erwähnt.

Umgebung

Castello di Belcaro (5 km sw): Die schon im 12. Jh. bestehende *Burg* ließ der Sieneser Bankier Turamini um 1520 v. B. Peruzzi in eine Sommervilla mit Loggia und Kapelle innerhalb des noch bestehenden Wehrgangs umbauen. Peruzzis Fresken in einigen Sälen wurden im 19. Jh. leider sehr schlecht übermalt. In einem Saal befindet sich eine beachtenswerte Madonna v. Matteo di Giovanni. Im 14. Jh. wohnte hier für kurze Zeit die hl. Katharina.

Certosa di Pontignano (9 km n): In dem ehem., im 14. Jh. gegründeten Kartäuserkloster sind heute einige Institute der Universität S. untergebracht. Beachtenswert sind die 3 Kreuzgänge (14. und 15. Jh.), die Fresken »Geschichte der Kartäuser« in der Kirche sowie ein Gemälde »Hl. Katharina unter dem Kreuz« v. F. Vanni in der Kapelle.

Convento S. Bernardo dell'Osservanza (3 km nö): Schon im 12. Jh. befand sich auf diesem Hügel über Siena eine Einsiedelei, und im 13. Jh. wurde hier ein Kloster begründet, für welches um 1425 der hl. Bernhardin eine kleine Kirche erbaute. 1476 beauftragte Pandolfo Petrucci (Signore di Siena) den Baumeister G. Cozzarelli, die Kirche des hl. Bernhardin zu vergrößern. Dieser 1944 schwer zerstörte Bau wurde erneuert.
Der einschiffige, v. 8 Seitenkapellen umzogene Innenraum mit kuppelbekröntem Chor wurde v. A. della Robbia u. a. mit reichen Terrakotten und Stuck dekoriert. In der 3. Kapelle r befinden sich der 1454 v. Francesco d'Antonio geschaffene *Reliquienschrein* des hl. Bernhardin und eine »Muttergottes mit Heiligen« v. Sano di Pietro. Die »Muttergottes mit Heiligen« in der 4. Kapelle r stammt v. einem unbekannten, Maestro dell'Osservanza genannten Meister (1436). Die prachtvollen *Terrakotta-Gruppen* »Marienkrönung« und »Verkündigung Mariä« (auf den Pfeilern des Triumphbogens) schuf A. della Robbia. Beachtenswert sind auch eine »Madonna mit Engeln« (1. Kapelle l) v. Sano di Pietro sowie eine Pieta v. G. Cozzarelli in der Sakristei. Im Kloster wurde die Zelle des hl. Bernhardin nachgebildet. Es finden sich auch einige Erinnerungsstücke. Im *Museo Aurelio Castelli* (r der Sakristei) sind Meßbücher, Goldschmiede- und Korallenarbeiten, Gemälde, Buchmalereien und Skulpturen ausgestellt. Hervorzuheben ist ein 1337 v. Landi di Pietro geschaffener, leider sehr beschädigter Christuskopf.

Eremo di Lecceto (6 km w): Die vermutlich im 4. oder 5. Jh. gegründete Augustiner-Einsiedelei liegt in 326 m Höhe inmitten eines dichten Waldes. Ihre burgartige Befestigung mit einem Turm wurde vermutlich nach dem Kirchbau (1317–44) angelegt. Beachtenswert sind die Sieneser *Fresken* (um 1400) am Portikus der Kirche sowie die aus dem 13. Jh. (Säulen unter Arkaden) und dem 15. Jh. (Pfeiler) stammenden Kreuzgänge. – Ca. 4 km nw v. Eremo di Lecceto: **S. Leonardo al Lago.** Die Apsis der Kirche dieser im 12. Jh. gegründeten Augustiner-Einsiedelei stattete um 1370 L. Vanni mit Fresken aus. Über dem roman. Portal an der Fassade ist eine Rosette eingefügt.

Torri (17 km s): In der ehem., im 11. Jh. errichteten Vallombrosaner-Abtei (heute Privatbesitz) befindet sich ein einzigartiger Kreuzgang mit wunderschönen Loggienreihen aus der Bauzeit.

Siena, Pinakothek, »S. Paolo«, 14. Jh. v. M. di Castello

V

50060 Vallombrosa
Florenz

Einw.: 150	Höhe: 965 m	S. 138 □ F 4

Der v. dichten Tannen- und Buchenwäldern umgebene Ort am Fuße des 1449 m hohen Monte Secchieta im N des Pratomagno ist heute ein vielbesuchtes Ausflugsziel.

Kloster Vallombrosa: Nachdem der Florentiner Adlige Giovanni Gualberto Visdomini sich 1015 einer Einsiedelei unterhalb des Monte Secchieta angeschlossen hatte, gründete er an dieser Stelle im Jahr 1038 den Vallombrosaner-Orden und schuf eine neue, strengere Benediktinerregel (gleiche Aufgaben für jeden Mönch). Nach der Heiligsprechung des Gründers im Jahre 1193 gewann das Kloster laufend an Bedeutung. So wurden z. B. die Äbte v. Vallombrosa im 15. Jh. mächtige Markgrafen mit großen Besitztümern. Das im 19. Jh. mehrmals aufgehobene Kloster beherbergt heute eine bedeutende Forstwirtschaftsschule und wird bisweilen auch für kulturelle Zwecke benutzt. Die wenigen, heute hier lebenden Mönche brauen einen vorzüglichen Kräuterlikör. Eine mächtige umfassende Mauer mit schmiedeeisernem Tor, ein Wachtturm (15. Jh.) und ein Glockenturm (13. Jh.) verleihen der im 15.–17. Jh. entstandenen Klosteranlage ein burgähnliches Aussehen. Die Klosterkirche mit Portikus v. 1644 bewahrt im einschiffigen Innenraum *Fresken* und *Gemälde* (meist Darstellungen aus dem Leben des hl. Gualberto) des 16.–18. Jh. sowie Chorgestühl und Altäre aus dem 16. Jh. Die Kuppel ruht auf 8 Säulen. Sehenswert sind auch Refektorium und Kreuzgang.

Umgebung

Cascia (12 km sw, über Reggello): In der 1073 erbauten *Pieve* befinden sich beachtenswerte Kapitelle mit Menschen- und Tierdarstellungen. – 7 km s v. Cascia: **Pian di Scò.** Die im 12.–13. Jh. erbaute roman. *Kirche* mit 3 Apsiden und Bogenfries ist im Inneren durch Säulen mit phantasiereichen Kapitellen in 3 Schiffe unterteilt.

Montemignaio (10 km ö): In der spätroman. *Pieve* (13. Jh.) dieses v. Kastanienwäldern umgebenen Ortes befinden sich ein Muttergottes-Gemälde v. R. Ghirlandaio sowie eine Terrakotta der della Robbia. – Von dem um 1100 v. den Grafen Guidi erbauten *Castello Leone* sind neben den Burgruinen Mauern, Ziehbrunnen und die Burgkapelle mit Portikus erhalten.

Pontassieve (18 km nö): Das v. Reben- und Olivenhängen umgebene Pontassieve ist ein Zentrum der Weinproduktion. Im Mai findet hier der »Toscanello d'Oro«, eine Wein- und Agrarmesse, statt. Beachtenswert der *Palazzo Sansoni*, der alte *Ponte Mediceo* sowie außerhalb die *Burg Trebbio* (12. Jh.).

55049 Viareggio
Lucca

Einw.: 56 000	Höhe: 2 m	S. 134 □ B 3

Das elegante Seebad V. mit seinem leicht abfallenden, 100 m breiten und fast 7 km langen feinen Sandstrand entwickelte sich seit der Mitte des 19. Jh., wohl auch auf Grund seines überaus milden Klimas zu einem vielbesuchten Zentrum an der sog. Riviera della Versilia. Um den 1171 v. Lucca erbauten Wachtturm am Meer entstand im 15. Jh. eine erste Siedlung, die überwiegend v. Fischern bewohnt war und die zu einem bedeutenden Fischereihafen wurde. Berühmt ist der jährlich stattfindende Karnevalszug mit riesigen Phantasiegebilden und einzigartigen Masken, die während des ganzen Jahres in den Hallen am Viale Marco Polo besichtigt werden können. Im August werden der »Premio Viareggio« für Literatur sowie ein zusätzlicher Journalistenpreis vergeben.

Sehenswert: Im ehem. *Palazzo Comunale* (Piazza Mazzini) ist das *Museo A. C. Blanc* mit prähistorischen Funden aus der Gegend um V. untergebracht.

Umgebung

Torre del Lago Puccini (7 km s): Der Ort ist nach dem aus Lucca stammenden Komponisten Giacomo Puccini (1858–1924) benannt, dessen Haus sich 1 km ö am Lago Massaciuccoli befindet. In der *Villa Puccini* verbrachte der Komponist die meiste Zeit seines Lebens, hier schrieb er die meisten seiner Opern und hier ist er auch in einer kleinen Kapelle mit seiner Gattin beigesetzt. Ein kleines Museum zeigt einige Erinnerungsstücke an ihn.

56058 Volterra
Pisa

Einw.: 18000	Höhe: 555 m	S. 134 □ D 5

Wohl auf Grund der bevorzugten Lage auf einem hohen Bergrücken über den Flußtälern v. Cecina und Era befand sich hier schon in der Villanova-Zeit (vor dem 8. Jh. v. Chr.) eine bedeutende Ansiedlung. Die um 800 v. Chr. entstandene Etruskerstadt *Velathri* war Mitglied im zwar recht losen, dennoch sehr einflußreichen Zwölfstädtebund. Ihre Blütezeit erlebte die Stadt im 4. Jh. v. Chr., als sie riesige Besitztümer bis zum Küstengebiet der Maremmen mit der Isola Aethalia (Elba), bis zum Arno und der Chiana hatte. 7200 m lange, bis zu 11 m hohe Mauern umschlossen damals Stadt und umliegende Landgüter und Brunnen. Das Municipium *Volaterrae* belieferte im 2. Punischen Krieg seinen Bundesgenossen Rom vor allem mit Materialien für den Schiffsbau und hielt während der Bürgerkriege dank der mächtigen Mauern der Belagerung durch Sulla 2 Jahre stand. In der 2. Hälfte des 13. Jh. behauptete sich die Freie Gemeinde gegen Bischöfe und feindliche Nachbarstädte. 1361 bat die v. Guelfen und Ghibellinen gespaltene Comune Florenz um Hilfe, das v. nun an die Herrschaft über V. innehatte. 1472 unterdrückte Lorenzo il Magnifico durch eine Belagerung und den nachfolgenden Bau der riesigen Rocca Nuova den

Vallombrosa, Klosterkirche, Deckenfresko

Drang V. nach Gemeindefreiheit, und 1530 wurde die Stadt widerstandslos in das Großherzogtum Toskana eingegliedert.
Heute ist der Ort nicht nur durch seine ma Bauten und Zeugnisse aus etrusk. Zeit, sondern auch durch die im 18. Jh. v. Marcello Inghirami neubelebte Alabasterverarbeitung bekannt. Der leicht zu bearbeitende, allerdings auch leicht zerbrechliche Alabaster war schon bei den hier ansässiqen Etruskern ein sehr beliebtes Material, vor allem für Aschenurnen.

Dom (hinter dem Palazzo dei Priori): Der um 1120 roman. begonnene Bau wurde seit 1254 im pisanischen Stil erneuert. Zur ersten Bauzeit gehören die Blendbogen und kleinen Rundfenster des Erdgeschosses, während z. B. das marmorne Hauptportal mit reich verziertem Rahmen und der Giebel mit Säulenloggia und Bogenfries aus dem 13. Jh. stammen. Der dem Palazzo dei Priori zugewandte Teil wurde mit schwarz-weißen Marmorstreifen verkleidet.
Der dreischiffige *Innenraum* wurde v.

1580–84 umgestaltet. So wurden die Säulen mit Granit vortäuschendem Stuck verziert und die geschnitzte, vergoldete *Kassettendecke* (mit Büsten v. 9 aus V. stammenden Heiligen im Mittelteil) geschaffen. Die Innenwände erhielten eine schwarz-weiß gestreifte Bemalung. 4 auf Tierfiguren ruhende Säulen tragen den Kanzelkörper, der im 17. Jh. aus Teilen des 12. Jh. neu zusammengesetzt wurde (l Seitenschiff). Die Reliefs der rechteckigen Kanzelbrüstung stammen wahrscheinlich v. Schülern des Pisaners Guglielmo. Das Marmorziborium auf dem Hochaltar sowie 2 Leuchterengel (daneben) schuf 1471 Mino da Fiesole. In der Cappella dell'Addolorata (erreichbar durch das hintere l Seitenschiff) befinden sich 2 Terrakottakrippen (Mitte des 15. Jh.) sowie das *Fresko* »Hl. Drei Könige« v. B. Gozzoli aus dem 15. Jh. Beachtenswert sind außerdem das Grabmal des hl. Oktavian v. R. Cioli (1522, 1. Kapelle des r Querschiffs), eine bemalte Holzfigurengruppe »Kreuzabnahme« aus dem 13. Jh. (2. Kapelle des r Querschiffs), got. Chorgestühl und ein Bischofssitz v. 1404, »Mariä Verkündigung« v. Mariotto Albertinelli (1497, l Seitenschiff) sowie ein Reliquienschrank (16. Jh.) in der Sakristei.

Baptisterium (gegenüber dem Dom): Der freistehende Bau wurde im 13. Jh. auf achteckigem Grundriß errichtet. Die dem Dom zugewandte Seite mit roman. Portal wurde als einzige mit weiß-dunkelgrünen Marmorstreifen verkleidet. An den anderen Seiten wurden hohe Fenster eingefügt.
Im Inneren des Baptisteriums (Kuppel aus dem 16. Jh.) sind der reliefgeschmückte Taufbrunnen v. A. Sansovino (1502), der Altarschmuck v. Mino da Fiesole (um 1500) sowie eine als Weihwasserbecken benutzte etrusk. Urne beachtenswert.

S. Francesco (Via S. Lino): Die aus dem 13. Jh. stammende Kirche wurde fast vollständig umgestaltet. Lediglich die angrenzende, 1315 begonnene Cappella della Croce di Giorno blieb in ihrer urspr. Gestalt erhalten. In dieser gewölbten Kapelle sind der 1410 v. Cenni di Francesco gemalte *Freskenzyklus* „Legende v. Hl. Kreuz« (dem Zyklus in der Kirche S. Croce in Florenz v. A. Gaddi nachempfunden) sowie die »Vier Evangelisten« v. Jacopo da Firenze (in der Kuppel, ebenfalls v. 1410) beachtenswert.

S. Michele (Piazza S. Michele): Der Innenraum der im 13. Jh. erbauten Kirche mit roman.-pisanischer Fassade (Blendbögen auf Säulen) und Marmormadonna (14. Jh.) über dem Portal wurde 1826 klassizistisch umgestaltet.

Volterra, Palazzo dei Priori, wappengeschmückte Fassade

Palazzo dei Priori (Piazza dei Priori): Der 1208–54 im Stadtzentrum an einem der schönsten Plätze Italiens erbaute Palast mit seinem aufgesetzten asymmetrischen Glokkenturm ist der älteste Kommunalpalast in der Toskana. Über dem wappengeschmückten Erdgeschoß wurden im 1. Stock 5, im 2. und 3. Stock jeweils 3 Doppelfenster unter spitzen Bögen eingebaut. An den Eckpfeilern im Erdgeschoß befinden sich als Zeichen der Florentiner Befehlsgewalt 2 steinerne Löwen. Im 1. Stock sind die *Sala del Consiglio* mit Kreuzgewölbe und Verkündigungsfresko (um 1370) sowie die *Sala di Giustizia* mit Holzdecke und Möbeln (teils aus dem 15. Jh.) erwähnenswert.

Galleria Pittorica (Via dei Sarti 1): Gemälde einheimischer, Florentiner und Sieneser Meister des 14.–17. Jh. Hervorzuheben sind: »Kreuzabnahme« v. Rosso Fiorentino, »Muttergottes« v. Taddeo di Bartolo, »Erlöser mit Heiligen« v. D. Ghirlandaio, »Hl. Sebastian« v. Neri di Bicci und »Verkündigung« v. L. Signorelli sowie Putten v. Daniele da Volterra. Außerdem sind Werke dt. und flämischer Meister ausgestellt.

Palazzo Pretorio (Piazza dei Priori): Dieser Bau mit einigen Zweierfenstern unter leicht angespitzten Bogen wurde im 13. Jh. aus mehreren Familienpalästen zusammengesetzt. Die zinnenbekrönte *Torre del Podestà* wird wegen einer kleinen Schweinsfigur am r oberen Fenster v. Volksmund gerne »Torre del Porcellino« (porcellino = Ferkelchen) genannt.

Palazzo Viti (Via di Sarti): Der im 15. Jh. erbaute, im 16. Jh. mit einer Renaissancefassade veränderte Palast birgt in seinem Hof ein 1819 eingerichtetes Logentheater. – In derselben Straße befinden sich außerdem der vermutlich v. A. da Sangallo d. Ä. im 16. Jh. erbaute *Palazzo Minucci* und (an der Ecke Via Matteotti) das im Auftrag Giovanni Toscanos erbaute *Turmhaus Toscano* aus dem 13. Jh.

Torre Buonparenti (Via Ricciarelli): Das im 13. Jh. erbaute *Turmhaus* der Familie Buonparenti ist durch einen Bogen mit der Torre-Casa Buonaguidi verbunden. – Gegenüber befindet sich ein weiterer *Wohnturm* der Buonparenti.

Casa Ricciarelli (Via Ricciarelli): Unter den Fenstern dieses Palastes befinden sich kleine »Kinderfenster« mit Gitterkörben.

Fortezza: In dieser imposanten Florentiner Doppelzwingburg an der höchsten Erhe-

Volterra, Fortezza

bung V. ist seit 1818 ein Gefängnis untergebracht. Die Rocca Vecchia (Ostseite) ließ 1343 der Florentiner Podestà »Herzog v. Athen« auf unregelmäßigem Grundriß errichten. Die quadratische Rocca Nuova mit 4 Ecktürmen und rundem Mittelturm »Il Maschio« wurde ab 1472 unter Lorenzo il Magnifico erbaut. Aus der gleichen Zeit stammt der elliptische Mittelturm »La Femmina« (als Gegenpol zum Maschio) in der Rocca Vecchia sowie die 2 parallelen, v. einem got. Blendarkadenfries geschmückten Verbindungsmauern zwischen den beiden Burgen.

Porta all'Arco oder **Arco Etrusco** (Via Porta all'Arco): Die aus Quadersteinen zusammengesetzten Pfosten sowie 3 verwitterte Köpfe (vermutlich die 3 Schutzgötter Velathris darstellend) stammen noch v. einem Tor der etrusk., 7200 m langen Stadtmauer aus dem 4. Jh. v. Chr. Diese Teile wurden v. den Römern bei der Erneuerung der Mauern übernommen. Die Torbogen sowie das Tonnengewölbe über dem ansteigenden Durchgang entstammen der ma Stadtmauer, die hier mit der etrusk. Ummauerung zusammenfiel. Ein weiterer Rest eines etrusk. Tores befindet sich an der Via Porta Diana: 2 etrusk. Torpfosten aus gelblichen Steinquadern tragen die ma Bogen der Porta Diana.

Volterra, Etruskisches Portal

Röm. Theater (Im N, erreichbar auf Viale F. Ferrucci): Das zur Kaiserzeit Augustus' erbaute *Anfiteatro di Vallebuona* wurde seit 1950 ausgegraben. In einigen Sitzen der ersten Reihe sind Namen der bedeutendsten Volterraner Familien eingeschlagen. – Unterhalb des Theaters wurden Reste v. *Thermenanlagen* aus dem 3. Jh. n. Chr. freigelegt.

Museo Etrusco Guarnacci ((Via Don Minzoni 11): Dieses älteste Museum für etrusk. Kunst wurde 1761 v. Mario Guarnacci gegründet, der seine wertvolle Sammlung der Stadt V. vermachte. Über 600 meist aus Alabaster, zum Teil auch aus Kalkstein oder Terrakotta gefertigte Aschenurnen sind thematisch geordnet in mehreren Sälen untergebracht. Da fast alle aus hellenistischer Zeit (4.–1. Jh. v. Chr.) stammen, verwundert es nicht, daß die Reliefs häufig nach griech. Vorbildern gestaltet wurden. Die Deckel jedoch tragen charakteristische etrusk. Liegefiguren, wobei der Kopf im Verhältnis zum übrigen Körper meist übergroß dargestellt ist. Besondere Beachtung verdient ein aus Terrakotta gefertigter Deckel mit der Darstellung eines liegenden bäuerlichen Ehepaares (2.–1. Jh. v. Chr.). Ausgestellt sind außerdem einige prähistorische Funde (11.–8. Jh. v. Chr.), röm. Bodenmosaiken, Funde aus dem röm. Theater v. V., Amphoren, Vasen (oft rot- oder schwarzfigurig), Bronzestatuetten (häufig überlange Figuren, darunter die 60 cm hohe »Ombra della Sera«), Bronzespiegel, Goldschmuck (u. a. Blätterdiademe) sowie etrusk., röm. und griech. Münzen.

Museo Diocesano di Arte Sacra (Via Roma 1): Das seit 1936 im ehem. Bischofspalast untergebrachte Diözesanmuseum zeigt eine Sammlung v. Kunstwerken aus dem Dom und aus Kirchen der Umgebung V. Beachtenswert sind eine Terrakotta-Büste des hl. Linus (aus V. stammender Papst und erster Nachfolger des hl. Petrus) v. A. della Robbia, eine mehrfarbig-marmorne »Muttergottes mit Kind« v. N. Pisano, eine »Thronende Muttergottes zwischen den beiden Johannes« v. Rosso Fiorentino (1521), eine Reliquienbüste des hl. Oktavian (16. Jh.) sowie ein Bronzekruzifix v. Giambologna (16. Jh.). Ausgestellt sind auch röm. Sarkophage (1.–3. Jh. n. Chr.), Statuen, Meßgewänder und Kirchengerät.

Le Balze (2 km nw vom Stadtzentrum): Diese Einsturzschlucht am Ende Volterras riß die ältesten etrusk. Nekropolen, die langobardische Kirche SS. Giusto e Clemente (4 Säulen erhalten) und das Kloster S. Marco in den Abgrund. Im 17. und 18. Jh. wurde auf einem Staffelsockel eine neue *Kirche S. Giusto* mit hoher Steinfassade errichtet, die inzwischen jedoch auch v. Einsturz bedroht ist. – Unweit dieser Kirche befindet sich unterhalb der Reste der Etruskermauern die *Badia*, die Ruinen einer 1030 gegr. Camaldolenser-Abtei. Das Refektorium des (nicht zu besichtigenden) Klosters stattete der Florentiner Mascagni mit dem Freskenzyklus »Leben der Missionare Giusto und Clemente« aus. Erhalten ist auch der Kreuzgang.

Außerdem sehenswert: In der *Kirche S. Agostino* (Piazza XX. Settembre) befinden sich ein Fresko der Kreuzigung (14. Jh.) sowie ein gemaltes Holzkreuz (13. Jh.). – Die *Kirche S. Lino* (Via S. Lino) wurde um 1480 zu Ehren des Papstes Linus errichtet. – Aus dem 11. Jh. stammt die *Kirche S. Alessandro* (unter Arco Etrusco) mit roman. Portal und modernem Portikus. – An der Via di Docciola befindet sich die 1245 erbaute *Fonte di Docciola*, ein rechteckiges Brunnenbecken mit 2 darüberliegenden Spitzbogen. – Seit 1967 wurden w der Rocca Nuova 2 *Tempel* (2. Jh. v. Chr.) und eine große *Zisterne*, die sog. Piscina, ausgegraben. – Die ma *Stadtmauer* umzieht noch heute den Ort; v. der etrusk. Mauer sind hauptsächlich im N außerhalb der Stadt Reste erhalten.

Umgebung

Montecatini in Val di Cecina (15 km w): Die ehem, *Burg* der Bischöfe v. Volterra gelangte im 14. Jh. an die Familie Belforti. Erhalten ist der in seinem Stumpf weiß-schwarz gestreifte Turm (14. Jh.) sowie Reste der Burg. – In der 1361 in roman.-pisanischem Stil erbauten *Pfarrkirche* sind ein Engel v. Mino da Fiesole sowie mehrere Terrakotten der Della-Robbia-Werkstatt sehenswert. – Zu erwähnen sind außerdem der *Palazzo Pretorio* mit Säulenhalle und eine alte *Zisterne*.

Pomarance (22,5 km s): In dem ma Ort verdient lediglich die roman. *Pfarrkirche S. Giovanni* Beachtung.

Volterra, Fortezza

Verzeichnis der Orte, die einen Hauptartikel (△) haben und die unter einem anderen Stichwort (→) behandelt werden

Abkürzungen

bes.	besonders
christl.	christlich
d. Ä.	der Ältere
d. J.	der Jüngere
d. Gr.	der Große
d. h.	das heißt
dt.	deutsch
ehem.	ehemalig(e)
eigtl.	eigentlich(e)
engl.	englisch
etrusk.	etruskisch
europ.	europäisch
franz.	französisch
gegr.	gegründet
got.	gotisch
griech.	griechisch
Hl., hl.	Heilige(r), heilig(e)
ital.	italienisch
Jh.	Jahrhundert
Jtd.	Jahrtausend
kath.	katholisch
kgl.	königlich
km	Kilometer
l	links
lat.	lateinisch
m	Meter
ma	mittelalterlich
MA	Mittelalter
N	Norden, Nord-
n	nördlich
O	Osten, Ost-
ö	östlich
qm	Quadratmeter
r	rechts
röm.	römisch
roman.	romanisch
S	Süden, Süd-
S.	San, Santa, Santo
s	südlich
sog.	sogenannt(e)
span.	spanisch
SS.	Santi, Sante
staatl.	staatlich
städt.	städtisch
u. a.	und andere, unter anderem
u. ä.	und ähnliche
umbr.	umbrisch
urspr.	ursprünglich
usw., etc.	und so weiter
v.	von, vom
v. a.	vor allem
vgl.	vergleiche
W	Westen, West-
w	westlich
z. B.	zum Beispiel

Knaurs
Kulturführer
in Farbe
Griechische Inseln

Knaurs
Kulturführer
in Farbe
Großbritannien und Irland

Knaurs
Kulturführer
in Farbe
London
und Umgebung

Knaurs
Kulturführer
in Farbe
Heiliges Land

Knaurs
Kulturführer
in Farbe
Holland

Knaurs
Kulturführer
in Farbe
Italien

Knaurs
Kulturführer
in Farbe
Florenz und Toskana

Knaurs
Kulturführer
in Farbe
Rom und Latium

Knaurs
Kulturführer
in Farbe
Sizilien

Knaurs
Kulturführer
in Farbe
Südtirol

Knaurs
Kulturführer
in Farbe
Venedig und Venetien

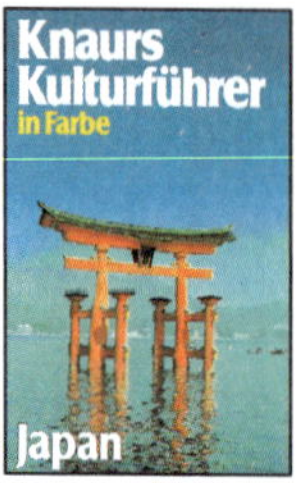
Knaurs
Kulturführer
in Farbe
Japan

Knaurs
Kulturführer
in Farbe
Marokko

Knaurs
Kulturführer
in Farbe
Mexiko

Knaurs
Kulturführer
in Farbe
Norwegen

Knaurs
Kulturführer
in Farbe
Österreich

Knaurs
Kulturführer
in Farbe
Kärnten

Knaurs
Kulturführer
in Farbe
Tirol

Knaurs
Kulturführer
in Farbe
Wachau
Nibelungengau · Waldviertel

Knaurs
Kulturführer
in Farbe
Salzburg
Salzburger Land